本书获淮北师范大学学术著作出版基金资助
国家社科基金一般项目（23BTY006）

体育荣誉观
及其实现机制研究

陈高朋　著

上海三联书店

前　言

　　新中国成立以来的体育表彰工作有着扎实的历史基础和强大的社会影响力,体现了中国特色社会主义制度下体育事业的中国气派和民族情怀,彰显着体育荣誉的崇高和鲜明的时代特点。《中华人民共和国国家勋章和国家荣誉称号法》的出台,为体育荣誉体系的完善提供了基础性法律文本,《国务院办公厅关于印发体育强国建设纲要的通知》明确提出了"完善中国体育荣誉体系"的战略目标。在此背景下,为了进一步增强个体的国家荣誉感,更加有效地引导和激励个体发展,更好地引领社会价值导向,主要运用文献研究法、历史分析法、比较研究法、访谈法和案例分析法,着重探讨了体育荣誉观培育及实现机制的诠释框架、新中国成立以来体育荣誉观与实现机制的历史演变、域外主流体育荣誉观的形成逻辑与实现方式、不同形态体育荣誉观的比较与镜鉴,以及新时代中国体育荣誉观的培育和实现机制。

　　研究发现,(1)就体育荣誉的内在品性而言,体育荣誉观的培育是体育荣誉体系建设的基本内核,对于解决体育荣誉表彰中的现实问题具有决定性和导向性作用,并需要通过体育荣誉治理和体育荣誉制度规范得以实现。(2)新中国成立以来,体育荣誉观的筑塑方向阶段鲜明,作用显著,但在体育职业化、市场化、社会化和价值多元

化的背景下,需要培育新的荣誉观来回应部分职业运动员国家荣誉
感淡薄、物质奖励引领价值认同、社会表彰消费国家荣誉、多样化的
个体荣誉需求得不到满足等现实问题。(3)从域外主流体育荣誉观
及其实现机制来看,"荣誉—自由化""荣誉—民主化"和"荣誉—民
族化"体育荣誉观的建构逻辑受到国家体制、政治意志、价值取向、
民族情感、功勋传统、荣誉立法、职业化程度等多种因素的影响,不
同形态的体育荣誉观践行的治理理念和制度规范也不尽相同。(4)
对理性主义主导下体育荣誉观的反思和批判,让我们更加客观地认
识理性自身的局限性和一元政治价值指向的虚无性,体育荣誉观的
培育应该摆脱了抽象主义和理性主义的围困,更多地将价值目标定
位于体育荣誉治理实践。

　　基于域外主流体育荣誉观及其实现机制的经验和失落,结合多
案例分析结果和受访者建议。研究认为,在新的历史时期,应该建
构以国家荣誉为本体的多元体育荣誉观共存格局,建设面向全社会
开放的体育荣誉体系,充分调动新闻媒体、社会组织、地方政府、企
业和个人参与体育荣誉表彰工作的积极性,在坚持继续为国争光、
国家荣誉至上的基本原则下,创造通向个体荣誉权利实现的多元路
径。一方面,在荣誉观培育上:应培育和践行以国家荣誉为本体的
多元荣誉观共存格局的"荣誉——一体多元化"体育荣誉观。另一方
面,在体育荣誉观实现机制上:(1)坚持"推进体育荣誉体系立法建
设"的法治理念、"协调国家荣誉权力和个体荣誉权利关系"的平衡
荣誉权利理念、"强调行政体育荣誉表彰规范性"的政府有限权力理
念、"提升社会体育荣誉表彰参与度"的国家有限治域理念和"发挥
体育荣誉授予主体各自优势"的主体协同理念。(2)遵循"重塑国家
荣誉观和尊重个体荣誉权利"的价值逻辑、"发挥制度理性调节功能
和创新功能"的制度逻辑、"推进制度立法以规制授予程序"的学理
逻辑。(3)着重思考"凸显体育荣誉的稀缺性和特殊性"的运作内容

和"提升荣誉表彰权威性和公信力"的作用方式。(4)明确"政府、社会组织、企业共存性关系"的主体结构和"央、地、社一体化体育表彰系统"的层级设置。(5)在国家体育荣誉称号系统、国家体育行政表彰系统、地方政府行政表彰系统和非政府组织体育表彰系统的建设和完善中,应从称号设计、规格设置、规模周期、评选对象、评选标准、评选程序、表彰宣传、配套待遇、监督管理、退出机制等方面,详细规划,突出特色。

目　　录

1 绪 论

1.1 问题的提出

"科学和知识的增长永远始于问题,终于问题"[①]。研究之初,鉴于《中华人民共和国国家勋章和国家荣誉称号法》的颁布,以及当前体育表彰实践存在的现实问题,研究的重心放在了如何完善国家体育荣誉制度上。后续研究发现,体育荣誉制度建设固然重要,但是在多元价值观念并存、共同体精神离散化的新时期,体育荣誉观的注塑方向才是影响体育表彰和奖励工作能否顺应时代需求的关键,由此决定探讨体育荣誉观及其实现机制。

1.1.1 初始研究问题:体育荣誉表彰实践的困境

古人云:"盖有非常之功,必待非常之人""国家大事,唯赏与罚"。古今中外的政府和社会,无不需要通过表彰本国的杰出人士确立国家主流价值,弘扬核心价值观念,以此来凝聚人心,实现国家和民族认同,这是社会和谐稳定的基石。

---

① 威廉·A.戈顿.卡尔·波普尔与社会科学[M].殷杰译.北京:科学出版社,2020:4.

体育荣誉具有言行激励、行为引导和价值整合的功能。自古代奥运会以来,体育运动员无不以获取最高荣誉为生涯目标,"橄榄枝花环""金牌""劳伦斯奖""名人堂"等作为体育荣誉实现的重要载体和表现形式,其象征意义持续地形塑着体育荣誉至高无上的价值权威。

我国的体育荣誉表彰工作有着扎实的历史基础和强大的社会影响力。自1957年《国家体委关于各级运动会给奖办法的暂行规定》颁布后的60年来,有关国家层面的体育荣誉称号、勋章、奖章授予的法律法规、政策条例和表彰大会的发布约30余次。体现了中国特色社会主义制度下体育事业的中国气派和民族情怀,展现了体育荣誉的崇高和鲜明的时代特点。既重视体育精神的价值引领作用,又充分体现不同历史节点物质奖励的激励作用;既注重对优秀运动员、教练员的表彰,又表彰在学校体育、群众体育以及体育科技工作中表现突出的集体与个人。但是,就体育荣誉体系的完善程度而言,仍存在很多问题。例如,(1)体育荣誉表彰缺少总体设计,呈时断时续的状况,规范性和连续性不足。(2)体育荣誉表彰的权威性尚未得到真正确立,不同部门与团体之间,奖项设置存在同质化现象。(3)评选程序较为单一,一般由政府主管部门直接推荐,自下而上层级推荐程序不完善。(4)重物质奖励,轻荣誉表彰,奖励标准缺乏依据,(5)在商业性赛事中,消费国家荣誉的现象时有出现。(6)动态管理体系尚未真正建立,公众参与不足,荣誉退出机制不健全[①]。

1.1.2　研究问题的转化:多元体育荣誉观的冲突

决定把研究重点从完善体育荣誉制度转向对体育荣誉观的研究,源于对多个典型案例的深入分析,以下是几个重要片段:

---

① 陈高朋,缪佳.近30年国内体育表彰和奖励研究述评——基于国家荣誉制度立法背景[J].上海体育学院学报,2019,43(02):55—62.

一是从荣誉供给主体出发的案例：

(1) 2013年，国务院取消了76项评比达标表彰评估项目，有9项是由国家体育总局主办的，其中包括国全国优秀社会体育指导员、体育工作荣誉奖章、体育事业贡献奖等(2013,新华社)。

(2) 2014年，李娜在法网夺冠后，湖北省委、省政府授予其"湖北跨越先锋"荣誉称号和80万资金奖励，对此引发了广泛的社会关注和舆论声讨，争论的焦点在于政府表彰和社会奖励不同，应该有依据，有标准，有监督(新华社,2014)。

(3) 2020年3月，针对网络疯传的一场商业性综合格斗比赛，来自中国的运动员勇夺金要带后，被某组织授予"国家英雄"的荣誉称号，后遭到了人民日报和检察日报的批评，"不能将商业性赛事和国家荣誉捆绑在一起"(2020,人民日报)，不能为了"追逐利益而消费国家荣誉"(2020,检察日报)。

随着国家荣誉制度立法工作的推进，国务院对由国家体育总局设置的9项评比达标表彰评估项目的取消，意味着体育荣誉表彰项目的设置要能够引领社会价值导向，突出体育荣誉表彰的稀缺性、特殊性与合法性。李娜被湖北省政府强势表彰和奖励多引发的系列质疑和声讨，根本原因在于体育荣誉授予主体没有树立正确的体育荣誉观念，忽视了体育荣誉的自我实现功能和个体荣誉权利表达的需求。商业赛事消费国家荣誉的现象被人民日报和检察日报联合批评，意在确立国家荣誉的权威性，同时也为社会性质的体育荣誉表彰指明了方面。

二是基于运动员荣誉需求表达的案例：

(1) 在朱婷年少时，"祖国和人民的利益高于一切"这一信念就根植于心了。她常用"打球要有国家荣誉感"告诫自己。郎平也不止一次谈到："为国争光是中国女排的使命和义务"(新华社,2017)。

(2) "职业联赛金钱的刺激下，国脚们的责任感和国家荣誉感不强"(肇俊哲,2018)。"他们(国脚)丝毫荣誉感都谈不上"(里皮,2019)；"金元足球无助国足发展，部分国脚丧失为国征战荣誉感"(沪媒,2019)。

(3) 美国当地时间2019年7月20日，李娜正式入选国际网球名人堂，在面对"国家英雄"的赞誉时,她坦言,"能够进入网球名人堂,为自己感到骄傲,老实说,我从来不认为自己是国家英雄。"李娜曾不止一次谈到,"网球对我来说就是工作,不论输赢,我都只是为自己而战"(CCTV5,2019)。

(4)林丹则认为,"为了祖国的荣誉拼搏,在奥运赛场上升起国旗,这都没有错,甚至是非常伟大的一刻,也可能是终生难忘的一刻。但对于我来讲,除此之外,还想创造一个属于林丹的时代,影响一代年轻人。"(林丹自传,2017)。

(5)姚明在NBA火箭队打球时也曾表达了个人对国家荣誉和俱乐部荣誉的价值观念,"我最大的梦想就是代表国家队拿到奥运会冠军,但是夺取NBA总冠军的荣耀同样令人向往"(姚明自传,2012)。

男足荣誉感的缺失,映射出部分运动员未能正确处理个体价值、俱乐部利益和国家荣誉三者之间的关系;女排精神凝聚着国家荣誉高于一切、个体荣誉从属于集体荣誉和国家荣誉的文化传统;李娜的任性和坦率,隐喻着职业运动员个体荣誉权利表达的主观愿望;林丹体育荣誉观的形成基于为国争光,又超越了为国争光;姚明则表达了对国家荣誉的向往和对个体价值实现的双层梦想。

从以上案例可以看出,时代变迁、社会转型、文化融合、体育职业化和社会化、体育荣誉价值目标多元化等重要议题对体育荣誉表彰的现代化转型发展提出了严峻挑战。从荣誉供给主体来看,国家、地方政府和社会组织表彰系统,尚没有形成能够引领荣誉价值导向、尊重运动员个体的荣誉权利、敬畏国家荣誉的体育荣誉观。从荣誉需求主体来看,既存在一些职业运动员国家荣誉感淡薄的现象,又存在多样化个体荣誉需求得不到支持的观念问题。这就需要在价值深处培育与时代发展、国家意志、民族情感、社会期盼、个体需求相吻合的体育荣誉观。就荣誉观而言,培育是起点,如何实现才是关键[1]。由此将研究重心聚焦到体育荣誉观培育

---

① Jespersen E. Outline of Mimesis, Honor and Dignity in Modern Sport: A Commentary[J]. Physical Culture and Sport, 2019, 82(1):59—66.

及实现机制上。

1.2 研究背景、意义和目的

1.2.1 研究背景

我国宪法第六十七条关于全国人民代表大会常务委员会的职权规定中有专门一项"规定和决定授予国家的勋章和荣誉称号"。宪法第八十条规定,"中华人民共和国主席根据全国人民代表大会和全国人民代表大会常务委员会的决定……授予国家的勋章和荣誉称号……""国家荣誉制度是一个主权国家的基本宪法制度。"

2007年党的十七大明确提出:"设立国家荣誉制度。"2011年9月,人社部经商国务院法制办同意后致函法工委,建议由法工委牵头研究起草国家勋章和荣誉称号法草案。2012年党的十八大进一步提出:"设立国家荣誉制度。"2014年10月23日中国共产党第十八届中央委员会第四次全体会议通过《中共中央关于全面推进依法治国重大问题的决定》,明确指出,制定国家勋章和国家荣誉称号法,表彰有突出贡献的杰出人士。2015年4月10日第十二届全国人民代表大会常务委员会第四十五次委员长会议修改的《全国人大常委会2015年立法工作计划》将国家勋章和国家荣誉称号法列为8月份提交初次审议的法律草案。2015年12月27日,经第十二届全国人民代表大会常务委员会第十八次会议审议,正式通过了《中华人民共和国国家勋章和国家荣誉称号法》。

这部关于国家勋章和国家荣誉称号的专门法律,明确了国家勋章的授予对象和国家荣誉称号的授予对象。

"国家功勋荣誉授予在中国特色社会主义建设和保卫国家中作出巨大贡献、建立卓越功勋的杰出人士","国家荣誉称号授予在经济、社会、国防、外交、教育、科技、文化、卫生、体育等各领域各行业作出重大贡献、享有崇高声誉的杰出人士"。

——料来源:《中华人民共和国国家勋章和国家荣誉称号法》

此外,"国务院、中央军事委员会可以在各自的职权范围内开展功勋荣誉表彰奖励工作",《称号法》就国家荣誉制度其它方面的内容作出了刚性、科学的规范。《称号法》的出台,为国家荣誉制度的逐步完善,为体育荣誉制度体系的建构提供了基础性法律文本,使规范化、制度化开展此项工作具备了最重要的条件。

党的十八大以来,习近平总书记多次对党和国家功勋荣誉表彰工作作出重要指示,强调要充分发挥党和国家功勋荣誉表彰的精神引领、典型示范作用,推动全社会形成见贤思齐、崇尚英雄、争做先锋的良好氛围[①]。2016年8月25日,习近平总书记在北京人民大会堂会见第31届奥林匹克运动会中国体育代表团全体成员时强调了体育健儿为祖国和人民赢得荣誉的重要意义。

"我国体育健儿在里约奥运会上的出色表现,生动诠释了奥林匹克精神和中华体育精神,为祖国争了光,为民族争了气……希望同志们牢记使命、戒骄戒躁、再接再厉,努力为祖国和人民赢得更大荣誉。"

2019年9月30日,习近平专门邀请刚刚获得第13届女排世界杯冠军的中国女排队员、教练员代表,参加庆祝中华人民共和国成立70周年招待会,高度赞扬了女排姑娘的爱国主义精神和国家荣誉感。

"在第十三届女排世界杯比赛中,你们以十一连胜的骄人成绩夺得了冠军,成功卫冕,为祖国和人民赢得了荣誉。"

国务院办公厅于2019年8月10日印发实施《国务院办公厅关于

---

① 我国确立中国特色功勋荣誉表彰制度体系[N].人民日报,2017—7—28(01).

印发体育强国建设纲要的通知》,其中明确提出了国家体育荣誉体系完善的方向。

> "完善中国体育荣誉体系,鼓励社会组织和单项体育协会打造褒奖运动精神的各类荣誉奖励。"
> ——资料来源:《国务院办公厅关于印发体育强国建设纲要的通知》

国家荣誉制度的立法、国家政策的制定和国家领导人的言行暗示为新时代体育荣誉观的培育提供了依据,并指明了方向。在国家体育荣誉表彰实践困境以及国内"体育荣誉"相关研究相对薄弱的情况下,筑塑一个什么样的体育荣誉观成为本研究的重点和难点。中国传统社会中体育荣誉价值信念的"一元化"和市场经济下"多元分散化"的体育荣誉体系已然不能对接新时代体育强国建设的需要。由此,结合"荣誉—自由化""荣誉—民主化""荣誉—民族化"体育荣誉观的筑塑经验和研究成果,从体育荣誉观的铸塑方向出发,围绕治理理念和制度实践两个层面,探索"荣誉——一体多元化"体育荣誉观的实现机制。

1.2.2　研究意义

新中国成立以来,体育荣誉表彰工作在我国体育事业的总体布局中一直处于十分重要的地位,发挥认可、激励和价值导向的重要作用。《中华人民共和国国家荣誉勋章和荣誉称号法》的颁布是我国荣誉制度和奖励制度领域的重大制度创新,体现了国家建构国家荣誉制度体系的坚定决心,荣誉制度建设也是现阶段我国体育制度建设和体育文化建设的重要内容之一。传统的体育奖励"目标责任制"已不能适应现阶段我国体育事业发展的法治化诉求和社会民主高度提升的现实要求,体育行政治理需要转向社会公共治理。这就要求体育荣誉体系的建构应遵循"由内向外"的基本路径,在整体性和公共性视角下,进行相应的信念、理念创新并予以制度保障和法律确认。基于此,把完善体育荣誉表彰工作的思路由以往的单项制度、政策、条例的制定,上升到"体育荣誉观念培育"这一新高度来研究,重新审视和总结我国体育荣誉表彰的历史和现实,并对新时代体育荣誉观的注塑方向和培育模式进行深入探讨,得出科学的结论,对于实施"内容完整、结构合理、功能齐全、科学管用"的体育荣誉称号、奖章、表彰以及物质奖励的颁授行为具有重要的理论价值和实践意义。

(1)培育体育荣誉载体,弘扬体育核心价值观。体育荣誉治理是培育和践行体育核心价值观的题中之义和必然诉求,体育核心价值观是体育文化和中华体育精神的集中反映,凝结着体育人共同的价值理念。(2)筑塑新时代体育荣誉观,推进体育治理柔性化、法制化。通过探讨和比较主流体育荣誉观的类别、成因和适宜场域,确立体育强国建设背景下中国体育荣誉观的注塑方向及其实现机制。(3)开辟体育激励机制研究的新思路。以往体育激励机制之所以后劲不足,一个重要原因,就在于更多的关注体育奖励制度的建设,未能从体育荣誉观的层面探究问题本质。因此,提出新时代体育荣誉观的注塑方向和实现机制,不仅是总结实践探索的理论结晶,更是为了指导今后体育荣誉表彰实践的健康、有序发展。

1.2.3 研究目的

在体育职业化、市场化、社会化和价值多元化的背景下,需要培育新的荣誉观来回应部分职业运动员国家荣誉感淡薄、物质奖励引领价值认同、社会表彰消费国家荣誉、多样化的个体荣誉需求得不到满足等现实问题。由此,研究目的主要包括两个方面:一是通过新时代体育荣誉观的培育,重塑职业运动员的国家荣誉感、厘定体育荣誉表彰的核心价值导向、更加有效地引导和激励个体发展、更好的满足个体多样化的体育荣誉需求。二是通过体育荣誉观实现机制的完善,摆脱体育荣誉表彰实践中遇到的体育荣誉称号的权威性不足、推荐和评选程序不严谨、奖项设置同质化现象突出、物质奖励缺乏依据和标准等现实困境。

1.3 理论基础

学者们对荣誉的相关研究为我们奠定了理论基础,这里重要的研究起点是基于"荣誉是激发个体能动性的重要源泉"的观点,它强调如何通过荣誉表彰最大程度的激发个体的能动性。最具代表性的研究是莎伦·R克劳斯关于自由主义和荣誉的论述[①],他将荣誉和尊严、权力、声望、精神、价值相联系,通过大量的案例研究得出,共同体成员会因为伟大个体的成就而向其看齐。因为,荣誉比利他主义更加可靠,比自利行为更加勇敢[②]。这一内在品性使得荣誉成为激发个体能动性的源头,尤其是在个体行动存在巨大风险,而效益又不太明确的情况下。以此作为研究基础和逻辑起点,运用人行假设理论、行为激励理论、系统论和价值哲学论,分别探讨了个体荣誉需求的复杂性、荣誉激励的内容和方式、荣誉观和实现机制的系统性、荣誉观培育方向的价值立场。

1.3.1 人性假设理论

有的研究从人性的特征出发,将荣誉的能动性功能转变为对特定环境做出的积极反应和价值选择,使得个体或集体的行为集中在特定的价值场域[③]。这种对荣誉观念的整体探讨,消解了个体对荣誉权利的向往和需求,使得荣誉表彰行为构成了组织者的战略决

---

① [美] 莎伦·R.克劳斯.自由主义与荣誉[M].林垚译.南京:译林出版社,2015.
② [美] 艾尔菲·科恩.奖励的恶果[M].冯杨译.太原:山西人民出版社,2016.
③ Gire J T, Williams T D. Dissonance and the Honor System: Extending the Severity of Threat Phenomenon[J]. The Journal of Social Psychology, 2007, 147(5):501—509.

策①。这样的话,荣誉授予主体就能够更好地把握荣誉治理的目的和方向,更好地应对多元主体荣誉价值信念的离散②。

荣誉观的探讨离不开人性假设的理论层面③。人性假设理论把荣誉观念的培育放在一定的社会环境之中,以实现符合特定国度、地区和民族意志的制度观作为根本任务,强调荣誉观念的多样化和时代性。事实上,早在希腊—罗马时代,亚里士多德就提出了荣誉个体"政治人"的假设。亚里士多德认为,从本质上而言,荣誉激励是政治行为,是鼓舞人们追求"善"的社会行动④。社会中的人们渴望得到他人的认可,渴望归属感,渴望获得社会的可定。"政治人"的禀赋符合这样的逻辑:任何伟大、非凡、杰出的个体等候生活在一定的国度内,国家通过政治意志引领社会生活,荣誉表彰能够保障人们积极有序的参与社会活动,从而形成广泛的政治认同。到了中世纪,基督教提出了"原罪人"假说,它们认为,上帝赋予人类以智慧,同时也给人类种下了"恶",人类只有树立"标杆",不断的激励世界上的每个人崇尚荣誉,向往美好,才能从根本上抵制人类的"原罪"⑤。近代以来,"理性经济人"假设占据了人性假设理论的主流位置。这一假设摆脱了对人性"善"与"恶"的争论,而是从利益关系视角讨论个体的荣誉权利,在一定程度上承认了荣誉个体的自主性需求。基于此,荣誉观念的培育就在于更好地实现对人们的激励,以及对荣誉个体价值需求的回应和引导上。由此可知,人性是多面的、复杂的,现实中的荣

① Deci E. L. Effects of Externally Mediated Rewards on Intrinsic Motivation, Journal of Personality and Social Psychology, 1971, 18(1):105—115.

② Eisenberg J. How Individualism—Collectivism Moderates the Effects of Rewards on Creativity and Innovation:A Comparative Review of Practices in Japan and the Us.Creativity and Innovation Management, 1999, 8(4):251—261.

③ 黎红雷.人性假设与人类社会的管理之道[J].中国社会科学,2001(02):66—73+205—206.

④ 张强.公务员激励机制的理论前提:人性假设[J].行政论坛,2001(04):27—29.

⑤ Cooper B. L. Pamela Clasen, Dora E. Silva—Jalonen, & Mark C. Butler. "Creative Performance on An In—basket Exercise Effects of Inoculation Against Extrinsic Reward". Journal o f Managerial Psychology, 1999, 14(1): 39.

誉个体既是自然人,也是社会人,兼具自然属性和社会属性,荣誉观念的复杂性就在于个体是能够做出价值判断和选择的。

1.3.2 行为激励理论

行为激励理论是认识荣誉观念的另一个重要视角,它属于行为科学的范畴[①],强调表彰、奖励、赋权等外部条件的刺激,以此激发个体的行为动机,进而在特定的场域内产生价值认同和行为反应。行为激励是一个不断满足需求的循环系统[②],即:由需求产生动机,由动机导致行为,当行为的结果满足了需要,新的需要就会出现,如此循环。在此基础上,荣誉表彰的实质在于从荣誉授予主体的视角出发,激发荣誉需求客体的动力,从而实现预定的目的。已有研究成果主要集中在四个方面:第一,着重研究激发个体能动性的"内容型"激励理论[③],主要包括勋章、奖章、荣誉称号、权力、物质奖励需要理论等。第二,重点关注从动机生成到实施行动的"过程型"激励理论[④],包括荣誉期望、英模效应、目标设置等。第三,着眼于荣誉实现结果的"强化型"激励理论[⑤],包括媒体宣传、组织学习等。第四,系统反映荣誉个体在激励过程中的"综合型"激励理论,包括荣誉授予、荣誉管理、荣誉监督和荣誉撤销等。

和以上行为激励理论相一致,有学者归纳出了荣誉激励的不同方式[⑥],即:目标性激励、奖励性激励、竞争性激励、反向性激励。没有得到满足的荣誉渴望是荣誉激励的起点,它激发个体的能动性,从而

---

① 付子堂.法律的行为激励功能论析[J].法律科学.西北政法学院学报,1999(06):21—28.

② 吕虹.政府决策制度体系研究[D].长春:吉林大学,2007:12.

③ 曾湘泉,周禹.薪酬激励与创新行为关系的实证研究[J].中国人民大学学报,2008(05):86—93.

④ Needlham J. The Grand Titration: Science and Society in East and West. London: George Allen&. Un—win,1969.

⑤ Amabile T. M. "Motivating Creativity in Organizations: On Doing what You Love and Loving what You Do". California Management Review,1997(fall):21—35.

⑥ Milkovich G. J. Newman. Compensation. 8th edition. Boston: McGraw—Hill/Irwin,2004.

导致积极的行动①。人们对荣誉的需要越强烈,积极性就会越高,内在动力也就越大②。荣誉中的精神、名望、物质和附加权益,是人们渴望实现的利益需求和价值需要,荣誉激励对个人和团体都具有价值引导和行为激发的作用。它利用人趋利避害的本性,激励人们通过努力获得荣誉,以强化满足需要的行为动机。行为激励理论不仅有助于我们解读荣誉观的培育和实现过程,而且有助于制度设计主体在完善荣誉体系时最大程度地实现荣誉的激励程度和效果。

1.3.3 系统论

系统论是理解荣誉观的第三种理论视角,它强调体育荣誉体系建设的整体性、层次性和开放性。通常认为,荣誉观是诸多元素按照一定秩序组成的荣誉体系中的核心部分③,诸要素之间保持内在联系,表现出向同一目标行动的动态过程④。

荣誉表彰不仅涵盖了个人或组织的独立行为,而且关涉到荣誉表彰的政治意志、结构等级、实施流程等众多维度,因此,首先要强调荣誉观念培育和实现的整体性。荣誉体系是由若干要素在一定的环境和秩序下形成的有机整体⑤,作为荣誉体系中的子单元一旦结合在一起形成整体,其功能和性质都发生了变化,从而形成综合性的荣誉表彰系统,实施社会性的质的规定性⑥。荣誉观念注塑的整体性强调各要素间的重要联系,而不是其功能和性质的简单相加。这就意味着,如果把政府、社会组织、市场、媒体等任何要素从

---

① Winston A. S., Baker J.E."Behavior Analytic Studies of Creativity: A Critical Review". The Behavior Analyst, 1985(8): 191—205.

② Finke, R. A., Ward, T. B., & S. M. Smith. Creative Cognition: Theory, Research and Applications. Cambridge, Mass.: Bradford/ MIT Press, 1992.

③ [美]贝塔朗菲. 一般系统论——基础、发展、应用[M]. 北京:社会科学文献出版社,1987:6

④ [美]贝塔朗菲. 一般系统论导论[J]. 自然科学哲学问题丛刊,1979:20.

⑤ Deci E.L. Effects of Externally Mediated Rewards on Intrinsic Motivation, Journal of Personality and Social Psychology,1971,18(1):105—115.

⑥ 赵家俊. 行政荣誉的激励功能及其优化[J]. 管理观察,2019(28):72—73.

荣誉观念的培育剥离出来,它们都将失去原来的作用,荣誉观念也失去了依托。其次,基于荣誉体系建构的层次性,荣誉观念的培育也是强调个体和时空差异性的。不同时空个体荣誉观之间的关联并不是杂乱无序的,而是在不同层级上表现出结构性和有序性。对此,有学者提出了因不同性质和等级的差异,除了整体性之外,荣誉观念还呈现"部分的秩序"[①]。此外,基于荣誉授予主体间的差异以及各要素结合方式上的差异,决定了荣誉观念的等级性和次序性,但每个层级之间又是相互联系,紧密互动的。再次,要考虑到荣誉观念注塑的开放性。国家设立荣誉体系,起因是为了塑造公民的价值认同和国家认同,因此具有较强的政治功能。但荣誉体系的又表现出广泛的社会参与性,尤其是在市场经济下,荣誉授予主体的多元化态势愈加明显,实现经济效益、社会效益和个体价值等开始成为荣誉体系的发展方向。对此,系统论的观点认为,荣誉观念本就形成于开放的世界之中,可以是国内的、区域内的、地方性质的,也可以是世界性的,如诺贝尔奖、劳伦斯奖等,它们与外界相接触,并相互影响着。开放的荣誉观念所具有的系统性特征,正是通过内外部环境、要素的互动来逐步完善的。

1.3.4 价值哲学理论

价值哲学从价值深处探讨了荣誉观念的更深层问题。价值哲学是凝结时代精神,并始终关怀人类发展根本问题的哲学立场[②]。科学技术和经济全球化的快速发展推动了人类社会的巨大进步,同时也给当今社会带来了系列重大问题:不同文明之间的冲突与合作

---

① Stajkovic A D, Luthans F. Differential Effects of Incentive Motivators on Work Performance[J]. Academy of Management Journal, 2001, 44(3):580—590.

② 注释:价值哲学的目的不仅是揭示外部世界和人类思维的发展规律,也不仅是为人类提供更经济的思维方式,更重要意义在于为它所处的时代创造出具有根本性的、能引导理想生活的价值信念、理念和规范。(约翰·V·康菲尔德,2016)

问题,战争威胁与恐怖主义的问题,公平、正义和效率问题,信仰的多样化和道德标准的相对化问题,等等。

价值哲学的立场和理想是人类活动的向导,价值哲学能够为人类生活提供安身立命之所,能够为解决人类社会的根本问题提供世界观和方法论①。作为引领人类社会发展方向的哲学,价值哲学的研究取向是关注人类生活的"应然"和"未来"②。正是基于它对"有为"和"可为"时空的关怀,才确立了价值哲学在"未来发展知识体系"中不可取代的独特地位。荣誉看似虚无缥缈,实则却是阐释个人、家庭、集体、国家、社会关系的重要价值元素。个体通过努力,为家庭、团队、国家赢得了荣誉,得到社会各界的认同和赞许,不仅实现了自我价值,而且为他人指明了社会的主流价值趋向。国家和社会通过隆重的庆典仪式授予个人、团队荣誉称号,以此倡导某种行为,引导社会价值,从而维护某种价值秩序。而荣誉之所以成为国家治理不可或缺的柔性技术,主要原因在于荣誉是激发个体能动性的重要源泉③。

整体而言,已有的关于荣誉观的理论表明,(1)荣誉是激发个体能动性的重要源泉。(2)荣誉观的培育要考虑个体的多样化需求。(3)荣誉观的注塑要强调整体性、层次性和开放性。(4)荣誉观念的注塑方向要能够引领社会主流价值。

那么,体育荣誉观需要厘清的关键问题是:什么是体育荣誉?体育荣誉治理的价值基础是什么?它是如何激发个体能动性的?其一,体育荣誉的本质属性可以细化为两个部分:价值导向的问题和体育荣誉权利的合法性问题。其二,体育荣誉治理的价值基础源自于体育荣誉的内在品性和社会主流价值导向。其三,关于体育荣誉如何激发个体能动性的问题,实则是指个体荣誉观实现机制的问

---

① [美]杜威.哲学的改造[M].许崇清译.商务印书馆,1958:54.

② [德]文德尔班.文德尔班哲学导论[M].施旋译.北京:北京联合出版公司,2016:211.

③ [美]奎迈·安东尼·阿皮亚.荣誉法则:道德革命是如何发生的[M].北京:中央编译出版社,2011:6.

题。可见,无论是体育荣誉的本质属性,还是体育荣誉观培育的价值基础,亦或是个体体育荣誉权利的实现,都离不开价值问题,体育荣誉和荣誉观、荣誉治理之间存在着固有的内在联系。国家设立体育荣誉制度、实施体育荣誉治理,其价值目标是强调个体、团队对国家和社会的责任,宣扬体育英模的价值示范意义,关于这一点可以从公民德性、斯卡仑的"同意动机"①或罗尔斯的正义感②找到理论依据。此外,我们还需意识到,国家意志和政府行为并非激励个体实现自我价值的主要因素,而个体荣誉观的充分表达才是调动个体积极性、发挥个体能动性、增强个体社会责任感和国家荣誉感的关键。

　　体育荣誉观在特定场域下表现出不同向度,从治理主体的性质上来看,有国家体育荣誉观和社会体育荣誉观之分;从需求主体上看,有初级体育荣誉观、高级体育荣誉观和终极体育荣誉观之分;从内部层级上来看,又可划分为国家体育荣誉观和地方体育荣誉观。从本质上看,体育荣誉观在是人类在体育运动实践中展现出来的。离开体育运动谈体育荣誉治理的时代性、目的性和主体性,会把价值问题的研究导向经院哲学。以马克思唯物史观为指导来探讨体育荣誉观的注塑方向和实现机制,不仅要从价值信念、价值理念层面做出抽象分析,还要对保障体育荣誉价值导向和实现的制度规范做出具体阐释。

1.4　基本概念界定

1.4.1　体育荣誉

　　明晰体育荣誉的上位概念和本质内涵是进行理论研究和对象认知的前提条件,那么有必要回答"什么是荣誉"这一问题。按照

---

① 孙关宏,胡雨春.政治学[M].上海:复旦大学出版社,2005:229.
② 戴木才.政治的价值基础及其维度[J].哲学动态,2005,28(8):9—13.

《现代汉语词典》的定义,"广义的荣誉(Honor)意为光荣的名誉,狭义的荣誉是指由于成就和地位而得到广为流传的名誉和尊荣。"《辞海》中关于荣誉的定义是指"个人或团体由于出色地履行义务而获得的公认的赞许和奖励,以及与之相应的主观上的肯定感受,它是客观评价和主观感受的统一[18]。"在司法领域也有荣誉概念的释义,主要涵盖三个层面,即荣誉的价值、荣誉的性质和荣誉的表现形式。例如,上海市闵行区人民法院(2011)第6914号判决书中显示,"荣誉是自然人为国家和社会做出了突出贡献而获得国家或社会组织授予的光荣称号";山西省高级人民法院(2001)认为,"荣誉是国家通过政府机关或社会组织赋予公民的一种美好称号"。上述表达至少涵盖四层指涉:其一,荣誉的主体是自然人(公民);其二,荣誉是一种光荣称号;其三,前提是在某方面作出了突出贡献;其四,荣誉是由国家或社会组织授予。

如此一来,荣誉的内涵似乎已经从不同层面解释了体育荣誉的语义指向,体育荣誉只是荣誉的一种表现形式,和司法荣誉、教师荣誉、军人荣誉、科技荣誉没有本质上的区别,也不存在荣誉治理的特殊性。从而进一步提出体育荣誉的概念,容易被视为冗余之举。实际上,现有的体育荣誉体系所暴露出的诸多问题是无法据此得到合理解释的,已有的荣誉理论并没有解决"什么是体育荣誉"这一基础问题。由此,研究将从体育荣誉治理实践切入,明确体育荣誉表彰问题所在,揭示体育荣誉的本质内涵。

从现有的体育荣誉纠纷案件以及荣誉授予情况来看,问题主要集中在以下方面:竞赛结果是不是荣誉? 奖牌是否属于荣誉? 体育荣誉的授予是否要经过授奖客体的同意? 荣誉的授奖主体是否需要合法性验证? 荣誉能否被撤销? 若要对此类问题作出合理判断,要基于国家、社会、法官、民众对体育荣誉的理解,即对"什么是体育荣誉"的认识和回答。由此可以继续追问,要获得体育荣誉需要满足哪些条件？体育荣誉是否只是一种结果，其过程是否重要？体育荣誉的获得是否接受第三方的监督？是否应当设立撤销机制？此外，体育荣誉称号和奖牌是一种奖励，还是社会评价的载体？遗憾的是现有的荣誉纠纷案例无法明确回答以上疑问。

工具理性、自由主义、政治权威都在一定程度上解释了不同政体和文化背景下，体育荣誉概念所涵盖和表述的基本理念，但在实践表明，已有的研究较注重考察荣誉的一般特征，以及体育荣誉的形式性和权威性两大基本要素，却忽视了对体育荣誉的特殊性和荣誉感要素的揭示。形式性和权威性强调的是荣誉需求对象对国家、群团组织、权威机构的积极回应，即体育工作者的功绩达只有到了荣誉主体制定的标准，才能获得不同形式的荣誉称号和积极评价。需要注意的是，在此过程中个体能动性的表达被抑制，以荣誉感为核心的心理作用机制运行受阻，体育荣誉的概念得不到完整的诠释。

由此推断，体育荣誉的概念至少应包括以下要素：比赛结果的即时性——依据比赛成绩和排名获得相应的荣誉称号和奖牌；国家授予的权威性——彰显体育荣誉治理的合法性；群团授予的社会性——即蕴意体育荣誉授予主体的多样化；荣誉表达的形式性——强调荣誉称号、奖章、奖状等的象征性；个体需求的差异性——考虑个体荣誉感的激发和培育；公众评价的参与性——坚持"以人民为中心"评价理念；荣誉撤销的滞后性——增设荣誉退出机制。

1.4.2 荣誉治理

荣誉是共同体对个人成就或杰出贡献所作出的褒奖和称赞，受奖个体享有他人的情感认同，获得光荣的名誉，并引领共同体的价值目标，激发行为动力[①]。个人获得的荣誉可以转换成典范，进而形

---

① 黄月琴，何强．奖与罚：新闻奖的荣誉域及其荣誉实践[J]．国际新闻界，2017，57(5)：63—84．

成集体荣誉。英模典范是传播价值理性的重要载体,以具体可感的方式供给象征性符号[①]。荣誉产生的过程是通过评选、表彰、传播等程序,创造一个时间、空间共同体,供群体成员共同"凝视"[②]。由此,荣誉的产生也是共同体认同和价值追求的表征,通过荣誉表彰和传播,实现对共同体成员的情感激励和价值引领。当荣誉上升为规则或制度,就会同共体的行为规范和道德理念产生规约和治理的作用,从而形成和谐共进的良好社会风气。

实际上荣誉治理是普遍存在,古往今来,荣誉性质的奖励广泛存在于国内外任何政体[③]。国家若要实现高效的社会治理,需要通过所拥有的公共资源来引导和规范社会行为。行政命令和法律规范是国家常用的硬性治理技术,而荣誉表彰则是引导和激励共同体成员自愿作为国家所期望行为的重要形式[④]。为了达到一定的政治目的,所有的国家都会通过设立英模典范的形式引导社会价值观,进行思想和道德治理。荣誉表彰是国家分配价值理念的权威性路径,荣誉治理在此过程中起到政治规训、价值塑造和精神引领的作用[⑤]。因此,荣誉治理是国际上较为常用的柔性治理技术。

"树典型、表先进",并通过新闻媒体的传播和渲染,倡导全社会努力拼搏、学习先进,是我党治国理政的一贯性手段和方法[⑥]。荣誉治理的路径和作用机制又是依赖国家的需要来建构的,表征着鲜明的历史规定性,和所处的时代背景、社会性质和治国理念紧密联系。

---

① [美]克利福德·格尔茨.文化的解释[M].韩莉译.南京:译林出版社,2008:175.

② 注释:"凝视"是群体共同关注象征性行为,由此制造一个从他认到自我、再到群体的精神连接纽带,形成学习和效仿机制,生成共同体认同和群体成员的特有符号。(黄月琴,2015)

③ 姚东旻.荣誉/地位的最优分配:组织中的非物质激励[M].北京:中国人民大学出版社,2015:5.

④ 张树华,潘晨光等.中外功勋荣誉制度[M].中国社会科学出版社,2011:2.

⑤ 韩志明,史瑞杰.国家荣誉的社会认知——基于问卷调查数据的实证分析[J].中国行政管理,2015(10):64—68.

⑥ 汪家焰,钱再见.全球公共政策的协商民主逻辑及其实现路径[J].探索,2019,35(1):70—78.

自秦汉以来,为了巩固政治秩序,维护道德体系,国家就开始以忠、孝、义、节、勇等为标准,设立了各种类型表彰制度。在革命战争年代,表彰制度的设立以战争需要为导向,重点塑造英勇善战的战士楷模,以及奋战在后方的劳动模范和英烈家属。在新中国成立初期,为了大力发展经济,加快工业化步伐,加强国防建设,在工作一线塑造了众多劳动模范和精神领袖。改革开放以来,国家的战略重心转移到经济建设上来,为了激发全社会的工作热情,树立正确的价值观和竞争精神,文化、教育、科技、卫生、体育等各领域纷纷推出英模典型①。其中女排精神在上个世纪80—90年代对全国各领域、各行业都起到了精神激励和价值引领的重要作用。随着国家的发展和制度化水平的提高,荣誉治理的路径和方法也日益多样化、标准化。

另外,在价值层面上,党和政府作为分配公共利益的执行者和维护者,有责任和义务维持社会正常秩序,树立核心价值体系。在多元化利益诉求的现代社会体系中,国家通过荣誉治理塑造核心价值体系,引导公众的价值取向,能够在很大程度上缓解社会矛盾,避免价值冲突引起的道德冲突和社会分化,实现价值整合与社会良性运行。

因此,荣誉治理的核心理念是在某一共同体中树立英模典范,对其行为和贡献重新定义和释义,上升为具有价值引领作用的意识形态符号,通过共同体成员间的互动,荣誉表彰塑造的社会核心价值就会潜移默化地影响群体的价值取向和情感认知,从而增强社会凝聚力和国家认同感,实现治理能力柔性化、现代化。

1.4.3 体育荣誉制度

国家荣誉制度的研究涉及到历史学、政治学、社会学、管理学、教育学、法学等多个学科领域,在研究内容上应包括中外比较研究、

---

① 陈高朋,缪佳.近30年国内体育表彰和奖励研究述评——基于国家荣誉制度立法背景[J].上海体育学院学报,2019,43(02):55—62.

国内制度变迁研究、制度设计和实施研究、程序规制研究、逻辑框架研究以及制度影响力研究等。"荣誉制度"这一概念源自托马斯·杰斐逊的教育理念①。

国内有关国家荣誉制度的研究成果主要集中在对国家荣誉制度建设的重要性、可行性和立法基础等方面的讨论,其他视角的研究较少。对国家荣誉制度的解读,有学者指出"国家荣誉制度是指国家最高权力机关或国家元首对为国家和社会做出杰出贡献的优秀人士给予表彰和奖励,并利用重要节日举办规范性仪式,授予勋章、荣誉称号、奖章等各种规章、程序和制度的总称②。"也有学者认为"国家荣誉制度是指由国家专业机构对在某一领域为国家做出突出贡献的杰出人士给予认可和赞扬,并授予至高荣誉的制度安排,是国家层面对荣誉授予程序做出的系统性、规范性制度安排③。"另外有学者提出"国家荣誉仅指国家内部的最高荣誉,区别于政府部门授予的表彰和奖励,国家荣誉制度的设立具有唯一性,应禁止中央到地方乃至社会组织等自行制定荣誉制度的行为,维护国家荣誉制度的最高权威④。"还有一种观点把国家荣誉制度的概念置于国家奖励制度的框架内予以概括,认为国家荣誉制度是奖励制度的最高形式。例如,"国家荣誉制度是指依据国家法定程序,表彰和奖励在各个领域为国家和社会建设作出突出成绩和贡献的杰出人士,表征为科学化、系统化、法治化和制度化的国家奖励制度体系⑤。"

从现有文献资料看,尚未直接提出"体育荣誉制度"一词,但结合"《中华人民共和国国家荣誉勋章和荣誉称号法》(以下简称《称号

---

　① 注释:早期被美国大学用于诚信教育的制度安排,是学生诚信上对学校做出的承诺,主要是为了防止学生出现考试作弊、作业抄袭、科研剽窃、偷窃等道德失范行为而做出了制度规制,反应了学生自制、自律的优良传统(金维才,2004)

　② 江国华.中国国家荣誉制度立法研究[J].中州学刊,2014(1):48—55.

　③ 刘昌武.国家荣誉制度构建研究[D].长沙:湖南大学,2009:12.

　④ 钱宁峰.论国家荣誉制度的宪法基础[J].西北政法大学学报,2008(5):14—22.

　⑤ 戴鑫韬.国家荣誉制度研究[D].昆明:云南财经大学,2012:27.

法》)"、"荣誉"、和"国家荣誉制度"等相关法律、理论和概念,研究认为,体育荣誉制度就是以《称号法》为法律依据,以国家荣誉制度建设为理论基础,以程序正义为基本原则,以公众参与为核心内容,以社会监督为基本保障,通过国家行政机构和社会团体组织实施,对在国家体育事业发展过程中做出累积成就和杰出贡献的体育工作者予以表彰或奖励,并授予勋章、荣誉称号或奖章等的具有科学化、法制化和程序化特征的制度系统。

1.4.4　体育荣誉体系

基于研究视角的不同,对"体系"的理解千差万别,自然界可以大到宇宙体系,小到纳米体系;在社会学领域,可以大到思想体系,也可以小到课程体系。那么,关于体育荣誉体系的探讨也必然有多种维度。可以是宏观的整体架构、可以是微观的制度探索,也可以是从宏观到微观的系统建构。当然,可以是抽象的,也可以是具体的。例如,可以研究体育荣誉体系的思想、理论建构,也可以做体育荣誉体系的制度、规范、法律、条例等具体建设。换句话说,体育荣誉体系可以是显性的,也可以是隐性的。本文的关键是对体育荣誉体系概念的界定既要能够回应体育荣誉表彰实践中的现实问题,又要有理论依据。

中国体育荣誉表彰实践中的很多问题,并不仅仅是制度问题,不是调整奖励规定和条例、规制荣誉授予程序能够解决的,而是在荣誉治理理念、荣誉价值信念上存在更深层次的问题。具体而言,每一名运动员或运动参与者(例如,爱好马拉松的人群),他们的荣誉感是存在差异性的,这其中包括国家荣誉感、俱乐部荣誉感、团队荣誉感、家庭荣誉感、个体荣誉感等。对体育荣誉体系的考察,应从个体荣誉感和个体荣誉权利的表达出发,要处理好体育荣誉和国家意志、政治、个体价值之间的关系,基于价值哲学的视角,就是要把握好体育荣誉价值信念的铸塑方向,在此基础上,创新体育荣誉治理理念,在依法治理、国家有限治域、政府有限权力等理念下,设立具体的体育荣誉表彰政策、制度和条例等。

莎仑·R·克劳斯指出,"荣誉只有在一个相对稳定的价值体系和社会秩序中,才能够对维持着个体荣誉的权利分割加以支援[①]。""荣誉体系不但需要厘定价值信仰的终极目标,还需要依据法律、思想、理念,设置荣誉制度作为配套条件[②]。"奎迈·安东尼·阿皮亚认为,"荣誉看似虚无缥缈,实则却是阐释个人、家庭、集体、国家、社会关系的重要价值元素[③]。""假如一个荣誉体系是合理有效的,那么它就不能只关注荣誉治理技术的创新和制度规范的革命,更重要的是对核心层面的荣誉价值信念的铸塑[④]。"由此可见,从价值哲学的视域出发,荣誉体系应包含三个层面,由内向外依次是:荣誉价值信念、荣誉治理理念和荣誉制度规范。

体育荣誉体系具有荣誉体系的一般性,又有其特殊性。例如,(1)荣誉授予的即时性。奥运会比赛结束,运动员获得的奖牌就是荣誉的象征。(2)强大的感染力和价值引领作用。观众可以通过观看比赛,瞬间提升民族凝聚力和自豪感。从女排五连冠至今,没有哪一个领域在这么短的时间内,能够在全国范围内引起社会共鸣,引领社会主流价值,激励全国人民努力拼搏、团结奋斗。(3)设有荣誉退出机制。例如,奥运金牌运动员在随后的几年内,如果被封存的血液样本被检测出违禁药物,金牌将被取消。就其本质而言,体育荣誉体系的架构离不开对价值观念的探讨,体育荣誉不仅是激发运动员个体能动性的重要源泉,也是体现国家意志、引领社会主流价值的重要载体。

---

① [美]莎仑·R·克劳斯.自由主义与荣誉[M].南京:译林出版社,2015:77.

② [美]莎仑·R·克劳斯.自由主义与荣誉[M].南京:译林出版社,2015:103.

③ [美]奎迈·安东尼·阿皮亚.荣誉法则:道德革命是如何发生的[M].北京:中央编译出版社,2011:90.

④ [美]奎迈·安东尼·阿皮亚.荣誉法则:道德革命是如何发生的[M].北京:中央编译出版社,2011:227.

由此,从价值哲学和系统论的视角出发,体育荣誉体系是指由内向外包含荣誉价值信念、荣誉治理理念和荣誉制度规范三个层次的动态社会系统。在这个系统中,每一个层次又由相互关联的价值观念和结构性要素所构成,这些价值观念和结构性要素既相互联系,又相互区别,并按照一定的形式组合在一起,形成一个层次和结构稳定、要素动态调整的完整系统。

1.4.5 体育荣誉观

荣誉观的研究可以追溯到古希腊罗马时期,亚里士多德和托马斯·阿奎那从德性的视角深入讨论了荣誉观的场域、准则和终极信仰[①]。从一定程度上来说,托马斯荣誉观是对亚里士多德荣誉观的继承和发展,他们对荣誉观形成的荣誉域与荣誉准则都有卓越见解。荣誉域一般指荣誉观形成的环境、场所和条件,即某种荣誉观是在何种政治、经济、文化背景下形成的。通常处于不同国家、民族和社会阶层的人对于荣誉的理解和评价是存在差异性的。亚里士多德以目的论为指导,从哲学视域深刻剖析了荣誉观形成的目的性和伦理德性[②]。托马斯从神学的视域审视信仰,认为神学凌驾于哲学之上[③]。期许人们通过追求崇高理想,完善德性,从而为上帝赢得荣誉,这就意味着托马斯德性荣誉观带有超越个体和社会的神学蕴意。所谓荣誉准则,是指能够维护个人荣誉的制度规范和价值标准,不同的荣誉域往往生成不同的荣誉准则[④]。托马斯则认为完善内在德性和

---

① 马义米.当代中学生的荣誉观研究——以海南省为例[D].上海:华东师范大学,2018.

② 亚里士多德.尼各马可伦理学[M].亚里士多德全集:第8卷.北京:中国人民大学出版社,1991:24.

③ 江畅.托马斯·阿奎那论德性[J].华中师范大学学报(人文社会科学版),2014,53(02):63—74.

④ 注释:亚里士多德认为,内在德性的养成和适度原则的遵循,是一个人获得荣誉的两大准则。"人们追求荣誉似乎是为确证自己的优点,至少是,他们寻求从有智慧的人和认识他们的人那里得到荣誉,并且是因德性而得到荣誉。"(杨广越,周世露,2019)

坚定上帝信仰是获得和维护荣誉的核心准则[①]。"荣耀、荣誉、权利、财富、地位等外在的善,只能够给人们带来一时的快感和自豪感,而不能带来恒久的幸福感,外在善是幸福的外延,而不是本质[②]。"追求自身价值目标的尘世间荣誉在上帝荣誉面前是卑微的,神圣的上帝荣誉才是激发人们行动的不竭动力。此后,西方学者开始关注荣誉个体的主观认知和客观评价之间的关系,解析荣誉观形成的道德因素。荣誉观作为一种价值观念,是随着人类文明进程不断发展和演变的。在不同的时代所形成的社会主流荣誉观是有差别的,即便是在同一个时代,不同地域、国家、民族、文化、体制、阶层、职业的人们对荣誉的认知、评价和需求也是不一样的。

现代奥林匹克运动会伊始,荣誉观的培育作为重要议题进入了学者、政治家和新闻工作者的视野。对于运动员而言,荣誉是他们灵魂里最切身的珍宝,体育荣誉和使命、意志、理想、信念、国家、民族密切相连,在某些时候,荣誉甚至高尚的超越了生命[③]。运动员的价值理想,驱使他们崇尚荣誉、追求荣誉、超越荣誉[④]。体育荣誉是运动员获胜后获得的积极社会评价,狭义上来讲,体育荣誉观是受奖者对代体育荣誉表彰的价值观念。广义上来讲,体育荣誉观是一定时期社会褒奖所追求的体育价值观念,包括以国家、社会、体育协会、体育俱乐部、地方政府、家庭、个人等,作为主体单元,对体育荣誉表彰所追求的价值观念[⑤]。某种或某些体育荣誉观的形成是受历史沿革、体育文化、国家意志、民族情感、社会价值等多种因素影响的[⑥]。体育荣誉观的本质意蕴应该从两

---

① 亚里士多德.尼各马可伦理学[M].廖申白译.北京:商务印书馆,2003.

② 龚群.托马斯·阿奎那的德性论[J].伦理学研究,2016(05):43—47.

③ Baughman W. Hall of Fame inductions honor sport's proud past[J]. Amateur Wrestling News, 2013.

④ Gire J T, Williams T D. Dissonance and the Honor System: Extending the Severity of Threat Phenomenon[J]. The Journal of Social Psychology, 2007, 147(5):501—509.

⑤ 邓园园.我国体育荣誉制度研究[D].湖南师范大学,2011.

⑥ Minqing Q. The Motivation and Incentive Systems of Sports Events Volunteers[J]. Journal of Sports & ence, 2012.

个层面来理解,一是指从运动员个体认知出发形成的荣辱观,即如何做是荣,如何做是辱;二是指从社会价值导向出发形成的主流体育荣誉观念,主要讨论个体荣誉、群体荣誉、组织荣誉、国家荣誉、民族荣誉之间的关系①。西方学者多以伦理道德为根基,批判精致的利己主义,推崇通过高尚道德品质和完美人格获得公共认可,赢得崇高的体育荣誉。对体育荣誉观的评价,通常要求运动员在一定的荣誉准则下,要知荣明耻,要清楚何以为荣、何以为耻;荣誉授予主体在一定的荣誉域中,要弘扬社会主流价值观念,明确表达哪些荣誉观是国家和社会倡导的,哪些是荣誉观是允许存在的,哪些荣誉观是被时代所摒弃的。

近年来,众多的国内学者把研究视域聚焦到荣誉观上。学者们普遍认为,荣誉观的筑塑以道德观为基础,同时又对道德观的形成起到重要作用,两者相辅相成。树立正确的荣誉观,要有奉献精神,要把对荣誉价值的追求和社会核心价值相统一,避免极端个人荣誉观的出现,始终把国家荣誉、集体荣誉放在首要位置,在为维护国家、民族、集体荣誉的过程中实现个体荣誉②。体育荣誉观的培育,更重要的是要坚定体育荣誉价值信念,能够在多元利益交错的市场环境下,抵制住各种违禁药物、道德失范和物质诱惑,为自己打造坚固的精神寓所③。体育荣誉观是运动员道德感、责任感和自我认知能力的体现,是指导个体行动的重要精神力量。可见,国内学者通常从个体出发,把体育荣誉观视为运动员、教练员对荣誉的自我评价和主观意向,主要关注荣誉需求客体如何看待荣誉的问题。即:从荣誉本身出发,探讨光荣和耻辱的本质,以及判断荣辱的道德标准。一方面,个体贡献在社会层面是否获得公共认可,另一方面,个

① Bin X U, Dai Y G. Retrospect of views on sports honor and shame in the social transition period [J]. Journal of Physical Education, 2007.

② 张博颖.社会主义荣辱观研究——知荣明辱他律机制建设的思考[M].北京:中国社会科学出版社,2009.

③ 陈高朋,缪佳.近30年国内体育表彰和奖励研究述评——基于国家荣誉制度立法背景[J].上海体育学院学报,2019,43(02):55—62.

体层面是否在道德自律下形成了正确的价值判断。体育荣誉观被视为运动员对荣誉的判断、态度以及社会道德意识的集中体现。

综合以上分析,体育荣誉观包括从个体认知出发形成对荣誉的判断、态度和从社会价值导向出发形成的主流观念两个方面。本文将体育荣誉观的研究重点聚焦在体育荣誉授予主体在体育荣誉治理的过程中所弘扬、培育、践行的体育荣誉价值观念。而个体对荣辱观的价值判断,不做过多讨论。

1.5 研究综述

就目前掌握的材料而言,把体育荣誉观作为体育荣誉体系建设的核心部分加以考察,不论是国内外的学术期刊,还是专门性著作,都不多见。然而,对体育奖励、体育表彰、体育激励、体育荣誉制度的相关研究却呈现出琳琅满目、日趋狂热的发展态势。不论是前者的少,还是后者的多,都为我们对于文献资料的整理、评述以及进一步探究体育荣誉观的本质内涵和实现机制提出了较大的考验。需要说明的是,笔者在2019年3月在《上海体育学院学报》发表了一篇名为"近30年国内体育表彰和奖励研究述评——基于国家荣誉制度立法背景"的研究综述,具体内容不在赘述。因此,本文将从体育荣誉体系、体育荣誉治理和体育荣誉表彰三个层面对国内外研究成果进行梳理归纳。

1.5.1 价值哲学层面的体育荣誉体系价值判断

在历史上,无数的国家、民族或个人获得过人们的赞许和追捧,之后又在动荡之中兴亡更迭,然而,所有对世间美好事物的追求又都会相继而生。恰如当我们看到他人所追求的荣誉也是我们所渴望的,我们也会为之奋斗,并分享他们的成功或失败[①]。需要说明的

---

① [德]黑格尔.黑格尔历史哲学[M].潘高峰译.北京:九州出版社,2016:30—31.

是,人类对荣誉的追求有信仰和思想之分,而信仰和思想有着本质的区别①。体育荣誉价值信念从属于信仰层面,而体育荣誉体系建构理念则从属于思想层面。

公民德性(civic virtue)、同意动机(agreement motive)、自由主义德性(liberal virtues)、正义感(Sense of Justice)都强调个体对他人的责任,这些责任固然是重要的,但却并非激励着运动员勇往直前的决定性因素。况且由于它们主张利他主义,而这与自由主义理念下倡导的自利总是相互矛盾的。相反,体育荣誉则依赖于对个体自身的义务感。由于体育荣誉并不强调利他主义,却从未脱离对自我的关切,因此和自由主义的生活方式存在天然的亲近。然而,尽管体育荣誉服务于个体自身,却并不仅局限于自利的低级形式。体育荣誉突破了利己主义对个体行动设置的藩篱。正因如此,它才能采取更加冒险、艰难、甚至具有生命危险的行动②。由此说,体育荣誉比一般荣誉的利他主义更加可靠,比低级荣誉的利己主义更加勇敢。而两者的结合使得体育荣誉构成个体能动性的有力来源,尤其在对自身竞技前景预期不明朗,甚至风险和效益都不明确的时候。

有学者指出,传统社会中特殊阶层的荣誉在新的理性主义世界已逐渐淡出人们的视野,但是体育荣誉始终和国家认同、民族认同、家庭认同、宗教认同密切相关,体育荣誉决定了运动员个体以何种方式联系起来,并获得共同认知。同时进一步指出,体育荣誉和社会认同的关联性也是体育荣誉体系现代化转向的核心问题③。也有学者认为,应该从伦理学的视域理解体育荣誉,体育荣誉和尊重都

---

① [英]注释:信仰所关涉的是感情,而感情是朦胧的、主观的,而思想指代的是概念,概念是明确的、客观的,即使两者的对象相同,呈现方式也是不同的,彼此界限分明,不能相互混淆(斯蒂芬·霍尔盖特,2013)

② [美]莎仑·R·克劳斯. 自由主义与荣誉[M]. 南京:译林出版社,2015:4.

③ Francis Hutcheson, Philosophiae moralis institution compendiaria with A Short Introduction to Moral Philosophy, ed. Luigi Turco (Indianapolis: Liberty Fund, 2007). Chapter XV: Of Rights Arising Form Damage Done, and the Rights of War, Http://oll.libertyfund.org/title/2059.

是运动员德行的基本构成要素,体育荣誉可以通过社会认可将不同的人群联系在一起,并帮助他人树立正确的体育荣誉观念,实现美好生活。

体育荣誉,尤其是在它消除了社会等级、性别等诸多方面的偏见之后,特别适合于将体育荣誉法则转化为一种公共规范。在团体运动项目中,体育荣誉并非个人的事情,体育荣誉法则对团体中的每一位运动员提出同样的要求,这就意味着作为共同体中的一员可以分享共同体荣誉,即便他什么也没做①,就像NBA总冠军成员都可以获得冠军戒指一样,即便有些运动员并没有上过场。这就像传统社会中的贵族荣誉、骑士荣誉,同属于阶层荣誉,同一阶层的人们具有相同社会认同,共享同一个荣誉域,他们被称为"荣誉伙伴",在荣誉资源的占有上处于平等地位②。不同之处在于,体育荣誉属于典型的竞争性荣誉,要求竞争个体在体育运动领域做出突出成就才能获得,便显出鲜明的稀缺性。

无论是因为在某一领域取得卓越成就而获得的赞美性体育荣誉,还是因为处于同一团体而获得的承认性荣誉,如果没有遵守体育荣誉法则,就可能失去该荣誉③。正如在体育运动领域通过使用违禁药物、贿赂裁判、篡改年龄等失范行为获得的竞争性荣誉,一旦被揭露,其荣誉权应即刻被剥夺。即便这种失范行为得以永久性遮蔽,荣誉感的获得也会因为自身没有遵守规则而大打折扣,除非他是一个不知耻辱的人。

具有体育荣誉感的运动员个体不仅希望得到他人的尊重,而且还必须通过主动放弃一切失范行为来维护自己的荣誉,从而才能在

---

① Joseph Hendershot Part, ed., British Prime Ministers of the Nineteenth Century: Policies and Speeches (Manchester, NH: Ayer Publishing, 1970):62.

② Sir Algernon West, Recollections: 1832—[188]6 (New York & London: Harper & Bros., 1900):27.

③ For Asante in the nineteenth century, See John Iliffe, Honor in African History (Cambridge: Cambridge University Press, 1990): 279.

自己的内心深处确认自己值得获得他人的尊重[1]。当然,迫使个体放错误行为的理由不仅于此,还在于担心受到法律的制裁、舆论的声讨,而沦为一个失信的骗子。康德指出,荣誉和善意高度匹配,在荣誉法则明确的前提下,荣誉的获得必须和正确的事保持一致,而且这种一致性并不是偶然的,而是内在的必然联系[2]。有学者进一步指出,体育荣誉法则设定了符合荣誉的一般标准,而对体育荣誉的需求和向往,取决于共同体成员对这些标准的价值认同。假如大家接受的这一标准,就意味着大家处于同一个体育荣誉场域内,那么,到达体育荣誉标准的运动员就是值得共同体成员尊重的。在有些情况下,这一标准就是体育道德规范,但是,总体来讲,并不等同于体育道德[3]。

体育荣誉体系的价值不仅在于对社会成员的激励作用,更重要的是对运动员个体荣誉感的激发和对拥有被尊重生活的向往。只要体育荣誉法则本身是正确的,那么处于体育荣誉域中的个体就值得外界的尊重。这就会激励更多的运动员去追逐体育荣誉,追求令人向往的美好生活[4]。

如果进一步考察体育精英、模范等荣誉个体的历史命运的话,不难发现他们实际上幸运的成为了某一历史阶段体育精神甚至民族精神的代言人。这就意味着,历史中获得国家荣誉的杰出运动员或教练员,出于个人的特殊目的把国家意志和民族精神看作自我实现的内容,从而在个体层面区别于普通人的存在形式。他们为自己设定如此伟大的目标,并为此去挑战同时代人的体育荣誉价值信

---

[1] Everlyn Waugh, The Sword of Honor Trilogy (New York: Knopf, 1994): 449.

[2] Immanuel Kant, Groundwork of the Metaphysics of Marals, Cambridge Texts in the History of philosophy, ed. Mary Gregor (Cambridge: Cambridge University Press, 1997): 7.

[3] 奎迈·安东尼·阿皮亚.荣誉法则:道德革命是如何发生的[M].苗建华译.北京:中央编译出版社,2011:187.

[4] 注释:荣誉价值信念就像一个引擎,以个体荣誉感和他人的态度为内驱力,激励我们在同一个场域内和同一个荣誉准则下实现自己的梦想。从而说,荣誉治理体系的建构有助于形成正直的个体和群体。(Edinburgh: Canongate, 2005).

念①。因此,他们自己选择的并不是自由、幸福,而是在既定的价值目标下的各种竞争、拼搏、汗水,也包括失败的风险。

1.5.2　政治哲学层面的体育荣誉治理功能分析

黑格尔认为,自由是世界荣誉所追求的终极目标,而国家荣誉、民族精神只是实现个体荣誉自由的中间阶段或介质。当荣誉通过国家或民族等承载者得以表达的时候,在经过辩证的发展后,在政治意志上会取得一定成就,但最终会实现国家荣誉的客观自由,一旦一个民族获得了客观的自由,存在于荣誉资源分配之中的权力悖论就会自然消退,从而实现大一统的、稳定的荣誉价值秩序②。

在政治哲学视域下,若要实现个体荣誉权利的自由化,不仅依赖于国家意志、法律制度、政治取向的设定和装饰,而且需要通过每个民族成员的自觉才能够实现。这就意味着,在体育领域,西方一些国家所倡导的体育荣誉自由化尚处于意志层面的主观自由。事实上,在结构功能主义思想的指导下,体育荣誉治理的政治功能不断被世界各国所重视③。主观上的体育荣誉自由化理想是不能够安顿整个民族的竞技精神归宿的,如果想要实现客观上的荣誉自由,还需要从体育荣誉的内在本质出发,在整体上把握荣誉自由化的基本特征和实现路径,而不是在政治意志的遮蔽下为大肆宣扬主观上的体育荣誉自由。

体育荣誉的概念是在历史变迁中逐步形成的。鉴于对荣誉的认识和需求程度上的差异以及对体育运动本身理解的不同,各民族的体育荣誉意识也存在明显差异。不过每一个竞技者对荣誉追求的终极阶段都是对荣誉自由的认识。荣誉本身的意识必须在世界

---

① Nye, Robert A. Masculinity and Male Codes of Honor in Modern France. New York: Oxford University Press, 1993.

② [德]吕迪格尔·布伯纳.城邦与国家——政治哲学纲要[M].高桦译.北京:人民出版社,2019:115.

③ C.S.路易斯.荣耀之重:暨其他演讲[M].邓军海译.上海:华东师范大学出版社,2015:136.

中获得,而荣誉的实现又需要一般的意识作为土壤和肥料,这个一般意识就是民族的意识①。可以说,民族意识、民族荣誉表达着整个民族的全部意义和目的,而该民族的体育荣誉制度、体育荣誉法则、体育荣誉体系都是围绕这一核心而设立的。即便运动员个体在追求体育荣誉自由的过程中并没有意识到它,或者把它看作理所当然,它也是民族精神背后的本体存在。体育荣誉治理的政治功能是必然的存在形式,个体在此场域内实现体育荣誉权利。

在世界历史发展过程中,民族荣誉、国家荣誉是特殊的,它们和人类荣誉、世界荣誉保持一致,归根到底,只不过是荣誉绝对性和普遍性的一部分②。在此基础上,有学者直接指出,体育荣誉是民族荣誉的特殊形式存在,体育荣誉的内在品质虽然超越了这种特殊性,但是又需要落实到具体的、特殊的竞技场景或国际视野中得以实现。体育荣誉的特殊性会基于不同国家或地区政治意志的不同而呈现出一定的差异性。关于体育荣誉治理的政治功能的认识,我们往往会从历史传统、文化氛围、法律制度、伦理生活等外在对象出发,把体育荣誉体系看作一个民族外在的事物。但是,一旦我们对此进行深入分析,即可发现,任何外在的表现形式都是属于体育荣誉治理的存在者,其实质是荣誉对自身的认识③。

在一些国家,将一些个体化的体育荣誉价值信念升华为一个体育协会、一个体育联盟、一些请愿活动、甚至国家体育体制改革的目标指向。或者说,体育荣誉价值信念的铸塑对于任何形式的体育运动改革最终能够获得成功而言,都是不可或缺的重要精神因素④。这正是任何国家、民族、地区需要体育荣誉治理的原因所在,简言

---

① [德]黑格尔.黑格尔历史哲学[M].潘高峰译.北京:九州出版社,2016:57.

② 格雷厄姆·格林.权力与荣耀[M].傅惟慈译.上海:上海译文出版社,2018:74.

③ [美]威廉·曼彻斯特.光荣与梦想(第一册)[M].四川外国语大学翻译学院翻译组译.北京:中信出版社,2015:263.

④ Tresham Lever, The Letters of Lady Palmerston: Selected and edited from the Originals at Broadlands and Elsewhere (London: John Murray, 1957): 118.

之,体育荣誉治理体系的建构和运作有利于我们创造更加美好的竞技环境和精神寓所。

就个体荣誉和国家、民族荣誉的关系而言,运动员个体体育荣誉的价值主要体现在反映了多少民族精神,代表了多少国家荣誉,还可以根据在整个国家荣誉体系中所具有的特殊性来衡量、评价[①]。虽然体育荣誉自由化拥护者们认为,个体的任何角色、理想、行动不应该被任何事先拟定的等级制度所禁锢。但是,个体荣誉的实现依赖于自己责任和义务履行的程度,而这些责任和义务是由个体所处的社会环境和身份、地位所决定的[②]。事实上,每个人都有明确的社会地位、角色和应尽的责任与义务,人们也都十分清楚,追求个体荣誉的行动在何种情况下才是正确的,才是品格高尚的、道德的。

国家是一个实体性的存在,个体在国家之中争取荣誉,实现自由,并享受追求荣誉自由的快乐,但前提是,个体必须认同、相信、追求具有普遍意义的国家荣誉。这是实现个体荣誉权利所有其他要素——比如伦理、传统、正义、生活——相互支撑的枢纽和焦点[③]。在国家场域内,体育荣誉自由成为每一名竞技者追求的目标和对象,并且在国家范围内和政治意志下得到积极的、正面的回应。

每一次个体荣誉的实现都是其自身民族荣誉、国家精神在某一特定历史时期发展和表达的产物,个体荣誉的需求、实现永远无法脱离他自己的民族和国家而存在。这就要求每一名竞技者需要清醒地认识到个人荣誉必须和自身的实体或者本质相关联,还必须意识到本民族所关心的体育荣誉本质和价值指向,并通过自己的实际行动将其表达出来。在这个过程中,个体没有发明体育荣誉指向的内容,只不过

---

① 塞缪尔·斯迈尔斯.品格的力量[M].文轩译.北京:中国书籍出版社,2017:77.

② Yack, Bernard. "Natural Right and Aristotle's Understanding of Justice." Political Theory, 18, no.2 (Mary 1900): 216—237.

③ Christopher Hibbert, Wellington: A Personal History (Reading, MA: Perseus/Harper Collins, 1999): 275.

是去努力实现本来就已经存在于他自身之中的实质内容而已①。

事实上,体育荣誉蕴含着激发运动员能动性的永恒特征,任何新政体的出现都无法彻底改变体育荣誉内在品质的关键特征,也无法触动个体自身的荣誉感,改变的只是跟随不同政体的更替而表现出来的特殊的政治形势和社会习俗,体育荣誉是个体能动性强有力的来源。然而,政治权力对于体育荣誉治理具有天然的腐蚀性,这就要求我们需要在价值信念层面限制政治权力的无限扩张,捍卫个体荣誉自由的基本权利②。从而说,体育荣誉为能够为现代自由主义思想和现代民主服务,也能够在现代民主制中获得,尽管有些时候运动员体育荣誉权利的表达是通过调整后的形式。

1.5.3 社会学视域下的体育荣誉表彰实践探索

荣誉表彰领域所涵盖的范围广阔,自古以来就受到世界各民族、国家和地区的重视和青睐,这是因为荣誉在人类社会的文明进程中起到积极的推动作用。虽然过去和现在不同的人们对荣誉的表达和实现方式存在巨大差异,但是在荣誉表彰的本质追求上始终保持着一致性③。

需要进一步注意的是,体育荣誉表彰经过千百年的演变和实践,发现,当运动员通过追求荣誉而逐渐树立起伟大的事业时,在这个过程中,他们不仅获得了心理上的满足,而且当其获得这份荣耀时,也获得了新的外部特征,创造了新的社会价值。他们在国际赛场上所追求的民族荣誉、国家精神实际上也是体育本身被赋予的目标,我们甚至很难把运动员的体育荣誉行为和他们所推动的具体事

---

① Beard, Charles. An Economic Interpretation of the Constitution of the United States. New York: Free Press, 1986.

② [美]约翰·罗尔斯.正义论[M].何怀宏等译.北京:中国社会科学出版社,2001:73.

③ Rahe, Paul A. "Famous Founder and the Idea of Founding." In The Noblest Mind: Fame, Honor, and the American Founding, Edited by Peter McNamara. Lanham, Md.: Rowman & Littlefield, 1999.

业区分开来。因为,这两者同时得以实现和满足[1]。然而竞技英雄们追求荣誉的实践中的确存在一些为了满足自己的欲望而做出了不光彩的事情。例如,亚历山大大帝在竞技赛会中的"丰功伟绩"就会被认为是为他攻城略地、满足个人欲望的主观行为,违背了体育荣誉的神圣性和荣誉法则的正义性[2]。基于这种心理学路径的分析,把英雄们的行为后果看作实际目的,宣称那些所谓的体育荣誉事迹只不过是沽名钓誉的行为。其结果就是,荣誉个体所做的一切行为只不过是为了满足或大或小的私欲、激情,而鉴于这种欲望的自私行为就一定是不道德的、失范的。

个体荣誉的获得和赞许必须获得他人的认同,或者说,他们的主观意志和实际行动需要得到同胞们的认可和尊重。在运动员追逐体育荣誉的过程中,他们不仅通过优异的运动成绩和杰出的社会贡献获得了美好的名声和荣耀,而且其结果也得到了他人的认同,并被接受下来。个人对荣誉目标的设定和追求实际上和体育荣誉的内在品质是应该保持一致的。然而,在现实的体育荣誉表彰实践中却存在很多失范的、不道德的竞技行为(如,篡改年龄、使用违禁药品、假球黑哨等),他们利用非法的、不道德的手段骗得了公共的荣誉资源和公众的认可,这种欺骗行为一旦被揭穿,由此获得的荣誉、名声、赞同就会被指责[3]。因此,运动员对体育荣誉的向往和追求本身并没有错,错误的是贪婪的使用肮脏的手段来达到这种目的,以至于遭到世人的唾弃,甚至法律的制裁。事实上,竞技英雄们其实是深思熟虑地对待那广为流传的价值,这才被授予荣誉[4],这种

---

① [德]黑格尔.黑格尔历史哲学[M].潘高峰译.北京:九州出版社,2016:117.

② 注释:希罗多德在《历史》一书中记载道:马其顿国王亚历山大一世正准备参加奥林匹亚竞技会的赛跑比赛时,遭到了其他竞技者的拒绝,原因是,他们认为亚历山大是外族人,不具备希腊血统,按照竞赛章程,不得参加竞技会的所有比赛马其顿人为了能够得到希腊人的许可去参加希腊竞技会,不惜伪造证据,证明自己的祖先是希腊人,从而获得了参赛机会(J. M. Hall,1972)

③ Douglass, Frederick. Frederick Douglass: Selected Speeches and Writings. Edited by Philip S. Foner.Chicago:Lawrence Hill,1999.

④ [德]黑格尔.黑格尔历史哲学[M].潘高峰译.北京:九州出版社,2016:121.

体育荣誉才是持久的、稳定的。

尽管在大多数时间里，一项运动或一个国家体育运动的发展仅仅依靠爱岗敬业、遵纪守法等品质优秀的运动员、教练员就能够维持良好的运行秩序，但在特殊情况下（例如，大型国际赛事期间），它的维持和发展往往需要伟大运动员的出现。位于荣誉核心位置的各种英雄主义品质——高昂而有原则的野心和勇气，以及出人头地的强烈欲望——恰恰是回应了这种内在需求①。这些优秀品质的集中并非某一社会阶段荣誉需求的特殊表达，但也并非普遍存在于一般个体之中。

在体育荣誉表彰中，公共荣誉是表彰杰出运动员、教练员的，它不仅令受誉者感到愉悦，同时还激励着他人，向共同体成员展示更高的标准，并提供追求卓越的内在动力。并且，公共荣誉通过引领而非强制的方式促使人们去追求奖赏的高标准，它使得高不可及的成就变得更具可欲性，但并不采取任何强制措施。从而说，公共荣誉具有鼓舞性的特征，它唤醒人们心中的热忱，激发人们做出非凡举动的勃勃雄心。从这个意义上来讲，公共荣誉铸塑着一种真正的自由主义价值信念：引导价值指向，却不通过命令的方式②。

如果说公共荣誉彰显了体育荣誉表彰自由主义式的治理特点，那么它们对民主主义式的热爱则表现得较为冷漠，因为，公共荣誉总是以不平等的分配方式呈现的。不是每一位运动员都可以成功的登上最高领奖台，不是每一位获得金牌的运动员都能够更高的附加荣誉（如：国家元首接见、劳伦斯奖、名人堂提名等等）。在大多数时候人们也愿意接受这种不平等，这恰恰表达了是体育荣誉的内在品性，以及对他人的激励作用，倘若平摊公共荣誉，那就失去了体育

① James L. Shulman, William G. Bowen. The game of life: college sports and educational values[M]. Princeton: Princeton University Press, 2001.

② [美]莎仑·R·克劳斯. 自由主义与荣誉[M]. 南京:译林出版社,2015:8.

荣誉的意义。只有对不同个体以不平等的分配方式加以区分,公共荣誉才具有现实的鼓舞性[①]。

荣誉的外在认可并不局限于我们熟悉的公共荣誉一种表现形式,不同的领域和不同的方式,表达着不同的意义,例如"荣誉准则"在大学里经常被用到。美国大学的考试制度就是以荣誉准则为基础进行制定的,在那里,荣誉准则是一种责任而非奖励性措施,它阐明了一定的行为规范。在这一情境下,遵守荣誉准则意味着能够抵制考试作弊的诱惑。同时,也意味着具备了一定的优秀品质,即:遵守荣誉准则的学生具有某种可以引以为荣的品格,或者说具有所谓的荣誉心[②]。事实上,只有当监督、管理缺位的情况下,才需要荣誉准则来约束个体行为,以防诱惑的侵蚀。毕竟在竞赛现场,会有各类组织和管理人员,以及裁判在监视着运动员的行为,在这种情况下,自然不需要依赖荣誉准则来维持竞赛秩序。但是,兴奋剂的使用则是在赛场外进行的,这就需要诉诸每一位运动员内心深处的荣誉准则来约束这种非法行为。

1.6 方法论基础

方法论基础决定着研究视角、研究方法和阐释路径的可能选择。就体育荣誉观的筑塑本身而言,系统论、结构功能主义、知识社会学、新制度主义、博弈论、历史语境主义等对于思考体育荣誉的政治意志、价值信念、制度体系、运作机制、治理实践似乎都具有一定的合理性,然而,整体来看,历史唯物主义和演化论思想更加契合本文的研究理路。虽然二者在西方理论的研究中也存在一定的争议,

---

[①] Berger, Peter. Virtue and the Making of Modern Liberalism. Princeton: Princeton University Press, 1999.

[②] [美]莎仑·R·克劳斯.自由主义与荣誉[M].南京:译林出版社,2015:9.

但是我们依然认为,经过必要的说明和澄清,历史唯物主义和演化论思想是构成本文方法论的最佳选择。前者为国家体育荣誉观的形成逻辑提供了基本研究立场和价值前提,后者则为特定历史时期体育荣誉观发生与存在的合理性提供了理论支撑。

历史唯物主义方法论把抽象的价值观念和具体的历史事实、物质实践相联系[①],这就为体育荣誉观的研究提供了基本的研究视域。然而,倘若把历史唯物主义看作解释一切国家体育荣誉观或体育荣誉体系的一种理想主义理论体系,固然会引发广泛的争论。本文则主要运用历史唯物主义看待事物发展规律的基本立场和视域,而不是那么在意对具体结果的现实意义。基于历史唯物主义的方法论视域,"一切和宗教、道德、形而上学相适应的意识形态将不具有独立存在的意义了"[②]。对此,马克思、恩格斯做过经典概括,"历史唯物主义不是从观念出发来解释实践,而是从物质实践出发来解释观念的形成"[③]。选择历史唯物主义作为方法论基础,最特殊的意义在于它肯定了社会实践对价值观念的经验性,否定了形而上学对价值观念的预设。这样一来,致力于体育荣誉观的研究不会在落入从思想到思想的虚幻,或者从理念到理念的空泛。

基于历史唯物主义的研究视域,一个国家或社会体育荣誉观的形成不仅和本民族的历史文化传统密切相关,更重要的是,这种结果是历史特殊性和社会实践性相互作用的集中表达。在现实生活中,体育荣誉表彰和奖励实践的社会适应性与否是决定体育荣誉观变革演进的内在依据。此外需要进一步澄清的是,坚持历史唯物主义的视域并不否定价值观念的神圣性和社会导向作用,相

①[美]杜格,谢尔曼.回到进化马克思主义和制度主义关于社会变迁的对话[M].张林等译,北京:中国人民大学,2007:67.

②[德]注释:人们通过物质生产和社会交往推动着历史的发展,他们在改变社会现实的同时也在不断地调整自己的思维方式以及由此形成的思维产物(马克思,[德]恩格斯,1995).

③[德]马克思,[德]恩格斯.德意志意识形态,马克思恩格斯选集第一卷[C].北京人民出版社,1995:92.

反却为体育荣誉观的培育和发展提供了现实素材和原因释义。以历史唯物主义为基础的方法论能够从根本上解释一个国家体育荣誉观形成的历史传统、环境条件和阶段性特征。就此而言,在一个国家、民族或地区中形成的体育荣誉价值信念指向并非是恒定不变的,而是在特定历史条件下,体育荣誉治理实践和社会主流意识形态、治理理念相互作用的结果。当然,在探讨体育荣誉观建构逻辑的过程中,也要警惕和鉴别历史唯物主义中的一些带有决定论色彩的表述①。

演化论对于解释不同民族、国家价值体系下体育荣誉观变迁的历史逻辑提供了可靠的思想溯源。演化论思想源于对自然界物种的进化研究,至今早已突破瓶颈,其思想深刻地影响着现代社会学、法学、经济学、政治学、伦理学等学科的发生逻辑和发展发向②。对此,美国历史学家迈尔认为,"进化论思想已经深刻地影响了、甚至决定着人类的思维方式,不论能否意识到"③。事实上,在社会学研究领域,演化论思想的一般理论早已被运用到分析开放性的体系架构以及由此形成的复杂系统。需要说明的是,本文所涉及的演化论思想主要是用于揭示现代体育荣誉观变迁的一般性规律,并在此基础上对不同国家的特殊现象进行抽象和类比,而不是极端达尔文主义的推崇者对演化论的曲解和批判。

从生物学意义上来讲,遗传、变异和选择构成了演化论思想的三个核心概念④。简言之,在外部环境的突变下,优秀的个体更具适应性,也更够在未来的竞争中获胜,从而改变了原来的群体结构。在这个过程中,个体在遗传基础上的适应性变异为群体特征

---

① 萧前,李秀林,汪永祥.历史唯物主义原理[M].北京:北京师范大学出版社,2012:27.

② 吴洲.规范演化论[M].北京:商务印书馆,2018:17.

③ [美]迈尔.进化是什么[M].由洺译.上海:上海科学技术出版社,2003:1.

④ Akay E. Deconstructing Evolutionary Game Theory: Coevolution of Social Behaviors with Their Evolutionary Setting[J]. The American Naturalist, 2019, 195(2).

的多样化做出了贡献,而个体的变化与环境自然选择的耦合最终成就了相对稳定的复杂系统。这就意味着,演化论思想的逻辑框架是基于个体和环境相互作用的社会事实,个体的变化和环境的选择只是为荣誉观的演进提供了可能,而二者的交互作用才是导致演化结果的关键。

虽然说演化论思想在社会科学领域发挥着越来越重要的解释作用,展现出独特的理论魅力,但是,在具体研究人类学、政治哲学、价值哲学的时候,还需注意和解释与一般社会现象自然演变的区别。尤其像荣誉观念的演进,关涉到社会生活的方方面面,因此要保持审慎的态度和严谨的逻辑。

体育荣誉表彰作为人类社会的一种特殊政治文化现象,既表现出由传统荣誉观自然演化的特征和习俗,也是时代发展和社会进步所积淀的人类文明的产物。从而说,强调对传统的继承和对现代的吸收双重作用是运用演化论思想开展研究的重要前提[①]。况且,在更多的历史转型期,具有时代特性的文化因素对社会思想体系的影响更为深刻和直接。对此,哈耶克曾指出,"从传统封建制度向现代文明社会的转向,要归结于时代文化对传统腐朽思想的限制"[②]。可见,在探讨思想演进和制度变迁的时候,主体后天意识和知识的习得将起到更大的作用[③]。

就体育荣誉观的研究而言,荣誉授予主、客体的构成和社会适应性的程度都是难以把握的变量,这就为我们运用演化论思想解释体育荣誉观现代化转型过程中的各种现象带来的挑战。尽管如此,演化论的研究视域仍然能为我们提供有价值的分析思路。一方面,体育荣誉观培育和践行的过程本身就是回应时代诉求、适应时代发

---

① [英]道金斯.自私的基因[M].卢允中等译,长春:林人民出版社,1998:203.

② [英]哈耶克.致命的自负[M].冯克利译,北京:中国社会科学出版社,2000:14.

③ [英]狄肯斯.社会达尔文主义—将进化思想和社会理论联系起来[M].涂骏译,长春:吉林人民出版社,2005:14.

展的过程。在此过程中,体育荣誉观的变革同样遵循遗传、变异和自然选择的基本原则。这就意味着,演化论视域下的体育荣誉观的现代化变革进程实际上是竞争选择的结果。另一方面,现代化体育荣誉观培育的过程中,演化论所提供的交互式解释模式为荣誉个体和体育荣誉治理环境的交互作用提供了逻辑前提,从而在内在逻辑上否定了被视为目的论的判定。

1.7　研究方法

1.7.1　文献研究法

本书累计引用或参阅学术论文225篇、学术专著和编年史200余本、人物传记和自传32本、中央和地方政府颁发的政策文件80余条。其中,学术论文的梳理、筛选和述评,运用的系统文献综述法,具体步骤如下:

1) 文献检索路径:在中国知网数据库、维普中文数据库、万方数据资源系统、Web of Science、Pub Med数据库、百度学术和谷歌学术中检索体育荣誉的相关文献。中英文检索主题词分别是体育荣誉(Sports Glory/ Sports Honor)、体育奖励(Sports Awards)、体育表彰(Sports recognition)、体育激励(Sports motivation)、荣誉法则(Law of honor)、荣誉机构(Honor institution)、荣誉治理(Honor management)、荣誉观(Honor view)、荣誉权(The right of honor)、荣誉体系(Honor system)。

2) 文献纳入标椎:①题目或关键词中包含以上主题词;②文献字数在3000字以上;③研究内容包括体育荣誉的基础理论研究、体育表彰和奖励的现状研究、体育荣誉表彰实践的问题研究、荣誉治理/荣誉制度/荣誉体系/荣誉观/荣誉权等相关研究。

3）文献排除标椎：①文献类型为新闻、评论、会议简报、表彰记录、新闻稿和科普；②数据库只收录的摘要；③信息不完整。

4）文献质量控制：判断文献质量高低的标准包括：发文期刊被收录的数据库类型、论文的研究工具、研究方法、研究对象、信效度检验（问卷调查）、研究的局限性等。结果显示，共检索相关文献533篇，其中中文文献371篇，英文文献162篇。通过"作者＋标题＋时间"，踢除重复文献82篇，剩余451篇。通过精读全文，踢除与主题无关的文献170篇，其中，通过文章题目排除148篇，排除无法获取全文的文献22篇，剩余281篇。根据纳入排除标准和质量评价标准，排除文献56篇，最终纳入文献共225篇，其中中文文献141篇，英文文献84篇。

1.7.2 历史分析法

对中外体育荣誉观的考察应持有上下贯通的思想，对中国和英、美、法、韩、德、俄不同历史时期体育荣誉的表彰系统、国家意志、政治权能、主体权力、授予程序、荣誉等级、客体权利等要素给予动态考察。中国功勋荣誉制度历史悠久，体育精神的价值引领作用显著，但是，体育荣誉观的发展受到文化、政治、体制、经济等多种因素的影响，在漫长的历史变迁中，有思想进步、理念创新和制度建设，也有表彰技术固化、授予程序失范，甚至出现了被忽视的特殊时期。虽然一些国家在荣誉治理理念和治理技术上的选择和运用上表现出一些相似性。但在体育荣誉观的的铸塑方向和实现方式上，由于受到不同政体、法律、政府权能的影响，却呈现出各自不同的特征。假如仅仅考察体育荣誉观本身，而忽视了对传统功勋荣誉制度的溯源和对从传统向现代转型的路径辨析，就难以做出合理的评价。

运用历史分析法，旨在把体育荣誉观实现机制的结构层级和要素构成放到国家荣誉表彰变迁的历史全局之中予以考察,通过上下联系、背景分析,了解世界主流体育荣誉观形成的内外部环境,才能对其价值与意义给予客观评价。同理,对中国现有体育荣誉观的评价和对未来发展方向的推断,也离不开对中国传统荣誉观的继承、解析和对其在新时代培育过程中影响因素的深度挖掘。正如司马迁所言,"究天人之际,通古今之变,成一家之言。"

1.7.3　比较研究法

运用比较研究法旨在把体育荣誉观形成过程中不同的或相似的要素构成和现代化变革路径放在一起作比较,用以鉴别它们之间的异同,分辨出一般性和特殊性的东西,以寻找可以借鉴或规避的内容。在这个多元文化并存、多种价值体系林立的当今世界,如何培育本土化的现代体育荣誉观,不仅关涉到荣誉治理的技术层面,更重要的是对体育荣誉制度实践的探索,对体育荣誉观实现机制的整体把握和对现代化转型背后历史、文化、制度环境的理解等深层问题的探索。

为了确立体育荣誉观的筑塑方向及其实现机制,首先是对科技荣誉观、教师荣誉观、军事荣誉观和体育荣誉观的比较。其次是不同形态体育荣誉观在方法论基础、结构层级、结构要素和现代化转变方式的比较。对于三种不同形态体育荣誉观的比较,围绕英美法韩德俄功勋荣誉表彰传统、历史沿革、授勋仪式、程序、标准、类型进行梳理分析,在此基础上,主要对方法论基础、价值信念的目标指向和现代化的转变方式三个层面的核心问题做进一步的比较分析,以深化对现代体育荣誉观及实现机制层级结构和要素构成的认识。再次是对中国传统荣誉观和域外传统荣誉观的比较,以及新时代中国体育荣誉观的形成基础和域外的比较、审慎与镜鉴。

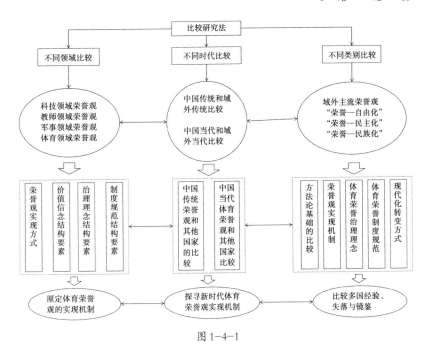

图 1-4-1

1.7.4 案例分析法

案例分析法在体育荣誉观培育和实现的研究中将被广泛运用。对体育荣誉表彰和物质奖励的政策制定、制度安排、荣誉授予主体间的关系、个体荣誉权利诉求等方面的案例分析,既是对原始素材的重新考量,以便掌握真实信息,也是深挖体育奖励、表彰矛盾产生的社会背景,解决现实问题的有效方法。本文所采用的案例分析法分为两个层面:

一是根据已有的关于体育荣誉观研究的主要理论,采用嵌入式多案例分析,对体育荣誉实现机制的理论模型进行归纳建构。与单案例相比,多案例更能从不同层面揭示问题属性,使得理论建构更具稳健性和普适性。嵌入式设计把分析内容划分为几个单元,如荣誉授予主体、推荐程序、实施内容、表彰客体等,这样更能够保障理论建构的精准性。案例选择的对象是国家体育总局人事司、共青团

表1-4-1　案例概况

名称	类型	表彰形式	表彰对象	受访人数	受访者类型	搜集资料
国家体育总局人事司	国家体育总局直属部门	荣誉奖章、物质奖励	优秀运动员，教练员，科技人员	3	国家体育总局网络政务咨询处秘书（叶磊磊）、国家奥林匹克体育中心副主任（张红霞）、评选表彰领导小组办公室主任（朱剑平）	《关于颁授"体育科技先进工作者"和表彰体育运动员第三十届奥运会上取得优异成绩运动员体育运动的决定》《国家体育总局关于授予在第三十届奥运会的决定》《授予优秀运动员，教练员，教练员体育奖章的暂行办法》《运动奖章授予办法》
共青团宣传部文体处	群团组织	荣誉称号	奥运冠军	2	共青团宣传部理论宣传处副主任（张勤）、共青团宣传部文体处处长（吕通义）	《共青团中央表彰奥运冠军及集体的决定》(2016)《共青团中央表彰优秀共青团员的决定》(2020)
江苏省教育厅体卫艺处	省教育厅直属机构	荣誉奖章、奖状、物质奖励	省优秀运动员，教练员	2	省教育厅体卫艺处副处长（李勇）、省教育厅体卫艺处办公室主任（李海宁）	《江苏省教育厅体育卫生与艺术教育处年度工作报告》(2019)《江苏省教育厅省体育局关于做好第十四届全国学生运动会备战工作的通知》(2019)
徐州市体育局	市级体育行政部门	荣誉称号、奖状、物质奖励	现存以及走出去的优秀运动员和教练员	2	徐州市体育局副局长（有昆）、徐州市体育局竞体处处长（佟俊扬）	《徐州体育志》(1949—2004)《蓬勃向上的徐州市体育》(2015)《徐州市体育工作报告》(2018,2019)
江苏省乒乓球运动协会	省级运动协会	荣誉奖章、物质奖励	省级联赛、杯赛中成绩突出的运动员，教练员	2	省乒乓球运动协会副主席（王国际）、省乒乓球运动协会赛事中心主任（赵利民）	《江苏省体育竞赛奖励办法》(2018)《中国乒乓球协会竞赛积分管理办法》(2016)

宣传部文体处、江苏省教育厅体艺卫处、徐州市体育局、江苏省乒乓球运动协会。主要依据是:这5个对象分别隶属体育系统、群团组织、教育系统、地方行政系统和社会系统,基本上涵盖了当前我国体育荣誉表彰工作的主体部分,每一个部分都拥有多个分析单元,在此基础上获得的资料更能够提高结论的稳健性。

二是基于体育荣誉观的研究框架,将从体育荣誉观的培育和体育荣誉观的实现机制(体育荣誉治理理念和体育荣誉制度规范)两个层面选择案例进行深度分析。具体如下:1)就体育荣誉观的铸塑而言,首先选取中国女排和男足两个集体项目中运动员对国家荣誉感的表达作为案例进行对比分析,然后对网球运动员李娜和羽毛球运动员林丹个体荣誉权利表达的案例进行分析。2)在体育荣誉治理理念层面,主要以新中国成立以来国家和地方政府关于体育表彰和奖励的政策制定和实施作为案例进行分析,例如2013年,国务院取消体育总局举办的9项评比达标表彰评估项目。3)在体育荣誉制度规范层面,主要选取群团组织和地方政府开展的体育荣誉表彰实践作为案例对象。例如,全国总工会、共青团中央和全国妇联同时对部分奥运冠军授予"五一劳动奖章""五四青年奖章"和"三八红旗手"的荣誉称号,以及"湖北省政府对李娜奖励的80万人民币"等。

1.7.5 访谈法

访谈对象主要分为三个领域,一是对致力于中外体育研究、功勋荣誉制度研究、国家荣誉体系研究和荣誉立法研究的学者,围绕"您是如何看待体育荣誉观的?""体育荣誉表彰和物质奖励的关系""体育荣誉观的演进""体育荣誉观的培育"等问题进行;二是对国内优秀运动员和教练员,围绕"您最看重的体育荣誉是什么?""您是如何评价自己获得的荣誉表彰和物质奖励的?""您认为国家荣誉和俱乐部荣誉、家庭荣誉、个人荣誉的关系是怎样的?"等问题进行;三是对新闻媒体和行政机关的工作人员,围绕"您认为运动员应该如何看待国家荣誉?""您认为应该如何处理行政体育表彰和社会体育表彰的关系?""当前我国的体育表彰工作需要从哪几个方面进一步完善?"等问题进行。

表1-4-2　学术领域专家

姓　名	职称	研究领域	地点/时间/次数	访谈方式
姚东旻	教授	荣誉配置	上海2017.12.2	面谈
吴　江	教授	国家荣誉制度	上海2018.4.18	面谈
潘晨光	教授	国外功勋荣誉制度	南京2018.5.13/1次	面谈
卢志成	教授	行政体育奖励	上海2018.10.11/1次	面谈
马祥海	博士	优秀运动员奖励	北京2018.8.3/1次	面谈
凡　红	教授	国际体育史	上海2018.12.3/1次	面谈
郑国华	教授	国际体育历史与文化	上海/2017.10.12—11.9/3次	面谈
安若鹏	教授	西方体育政策	上海/2017.9.12—17/3次	面谈
钱宁峰	教授	荣誉法治研究	上海/2018.4.12/1次	面谈
张树华	教授	中外国家功勋荣誉制度	北京/2018.8.2/1次	面谈
彭怀祖	教授	国家荣誉体系建设	南通/2018.3.27/1次	面谈
王理万	教授	荣誉立法	上海/2018.4.24/1次	面谈

表1-4-3　优秀运动员和教练员

姓　名	运动领域	地点/时间/次数	访谈方式
杨　影	乒乓球解说、世界冠军	徐州/2018.7 25/1次	面谈
姚凌薇	女足国家队运动员	徐州/2018.11.5/1次	面谈
梅雨点	举重省运会冠军	徐州2019.4.30/1次	面谈
臧　双	全国男子拳击锦标赛亚军	徐州/2019.4.7/1次	面谈
杜良军	安徽省著名羽毛球教练	淮北/2018.5—2020.6/4次	面谈
梁小虎	国家队气步枪运动员	淮北/2019.3.2/1次	面谈
张　婷	武术六段	徐州/2019.4.20/1次	面谈

姓 名	运动领域	地点/时间/次数	访谈方式
魏海玲	全运会南棍冠军	徐州/2019.4.20/1次	面谈
张 赛	全国田径锦标赛200米冠军	南京/2019.6.9/1次	面谈
杨 丹	400米国家健将运动员	徐州/2017.12—2019.7/3次	面谈
周 威	射箭国家级健将运动员	徐州/2019.3.26/1次	面谈
张云鹤	射箭国家级健将运动员	徐州/2019.3.26/1次	面谈
史偏偏	八极拳武术套路冠军赛亚军	徐州/2020.4.21/1次	面谈
陆光祖	羽毛球世界冠军	徐州/2019.10.10/1次	面谈
李 竣	铅球全国室内田径锦标赛冠军	徐州/2017.12.4/1次	面谈
赵 奇	20公里竞走世界杯冠军	徐州/2018.8.13/1次	面谈
胡丹丹	残奥会50公斤举重冠军	徐州/2018.9.22/1次	面谈

表1-4-4 行政机关的工作人员

姓 名	职 务	地点/时间/次数	访谈方式
刘爱杰	总局备战办主任	上海/2017.11.20/1次	面谈
李 勇	教育部体卫艺司处长	徐州/2017.12—2020.8/7次	面谈
刘东升	江苏省体育局政策法规处	南京/2018.3.20/2018.6.2/2次	面谈
李 强	淮北市体育局局长	淮北/2018.1—2018.4/3次	面谈
国家体育总局	智能咨询中心	总局网站/2020.3.30/2020.4.17/2次	在线访谈/电话访谈
郭 杰	徐州市体育局行政审批处	徐州/2018.11.9/1次	面谈

1.8 研究思路

当代象征互动论老将诺曼·邓津(Norman Denzin)说得明确,质性研究的两个阶段,从form到content,是先要了解大家各说各话的

'之间',是否有诸多关联能够相互理解和互动,形成一个诠释框架与脉络(form),再接着去理解这些事件、范畴如何具体运作(content)[①]。依据这一理论,对体育荣誉观及其实现机制的研究,首先是从各说各话之间找到某种关联和互动,从价值锚定、内在品性和实现机制三个方面形成诠释框架。然后,洞察域外主流体育荣誉观及其实现机制在这个框架内如何运作的,并通过比较与分析,归纳有效经验。最后提出新时代中国体育荣誉观的培育方向及实现机制的完善路径。

第一章,主要从体育荣誉体系的内部结构出发,关注其内在机理、基本特点和整体要求,深度挖掘体育荣誉观的决定性作用,厘定体育荣誉观的核心地位,确立体育荣誉观的实现机制。

第二章,从中国体育荣誉表彰的历史传统出发,归纳历史成因;从实施主体变化的视角来考察中国体育观的发展演变,分析不同历史时期中国体育荣誉观的基本特点和变迁规律;从体育荣誉观的实现机制出发,探讨体育荣誉表彰的实践困境。

第三章,从对六个国家的体育荣誉表彰实践出发,结合每个国家体育荣誉表彰政策、法规、制度的具体安排,提出三类主流荣誉观的分析框架。并运用演化论的思想从体育荣誉观变迁的视角,探讨体育荣誉观在形成过程中与文化传统、社会背景、市场经济、竞技职业化程度等之间的内在关联,体察体育荣誉观是通过何种体育荣誉治理理念和制度规范来实现的。

第四章,主要探讨"荣誉—自由化"、"荣誉—民主化"和"荣誉—民族化"体育荣誉观的建构逻辑,英、美、法、韩、德、俄体育荣誉观实现机制各自的优势,以及对域外体育荣誉观及实现机制进行的回溯式研究在何种意义层面能够促进我国新时代体育荣誉观的培育和

---

① [美]诺曼·邓津,[美]伊冯娜S.林肯.质性研究手册1:方法论基础[M].王志勇等译.重庆:重庆大学出版社,2019:55.

实现机制的完善?

第五章,作为研究的最后一部分,从逻辑遵循、作用机制和体系架构三个层面阐述"荣誉——一体多元化"体育荣誉观的培育及其实现机制的完善理路。具体而言,就是要畅通各级各类体育荣誉表彰通道,积极推进国家荣誉表彰体系和社会表彰体系的融合发展;深化行政系统荣誉表彰、群团组织荣誉表彰、企业、个人类荣誉表彰改革;支持单项体育协会开展荣誉表彰活动,鼓励并规范社会力量举办形式多样的荣誉奖励等。

2 体育荣誉观及其实现机制的诠释框架

　　社会科学借助概念,将日常生活中的朴素现象,上升至对事物必然性质和发展规律的认识。这一过程是对日常经验的抽象、概括和简化,是通过由表及里、去粗取精、去伪存真的科学逻辑,透过现象看本质。一套具有共识性的概念、理论和方法构成了社会科学范式。质性研究提供了一整套认识、解释经验现象和理论问题的框架和路径①。

　　关于荣誉观的理解,不同的学者,基于不同的研究视角、研究需要、研究偏好、研究基础、研究方法,等等,其释义和架构都会有所不同。从已有研究成果来看,其内容关涉到体育荣誉观的培育方向、政治权能、国家意志、荣誉治理、程序规制、运作机制、媒体传播、共同体认同、仪式感、物质奖励等众多领域。但是,在不同国家或地区体育荣誉各要素间的关联性研究成果较少,尤其是缺少在一定的坐标体系内对体育荣誉观的系统考察和比较分析。正如诺曼·邓津所言,想要在找到当代体育荣誉观的筑塑方向,重要的是从"各说各话"之间找到能够相互理解和互动的诸多关联,在此基础上,探寻体育荣誉观的实现机制。然后再去讨论不同国家、民族、地区的荣誉表彰,在这个系统中是如何运作的,进而在各个层面对关键要素进

①[德]马克斯·韦伯.社会科学方法论[M].北京:商务印书馆,2013.

行对比分析。

2.1 体育荣誉观的价值锚定

当代社会体育运动市场化、职业化、社会化、个体化、自由化的高速发展,使得个体荣誉、集体荣誉、民族荣誉、国家荣誉之间的多元关系打破了传统国家荣誉治理的一元格局,个体荣誉感的多重指向为体育荣誉观的建构提出了国家荣誉权能集中和分散的双重取向,似乎在当今世界体育荣誉治理领域形成了新的矛盾对立体[①]。职业竞技个体自由化发展趋势所形成的多元体育荣誉观并存格局是传统国家荣誉制度向现代化体育荣誉体系转变的共同时代背景。在传统国家荣誉制度中,以国家荣誉、民族利益、贵族权力为核心,普遍遵循个体荣誉服从集体荣誉和国家荣誉的价值秩序;而在现代体育荣誉体系的建构中,不得不重新审视个体荣誉感的信念指向,不得不去面对体育荣誉观多元化指向带来的时代挑战。

这就不免使我们进步一追问体育荣誉观面临着怎样的时代问题? 如何筑塑具有时代特点和国家、民族或地域特色的体育荣誉观? 前者关涉到国家体育荣誉体系现代化转型的时代大背景,即世界体育运动急剧变迁对国家体育荣誉治理所带来的普遍性挑战;后者则涉及到特定国家如何变革或调整传统的荣誉制度才能够形成彰显本土色彩的现代化体育荣誉体系。

从已有理论出发,基本上可以确立体育荣誉体系研究设计的主体结构,为了进一步明确体育荣誉观在该体系中的坐标位置,需要更多地材料支撑和理论探讨。一方面,对其他领域荣誉观的

---

① J. Grant, A. Susan. Sport for Social Justice, Capability, and the Common Good: A Position Statement in Honor of Tessa Jowell. Quest. 2018, 71(2):150—162.

对比分析,看看相关研究成果是否同样支持这样一个研究框架的设计。相较于体育荣誉观,科技荣誉观、军事荣誉观、教师荣誉观的研究成果更多、发展更完善些,对于体育荣誉观的研究具有一定借鉴意义。另一方面,采用嵌入式多案例分析,论证体育荣誉观的核心要素和实现机制的合理性与可行性。与单案例相比,多案例更能从不同层面揭示问题属性,使得理论建构更具稳健性和普适性。嵌入式设计把分析内容划分为几个单元,如荣誉授予主体、推荐程序、实施内容、表彰客体等,这样更能够保障理论建构的精准性。

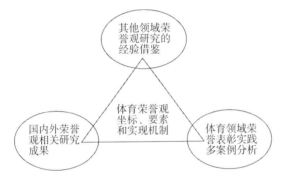

图2-1   体育荣誉观研究的三角互证

通过对荣誉观的基本理论分析、多领域的相关研究成果梳理和多案例的数据采集,从三个方向来探讨荣誉观坐标、要素和实现机制,形成三角互证,从而为进一步研究提供更加稳健的依据。

2.1.1   荣誉观是荣誉制度研究的逻辑起点

近年来,社会众多领域开始加强荣誉制度建设,尤其是《中华人民共和国国家勋章和国家荣誉称号法》颁布以后,学者们对荣誉治理展开了全面研究,其中,荣誉观备受关注。本文重点讨论科技、教育和军事领域荣誉体系、荣誉制度的建设情况,科技荣誉、教师荣誉和军事荣誉领域荣誉观相关研究成果和主要观点如下:

表2-1　关于"相关领域荣誉观研究"观点整理

研究领域	研究视角	主要观点	文献来源
科技荣誉观	社会效应、绩效评价、结构体系	科技荣誉体系是国家科技政策的重要组成部分,是激发科技工作者积极性和创造性的培育性重要源泉。科技荣誉观的培育应该以社会价值为引领,以伦理价值为约束,以高效、合法的荣誉治理理念为保障,以规范化的治理技术为重要手段,朝着有利于满足多样化需求化发展的方向发展。(Mclester S,1999)国家科技荣誉体系的研究主要包括荣誉观培育的价值作用,荣誉治理的合理性以及荣誉激励的协调性、恰当性,严格性等。(熊小刚,2013)科技荣誉表彰观的价值引领性决定了科技荣誉表彰所能产生的导向功能,要充分发挥科技荣誉观对科技发展的柔性治理功能,对推进科技体系现代化发展的柔性治理功能,对科技群体的竞争功能和激励功能。(Steve,2018)	Mclester S. Technology & Learning Software Awards of Excellence[J]. journal of bacteriology, 1999,187(18):6403–9. 熊小刚.国家科技奖励制度运行绩效评价[M].北京:社会科学文献出版社,2013:41 Steve, Huntingford. Awards 2018 Technology Award[J]. What Car: The Only Plain English Car Magazine, 2018.
教师荣誉体系	体系建设、荣誉观、层级架构	加强教师荣誉观培育是重视教育的必然要求,是社会文明的重要标志,这就要求教师荣誉表彰要倡导重视荣誉治理的现代化理念,激励教师发挥好维好推动教育事业发展的核心动力作用。(朱旭东,2013)教师荣誉表彰应该把教育价值观的理想信念放在优先地位,以政府和社会组织为保障,规范教师荣誉表彰"让教师成为社会上最受尊敬的职业"的目标成为现实。)(Song II,2013)教师荣誉观的培育和践行由横向和纵向两个维度构成。横向的维度指从借鉴历史、立足现状、瞭望国际,展望未来四个方面,纵向维度从"为什么培育"(价值)""是什么(理念)""如何实施(制度)""以及"效果如何(评价)"四个层面。(卢晓中,2017)	朱旭东.中国教师荣誉制度研究[M].北京:北京师范大学出版社,2013:1 Song H, Zhu X, Liu L B. The honourable road and its impact on teacher practice: an analysis of China's national honour system in cultivating professional development[J]. Asia-pacific Journal of Teacher Education, 2013, 41(3):253–270. 卢晓中,谢静.大学教师荣誉制度与荣誉体系刍议[J].江苏高教,2017(11):1–6.

续表

研究领域	研究视角	主要观点	文献来源
军事荣誉体系	心理需求、伦理学、管理学	军事荣誉具有较强的军事性和政治性,其授予对象是作为执行政治任务和军事任务的特殊职业人,更加强调荣誉神接近","荣誉感使军人勇于和死神接近",更加强调荣誉观把荣誉感同时代以任何代价去完成使命任务。(王学军,2015)军事荣誉观是一种特殊实现的方式,因为军人才不直接创造物质价值,军人的精神财富去补满足社会和他人。但军人却为社会去政治信仰出发,为他人的安全需承担责任,做出贡献。军人荣誉观的培育激励全军。(崔金静,2018)军事荣誉体系包括精神激励和物质奖励两个部分,适当提高军人的工资和薪酬,增加一些奖励性补贴,都属于精神激励的范畴,实施军事荣誉表彰、授予荣誉称号则属于精神激励的范畴,精神激励更加激发个体能动性,适当从军人的信仰深处激发个体能动性,并通过规范的治理秩序予以维护。(游庆涛,2019)	王学军.军人荣誉论[M].北京:国防大学出版社.2015:3. 崔金静,王静.军人荣誉体系建设中的传播发展策略[J].传播力研究.2018,2(34):196—197. 游庆涛.论习近平新时代军人荣誉体系的回顾、价值与前瞻[J].祖国.2019(18):151—152.

从科技荣誉、教师荣誉和军事荣誉领域的相关研究成果可以看出,虽然各自的研究领域、荣誉价值取向、荣誉授予对象等存在较大的差异性,但是它们却都是基于荣誉观的本质属性来建构或完善荣誉制度的,在这里,荣誉观的铸塑始终是荣誉制度建设的逻辑起点,通过对荣誉治理理念的坚持,以及荣誉治理技术的创新,维系荣誉体系的规范化发展。

2.1.2　荣誉观是体育荣誉体系建设的基本内核

下文将从中国体育荣誉表彰实践中的现实问题出发,依据在体育荣誉观研究领域形成的共识性概念、理论和方法,遵循质性研究范式,在体育荣誉体系的整体范围内讨论体育荣誉观的坐标和价值。那么,我们有必要对关于荣誉观的学者观点进行整理分析,如表2—2所示。

表2-2　荣誉体系中关于荣誉观主要研究成果

研究视角	关注重点	主要观点	资料来源
荣誉法治的视角	荣誉体系的建构对于荣誉观表现形式的意义。	荣誉观只有被纳入到一个国家、地区、政府或组织的荣誉体系中,通过立法的形式确立荣誉治理的合法性,才能有效把握各构成要素之间的关联,进而对荣誉观的表现形式和结果进行理解和比较。	James T. Gire. Tyson D. Williams. Dissonance and the Honor System: Extending the Severity of Threat Phenomenon. 2007, 147(5):501—509
理性主义的视角	荣誉观在不同地域荣誉体系中表现出的异质性和内在联系。	荣誉体系的建构和运行,根植于理论框架的设置,不同的主体,基于地域、政治、文化、经济等背景的异质性,对荣誉体系的结构和要素理解,也会有所不同。但荣誉观总是指向令人向往的崇高品质,荣誉观总是筑塑在价值信仰的基础之上。并以此为内核,搭建荣誉表彰系统。	国晓光.国家荣誉制度设立与国家认同建构[J].中国特色社会主义研究,2020(02):89—94.

续表

研究视角	关注重点	主要观点	资料来源
系统论的视角	辨析荣誉观、荣誉制度和荣誉体系	荣誉观是个体道德感、责任感和自我认知能力的体现,是指导个体行动的重要精神力量。荣誉制度是国家、政府或社会,基于价值、意志、经济等因素,制定的维持或规制某种荣誉表彰秩序的制度规范。荣誉体系是从宏观上对荣誉治理行为的系统概括,涵盖了荣誉治理主体、荣誉治理客体、荣誉治理秩序、荣誉治理内容等核心要素。	[英]依迪丝·汉密尔顿.国家荣誉[M].葛海滨译.北京:华夏出版社,2014.
价值哲学的视角	讨论个体荣誉、家庭荣誉、集体荣誉、国家荣誉的荣誉价值导向,以及荣誉体系的价值作用	荣誉观把看似虚无缥缈的荣誉,解释为个人、家庭、集体、国家、社会关系的重要价值元素。个体通过努力,为家庭、团队、国家赢得了荣誉,得到社会各界的认同和赞许,不仅实现了自我价值,而且为他人指明了社会的主流价值趋向。国家和社会通过荣誉体系的建设,举办隆重的庆典仪式,授予个人、团队荣誉称号,以此倡导某种行为,引导社会价值,从而维护某种价值秩序。	[美]威廉·曼彻斯特.光荣与梦想(第一册)[M].四川外国语大学翻译学院翻译组译.北京中信出版社,2015.
系统论的视角	荣誉价值、治理理念和创新技术的逻辑关系	荣誉表彰的目的是激励个体行为,荣誉体系建设的关键在于恰当处理荣誉表彰的主体、客体和第三方之间的关系……荣誉体系的架构应体现系统性,从荣誉观出发,探索适宜的荣誉治理办法,创新荣誉治理技术,最终实现精神引领和价值整合。	Lapsansky. Emma J. An Honor System for Historians? [J]. Journal of American History, 2004.

研究视角	关注重点	主要观点	资料来源
唯物辩证法的视角	荣誉观研究的多重维度	关于荣誉观的探讨具有多种维度。可以从宏观的荣誉体系着手、可以基于微观的制度探索,也可以是从宏观到微观的系统建构。可以通过荣誉观的研究来实现体育荣誉体系的思想、理论建构,也可以通过荣誉观的实现机制做体育荣誉体系的制度、规范、法律、条例等具体建设。	王理万.国家荣誉制度及其宪法建构[J].现代法学,2015(4):77—87
历史唯物主义的视角	荣誉体系的诠释框架和要素关联	建构何种荣誉体系,其本身并不重要。重要的是,如何从复杂的要素关联中,归纳出解释有力的诠释框架。在此基础上,探讨荣誉观念、各种主客体之前的关系、治理理念、制度安排、政策实施和演变脉络,并在荣誉表彰实践中,不断地修复、完善。	Yan—Hua G. The Study on the Honor system in America[J]. Comparative Education Review,2011.
价值哲学和系统论	荣誉观在荣誉体系中的位置和实现条件	荣誉观只有在一个相对稳定的价值体系和社会秩序中,才能对维持着个体荣誉的权利分割加以支援。荣誉观不但需要厘定价值信仰的终极目标,还需要依据思想和理念,设置荣誉制度作为配套条件和实现机制。	[美]莎仑·R·克劳斯.自由主义与荣誉[M].南京:译林出版社,2015:105
价值哲学的视角	荣誉体系建设的层级和结构	假如一个荣誉体系是合理有效的,那么它就不能只关注荣誉治理技术的创新和制度规范的革命,更重要的是对核心层面的荣誉观的铸塑。	奎迈.安东尼.阿皮亚.荣誉法则:道德革命是如何发生的[M].北京:中央编译出版社,2011:59

可见,虽然学者们的研究视角和关注重点有所不同,但对于荣誉体系结构、要素、框架、建构逻辑和价值意义的释义,存在着显现的或隐性的诸多关联。简言之,学者们在以下方面存在共识:其一,荣誉作为一种动机因素,其本质是社会主流价值观的表达。其二,荣誉体系的本质属性可以细化为两个部分:荣誉观的问题,以及国家荣誉权力和个体荣誉权利的关系问题。其三,荣誉观的价值基础源自于荣誉的内在品性、国家制度、意识形态、文化背景、民族情感等。其四,荣誉观、荣誉制度和荣誉体系既存在着内在联系,又有着本质上的区别。其五,荣誉治理技术、荣誉治理理念和荣誉观,呈现出由表及里的关系。由此可知,从价值哲学和系统论的视域出发,荣誉体系应包含三个层面,由内向外依次是:荣誉观、荣誉治理理念和荣誉制度规范。这就为体育荣誉观在整个体育荣誉体系建构中的坐标厘定奠定了基础。

就体育荣誉体系理论建设而言,体育荣誉观的研究应该以荣誉体系的诠释框架为基础,从体育荣誉体系的要素关联和互动出发,在这个框架内去探讨和比较各层面、各要素的运作方式。如前所述,荣誉是激发个体能动性的重要源泉。荣誉制度是国家、政府或社会,基于价值、意志、经济等因素,制定的维持或规制某种荣誉表彰秩序的制度规范。荣誉体系是从宏观上对荣誉治理行为的系统概括,涵盖了荣誉治理主体、荣誉治理客体、荣誉治理秩序、荣誉治理内容等核心要素。体育荣誉观是人类超越身体本能和运动本身在主观层面投射的观念形态①,这就使得体育荣誉观的培育必然带有人类意志的主观色彩,或者形成特定的价值偏见,加之体育运动一直以来所彰显的国家主义色彩和政治功能,决定了一切关于体育荣誉观的研究都无法保持真正的价值中立和政治无涉②。然而,假如我们暂且放下对民族情感、国家主义以及体育荣誉特定概念的具

---

① [美]奎迈·安东尼·阿皮亚.荣誉法则:道德革命是如何发生的[M].北京:中央编译出版社,2011:90.

② Elfman L. Black women in sport honor and inspire[J]. New York Amsterdam News, 2008.

体考察,而是从体育荣誉体系的外部形式和整体构成上解析,体育荣誉观又可以被看做是一种有着自身内部结构、等级层次和基本要素的形式性存在①。此外,科学的总体性方法是构建理论科学性和革命性相统一的重要基础②。新时代中国特色体育荣誉体系的理论建设,在继承传统、借鉴经验的同时,应注重对总体性方法的运用,并从观念总体性、理念总体性、实践总体性的多重视角,研究国家体育荣誉体系发展完善的的结构状态和运行机制。可以说,从国家体育荣誉体系结构、层级、要素的整体性出发,确立体育荣誉观的核心地位,是体育荣誉体系实现现代化转型的关键。

　　基于对荣誉体系研究成果的提炼和归纳,学者们对的荣誉观的理解和厘定存在诸多关联,各结构、要素间能够形成互动和意义认同。由此认为,从价值哲学和系统论的研究视域出发,荣誉体系作为一种动态的社会系统,其诠释框架应该从荣誉观出发,运用科学合理的荣誉治理理念,规范体育荣誉表彰实践。在荣誉体系构造的模型之中,每一个层次又由相互关联的价值观念和结构性要素所构成,这些价值观念和结构性要素既相互联系,又相互区别,并按照一定的形式组合在一起,形成一个层次和结构稳定,要素动态调整的完整系统。

2.1.3　培育体育荣誉观是荣誉供给主体的工作重心

　　从荣誉授予主体的视角来看,体育荣誉体系由政府系统和非政府系统两大部分组成。我国的体育荣誉体系又细分为国家体育系统、国家教育系统、地方行政机构、群团组织、体育协会等。通过对不同体育荣誉表彰系统的多案例分析,厘定体育荣誉观在各个系统中的位置和作用。

---

① P. K. Sport & Health Club Receives Honor.[J]. Fitness Business Pro, 2004.

② 朱仁显,罗家旺.价值、实践与结构:新发展理念的总体性方法探析[J].理论探讨,2020,37(6):72—77.

表2-3 多案例分析中体育荣誉观的相关表述

荣誉授予主体	表彰系统	代表性观点引用
国家体育总局人事司	国家体育系统	"目前,关于体育领域荣誉奖励相关工作,主要由体育总局人事司统管,各级体育部门具体实施,体育协会等参与配合。"(国家体育总局网络政务咨询处) "体育荣誉观如何去培育,先要看国家荣誉体系的建构方向是怎样的,然后根据我们自身的特点,让运动员有正确的价值观、能够体现体育精神、让更多的人向他们学习,说白了,就是树立标杆,激励其他的年轻队员来学习,来模仿。"(国家奥林匹克体育中心副主任) "体育表彰是国家体育总局一贯坚持的重要举措,体育荣誉体系是近年来才开始提的,原来一直统称为体育奖励,不管是体育奖励,还是体育荣誉,根本的目标都是在体育圈形成公认的标杆,让更多的人向他们看齐,向荣誉靠拢。""我们说体育荣誉观的培育,其实有两个方向,一个是从国家体育总局向下延伸,一直到区县地方机构。一个是理论上的建构,应该是一个从国家为什么要培育体育荣誉观,到培育何种体育荣誉观,如何实现该荣誉观,这样一个过程。"(评选表彰领导小组办公室)
共青团宣传部文体处	群团组织系统	"共青团是党领导的群团组织,荣誉表彰是我们文体处的一项常态化的工作,尤其是在奥运年,都会对一批优秀的青年运动员进行表彰,我们是党的青年组织,也是青年的政治组织,所以荣誉表彰是党激励青年、联系青年的重要形式,同时也为优秀年轻运动员提供了参与政治的机会,在这个过程中起到价值引领的作用。"(共青团宣传部理论宣传处副主任) "共青团是党的助手,是后备军,具有鲜明的政治性,通过荣誉表彰引导青年群体的政治价值取向,培养青年群体正确的荣誉观,这是共青团实施荣誉表彰的主要目的。另外,群团组织是联系党和群众的桥梁,所以又体现了鲜明的群众性,这就是群团组织的特点。""实施体育表彰要体现政治性,也要体现群众性,政治性是价值同向,是根本性的,群众性是基础,通过制度建设来维护,是保障性的。"(共青团宣传部文体处) "荣誉观的培育是共青团组织表达价值信仰的一种重要形式","通过荣誉表彰和奖励团员行为,或者组织事迹,都具有明确的价值导向和宣传作用的,体育表彰以颁发荣誉称号的方式,对团员和各级团组织进行价值宣导和集中教育,再通过制度建设来培育荣誉观。"(共青团学校部全国学联办公室副主任)

荣誉授予主体	表彰系统	代表性观点引用
江苏省教育厅体艺卫处	省级教育系统	"我们开展体育荣誉表彰主要是在教育部体艺卫处的指导下进行的,主要在教育系统表彰先进个人或集体,当然,主要对象还是优秀的青少年运动员,希望通过颁发荣誉证书、荣誉称号,给予一定数额的资金支持,能够为孩子们树立正确的价值观,激励他们以及更多的孩子刻苦训练,拿到好成绩。""颁发证书、奖状、称号、或者是给予一定的物质奖励,这些都是荣誉表彰的外在形式,我们也一直在做这些工作,还有一些制度需要跟进、完善,我们也在思考一个问题,就是做这件事的根本目的是什么,这个很关键。说到底还是为了让年轻人树立正确的荣誉观,在这个基础上再去谈荣誉,谈奖励,谈后备人才的培养。"(江苏省体艺卫处副处长)
徐州市体育局	市级体育行政系统	"对优秀的运动员、教练员进行表彰、奖励,是常态化的一项工作,不光是竞技体育,在基层表现突出的一线社会体育指导员、体育教师,还包括一些社团,都是我们表彰的对象。""出发点就是培育他们的荣誉观,让更多的人向他们学习,让年轻人有荣誉感,不能整天想着挣多少钱,当然我们也会相应的给予一些物质上的奖励,这个是保障,也需要有。""我们那个年代相比,现在的好多孩子没有荣誉感,特别是没有集体荣誉感,就想着眼前的利益,思想政治教育要加强。你看看中国足球为什么踢不好,没有荣誉感嘛! 所以,我们也在思考,怎么才能从小就转变他们的这种想法,让孩子们有正确的价值观,这是内在的东西,很重要,在这个基础上进行的表彰才有意义。"(徐州市体育局副局长)
江苏省乒乓球运动协会	省级社会组织系统	"我们主要是以举办联赛、杯赛的形式开展荣誉奖励的,也有年度的优秀运动员、教练员评选。我们的主要任务是培养青少年优秀运动员,有好的苗子,就送国家队。实际情况就是荣誉和运动成绩直接挂钩,你能拿冠军,你就已经获得了荣誉,还会有附加的、综合性的评选,成绩是前提,拿不到好的名次,那就得不到奖励。""我个人认为,荣誉就是要体现稀缺性,只有优秀的,达到一定水平,取得一定成绩的人才能得到。""这里面就有一个问题,是不是拿到金牌,拿到冠军,就得捧着你、供着你,把荣誉都给你? 比如,有个别运动员拿了好成绩,甩得很,不服从管理,破坏纪律,那我们还给他颁发个年度优秀运动员奖吗? 给你荣誉,也是让你为后面的年轻人树立标杆,向你学习,不光是成绩,从某种程度上说,品质、道德、纪律、精神,甚至更重要。这就是怎样看待荣誉的问题,可能就是荣誉观的问题吧。所以,我们开展表彰工作,也是重点考虑这一点,到底应该给年轻人树立一个什么样的标杆,这涉及到价值导向的问题。"(省乒乓球运动协会副主席)

从以上五个案例可以看出,不论是哪一类体育荣誉表彰系统,主管部门和领导对体育表彰的价值(政治价值或社会价值)都非常重视,充分体现了荣誉观在体育荣誉体系建设中的核心地位。有了荣誉观指向,体育荣誉治理理念也被内化到体育荣誉表彰系统的运行之中(虽然有些时候没有明确提出)。体育荣誉制度建设常常被放在部门工作的突出位置,可能是因为制度建设是和体育荣誉表彰实践最接近、联系最密切的一环。

由此,研究认为,从当前掌握的材料来看,是能够形成三角互证的,即:从三个方面同时支撑体育荣誉观在体育荣誉体系中的核心位置。体育荣誉体系的结构模型所包含的三个层次应该是层层递进、环环相扣的完整系统,从而向外依次由体育荣誉观、体育荣誉治理理念和体育荣誉制度规范构成。深刻认识体育荣誉观、治理理念和制度规范在各级各类体育荣誉表彰系统中的区别和联系以及各自的地位和作用,是理解体育荣誉观的内涵、价值和实现机制的重要路径。(见图2-1)

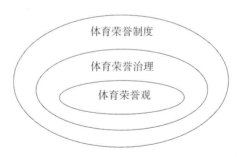

图2-1 国家体育荣誉体系的层次结构

位于核心层面的体育荣誉观,是指体育荣誉授予的主体和客体对国家荣誉表彰工作所持有的稳定性主张和态度,体育荣誉观的铸塑以特定的地域、民族、文化、环境、信仰、理想为先在背景,从而表现出一定的国家主义倾向和民族色彩[①]。体育荣誉观不仅规定着体

① 姚东旻.荣誉/地位的最优分配:组织中的非物质激励[M].北京:中国人民大学出版社,2015:135.

育荣誉体系的身份和形态,而且还引领着国家体育运动的意识形态、理论体系、具体表彰行为以及整个体育荣誉体系现代化变革的方向①。可以说,体育荣誉观指向的铸塑对国家体育荣誉体系的建构和现代化变革起到关键的导向性和决定性作用。

一方面,就国家体育荣誉体系的整体结构而言,体育荣誉观是体育荣誉治理理念和制度规范层面始终坚持与捍卫的价值核心②,同时,体育荣誉观的铸塑也持续地支撑着处于外围的体育荣誉治理理念和制度规范的形成和实施③。这就意味着,当体育荣誉治理实践遇到困境的时候,国家体育荣誉体系往往会通过调整或创新体育荣誉治理理念、制度规范和具体的治理技术作出回应,而体育荣誉观本身并不会受到严重冲击,也没有丧失对整个体育荣誉体系的规定性。另一方面,处于核心地位的体育荣誉观,通过价值引领和意义设定规范着治理理念和制度体系的基本维度和内涵指涉,并构成它们的意义前提。或者说,体育荣誉观的铸塑方向决定着整个体系的建构逻辑和现代化程度。同时,荣誉价值信念的铸塑也是体育运动政治功能目的性和应然性的集中体现。作为支撑国家体育荣誉体系建构的政治意志和政治权能,其合理性、合法性和正当性的逻辑前提也取决于体育荣誉观的目标指向④。由于民族、地域和语言上的巨大差异,世界各国体育荣誉治理理念和制度规范在概念表述和治理技术上会表现出复杂性和多样性,也都因为价值信念指向的不同而隐喻着不同的意义指涉,从而规定着不同的体系建构和发展方向。

---

① Baughman W. Hall of Fame inductions honor sport's proud past[J]. Amateur Wrestling News, 2013.

② Bin X U, Yong—Guan D. Retrospect of views on sports honor and shame in the social transition period[J]. Journal of Physical Education, 2007.

③ Sahnine M. Honor sports[J]. Soins Formation Pédagogie Encadrement Avec La Participation Du Ceec, 1999(30):suppl IV—V.

④ Sinha S. Celebrating Sports Technology Awards[J]. IEEE potentials, 2019, 38(3):35—38.

虽然体育荣誉观确立了在整个体系中的核心地位,但就其自身来讲,也并非自然的存在。有学者认为,价值信念形塑的基础在于政治社会化的过程,阿尔蒙德就曾指出,一种价值信念和理想的形成是特定国家政治经验的产物[①]。也有学者指出,就国家体育荣誉观筑塑本身来讲,它和一个国家的政治文化、政治体制固然密切相关,既受到国家政治的影响,同时也通过体育荣誉的国际竞争反作用于国家政治的社会化过程[②]。事实上,体育荣誉观的铸塑方向的真正根基不仅仅依赖于政治意志,而是在政治意志、传统习俗、地域文化、宗教信仰、律法传统等综合因素的相互作用下形成的观念体系。尤其在法律和管理层面,合理化的影响因素应该追溯到政治意志以外的特定文化基点[③]。简言之,形成于社会生活的大"舆论气候"之中。由此说,这些外在的"隐性前提"在更宽泛的视域下为体育荣誉体系的建构提供了意义支撑,同时也构成了特定历史环境下对体育荣誉治理实践的确定性认知和时代性把握的思想基础。从这个意义上来说,一个国家体育荣誉观的培育和践行,是特定历史时期和特定社会中确定性社会认知和价值观念在体育领域中的集中体现。

2.2 体育荣誉观的内在品性

作为核心层面的体育荣誉观是一个较为抽象的概念,凝聚着运动个体的终极价值理想,并通过合法性释义,表达着一个国家、民族或地区的政治意志。那么,体育荣誉观究竟有哪些要素构成呢? 换言之,一种体育荣誉观的形成需要哪些要素的支撑呢? 理清这个问

---

① [美]阿尔蒙德.公民文化五个国家的政治态度和民主制[M].徐湘林等译.北京:东方出版社,2008:83.

② [美]奎迈·安东尼·阿皮亚.荣誉法则:道德革命是如何发生的[M].北京:中央编译出版社,2011:293.

③ [美]帕森斯.现代社会的结构与过程[M].梁向阳译.北京:光明日报出版社,1988:88.

题,将有利于我们进一步讨论如何筑塑符合时代需求的体育荣誉观。下文从对已有研究成果的归纳、相关研究领域的借鉴和多案例分析中提炼体育荣誉观的内在品性。

2.2.1 已有成果:终极性、政治性与合法性

价值信念层面的对话是诠释体育荣誉体系的深层维度,这一点是由体育荣誉的特殊性质所决定的。体育荣誉所表达的价值信念具有两个基本特质。一是铸塑目标的终极性[①]。体育荣誉所表达的都是对人的"精神追求"的自我理解,集中凝聚了一个民族和社会对国家体育事业的期望和梦想,构成了运动员和教练员训练、比赛、挣金夺银的终极依据[②]。二是政治功能的特殊性。近代以来,当运动员代表国家在国际赛场上挣金夺银时,无不彰显着一定的政治功能[③]。在不同民族和社会对这种竞争性、稀缺性和看不见的体育荣誉价值的领会,总是与其特殊的国家制度、政治意志和生存历史保持着紧密关系。

中国传统社会的体育荣誉观受儒家思想影响深刻。荣誉观的形成从人的情感表现的共性开始[④],体育荣誉观更多地诉诸运动员的意志追求和对超越身体本能的运动精神的信仰,由此现实体育奖励层面向超越物质追求的本心层面转化[⑤]。儒家荣誉思想,以自主、自觉的唯意志主义来引导人的价值信念[⑥],以超越运动员个体荣誉的政治意志来统摄人的情感表现。这在一定程度上抑制了运动员、运动队、体育组织之间的情感冲突、欲望冲突,以国家主义、集体主

---

① 袁祖社."公共性"的价值信念及其文化理想[J].中国人民大学学报,2007,021(001):78—84.

② Source: Wikipedia. Sports trophies and awards[M]. 2011.

③ 葛群.论地方体育立法中奖励条款的设置[J].太原理工大学学报(社会科学版), 2014, 000(003):27—30.

④ 李祥俊.性善何以可能——儒家性善论的概念内涵、论证路径与价值信念探赜[J].学习与实践,2020,37(6):97—108.

⑤ 路云亭.文武之道——关于文学和体育最高奖项得失的话题[J].体育与科学,2006(02):12—13.

⑥ 唐君毅.中国文化精神之发展[M].台北:台湾学生书局,1984.

义的目标指向,消解了荣誉个体的独立地位[1]。和强调外在规范、外在制约的他律道德不同,计划经济时代的体育荣誉激励更多地采取了一种激发人的内在荣誉价值自我规训、自我教化的方式,不断地强化国家荣誉至上的体育荣誉价值导向[2]。

运动员荣誉观的表达和宗教神学不同,它是以一种公平的、规则的、竞争意识的方式来呈现体育荣誉的价值指向及其内容的,这种价值信念及其内容凝聚在国家的政治意志中,体现在法律、政策、文件、制度等文本上,以保障价值信念的合法性[3]。或者说,体育荣誉所表达的价值信念不是非理性的、只可通过个人的精神信仰来体证的神秘之物,而具有合法性、政治性和开放性的[4]。

毫无疑问,体育荣誉观不是工具,不是昂贵的物品,但带有"终极关怀"的性质,这种"终极关怀"是激发个体竞争性、能动性的方式所获得的,而且任何一种制度下的体育荣誉表彰,都是能够体现国家意志和政治功能的[5]。通过体育英模塑造和价值引领,崇尚金牌、向往荣誉,成为向他人敞开的、可供青少年运动员理解的精神追求,永恒的"金牌意识"塑造了共同体成员追求崇高荣誉的终极目标[6]。

虽然学术界对运动荣誉理想的表述和释义不同[7],但多数是以一种理性的形式表达着对于"橄榄枝花环"的自我理解和自觉意识,都内在地蕴含和表达着对于个体的英雄主义和国家主义的博弈,并

---

① 张忠秋,石磊,朱学雷,等.对我国高水平运动员实施奖励状况探讨[J].体育科学,1999,19(003):1—5.

② 张三梅.我国奥运奖励政策的现状、问题及对策研究[J].广州体育学院学报,2006,26(004):9—12.

③ 陈国栋.信念诠释使命和职责[J].人民政坛,2010(6):43—43.

④ Filkins J A. H. G. Wells: Prophet With Honor (Britain)[J].1983.

⑤ Bjarneg Rd E, Brounéus, Karen, Melander E. Honor and political violence[J]. Journal of Peace Research, 2017:002234331771124.

⑥ 刘涤波. 荣誉、理想、慷慨、爱情——昆丁堂吉诃德式的骑士精神及其表现[J].外国语文, 2005(03):21—24.

⑦ Amp G R, Taylorsupa/SupP. Quality management awards and sports facilities' performance[J].Local Government Studies, 2011, 37(2):121—143.

通过这种博弈形成共识性的、稳定的、合法性的体育荣誉观。对于体育荣誉观形成要素的不同理解,在根底上是对运动个体的竞争"意欲"或体育精神的不同表达样式和向路[①]。虽然不同学者在理论重心、情感偏好和表现形态等方面各异其趣,但是其中都凝聚着人们对于体育荣誉观、运动精神和人生态度的觉悟。

2.1.2　相关领域:终极目标、职业伦理与荣誉法治

通过查阅文献发现,国内外学者关于体育荣誉观的研究成果较少,但在其他领域,对荣誉观的研究却很普遍。例如在科技领域、教师领域和军事领域,虽然学者们关注的重点有所不同,但都关涉到了荣誉观的终极理想与合法性来源,教师领域还深刻讨论了职业伦理的重要性。

表2-4　关于"相关领域荣誉观的结构要素"观点整理

研究领域	研究视角	主要观点	文献来源
科技荣誉体系	社会效应、绩效评价、结构体系	科技荣誉体系建设应该深入贯彻落实科学发展观和"重视价值、尊重劳动、树立英模"的指导方针,坚定联合攻关、自主创新、抢占科技高峰的荣誉观念。良好的科技环境、符合世界文明进程的伦理基础和现代化的法治思想,是科技荣誉信念实现的前提和基础。(Steve,2018)科技荣誉体系要树立全局的系统观念,要从组织的整体出发,从大局着眼,使得科技人员的荣誉观符合国家的利益、科技创新的宗旨和科技荣誉表彰终极目的。(王海芸,2017)此外,科学技术关涉到国家的安全、政治的稳定,科技荣誉表彰蕴含着深刻的国家意志,国家荣誉的捍卫又需要荣誉法治的支持,由此,科技人员荣誉观的形成一般涵盖了国家意志、合法性来源和终极目标三个维度。(熊小刚,2011)	Steve, Huntingford Awards 2018 Technology Award[J]. What Car: The Only Plain English Car Magazine,2018. 王海芸,张钰凤,王新.科技奖励视角下的创新团队激励研究[J].科研管理,2017.38(S1):355—364. 熊小刚.国家科技奖励制度运行绩效评价研究[D].华中科技大学,2011.

[①] Ying T. Reflections on the Pathway to Competitive Sport Power:from the Laureus World Sports Awards[J]. Journal of Shanghai University of Sport, 2013.

研究领域	研究视角	主要观点	文献来源
教师荣誉体系	心理资本、荣誉法治、层级架构	对于教师这一特殊群体而言,其荣誉观无疑是与职业性质相关联的,或者说是一种职业荣誉信仰。其中,终极理想作为个体的心理资本,是一种积极性的心理要素,具体表现为符合积极组织行为标准的心理状态,它超出了人力资本和社会资本,并能够通过有针对性的投入和开发而使个体获得竞争优势。教师荣誉实现的合法性,实现荣誉立法,是铸塑教师荣誉价值信念的又一个关键要素(陈晨,2018)。教师荣誉体系的构建要注重思考教师荣誉观指向的适宜性,基于国度的不同、教育体制的不同,以及学校性质的差异,教师荣誉体系的评价尺度和标准也不是唯一的。(阮艳花,2017)荣誉体系的建设一般和政治意志离不开关系,教师荣誉却很少和国际政治相联系,主要是因为教师荣誉的评选一般是在本国内进行,不涉及到和他国教师的竞争。教师荣誉观的形成也主要要从教师的思想品德、职业素养、执教能力、教学成果、科研成果等方面得以体现。由此说,立德树人是教师荣誉观的根本指向,他需要教师荣誉立法以及科学理性的荣誉思维保驾护航。(Harold D,2012)	陈晨.大学教师的"荣誉头衔"与荣誉感匹配吗——兼论心理资本的中介效应[J].高教探索,2018(10):103—109. 阮艳花,刘英.英、美、新三国国家教师荣誉制度的共性特征及对我国的启示[J].中国成人教育,2017(09):111—113. Harold D. Drunmmond Member or KDP's Laureate Chapter Restoring Honor: Being the Best Teacher Possible.2012.26(3):83—84.
军事荣誉体系	正义论、政治哲学、国家主义	军人荣誉观的评判,包括对军人荣誉的终极目标、政治使命和社会正义的评价与判断。古今中外的军事荣誉,其直接目的就是培养军人的政治使命感、国家荣誉感、人民责任感和社会正义感,从而为提高军队的战斗力和有效履行使命而服务。(王学军,2015)毫无疑问地讲,军人荣誉体系的终极价值信仰是为了促进人类社会的发展进步,推动和实现国家民族的文明富强,维护人民群众的根本利益与社会公平、正义。军人荣誉观的实现至少要满足三个条件,即:军人荣誉的正义性、军人荣誉的合法性和评价体系的合理性。(崔金静,2018)	王学军.军人荣誉论[M].北京:国防大学出版社,2015:3. 崔金静,王衡.军人荣誉体系建设中的传播发展策略[J].传播力研究,2018.2(34):196—197.

从科技荣誉观、教师荣誉观和军事荣誉观的构成要素比较和分析来看,科技荣誉观的铸塑和国家意志、伦理基础、终极目标、合法性来源紧密相关,教师荣誉观主要涉及到合法性来源、终极价值信仰、教育体制等方面,而军事荣誉观则具有较强的国家主义、政治意志、正义性、人民性、合法性的特征。和三者相比,体育荣誉观有其特殊性,也有共同性,例如,合法性来源、终极价值理想是四者的共同性,政治功能、国家意志和军事荣誉有相似性。

2.1.3　案例分析:价值目标、国家意志与立法保障

国家体育总局人事司、共青团宣传部文体处、省教育厅体艺卫处、市级体育局和省级运动协会,分别代表了5种不同性质的体育荣誉表彰主体,每一个授勋主体对荣誉观支撑要素的理解都有侧重之处,但又存在诸多关联和相似的观点。

表2-5　多案例分析中体育荣誉观的要素构成

荣誉授予主体	表彰系统	代表性观点引用
国家体育总局人事司	国家体育系统	体育荣誉说到底还是价值问题,我们想要形成一个什么样的荣誉观,人民群众希望我们在社会上培育什么样的荣誉观,还有就是运动员、教练员需要什么样的荣誉观来指导训练、比赛,这几个问题我们要考虑清楚,这里面涉及到一个重要问题,什么呢?价值目标。有了目标,下面就是如何让目标能够实现的问题。首先是国家的政策保障,然后是通过立法保障。(国家奥林匹克体育中心副主任) 荣誉这个东西时需要用内心去感受的,也就是我们常说的荣誉感,哪一个运动员都渴望荣誉,从年轻运动员希望拿一次省运会冠军,到国家队运动员渴望金牌,再到明星运动员向往一个属于自己的时代,等等。可以说,不同的运动员,在不同的阶段,都有着不同的价值目标或价值信念,但是,有一个问题是可以确定的,那就是何种荣誉观的形成,都是在一定国家、地区、社会环境下形成的,都需要国家立法的支持,也需要体现国家和民族的意志。(评选表彰领导小组办公室)

荣誉授予主体	表彰系统	代表性观点引用
共青团宣传部文体处	群团组织系统	"群团组织在党和群众之间起到一个桥梁的作用,所以,政治性和群众性是共青团的两个根本特点。宣传部对优秀运动员的表彰和奖励不是太多,或者说比较少,主要考察推荐人选的运动成绩、大赛名次、国际影响力、项目贡献等几个方面。团员的荣誉价值信念是一种比较特殊的心理现象,在当今社会主要以价值理想、政治认可、群情氛围三种主要形式存在:一是团员们对马克思主义和自身所从事的工作发自内心的认同满足,由此产生荣誉感。二是党和政府对团员所表达的态度和认可,这里面涉及到具体荣誉的表彰、一定的物质奖励、或者在职业晋升上给与一定的优先权等,这个最直接。还有一个就是人民大众对团员荣誉感的态度和看法,或者说是社会对运动员获得共青团荣誉的认可度,这一点非常重要。"(共青团宣传部理论宣传处)
江苏省教育厅体艺卫处	省级教育系统	"说到体育表彰社会价值的问题,我个人的理解是,体育表彰的出发点就是激励每一名运动员努力训练,朝着这个目标去努力。通过对优秀运动员的表彰、奖励,在这样一个成长环境下形成一种文化氛围,什么文化氛围,就是让年轻人有一个偶像,有一个心目中想要成为的目标,或者说想要达到的成就。这样一来,慢慢的孩子们就形成了一种荣誉观,这种信念和国家有关,和社会有关、和运动队有关,和家庭也有关。需要国家和社会的支持,需要社会的引导,需要父母的鼓励。"(江苏省体艺卫处副处长)
徐州市体育局	市级体育行政系统	"现在的好多孩子没有荣誉感,特别是没有集体荣誉感,就想着眼前那点的个人利益、个人得失,还整天做着白日梦,想成为谁谁谁,想争夺多少钱,买什么样的车。一点不现实,我觉得年轻人还是先把目标放低点,把成绩一点一点提上去,先在队内站住脚,在一级一级的比赛中拿到好成绩,没有成绩,谈什么理想,谈什么荣誉,边也沾不上。要说荣誉观,那当然也是需要的,这应该是思想政治教育的一部分,将来运动员参加国际大赛,参加奥运会,那代表的是国家,要把国家荣誉放在第一位。"(徐州市体育局竞体处)
江苏省乒乓球运动协会	省级社会组织系统	"给年轻运动员定个目标,像谁看齐,这个很有必要。让年轻运动员在追赶前辈的过程中,潜移默化的培养荣誉感,形成荣誉观。其实,每一个运动员都有想要成为的那个人,只是每一个阶段,目标不同而已。或者说信念是永恒的,目标是变化的。荣誉观的形成要靠教练的引导,俱乐部文化的熏陶,还要有为国争光的意识,到了国际赛场,就不只是一个人在战斗了,背后代表的是全国人民。当然也需要国家在法律、制度方面进一步跟进,来引导,来保护。"(省乒乓球运动协会副主席)

　　国家体育行政系统、群团组织系统、省级教育系统、市级体育行政系统和省级体育组织系统,分别从各自视角表达了对体育荣誉观形成要素的观点,他们关注的重点虽然有所不同,但是,对体育荣誉观筑塑的终极目标、合法性保障和政治功能三个方面的关注和肯定是基本一致的。

　　综上所述,尽管不同的视角、不同的领域、不同的主体,对体育荣誉观的分析内容各有侧重,但整体而言,可以归纳为三个基本维度,即:目标指向、合法性来源和政治权能[1],这三个具体要素既相互联系,又相互区别,共同形塑着与时代发展和体育荣誉治理实践相适应的体育荣誉观。在体育荣誉观的三个核心构成要素中,目标指向确立了一个国家体育荣誉体系现代化转型变革的理想和方向[2];合法性来源为体育荣誉体系的设立提供了道德标准和法律支持[3];政治权能则设定了体育荣誉体系中国家行政机构拥有和支配体育荣誉资源的权力限度和治域范围[4]。

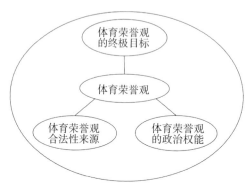

图2-3　体育荣誉观核心要素

　　① [德]黑格尔.精神现象学[M].贺麟,王玖兴译.上海:上海人民出版社,1979:352

　　② Bin X U, Yong—Guan D. Retrospect of views on sports honor and shame in the social transition period[J]. Journal of Physical Education, 2007.

　　③ Schnuer J.The honor system[J]. Entrepreneur,2012.

　　④ Harvey J, Horne J, Safai P. Alterglobalization, Global Social Movements, and the Possibility of Political Transformation Through Sport[J]. Sociology of Sport Journal, 2009, 26(3):383—403.

这就意味着,作为体育荣誉体系核心层面的荣誉观,在整个体系的运作过程中为特定国家所追求的价值目标、合理性与合法性的依据、政府在管理体育荣誉资源分配中的权限和范围提供了核心价值支撑和理论意义支持。从这个角度来讲,体育荣誉观的铸塑决定着国家体育荣誉体系现代化转型的意义和方向。

2.3 体育荣誉观实现机制的结构和机理

通过以上分析可知,体育荣誉观在体育荣誉体系中处于核心位置,对体育荣誉体系的建设和完善起到决定性作用。本书关于体育荣誉观的研究,主要关注体育荣誉关的培育和体育荣誉观的践行。体育荣誉观的培育和时代背景、社会环境国家意志、荣誉制度、体育文化、体育体制、群体认同、个体观念之间存在紧密联系,不同国家或地区必然形成多样化的体育荣誉观。无论何种体育荣誉观的培育,都需要在一定场域内传播和践行,这就关涉到体育荣誉观的实现机制问题。

现代体育运动盛行以来,职业体育的快速发展改变了传统的体育荣誉治理秩序。重塑国家荣誉权威和个体荣誉权利的表达构成了世界体育荣誉治理现代化发展的两大历史任务[①]。前者要求体育荣誉治理的相对集中,体现国家意志;后者则要求从激发个体能动性出发,更大程度地实现个体荣誉权利。随着体育运动职业化程度和广度的不断加深,不同个体体育荣誉观的差异性愈发显著[②]。不同体制下的运动员个体,在体育荣誉价值取向上存在差异性,即便是同一名运动员,在代表俱乐部和国家队参加比赛时,其荣誉观的

---

① [美]莎仑·R·克劳斯.自由主义与荣誉[M].南京:译林出版社,2015:67.

② 马祥海.完善我国优秀运动员奖励制度的创新路径研究[J].体育文化导刊, 2017, 000 (011):79—83.

倾向性都会有所不同[①]。这就要求,体育荣誉观的形成要能够体现国家意志,并满足社会需求。

从体育荣誉观在体育荣誉体系中的坐标位置来看,体育荣誉观处于核心层面,向外依次是体育荣誉治理理念和体育荣誉制度规范。这就意味着,体育荣誉观的践行是要通过荣誉治理理念的选择和制度实践的规范来实现的。在此基础上,我们还必须直面一些机理性的问题:(1)体育荣誉治理理念的选择究竟要从哪些方面进行?依据是什么?(2)体育荣誉制度规范的要素有哪些?(3)不同国家或地区体育荣誉观实现机制的差异性在哪里? 共识性在哪里? 倘若要深刻认识体育荣誉观的表达形式和实现机制,就需要厘清体育荣誉治理理念与制度规范的内涵、作用和要素构成。只有这样,才能更加系统、清晰地把握国家体育荣誉观培育和践行的内在机理。

2.3.1 体育荣誉治理理念

体育荣誉治理理念在整个体育荣誉体系中处于中间层,是建立在体育荣誉观基础上的第二层级。就其关联性而言,荣誉治理理念的形成往往依赖于荣誉价值信念的目标指向[②]。体育荣誉治理理念的合法性、合理性厘定也需要由体育荣誉观来提供支持,它是体育荣誉观指向具体荣誉表彰实践的衍生物和介质。治理理念和价值信念之间已经形成了难以逾越的界限,治理理念是价值信念在一定意义上合乎理性的理论呈现,更加倾向于指导治理实践,而非理性推演[③]。

也正因为此,体育荣誉治理理念与荣誉观相比较,表现出更多的灵活性和变通性。当然,治理理念层面上的调整并不会直接导致整个体育荣誉体系的变革。因此,当一个国家的荣誉体系面临时代

---

① 王承信.体育竞赛与奖励的合理性探讨[J].体育与科学,2002,23(004):43—44.

② 殷冬水.国家认同建构的文化逻辑——基于国家象征视角的政治学分析[J].学习与探索,2016(08):74—81.

③ 张铭.政治价值体系建构:理论/历史与方法[M].北京:社会科学文献出版社,2012:60.

挑战时,很难从根本上调整荣誉观的目标指向,通常只是在治理理念层面上进行革新①。其目的也是为了在最大程度上维护既有体育荣誉体系的政治意志和逻辑基础。这样一来,我们便可以把不同时空下具有巨大差异性荣誉观,却有着相似性荣誉治理理念的实现机制进行分类、比较、选择、借鉴。例如,依法治理是当今世界普遍运用的荣誉治理理念。"立法保障运动员、教练员、体育科技人员、体育教师、社会体育指导员、体育义工等个体的荣誉权利,依法维护国家荣誉",在世界各国能够形成治理理念上的共识②,尽管各国的国家制度、政治意志和价值理想存在巨大差异。

体育荣誉治理理念和荣誉观的本质区别并不能遮蔽二者之间紧密的逻辑推导关系。每一种特定治理理念的确立和调整对于体育荣誉观的行塑以及整个体育荣誉体系的转向都将产生一定程度的影响③。例如,英国传统体育荣誉体系中,皇室成员、贵族阶层、骑士阶层掌握着体育荣誉配置的一切权力,"君权神授""服务上层社会"的荣誉治理理念,持续地形塑并维系着"一切竞技专属贵族,一切荣誉归于贵族"④的荣誉观。英国工业革命改变了传统体育参与人群的分布、比例和格局,体育荣誉资源向普通阶层的公众敞开了大门,维护公平、正义,体现自由、平等的体育荣誉治理理念逐步占据主导地位,在此影响下,荣誉—自由化的荣誉观代替传统偏见,行塑着体育荣誉观的主流意识形态。

对于特定历史时期,特定国家的体育荣誉表彰而言,即便是试图创新既有的体育荣誉治理理念,也会深刻地影响着体育荣誉观的铸塑方向。例如,湖北省政府在对网球运动员李娜进行表彰

① Gire J T, Williams T D. Dissonance and the Honor System: Extending the Severity of Threat Phenomenon[J]. The Journal of Social Psychology, 2007, 147(5):501—509.

② Minqing Q. The Motivation and Incentive Systems of Sports Events Volunteers[J]. Journal of Sports & ence, 2012.

③ Schnuer J.The honor system[J]. Entrepreneur, 2012.

④ Xiang Y Z. The Evolvement of Class Nature and Hierarchy of the English Aristocracy[J]. JOURNAL OF HISTORICAL ENCE, 2000.

奖励时，由于缺乏合法性依据，一时间引起了社会舆论的声讨。官本位、管理型政府、政府无限权力等治理模式受到社会各界人士的强烈批判[1]。在国家倡导以人民为中心、建立服务型政府、实施有限政府权能的政策理念背景下，各级地方政府以《中华人民共和国国家勋章和荣誉称号法》为依据，纷纷实施荣誉表彰制度的改革，并出台了体育表彰政策文本。在这样一个发展趋势和演变过程中，以国家荣誉为主体，充分考虑体育协会、俱乐部、优秀运动员、教练员、体育科技人员、体育教师、志愿者、社会体育指导员等团体及个人的荣誉观，不断满足多样化体育荣誉需求的观念体系逐步形成。

体育荣誉治理理念作为荣誉观实现机制的中场发动机，也涵盖了更加具体的系列要素。对于体育荣誉观而言，体育荣誉治理理念具有一定的衍生性，它是在价值信念的指向和规约下确立的，而对于体育荣誉制度规范层面来讲，它又具有一定的指导性，规定着制度规范层面的各项体育荣誉治理实践[2]。单从荣誉观和治理理念二者之间的逻辑关系上来看，从体育荣誉观扩展到体育荣誉治理理念，显现出鲜明的由内及外的推演特征。由此说，体育荣誉治理理念在荣誉观的实现机制中起到重要的桥梁作用。

中西方关于社会治理理念的研究成果颇丰，其研究视域主要从政府或社会的角度出发，旨在采用一系列的理念、方法、手段，在维护社会秩序和保障公民权利的基础上实现公共利益的最大化[3]。荣誉治理的核心理念是在某一共同体中树立英模典范，对其行为和贡献重新定义和释义，上升为具有价值引领作用的意识形态符号，通过共同体成员间的互动，荣誉表彰塑造的社会核心价值就会潜移默

---

① 刘波.地方政府治理[M].北京:清华大学出版社,2015.

② Gire J T, Williams T D. Dissonance and the Honor System: Extending the Severity of Threat Phenomenon[J]. The Journal of Social Psychology, 2007, 147(5):501—509.

③ [法]柯蕾.公众参与和社会治理[M].李华译.北京:中国大百科全书出版社,2018:65.

化地影响群体的价值取向和情感认知①,从而增强社会凝聚力和国家认同感,实现治理能力柔性化、现代化。

关于治理理念结构要素的研究成果主要集中在以下几个方面:其一,一个系统的治理理念应该包括民主性、参与性、合作性和制度性四个基本要素②。其二,现代化的社会治理理念至少包括有限政府、公众参与、权利民主、依法治理和权力互动五个核心要素③。其三,价值理念应该由权利、律法、权力、主体互动和治域五个部分构成④。其四,西方国家治理理念的主要目标是实现社会的公平、民主、正义,其核心要素是社会法制、政府责任、公众参与、公共服务和协力合作⑤。整体而言,中西方学者在论及价值理念的要素结构、概念或内涵指涉的时候,都离不开对权利民主、依法治理、权力分配、治理主体关系、国家治域5个核心部分。

结构性和整体性是体育荣誉治理理念的两大重要特征⑥。体育荣誉观的实现机制是一个动态发展的有机统一体,它是在不同的治理理念的相互作用下运行的⑦。各种不同的体育荣誉治理理念作为结构性要素,在相互作用的动态过程中,形塑着体育荣誉体系的基本价值形态⑧。治理理念的整体性实际上是由各种相互协同、相互作用所形成的结构总体性⑨。由此,体育荣誉治理理念的厘定应该运用总体性方

① Lv Z, Wang J. The Exploring on the University Student Honor Management System Based on Enterprise Refined Management under the Background of Big Data[J]. Journal of Physics: Conference Series, 2020, 1453(1):012164(6pp).

② 俞可平.论国家治理现代化[M].北京:社会科学文献出版社,2015:70.

③ [美]奥利弗 E.威廉姆森.治理机制[M].北京:机械工业出版社,2016:109.

④ 孙晓莉.西方国家政府社会治理的理念及其启示[J].社会科学研究,2005,(2):7—11.

⑤ [英]斯蒂芬·奥斯本.新公共治理——公共治理理论和实践方面的新观点[M].包国宪等译.2019:94.

⑥ Bin X U, Yong—Guan D. Retrospect of views on sports honor and shame in the social transition period[J]. Journal of Physical Education, 2007.

⑦ Morrill, Calvin. Conflict Management, Honor, and Organizational Change[J]. American Journal of Sociology, 1991, 97(3):585—621.

⑧ Wahl, Grant. Glory and Dishonor.[J]. Sports Illustrated, 2011.

⑨ Feng Z, Wen—Rong X. Advocating Honor Management and Further Strengthening Credit Management of Suppliers[J]. Chinese Medical Equipment Journal, 2012.

法,从价值、结构、实践的维度把握体育荣誉发展理念的要素和内涵。把总体性方法运用到体育荣誉治理理念的构成要素研析中,能够为发展理念诸要素之间的协同支撑和相互融合提供方法论基础[①],具体表现在体育荣誉治理理念各要素的相互关系和关键定位上。

荣誉治理在体育领域被长期广泛运用,自古希腊时期,"橄榄枝花环""月桂花环"被作为竞技比赛的荣誉,颁授给优胜者,以此引领竞技赛会的价值导向,规约古代社会的体育治理秩序。体育荣誉治理理念虽然是一个现代化的概念,但其本质仍然是为了维护体育治理秩序,提升体育治理能力,实现体育治理现代化[②]。在现代国家,体育荣誉治理的目标、技术选择和国家的政治意志、政治权能密切相关,现代国家往往通过立法的形式赋予政府部门表彰权力,实施荣誉治理。

"法治体育"的提出是体育治理的理念表达和行动指南,是关于体育治理体系的理念、制度、路径、行为与过程的价值选择[③]。西方学者普遍认为,社会不会接受没有任何律法依据、权利基础和权力边界的政府行为[④],政府对于运动员荣誉观所施加的权力约束要控制在一定的底线之内,这个底线就是保障个体荣誉权利的自由[⑤]。优秀的运动员、教练员、体育科技工作者等个人或团体,之所以能够舍弃一些荣誉权利,主动进入到国家荣誉治域的范畴,主要因为不同个体之间荣誉诉求和体育荣誉资源的配置方式需要第三方的有效仲裁[⑥]。

---

① Gire J T, Williams T D. Dissonance and the Honor System: Extending the Severity of Threat Phenomenon[J]. The Journal of Social Psychology, 2007, 147(5):501—509.

② Xiang Y Z. The Evolvement of Class Nature and Hierarchy of the English Aristocracy[J]. JOURNAL OF HISTORICAL ENCE,2000.

③ 颜天民,高健.法治体育:体育治理的理念变革与进路探索[C]//2015第十届全国体育科学大会.0.

④ 牛笑风.自由主义的英国源流[M].长春:吉林大学出版社,2008:125.

⑤ J.Grant, A.Susan.Sport for Social Justice, Capability, and the Common Good: A Position Statement in Honor of Tessa Jowell.Quest.2018,71(2):150—162.

⑥ Pierre—Nicolas, Lemyre, Darren, et al. Influence of Variability in Motivation and Affect on Elite Athlete Burnout Susceptibility[J]. Journal of Sport and Exercise Psychology, 2006, 28(1): 32—48.

在此过程中,国家并没有凌驾于个体的荣誉和利益之上而独立存在,相反,国家体育荣誉表彰始终以激发个体能动性为逻辑起点,以凝聚共同体荣誉价值观念为方向,国家在最高层面通过立法的形式对体育荣誉治理行为实施规约①。困难在于,治域范围的有效把握,有限治域还是无限治域,要结合各个国家的实际情况。关于此类问题,有学者提出②,随着体育荣誉实施主体的多样化发展,国家机关应该收缩体育荣誉的治理场域,以充分发挥体育协会、俱乐部、群团组织、体育基金会等社会力量的体育荣誉治理能力。这就关涉到另外一只主要问题,即:如何处理体育荣誉授予主体之间的关系? 中央权力机关、地方政府、群团组织、体育协会等荣誉授予主体,存在何种关系?

表2-6 关于"相关领域荣誉治理理念的结构要素"观点整理

研究领域	研究视角	主要观点	文献来源
科技荣誉体系	绩效评价、体系变迁、荣誉治理	科技荣誉表彰本身是一个适用性和操作性极强的工作,科技荣誉治理在表彰实践中的普及度和涵盖度,远远超过了理论研究的发展程度。这就导致科技荣誉治理中常见的基本概念、结构、要素等问题的众说纷坛和争论不休。(吴恺,2010)从科技荣誉观的实现机制来看,科技荣誉治理遵循了效能治理、依法治理、协同治理、权能治理、结构治理等方面。在这个过程中,政府、企业、第三部门所实施的荣誉表彰实践,都属于科技荣誉治理的外部控制,依靠科学共同体的参与、互动、认可。(熊小刚,2013)荣誉治理对于创新科技文化发展具有重要意义,可以通过立法的形式确立荣誉治理的合法性,通过国家统筹安排,增加科技荣誉治理的系统性和权威性,通过政府和社会力量的协作互动,增加荣誉治理的灵活性和多样性。	吴恺.我国科技奖励制度研究[D].武汉大学,2010:26.熊小刚.国家科技奖励制度运行绩效评价[M].北京:社会科学文献出版社,2013:32—33.何科方,钟书华.自主创新对我国科技奖励制度变迁的影响[J].科技管理研究,2008(05):3—5.

① Shaw K L, Ostrow A, Beckstead J. Motivation and the Senior Athlete[J]. Topics in Geriatric Rehabilitation, 2005, 21(3):206—214.

② Baughman W. Hall of Fame inductions honor sport's proud past[J]. Amateur Wrestling News, 2013.

研究领域	研究视角	主要观点	文献来源
教师荣誉体系	比较研究、系统论	从美、英、新三国的教师荣誉治理实践来看,荣誉治理都比较注重对系统治理、依法治理、协同治理、专业治理、场域治理、阶梯治理等治理理念的实施。(罗明煜,2014)教师荣誉治理是一个柔性化的、综合性的、现代化的治理理念,除了国家政府和教育主管部门参与治理外,还有全国以及地方的协会、社区、学校、社团等机构参与其中,有些国家设有各级各类的教师荣誉评审委员会、选举委员会、基金会。因此,荣誉治理在教师领域的运用一般会坚持国家系统治理和有限治理、政府和社会组织的协作治理、法治化环境下的依法治理、以教师为主体的权利治理、立德树人的思政治理、科研和教学双重目标的绩效治理等治理理念。(Hdrold D,2012)	罗明煜.美、英、新加坡国家教师荣誉制度的共性研究[J].教师教育研究,2014,26(05):107—112. Harold D. Drunmmond Member of KDP's Laureate Chdpter. Restorirg Honor:Being the Best Teacher Possible.2012,26(3):83—84.
军事荣誉体系	治理理论、国家主义、政治哲学	古今中外,荣誉被作为军人的第二生命和永恒的价值追求,荣誉治理是世界各国广泛采用的建军、治军、强军理念,依法治理、国家一元治理、从严治理、规范治理、系统治理,是提升国家军事荣誉体系革命化、现代化、正规化的重要理念。(王学军,2015)无论是揭示军人荣誉治理框架和运行的原理,还是把握军人荣誉治理历史和现实的脉络,其最根本的目的和意义就在于为军队荣誉体系建设和荣誉培育提供理论上的指导和实践上的参考,切实增强军队荣誉体系建设和培育的系统性、科学性、针对性和时效性。(崔金静,2018)加强军队的荣誉治理,就是使广大官兵在崇尚荣誉、追求荣誉和创造荣誉的过程中,坚定政治信念、依法治军、国家主义、集体主义、英雄主义的革命精神,增强荣誉治理的针对性和时效性。(文晔,2015)	王学军.军人荣誉论[M].北京:国防大学出版社,2015:3. 崔金静,王衡.军人荣誉体系建设中的传播发展策略[J].传播力研究,2018.2(34):196—197. 文晔.增强军事职业比较优势的基本举措分析[J].山东社会科学,2015(S2):11—12.

整体而言,科技荣誉、教育荣誉和军事荣誉领域在论及荣誉治理理念的要素结构、概念或内涵指涉的时候,虽然表现出不同的一面,但也存在一些相似的地方。例如,差异性在于:科技荣誉治理强调伦理治理、效能治理,教师荣誉治理注重思政治理、双向绩效治理,军事荣誉体系强调国家一元治理。相似性在于:都离不开依法治理、治理主体关系、国家治域等核心治理理念。

表2-7 多案例分析中体育荣誉治理的要素构成

荣誉授予主体	表彰系统	代表性观点引用
国家体育总局人事司	国家体育系统	"自党的十八届三中全会提出实现国家治理体系和治理能力现代化以来,咱们体育改革也就有了方向,主要是通过创新治理理念和治理技术,来实现体育治理体系和治理能力的现代化。其中,荣誉治理就是近年来国家在倡导的一种现代化的柔性治理理念。"(国家体育总局网络政务咨询处) "荣誉治理,在我们体育部门当前提到的不多,但实际上国家一直在推这种理念,比如说国家领导人对女排的接见,还参加了建国70周年巡游,还有什么比这个更高的礼遇、更高的荣誉吗?再比如,中央电视台举办的体坛风云人物,也是想通过媒体来向社会、向人民传播一种理念,那就是我们说的荣誉治理。""要想把荣誉治理这种理念推广好、实践好,当然还得需要各个方面的助力。目前国家已经颁布了荣誉称号法,下一步是不是要写进体育法,也值得思考。在实施这种理念的时候,政府应该做些什么,运动员有哪些想法,在这个过程中,国家扮演一个什么角色,社会又扮演一个什么角色,各个相关部门怎么去相互配合、相互合作,等等,这些问题都很重要。"(评选表彰领导小组办公室)
共青团宣传部文体处	群团组织系统	"荣誉表彰是我们文体处的一项常态化的工作,尤其是在奥运年,都会对一批优秀的青年运动员进行表彰,都在推行荣誉治理,至于如何才能更好地推进荣誉治理,那首先是要从国家层面通过立法的形式明确下来,再通过媒体宣传、推进,让老百姓都知道是怎么回事。然后就是执行的问题,比如说三大群团组织如何相互配合,国家提倡协同治理嘛,避免重复性、低效率的工作。"(共青团宣传部文体处)

续表

荣誉授予主体	表彰系统	代表性观点引用
江苏省教育厅体艺卫处	省级教育系统	"表彰优秀个人,或者集体,非常有必要,不管我们要对优秀的运动员、运动队、学校进行表彰,我们也倡导学校开展体育表彰,特别是通过竞赛颁奖的形式。""我个人的理解,荣誉表彰还没有上升到一种理念,至少说目前来讲,荣誉表彰更像是一项工作,如果上升到理念,那就不是简简单单的发个奖牌、发个奖状、给些奖励的事了,那要有政策的支持、法律的保障。"(江苏省体艺卫处副处长)
徐州市体育局	市级体育行政系统	"荣誉表彰非常重要,物质激励也很重要。我们进行体育表彰,需要考虑的问题很多,你比如说,颁发什么奖比较合适,既要考虑到地方的层级性,又要考虑适用性。要在国家法律和政策范围内实施,按照省体育局的安排和要求,根据我们自己的实际情况进行表彰,还要尽量满足优秀运动员和教练员的期望。"(徐州市体育局副局长)
江苏省乒乓球运动协会	省级社会组织系统	"当前俱乐部需要荣誉治理,通过思想教育、荣誉表彰,引导年轻运动员的价值取向。说实在的,我们和国内其他一些项目相比,乒乓球的运动水平自然处于领先地位,其实差距不只是体现在能拿几块牌子上面,要让运动员有国家荣誉感,有俱乐部荣誉感,有为乒乓球事业奋斗终生的使命感。在国内,这种运动员很多,国外也有不少,你看像瓦尔德内尔、佩尔森、波尔,普通人都可以看出他们为乒乓球运动奋斗的执着信念,我相信这也是和他们的荣誉观、价值观、人生观分不开的。当然,一个体育协会,或者一个俱乐部在荣誉治理上要有大局观、系统观、发展观,要讲法治,也要讲德治,要在国家荣誉体系下开展活动,也要根据协会的特点,与社会、赞助商、媒体一起合作,实现共同治理。""对于优秀的运动员,我们从不吝啬,尽量满足他们的需求,名声上的,发展上的,物质上的,都有相应的规划和安排。具体奖励什么,奖励多少,那就要看当年的预算和赞助商了"(省乒乓球运动协会副主席)

　　国家体育总局和群团组织对荣誉治理这一理念比较熟悉,也都比较重视在国家意志的导向下实施依法治理、主体权力治理、协同治理。地方行政机构和体育协会虽然很少提及荣誉治理,但在体育

荣誉表彰的过程中也都坚持了荣誉法治、多元主体合作治理、运动员荣誉权利理念的遵循。

基于以上讨论,本文将根据体育荣誉治理的一般性和特殊性,结合科技荣誉治理、教师荣誉治理、军事荣誉治理的经验,以及对多案例的讨论、分析,把体育荣誉治理理念层次推演出五大要素,即:关于法治的治理理念、关于主体互动的治理理念、关于权利的治理理念、关于国家治域的治理理念和关于权力的治理理念。在体育荣誉治理理念的五个结构要素中,法治指向的治理理念确立了体育荣誉立法在荣誉观实现机制中的重要性与合理性;权力指向的治理理念设定了体育荣誉治理主体在权力运用上的合理限度;权利指向的治理理念规定了体育荣誉资源分配主、客体所被赋予的应然权利;治域指向的治理理念确定了国家作为体育荣誉治理主体中的最高层级应该遵循的合理化治理场域和秩序;互动指向的治理理念阐释了体育荣誉授予主体之间、主体和客体之间协力合作的合理模式。

2.3.2 体育荣誉制度规范

从体育荣誉观实现机制的结构模型中得知,治理理念并非最外层结构,在它之外还存在更加接近体育荣誉表彰实践的制度规范层。二者相比较,体育荣誉治理理念又构成了体育荣誉制度规范层面的前提和基础[①],为具体的体育荣誉治理实践提供理论支撑。这就意味着,体育荣誉治理理念在价值信念和制度规范之间起到承上启下的桥梁作用,一方面向外规约着体育荣誉观的筑塑方向,另一反面向内反馈着体育荣誉治理实践中遇到的各种现实问题。

对于体育荣誉观实现机制来讲,处于最外层的制度规范最接近现实生活中的体育荣誉制度实践,它实际上涵盖了体育荣誉治理主、客体在体育荣誉资源分配的过程中所应当遵循的基本原则和基

---

① 格雷厄姆·格林.权力与荣耀[M].傅惟慈译.上海:上海译文出版社,2018:246.

本手段。例如,俄罗斯对奥运冠军实施的荣誉表彰行为——总统在莫斯科克里姆林宫接见奥运冠军,并赠送宝马轿车,以资奖励——就属于荣誉治理实践。此外,评选世界劳伦斯奖、NBA名人堂、世界足球先生、国家运动一级奖章、CCTV体坛风云人物、五四青年奖章等等,都是国际组织、国家、社会组织等,开展荣誉治理的基本制度规范。这一层次和具体的体育荣誉治理技术和手段相结合,能够为具体的体育荣誉表彰行为所需要的体制供给、机制设置、技术指导等提供明确的价值性支持。在日常体育荣誉表彰和奖励的过程中,我们判断治理秩序、治理技术、评选程序、评价标准的合理性、合法性与否,主要就是基于对制度规范层次的考察①。

从体育荣誉体系的制度规范层和治理理念层的关系上来看,制度规范的设置虽然依附于体育荣誉治理理念的特定指涉,但对于治理理念的回应并非是一成不变的,而是保有一定的弹性空间,表现出一定的选择性和适应性②。在实际的体育荣誉治理实践中,二者之间并不存在——对应的必然关系。总体来看,当代体育荣誉观的培育,对制度规范层面的革新提出了相应的要求。可以说,体育荣誉制度规范的调整与否,或者如何调整,对体育荣誉观的筑塑方向和实现方式都将起到重要影响。由此说,不断地创新体育荣誉治理体制、机制,革新治理技术,不仅是既有的国家体育荣誉体系为了应对时代挑战,维护自身秩序持续稳定发展的必要手段。诚然,体育荣誉观、治理理念和制度规范三者之间密切相关、相互制衡,作为最外层的制度规范的调整、革新一定不可能是盲目的,其调整的幅度和范围必然受到体育荣誉治理理念和价值信念的规约和引领。

相较于体育荣誉观和治理理念而言,作为体育荣誉观实现机制

---

① 蒋俊杰.国家治理体系与能力现代化视野下的社会冲突研究[M].上海:同济大学出版社,2015:247.

② LILA ABUⅿⅿUGHOD. honor and the sentiments of loss in a Bedouin society[J]. American Ethnologist, 2010, 12(2):245—261.

的制度规范则更加接近体育荣誉治理实践,和具体的体育荣誉表彰工作有着直接的关联,实际上,制度规范层面就是指国家体育荣誉制度的建设①。体育荣誉制度建设已然成为推进国家治理现代化的新型治理技术。国家体育荣誉制度的建构和完善是一项复杂的系统工程,其设计理路的合法性、合理性、科学性直接关涉到体育荣誉的治理能力和效果,在体育荣誉制度的建设初期,制度的实现受到来自政治进步、国际关系、项目特点、部门协同、市场化程度、职业化程度、公众需求等多方面因素的影响,需要我们基于体育荣誉治理的法治理念、权力理念、权利理念、治域理念和互动理念,科学地提炼中国特色体育荣誉制度规范的要素构成。

而制度本身并非是"人类无知状态下自发演化"的结果,而是理性在社会制度中的体现②。国家体育荣誉制度的要素构成应该充分体现制度理性的作用和实现逻辑。体育荣誉制度现代化的实现并不是体育事业发展的必然结果,而是依赖于制度变迁的必然性和制度主体主观能动性的共同作用③。作为制度主体的人会根据内外部环境的变化,在理性和价值上做出适时调节。体育荣誉制度规范的首要任务是合理分配荣誉资源、调节主客体关系、化解利益冲突、凝聚价值共识④。而体育表彰领域社会矛盾的产生根源在于体育荣誉制度的不协调、不适应、不匹配。那么,在坚持体育荣誉观实现机制系统性和完整性的基本原则下,体育荣誉制度建设规范性要素的设计,是基于体育荣誉治理法治理念、政府权力理念、客体权利理念、国家治域理念、主体互动理念的引领下展开的,是为了在体育荣誉

---

① [美]艾尔菲·科恩.奖励的恶果[M].冯杨译.太原:山西人民出版社,2016:200.

② 赵浩华.国家治理视角下制度理性意蕴及其价值探寻[J].行政论坛,2018,25(5):14—18.

③ Bin X U, Yong—Guan D. Retrospect of views on sports honor and shame in the social transition period[J]. Journal of Physical Education, 2007.

④ Jiandong Y, Haiyang L. Formation and Development of Contemporary Sports Reward System in China[J]. JOURNAL OF SHANDONG PHYSICAL EDUCATION INSTITUTE, 1996.

治理实践层面进一步明确体育荣誉立法和规制、政府的荣誉权力和责任、运动员个体的荣誉权利、国家荣誉治理的场域、体育荣誉授予主体间的关系等主要议题。

第一,法治理念引领下体育荣誉制度的规范性要素。体育荣誉依法治理的最终目标是推动国家体育荣誉制度的构建和运行具备合法性,运用价值引领和权力规范体育荣誉授予主体的参与行为,使体育荣誉评选程序符合公众预期,只有制度体系实现了立法和规制,充分表达了公众的理性共识,对制度的认同和遵循才会成为公众的自主选择[1]。同时,体育荣誉立法和法律规制也是体育荣誉制度建设的基本要求,公平正义的体育荣誉评价需要公众的参与,评价体系的形成建立在评价主体理性沟通的基础之上[2],这不仅需要激发社会各阶层的积极性和主动性,还需要体育荣誉治理体系的立法保障。

体育荣誉制度立法应确立运动员、教练员、体育科研工作人员等个体的主体地位,更大程度地激发个体能动性,突出尊重优秀运动员、尊重突出贡献、尊重优异运动成绩、尊重一线体育工作者的荣誉观,反对唯金钱主义的物欲观念。

一方面,"荣誉立法的目的不是取消或限制个体自由,而是维护和扩大个体自由,保障个体的荣誉权利不受侵犯"[3]。法治理念并不是体育荣誉治理思想中简单的形式性概念,也不是国家政治意志在个体荣誉自由指向上的强制表达,事实上,体育荣誉立法是和对运动员、教练员荣誉权利的保护紧密相连的[4]。体育荣誉立法在原则上应坚持实事求是、公平、正义、民主、平等的原则,坚持体育荣誉表

① Qian W, Luyin G, Jing W. Unbalanced Sports Administrative Reward System on Basis of Game Theory[J]. Journal of Sports Adult Education, 2012.

② Depken, C. A. The Efficiency of the NASCAR Reward System Initial Empirical Evidence[J]. Journal of Sports Economics, 2004, 5(4):371—386.

③ [英]马丁·爱德华兹. 血色荣光[M]. 苏东译. 南京:江苏凤凰文艺出版社,2018:106.

④ Ostler, Scott. Ban drug testing for life.[J]. Sport, 1993.

彰和物质奖励相融合的原则,坚持继承体育荣誉表彰传统和荣誉治理技术创新相结合的原则,坚持开放性和本土化相结合的原则①。在此目的和原则下,体育荣誉制度立法的具体内容应该涵盖以下方面:体育荣誉表彰实践的表现形式、主体结构、层级分类,体育荣誉授予的权力机关和社会组织,评选对象、评选标准、评选程序,以及体育荣誉的获得、退出、追责、惩罚机制等。

另一方面,一部完善的法律规范,倘若使用武断、专横的程序去执行,未必能产生良好的效果②。然而,一部不良的法律规范,倘若使用规范性的程序去执行,是可以削弱法律不良后果的③。体育荣誉制度立法的完善也应该从重视程序规范开始。而程序规范的完善和实体规范的完善是立法完善的两个主要方面④。倘若要在程序规范和实体规范上做一个选择的话,完善体育荣誉表彰的程序规范应是首选⑤。尽管完善实体规范是解决体育荣誉表彰法无依据的根本策略。但是在实践中普遍存在通过行政允诺的方式来设立行政体育荣誉表彰,并没有实体法依据。然而,为了完善实体规范,切除荣誉立法以外的行政荣誉表彰,那么就会对严重打击政府实施荣誉表彰的积极性与灵活性,这就是实体规范的窘境⑥。由此说,与实体规范相比较,强化体育荣誉表彰的程序规制更应该成为荣誉立法建设的重点。

第二,政府权力理念引领下体育荣誉制度实践的规范性要素。

---

① Huang Q, Huang J, Chen Y, et al. Overactivation of the Reward System and Deficient Inhibition in Exercise Addiction[J]. Medicine & ence in Sports & Exercise, 2019, 51(9):1.

② 陈先郡,江国华.中国国家荣誉制度研究[J].中国宪法年刊,2018,13(00):237—239.

③ 王名扬著.美国行政法[M].北京:中国法制出版社,1995.

④ 陈榜.行政奖励的程序规制研究[D].上海:华东政法大学,2016:1.

⑤ Bennett G, Henson R, Zhang J. Action sports sponsorship recognition[J]. Sport Marketing Quarterly, 2002, 11(3):174—185.

⑥ 注释:假如单方面强调通过实体规范来达到对行政荣誉表彰的规制,那么在实际操作过程中反映出来的行政荣誉表彰的公开性问题和民众参与问题等,又无法很好的解决。(Dr, David, Norburn, et al,1981)

在政府权力理念的引领下,需要以法制化、民主化为基础,完善能够培育个体荣誉感、维护运动员的荣誉权利、体现国家荣誉主体地位的体育荣誉制度。政府在个体荣誉权利表达的过程中所实施的强制性措施,要符合国家荣誉权力和个体荣誉权利平衡的基本原则,不背离荣誉个体的主观意愿。这就关涉到对政府公权力的规范和对个体私权利的保护问题。

荣誉权力和荣誉责任是权力理念在体育行政荣誉治理实践中的得以表达的两个重要方面,荣誉权力强调政府权能在体育荣誉制度建设中的主导作用,荣誉责任注重体育荣誉资源的配置对体育荣誉制度建设的关键影响。从世界范围来看,荣誉权力理念正在经历从荣誉权力到荣誉责任的过程转化①,地方政府体育荣誉权力的实施涉及到体育表彰部门的职能配置和荣誉责任,是地方各级政府在进行体育荣誉等级设置、程序管理、标准制定、推荐流程、评选机构、参与主体等治理实践中的关系厘定、工作分配和执行机制的综合。

政府实施体育荣誉治理权利理念的关键在于是否能够恰当处理荣誉权力和荣誉责任的关系。荣誉权力和荣誉责任是政府开展体育荣誉治理的两翼,权责平衡与否,关系到体育荣誉制度价值导向问题②。荣誉权力的价值理念强调政府政治权能的支配性、先在性地位,地方政府通常是先掌握荣誉权力,后承担荣誉配置的责任,荣誉责任的确立依据荣誉权力的大小而定。有学者指出,荣誉责任的前置是对荣誉权力本位传统价值理念的重构,认为荣誉责任优先于荣誉权力③,强调地方政府荣誉责任的前提性和基础性,行使体育荣誉表彰的权力只是保障体育荣誉资源配置责任的工具。这也意

---

① Wen J. Significance of Right of Honour and Right of Privacy and Conflict between Them [J]. Theory Observe, 2005.

② Pepper A, Gore J. Towards a behavioral agency theory: new micro—foundations for theorising about executive reward.[J]. Mathematics of the USSR—Sbornik, 2011, 50:131—141.

③ Hui L M. Design of Executive Reward Motivation Scheme[J]. Policy—making Reference, 2000.

味着,在实施体育荣誉治理实践时,政府权能、责任和履职之间存在着紧密的逻辑关系,体育行政荣誉表彰以荣誉配置责任为前提,通过实施体育荣誉表彰实践的方式行使荣誉权力,同时,荣誉责任又限定和规约着荣誉权力的行使[1]。一方面,确保法律赋予政府的体育荣誉权力能够在适当的范围内正常行使;另一方面,明确政府对于体育荣誉治理失范行为所应承担的责任。

也有学者进一步指出,地方政府体育荣誉权能行使的法定化、荣誉权力和荣誉责任的协同化、体育荣誉表彰实践的高效化,都是政府实施有限权力理念的价值体现。以荣誉配置责任限定荣誉权力的获取,以掌握有效地荣誉权力保障荣誉职责的履行,能够突出体育荣誉体系优化的责任导向性,这是现代体育行政荣誉体系建设的主导型价值取向,也是体育行政荣誉体系权力理念改革的方向。由此说,如何处理荣誉权力和荣誉责任的关系是政府实施体育荣誉权力理念的主要规范性要素。

第三,个体权利理念引领下体育荣誉制度的规范性要素。全球化程度的日益加深以及信息科技的高速发展,社会认知体系和价值取向由一元走向多元,共同体认识逐步趋于离散化、碎片化。需求多元化和价值多元化是当前体育治理所面临的基本事实,公众参与体育荣誉推荐、评选、监督的主观意愿和对成为体育荣誉制度主体的权利渴求日趋增强[2],社会各界对体育荣誉体系建设和体育荣誉治理法治化、现代化的关注度逐渐提高,对国家和社会体育荣誉表彰行为的合法性、公平性和正义性的价值需求也越来越强烈[3]。在这种背景下,体育荣誉表彰的需求主体和参与主体应该被赋予怎

---

[1] Wen J. Significance of Right of Honour and Right of Privacy and Conflict between Them [J]. Theory Observe, 2005.

[2] Bin X U, Yong—Guan D. Retrospect of views on sports honor and shame in the social transition period[J]. Journal of Physical Education, 2007.

[3] Sidney N D, Smith G P. Loyalty club reward system for use in a broadcast loyalty program[J]. 2002.

样的荣誉权利呢？即：如何评价和提升社会公众参与体育荣誉治理的广度和深度？体育荣誉个体的权利边界应该如何划分？对这些问题的恰当回应不仅能推进体育荣誉实现机制的实施和完善，还能够进一步强化体育荣誉观的筑塑方向。

体育荣誉表彰具有即时性强、影响面广、代入感快的特殊性，随着自媒体时代的到来，公众参与体育荣誉评选的主观意愿也不断提升。有学者对公众参与荣誉治理做过研究，并指出，一个积极的、合法的人口团体在影响国家或社会的荣誉表彰决策过程中，其声音能被有效地听到的可能性程度是此荣誉评选过程的关键阶段[1]。参与推荐、投票、评审、监督是提升个体荣誉权利，影响政府荣誉表彰最有效的途径。但是，参与荣誉治理决策的公民团体通常由中上阶层构成，并相应地代表他们的主观意愿，未能真正实现公众参与的普遍化[2]，这是令人遗憾的。由此，在构建国家体育荣誉体系时应当避免出现这一局面。为了保障公众依法享有在体育荣誉治理实践过程中的评选、决策、管理、监督等民主权利，需要健全依法决策机制，建立评选民主、决策科学、监督有力的普遍化和制度化运行机制[3]。在社会主义新时代，公众参与是值得重点关注的注重主体需求的重要方式，学者们应更多地关注体育荣誉治理实践中公众参与的行政程序民主化程度。

此外，规范的荣誉权利的实现程度，和特定的场域和时空密切相关，个体荣誉权利的表达受到国家意志、政治权能、政府权力的影响程度，决定了个体荣誉权利的划分边界[4]。体育荣誉的获得在一定程度上意味着个体"权能"的增强，现代体育荣誉体系建构的目标

① 国晓光.国家荣誉制度设立与国家认同建构[J].中国特色社会主义研究,2020(02):89—94.

② Rădulescu, Anca, Marra R. A mathematical model of reward and executive circuitry in obsessive compulsive disorde[J]. Journal of Theoretical Biology, 2016, 414(Complete):165—175.

③ Zhu W, Yi—Nan Y, School L, et al. On the Discovery Right in Civil Law of China——With Theoretical Proposition to Take the Discovery Right as a Right of Honor in the Field of Science[J]. Journal of Yantai University(Philosophy and Social ence Edition), 2014.

④ Yunchao B. The Right of Honor's Civil Law Relief[J]. Journal of Henan Institute of Education(Philosophy and Social ences), 2008.

是"所有人能够在一个平等、健康的环境中,有尊严的充分发挥自己的潜能"[1]。体育荣誉权利作为一项积极的人格权,实现程度依赖国家和社会力量的积极投入与支持,关键在于如何科学定位政治与自由、个人与国家、政府与市场的荣誉关系[2]。具体体现在科学合理地统筹体育行政荣誉系统、群团组织、社会企业、基金会、赞助商、俱乐部等体育荣誉授予主体之间的参与比例,进一步明确哪些体育荣誉表彰是政府义务,哪些是社会责任,那些是市场行为,那些是自由的个体行动。值得深思的是,体育荣誉表彰真正的意义和社会价值是什么,是声望、利益、权力、荣誉? 还是体育精神? 其背后遮蔽着以个体权利为中心的荣誉自由化和以国家、民族、社会为中心的荣誉集体主义价值观念之间的冲突。整体而言,体育荣誉制度规范性要素中对个体荣誉权的认识,应表现出原则性和适应性相结合的特点。一方面,个体的体育荣誉权属于基本人权的结构性要素,而基本人权是指人之所以为人而具备的基本权利,不可以被放弃。另一方面,体育荣誉权的隶属主体是运动员、教练员等个体,荣誉权的获得是个体荣誉观在荣誉权利层面的自由表达。

第四,国家治域理念引领下体育荣誉制度的规范性要素。在国际上通行的体育荣誉表现形式主要有三类,即:体育荣誉勋章、体育荣誉称号和体育物质奖励[3]。国家体育荣誉治理的场域,可以分为无限治域和有限治域两种,无限治域意味着对全国范围内一切体育荣誉表彰行为的统筹安排与全面治理。例如中国在计划经济时代,任何形式、任何级别、任何种类的体育荣誉表彰都是由国家体委统筹实施或报批审核的,能够充分体现体育荣誉表彰的国家意志和民族情

① UN. Transforming Our World: the 2030 Agenda for Sustainable Development. A/RES/70/1, 2015—10—21.

② Fuentes Olmos J. Defense of Parties in Labor Protection Procedures Based on the Worker's Right to Honor[J]. Revista De Derecho, 2012:141—160.

③ Baughman W. Hall of Fame inductions honor sport's proud past[J]. Amateur Wrestling News, 2013.

怀。有限治域把体育荣誉治理分为国家治理和社会治理两种形式^①，一般而言，国字头的体育荣誉表彰具有较高的权威性，荣誉评选的标准更高、程序更严、对象更少。社会领域实施的体育荣誉表彰更能体现出体育荣誉的市场化、职业化、专业性和社会性的特征。

体育荣誉制度的建设和完善对一个国家而言，是一个具有深远价值的社会行为^②，这不仅仅是依靠国家行政力量建设的一项基本的社会制度，还应该积极引导新闻媒体、群团组织、各类体育俱乐部、赞助商、体育基金会、公民个人等体育荣誉治理主体协同推进。因为，只有通过社会各方力量的共同努力，才可能实现体育荣誉表彰的实质性公平与正义^③。划分荣誉治理的场域，就是指划分荣誉的评价对象^④。根据不同的体育荣誉评价对象，可以把体育荣誉制度建设的对象总结为：国家体育荣誉基本制度、荣誉授予对象的行为选择、群团组织的社会行为、其他形式的市场行为。已有研究结果显示，荣誉授予主体间的互动与合作，使得社会基本荣誉制度（包括基本科技、教育、卫生、体育等）的建构成为可能^⑤，而且，这一社会基本荣誉制度是其他任何形式体育荣誉表彰的首要依据。

保障体育荣誉表彰正义性的前提是建设社会基本荣誉制度结构，体育荣誉表彰的公平、正义原则，要运用这一基本的体育荣誉制度对体育荣誉资源进行有效配置，从而决定体育荣誉表彰的价值导

---

① Helmut, M, Dietl, et al. Governance of professional sports leagues—Cooperatives versus contracts[J]. International Review of Law &. Economics, 2009.

② Bin X U, Yong—Guan D. Retrospect of views on sports honor and shame in the social transition period[J]. Journal of Physical Education, 2007.

③ Brooks B. Sports Administration and Good Governance: Theory and Practice in South Africa *[J]. International Sports Law Journal, 2006(July—Oct).

④ Williamson C. Group to honor women for their governance efforts[J]. Pensions &. Investments, 2015.

⑤ Jing—Bo S, University A P. Research On Sports Service Authentication and Sports Market Supervision under National Governance[J]. The Journal of Shandong Agriculture and Engineering University, 2019.

向、政府权力和个体权利①。然而,适用于国家体育荣誉制度的原则是不能与社会体育荣誉表彰系统的原则相混淆的,应该区别看待。也就是说,在一定的国家场域下,决定体育荣誉制度规范要素的,并不是单一的制度或规则,而是一套在国家荣誉立法系统下组成的体育荣誉制度体系②。这些指导体育行政奖励的基本规则,与社会表彰系统中的目的、标准、方法等一般性规则是不同的。

社会系统的体育荣誉制度规范重点考虑荣誉奖章和荣誉称号的等级设置、推荐规则和评选规则、授勋对象的行为选择、荣誉授予主体的动机结构等③。与此相比,国家层面建设的基本体育荣誉制度至少具有三个特征:其一,国家体育荣誉制度的具体内容应该向全社会公布,每个人都能够了解获得国家荣誉的意义、要求和程序,也能够对获此殊荣的杰出运动员、教练员、体育科技人员等进行有效的监督和评价。其二,国家层面设置的体育荣誉制度确定了体育荣誉资源配置的基本原则,却不设定具体的体育荣誉表彰目的。其三,基本体育荣誉制度在一定的国家场域内具有普遍的权威性和适用性,受到法律和国家政策的支撑。

然而,在体育荣誉表彰实践中,总会遇到一些国家行政荣誉机构难以解决的问题,即体育荣誉的表达不仅体现国家的政治意志,而且和个体的荣誉观和主观愿望密切相关。事实上,每个授勋对象的荣誉观和主观愿望又具有多样性,国家荣誉表彰不可能同时满足不同个体的多样化荣誉需求。这就要求国家在体育荣誉治域方面适当收缩,把更多的荣誉权力分散到社会表彰系统,实施国家有限治域的治理策略。

---

① Huang Q, Huang J, Chen Y, et al. Overactivation of the Reward System and Deficient Inhibition in Exercise Addiction[J]. Medicine & ence in Sports & Exercise, 2019, 51(9):1.

② Qian W, Luyin G, Jing W. Unbalanced Sports Administrative Reward System on Basis of Game Theory[J]. Journal of Sports Adult Education, 2012.

③ Geeraert A, Groll M, Alm J. Good governance in International Non—Governmental Sports Organisations: an empirical study on accountability, participation and executive body members in Sport Governing Bodies[J]. 2013.

第五,互动理念引领下体育荣誉制度的规范性要素。制度规范的调节作用主要体现在通过协商、谈判、沟通的方式来突破利益固化的藩篱,寻找价值共识和利益共同点,增强共同体认同[1]。体育荣誉制度虽然表现出相对稳定性和连续性的路径依赖特质,但体育表彰工作在某一历史阶段满足客体需求时往往表现出相对滞后性,那么制度主体如果要继续保持其权威性与合理性,就必须审时度势地做出正确的价值判断和理性设计[2]。一方面,对原有的荣誉制度本身进行修补、调整、完善,补齐制度短板;另一方面,以法律为准绳,以解决现实问题为导向,创新制度主体协同共治的运作机制。

对此,有学者提出,将体育荣誉的价值指向从国家政治意志的束缚中剥离出来,是铸塑体育荣誉价值信仰多元存在的首要前提,而只有建立了体育荣誉价值信仰的多元化结构,才有可能实现体育荣誉治理主体之间的权力分配的平面化[3]。体育荣誉治理主体的行为一致性还表现在,政府、奥林匹克组织和英国体育半官方组织,共同致力于体育荣誉体系的政策制定和实施,以改变传统精英阶层的荣誉表彰,开展更加广泛的体育表彰实施计划,当然也包括群众喜闻乐见的非奥项目,从而使体育荣誉表彰的价值目标和体育精神被公民和社会所接受和宣扬[4]。多主体在体育荣誉制度发展中挑战了政府单向度的自上而下的层级荣誉治理体系,以"合作伙伴"为内容,以"制度契约"为保障的新的体育荣誉治理格局开始呈现[5],并被

---

① Demarco T. Structured Analysis and System Specification[J]. Software Pioneers, 1979, 19(12):409—424.

② Qian W, Luyin G, Jing W. Unbalanced Sports Administrative Reward System on Basis of Game Theory[J]. Journal of Sports Adult Education, 2012.

③ Kwon Y T. Theoretical Considerations and Countermeasures through Research Trend Analysis on Sports Accidents and Legal Liabilities[J]. Korean Journal of Sports Science, 2017, 26(5):539—552.

④ 陈睿,王二亮.竞赛荣誉奖励体系对运动队思想干预研究——以高等院校运动队为例[J].吉林工程技术师范学院学报,2019,35(11):73—75.

⑤ Scheerder J, Willem A, Claes E. The position and power of national sports (con)federations. Agency relationship or co—governance?[J]. Circulation, 2015, 105(10):1158—1161.

西方社会视为解决和应对日益强大的社会力量所带来的多层级、多向度荣誉权利协调等问题。

国家一元治理理念下,国家体育荣誉制度为共同体成员制定某个统一的目标和价值体系,并将其视为整个体育领域所追求的目标,每一名运动员、教练员、体育科技工作者等都应该致力于实现这一目标,而不必考虑其各自的欲望、理想和抱负[①]。因此,一元治理、零和互动总是与体育荣誉在政治上的同质化相关联,并与多元体育荣誉观是相悖的。国家一元治理格局把实现实质性的体育荣誉权利平等视为整个国家体育荣誉表彰工作的目标;体育荣誉授予主体间的零和互动则注重各自体育荣誉资源的调配和体育荣誉表彰的价值和意义,并不需要考虑和其他主体间是否存在价值冲突、重复表彰等问题[②]。但是,如果以这种方式来制度规范,就忽视了体育荣誉观、主体需求的复杂性和多样性,进而会侵蚀个体荣誉权利自由和个性之类更为重要的价值。

表2-8　相关领域荣誉制度规范的要素构成

研究领域	研究视角	主要观点	文献来源
科技荣誉体系	系统论、供需关系、制度理性	科技荣誉制度是一个包含主体、客体和中介等要素以及目标、原则、标准、仪式等相关内容的复杂结构体系。在此系统中,主体指的是科技荣誉制度的设置者和组织实施者,既包括政府,也包括企业、个人和社会团体等;客体是指被纳入荣誉范围并得到评价标准认可的科技成果创造者;中介则是荣誉授予主体与客体相互作用的途径,一般指荣誉表彰的实施过程和运行机制。(白娇健,2015)在科技	白娇健.完善国家科技荣誉制度的对策研究[D].中国矿业大学,2015.骆大进.强化科技奖励的荣誉性和价值导向[N].文汇报,2017—03—29(005).

① 张清民.互联网时代的一元与多元——关于意识形态治理的思考与建议[J].人民论坛·学术前沿,2015(17):68—80.

② 郑娟,郑志强.体育协同治理的演化博弈分析——以CBA联赛为例[J].北京体育大学学报,2018,41(09):30—35.

研究领域	研究视角	主要观点	文献来源
		荣誉制度中,荣誉授予主体实施激励,客体接受激励,他们所追求的目标是有区别的。荣誉客体需要的是智力劳动成果得到承认和表彰,获得精神上的满足和物质上的待遇荣誉主体则针对荣誉客体这种价值取向,通过科技荣誉政策、条例、章程,规定获奖条件,显示获奖的荣誉和待遇,让客体自觉接受引导,按照主体指定方向进行科研。(骆大进,2017)科技荣誉制度中的诸要素,如设奖主体的性质、设奖动机、经费来源、奖励对象、奖励范围、评审机制、政策环境等,要进行多角度、全方位分析。(吴恺,2010)	吴恺.我国科技奖励制度研究[D].武汉大学,2010:26.
教师荣誉体系	系统论、制度效应、中外比较研究	教师荣誉制度应进行分级分类管理,规范各级各类荣誉制度的授予条件、评审程序、实施办法、监督措施等,并使各级各类荣誉制度相互衔接;以统一规范化的管理克服荣誉设置和授予中的随意性和主观性,提升荣誉授予的严肃性和权威性,增强教师荣誉的社会公信力。(卢晓中,2017)构建教师荣誉制度就是在结构设置上,由国家层面制定荣誉授予主体、客体、荣誉项目名称、荣誉的级别和类别、授予周期、监督机制等统一规定,明晰不同类型荣誉项目间的横向级别比较;在运行机制上,形成全国统一、高效、公平的运行机制,以此预先限定教师荣誉制度决策者的权力而不至于滥用,增强教师对荣誉制度的公正感和认同感;在法律保障上,构建全国性的教师荣誉制度法律法规,全国人大和教育部分别制定教师荣誉制度的一般法律和行政法规,以法律保障大学教师荣誉制度的权威性。	卢晓中,谢静.大学教师荣誉制度与荣誉体系刍议[J].江苏高教,2017(11):1—6. 谢爱磊,刘群群.声望危机隐忧下的乡村教师荣誉制度建设研究[J].中国教育学刊,2019(01):23—28.

研究领域	研究视角	主要观点	文献来源
		(谢爱磊,2019)在建立国家级的国家教师荣誉制度过程中,要注意体现鼓励教师个体发展,并且保证教师之间的公平竞争;对于荣誉教师的推选,都是层层选拔的,参与教师选拔的评审人员其成分基本上都是多元的,有校方教育体系的,还有官方和社会的;除了设置专门的国家荣誉教师评选委员会外,还结合地区和社会评价对教师的资质进行考量。(阮艳花,2017)	阮艳花,刘英英.美新三国国家教师荣誉制度的共性特征及对我国的启示[J].中国成人教育,2017(09):111—113.
军事荣誉体系	制度变迁、中外比较、制度优化	军人荣誉制度,是国家和军队围绕军人荣誉的设置、实施、培育、管理和保障所制定的一系列政策、法令、章程的规范体系,是影响和改变军队战斗力和凝聚力的重要因素。(王学军,2016)改革完善军事荣誉制度,要充分体现党的军事理论特色、我军的历史文化特色、打赢信息化局部战争的实践特色和信息化、法治化的时代特色,着力做好加快国家层面立法、提升职业比较优势、实施荣誉分类管理和营造崇军尚武氛围等方面的具体工作。(王文娥,2017)优化我军军人荣誉制度的构想:一是加强军人荣誉制度的法规建设;二是完善军人荣誉制度的内容设置;三是优化军人荣誉制度的勋表结构;四是规范军人荣誉制度的实施程序;五是强化军地制度的对接效力。(姚匡杰)	王学军.我军荣誉制度的历史考察和改革举措[J].南京政治学院学报,2016,32(01):130—134.王文娥.美国的军事荣誉表彰制度:历史与现状[J].国外社会科学,2017(06):83—90.姚匡杰.我军军人荣誉制度优化研究[D].国防科学技术大学,2016.

可见,无论是科技荣誉、教师荣誉制度、军事荣誉制度,还是体育荣誉制度,在制度设计和制度规范上,总是要强调荣誉制度立法的重要性,通过法律规制保障荣誉制度建设的现代化。科技荣誉制度规范更加注重对科技成果的认定,教师荣誉制度更加注重对师德

师风的评价,军事荣誉制度更加强调制度建设的统一性。科技荣誉制度和教师荣誉制度在政府荣誉权力实施、荣誉授予客体权利表达、多元主体互动等方面具有相似性。

表2-9　多案例分析中体育荣誉制度规范的要素构成

荣誉授予主体	表彰系统	代表性观点引用
国家体局人事司	国家体育系统	"总局开展体育表彰是分层、分类的,要突出体育的特色,体现运动等级,像国家运动员一级奖章、二级奖章。当前的表彰还是以竞技体育为主,运动员为主,慢慢的会辐射到其他领域,现在已经开展了对科技人员、社会体育指导员的表彰。表彰的人员不宜过多,要精而少,13年总局就取消了9项评比,就是要体现稀缺性、规范性。比较注重奥运周期的表彰和奖励,包括荣誉表彰、物质奖励,当然还有荣誉背后给运动员带来的种种利益,我认为,这个也是很正常的,市场经济嘛,有老板愿意赞助、愿意出资,自然有人家的道理。下一步我们也在想对运动员实施持续性的奖励,比如把对奥运冠军的奖励变'一次性'为'连续性'。当然,评选标准也会更加严苛,主要看对体育事业实际贡献的大小、运动员运动成绩的水平、运动员在国际大赛上的排名、教练员的执教成绩、该项目的社会认可程度、该项目的国际发展程度,等等吧。"(评选表彰领导小组办公室)
共青团宣传部文体处	群团组织系统	"共青团会一如既往的开展体育荣誉表彰,当然还是以大赛表现、运动成就为主要标标,以奥会冠军为表彰主要对象,突出体育精英,体现稀缺性。要发挥冠军团员的政治责任,发挥载体功能,体现'政治性',做好成员激励和价值宣传。当然还要体现群众性,群众性是基础,要让更多的人参与到评选过程中来,也要将奖项向群众体育领域适当的转移,也是为了推动我国群众体育的蓬勃发展。后面还有很多工作需要完善,比如共青团、全国总工会和全国妇联作为三大群团组织,在开展体育表彰的时候,能不能实现协作,避免重复性表彰。"(共青团宣传部文体处)
江苏省教育厅体艺卫处	省级教育系统	"教育系统开展体育表彰,要依托教育部门,突出体育表彰的特色,当前学校开展的体育竞赛很丰富,特别是校园足球竞赛,下至校级联赛,达到省级联赛、杯赛,还有全国选拔赛。对优秀队员、教练的表彰非常重要,以后还会有所加强,希望在精神上和物质上给予更多的支持。说实在的,现在的好多

荣誉授予 主体	表彰系统	代表性观点引用
		练体育的苗子都不愿意练,都是当做一个业余爱好,不想吃这碗饭。加大体育表彰的力度,会是一个不错的选择。体育表彰还有很长的路要走,有些制度还是在完善的路上。后面要好很多,国家越来越重视荣誉体系的建设,教育部门也在完善教育领域的荣誉体系,我们会按照相关要求,还有相关的法律、政策,进行改革、完善。"(江苏省体艺卫处副处长)
徐州市体育局	市级体育行政系统	"市体育局每年都会举办系列比赛,赛中会对优秀运动员进行颁奖,有奖牌、奖品,赛后会对优秀教练员进行表彰,对优秀团队也会给予一定的物质奖励。每年年终还会开展一年一度的表彰大会,对一年来表现突出的教练员进行表彰。另外就是对徐州运动员在全国性以上比赛中拿到优异成绩的运动员、教练员的追加表彰,也会有一些象征性的奖品。实际上我们开展表彰工作最困难的就是缺少资金,每年的专项预算很有限,主要靠赞助商提供,除掉办赛的一系列费用,能花在表彰奖励上的并不多。竞赛表彰,基本上就是看运动成绩,除非出现作弊的行为。年度表彰是根据县区体育部门推荐,市体育局党组成员评审、表决。以后如果技术成熟,也希望有第三部门的参与评审,让更多的老百姓参与进来,特别是评选一些群众体育先进个人、先进团体等。"(徐州市体育局副局长)
江苏省乒乓球运动协会	省级社会组织系统	"根据不同年龄段的运动员,分类分级设置荣誉称号,让每一个阶段的运动员都有近期目标和远期目标。我们设立了省级乒乓球博物馆,对有过历史贡献的优秀运动员、教练员的历史战绩、所获荣誉,进行历史保存,供年轻人参观学习。省级联赛以荣誉表彰为主,商业性的杯赛,可以适当加大物质奖励。以国家荣誉制度和体育强国建设要求为依据,可以考虑设立民众咨询平台,采用第三方平台推荐,或者网络评选的形式。"(省乒乓球运动协会副主席)

通过对国家体育总局人事司、共青团宣传部文体处、江苏省教育厅体艺卫处、徐州市体育局、江苏省乒乓球运动协会的多案例分析可知,不同体育荣誉授予主体都是在国家荣誉制度体系的范围内实施体育表彰,都强调精神激励的重要性,都非常重视对运动员、教练员的荣誉表彰。国家体育总局系统性更强、体育表彰的对象也更

广泛,同时也体育表彰的标准在提升,评选类别在缩减,更够体现国家体育荣誉的稀缺性和权威性;共青团更注重体育表彰的政治性,表彰对象集中在竞技体育领域,表彰标准以奥运成绩为主要参考;省教育厅注重对学校系统竞赛体系中表现优异的运动员、教练员进行表彰,肯定物质奖励的重要性;市级体育局更加注重对优秀教练员和运动队的年度表彰;运动协会则更加重视对社会力量参与体育表彰的肯定和鼓励,在国家荣誉制度系统下,对创新体育荣誉表彰技术,积极性较高,成果也有较多呈现。整体而言,在体育荣誉制度规范层面,体育荣誉制度立法、国家体育荣誉制度的层级和类别、政府实施荣誉权力的范围和尺度、个体体育荣誉权利的表达体育荣誉授予主体间的关系等是国家体育荣誉制度规范需要思考的主要议题。

综上所述,体育荣誉制度在国家荣誉体系建设的框架内,在体育荣誉观和治理理念的导向下保持着一定的弹性和自我适应的发展空间。在国家体育荣誉制度体系建设和完善的过程中,对体育荣誉制度立法的规范和体育荣誉治理秩序的法律规范,都是在法治维度的体育荣誉治理理念的导向下进行的,它们分别规范着体育荣誉观的合法性地位和体育荣誉治理的合理性方式。对体育荣誉权力分配和权力运作的制度规范是在权力维度上的体育荣誉治理理念的导向下实施的,它们分别规范着体育荣誉治理主体权力分配和机制运作的合理模式。对公众参与度和体育荣誉主、客体权利边界划分的制度规范是在权利维度上的体育荣誉治理理念的导向下进行的,它们分别规范着公众参与体育荣誉治理的广度、深度和体育荣誉资源分配主、客体的合理划分。对政、社关系和央、地关系的制度规范是在治域维度上的体育荣誉治理理念的到行下进行的,它们分别规范着体育荣誉治理过程中政府与社会组织的关系和中央和地方之间的关系。对体育荣誉治理主体之间的相互关系和协同方式的制度规范是在互动维度上的体育荣誉治理理念的导向下实施的，它们分别规范着体育荣誉授予主体的合理性以及体育荣誉治理主体间协力合作的合理性。事实上，从体育荣誉观实现机制的整体来看，只有通过加强更具实践性的体育荣誉制度体系的建设，在律法、政策、条例、实践层面和制度规范相对接，才能实现从体育荣誉观和治理理念的形态到体育荣誉治理实践形态的转变。

通过以上分析可知，体育荣誉观实现机制是一个以体育荣誉观为核心指向的三维系统，每一层级又分别推演出相应的要素结构。在这个系统中，一方面，从体育荣誉观的筑塑方向决定了体育荣誉理理念的选择，规范着体育荣誉的制度建设；另一方面，体育荣誉治理理念的选择和体育荣誉制度的建设，也反作用于体育荣誉观的践行。毫无疑问，制度规范和治理理念与体育荣誉资源分配、体育荣誉权能配置、体育荣誉表彰活动、个体的体育荣誉感等的关系更加密切，也更为直接。由此，科学合理的治理理念与完善的制度建设是培育和践行体育荣誉观的关键所在。

3 新中国体育荣誉观形成及实现机制的历史考察

我国的体育表彰工作有着扎实的历史基础和强大的社会影响力。自1955年《国务院关于批准各项运动全国最高纪录审查及奖励制度的通知》颁布后的60年来,有关国家层面的体育荣誉称号、奖章、表彰授予的法律法规、政策条例和表彰大会的发布约30余次。体现了中国特色社会主义制度下体育事业的中国气派和民族情怀,展现了体育荣誉的崇高和鲜明的时代特点。过去的体育荣誉表彰既重视体育精神的价值引领作用,又充分体现不同历史节点物质奖励的激励作用;既注重对优秀运动员、教练员荣誉称号和荣誉奖章的颁授,又能够充分发挥社会组织作为荣誉授予主体的补充作用。回顾中国体育荣誉表彰的历史演变,分析各个历史阶段的政策模式和表彰机制,对于建构现代化的体育荣誉体系具有积极意义。

基于历史唯物主义的方法论基础,为了深度解析体育荣誉观的演进规律,首先应了解新中国成立以来体育荣誉体系建设过程的阶段性划分,在整体中把握体育荣誉观的阶段性特征。关于体育荣誉体系的演变历程和阶段划分,学者们进行过一定的研究。例如,有学者依据体育表彰和奖励系统内各要素相互联系、相互作用的矛盾运动和体育荣誉系统与外部环境相互作用的过程,把我国体育荣誉体系的演变过程划分为以下四个阶段:一、新中国成立至"文革"前的初步形成阶段;二、十年"文革"期间的萧条阶段;三、改革开放至1992年奥运会的复苏和兴起阶段;四、1992至今的稳步和快速发展阶段①。另有学者根据体育表彰和奖励的表现特征将体育荣誉奖励的发展历程划分为四个阶段:一、建国初至"文革"前的初步设立阶段;二、"文革"期间的停滞阶段;三、改革开放至20世纪90年代中期的快速发展阶段;四、90年代中期至今的法制化和稳步发展阶段②。比较起来,两者的划分各具特点,又较为相似。虽然研究的视角不同,但是划分的阶段和依据区别不大,他们都是在新中国整体社会发展的历史框架下,并结合体育表彰和奖励实施的具体情况来探究其演变规律的。这种普适性的划分方法,为我们从中国社会发展全局来认识体育荣誉观的演进脉络提供了参考和借鉴。

由于国家、市场和社会在荣誉资源配置中的角色和关系是任何社会荣誉观发展到任何时期都难以回避的基本或核心问题③。而以上两种划分类型未能充分体现出国家、市场和社会在体育荣誉表彰实践中的角色转换,因此我们更倾向依据体育荣誉资源分配主体演变的视角来进行划分,探讨中国体育荣誉观及实现机制嬗变的基本规律。

图3-1　体育荣誉观的演变趋势

基于荣誉授予主体变化的视角来考察新中国体育荣誉观的发展演变,自新中国首次颁布《国务院关于批准各项运动全国最高纪录审查及奖励制度的通知》(1955)伊始,标志着国家体委开展体育

---

　　① 易剑东,李海燕.当代中国体育奖励体系的形成与发展[J].山东体育学院学报,1996,12(4):1—7.

　　② 卢志成,杜光宁.我国政府体育奖励发展历程及特征[J].体育文化导刊,2017(5):5—10.

　　③ 李迎生.国家/市场与社会政策:中国社会政策发展历程的反思与前瞻[J].社会科学,2012(9):50—64.

荣誉表彰工作正式拉开了序幕。1979年,国家体委连续颁布三个重要文件,依次是《一九七九年全国体育工作会议纪要》《关于加强群体工作的意见》《关于评定教练员技术补贴条件的补充通知》,首次明确了奥运奖励实施主体的多元化、资金来源的主要渠道、群众体育评比制度和运动员、教练员奖励性补贴的标准。2016年1月1日,国务院颁布的《中华人民共和国国家勋章和国家荣誉称号法》正式实施,从立法层面重塑了国家荣誉的主体地位,同时赋予了社会组织依法开展体育荣誉表彰的权力。

由此认为,国家体育荣誉体系的建设已经经历了"一元统揽型"(1955—1978)年与"多元分散型"(1979—2015)两个阶段,自《中华人农民共和国国家勋章和国家荣誉称号法》颁布起(2016年1月1日),开始向"一体多元化"转型。下面我们将沿着上述划分的思路进行分析讨论。

3.1 国家荣誉一体化(1955—1978)

3.1.1 体育荣誉观:树立了为国争光的国家主义信念

新中国成立以来,国家主义荣誉观鲜明地熔铸在体育荣誉体系的理论建设和治理实践中,这种意识形态和历史传统在改革开放的背景下依然长期作用于体育荣誉表彰实践的全过程,并对新时期体育荣誉体系的发展完善产生重要影响。事实上,实现体育荣誉治理体系和治理能力现代化的过程也是国家主义和个人主义、自由主义不断博弈的过程,以爱国主义和集体主义为核心的基本价值取向下,国家荣誉至上的荣誉观持续地形塑着新中国成立以来体育荣誉体系的建设方向。事实证明,国家主义荣誉观在我国体育荣誉体系的建设中具有一定的合理性和普遍性[54]。

一方面,体育荣誉观的培育和践行离不开国家和政府在政策、制度、经济和法律方面的支持,国家意志必然贯通整个过程。另一方面,由于体育竞赛的在国际赛场上所象征的国家意义和所具备的国际影响力,受到世界大多数国家的重视,为国争光构成运动员努力拼搏的重要动力源泉。

在国际赛场上,运动员肩负着为国争光、凝聚民族精神、体现社会主义制度优越性的国家使命。举国体制下的体育发展模式在特定历史时期发挥形塑国家认同的重要作用,国家主义和国家荣誉在国际重大赛事中被一次次印证和宣扬。可以说,"个人利益服从国家利益","国家荣誉高于一切"是建国以来实现民族认同所遵循的基本价值秩序。"奥运争光计划"更加明确了中国特色体育荣誉观筑塑的核心价值导向。

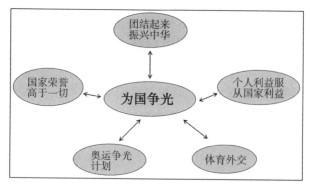

图3-2　为国争光国家主义信念的五个维度

新中国成立到文革前的这一阶段时间,体育荣誉表彰以精神奖励为主,物质奖励为辅。奖励的主体是政府,奖励的对象主要是运动员和教练员。体育科技奖励方面没有涉及,群众体育奖励也是只有在精神方面。这一时期由于受到整个社会资源匮乏的影响,奖励的物质内容不可能太丰富,而且当时一切都与政治挂钩,当时有个口号叫做"体育外交",国家体育事业的辉煌成绩构成了国民心中的一个重要精神支柱,同时也铸塑了为国争光的国家主义信念。

3.1.2 体育荣誉治理理念:塑造体育英模,实现国家认同

新中国作为一个经受过猛烈冲击的政治共同体,其规模庞大、构造复杂、经济贫瘠,社会发展极度落后,经济建设、政权巩固和社会发展的多重任务错综交织,使得新中国的现代化建设无法照搬西方发达国家的历史经验,循序渐进地稳步发展,而必须寻求能在一定时空范围内满足政治、经济、社会全面快速发展的国家战略,这就决定了新中国在现代化国家的建设道路上,有能够快速高效地集中各种社会资源,并具有强大权威的组织性力量。正如塞缪尔·亨廷顿所言,"身处正在实现现代化之中的当今世界,谁能组织政治,谁就能掌握未来①。"新中国建立的历史进程和现代化建设的现实逻辑,决定了由中国共产党统筹规划经济、政治、社会等各项国家建设的国家统揽型制度化发展路径,这是历史发展和现实选择的必然结果。当然,仅仅依靠共产党的组织领导,仍不足以建构强大的现代化国家,还需要过得广大人民群众的国家和民族认同,能够切实地支持党的领导和政府的决策,使公众的价值理念和个体行为自觉地服务于国家目标的实现。而英模塑造正是达成这一目标的重要媒介和桥梁②。

1955年和1957年国家依照宪法规定,进行了两次规模宏大的集中授予国家荣誉勋章的实践。"八一勋章"与"八一奖章"、"独立自由勋章"和"独立自由奖章"、"解放勋章"与"解放奖章",分别被授予战争时期在抗日战争和解放战争中的有功人员③。此后,体育运动精

---

① 塞缪尔·亨廷顿.变化社会的政治秩序[M].王冠华,等译.上海:上海人民出版社,2008:382.

② 赖静萍.当代中国英模塑造现象探源[J].东南大学学报(哲学社会科版),2011,13(5):10—16.

③ 彭怀祖.我国国家荣誉制度建设的回顾与展望[J].南通大学学报(社会科学版),2017,33(1):49—55.

英逐渐进入到国家荣誉表彰的视野,体育英模塑造及表彰的功能性开始受到国家的重视和社会的认可。1959年第一届全运会结束后,国家体委对陈镜开、容国团等优秀运动员进行了荣誉嘉奖,体育表彰工作也就此拉开了序幕。他们的英雄形象被制作成明信片、邮票、笔记本、宣传画等在全国范围内广泛传播,激发了全国人民不畏困难、勇攀高峰、见贤思齐的民族精神。

在当时尚处顽童时代的钟丽思以及她的伙伴心中,这位举重运动员已经化身为民族英雄。新中国成立后,另外一名著名的运动员就是容国团,他为中国夺得了第一个世界冠军,多次受到国家领导人的接见、嘉奖。

案例3-1-2

1959年,第二十五届世乒赛在联邦德国的多特蒙德举行,容国团夺得男单冠军,为中国夺得世界体育比赛中第一个世界冠军。回国后,这个21岁的年轻人也受到了"民族英雄"般的礼遇——时任国务院副总理的贺龙亲自到机场接机、献花。

毛主席、周总理等党和国家领导人接见了乒乓球代表团成员。周总理更将容国团夺冠和十年国庆视为1959年两件大喜事,将中国首次生产的乒乓球命名为"红双喜"。

全国上下积极开展表彰、学习、宣传容国团的社会活动,这一时期,容国团成为了全民偶像,各种纪念画册、笔记本、邮票、海报席卷全国各地的大街小巷。

1959年、1961年两次获国家体委颁发的"体育运动荣誉奖章"。

——资料来源:高希中.反省与重建:新中国成立后历史人物评价问题的理论考察[M].北京:中国社会科学出版社,2017:83.

新中国成立后,在社会主义计划经济体制的运转下,渐渐形成了国家统揽型体育荣誉体系。李迎生认为,"在改革开放前,依托于计划经济体制下实施的荣誉表彰,具有国家包揽、地位从属、国家主义等特点①。"国家通过对陈镜开、容国团等优秀运动员的荣誉表彰,既能体现社会主义制度的优越性,又能为整个社会提供精神食粮,服务于新中国成立初期的全面建设。可以说,在这一时期,国家对竞技体育领域英雄模范的重点表彰和宣扬,短期内在全国范围内树立体育英模形象,符合国情,对于弘扬民族精神和实现国家认同发挥重要作用。

3.1.3　体育荣誉制度实践:突出表彰权威,服务国家建设

自1955年国务院下发《国务院关于批准各项运动全国最高纪录审查及奖励制度的通知》起,新中国的体育荣誉表彰工作进入制度建设阶段,至1978年,国务院和国家体委数次颁布实施体育表彰纲领性文件。

表3-1　1955至1978年国家层面下发体育荣誉表彰文件汇总

年代	发布主体	文件名称	主要内容
1955	国务院	《国务院关于批准各项运动全国最高纪录审查及奖励制度的通知》	规定了给予创造全国纪录的运动员颁发奖状和奖章
1956	国家体委	《体育运动委员会组织简则》	十三、起草运动员、裁判员等级制条例和授予优秀运动员、裁判员和其他体育工作者光荣称号、奖章、纪念章的办法。
1957	国家体委	《国家体委关于各级运动会奖办法的暂行规定》	奖励各级运动会各种竞赛项目的团体和集体竞赛项目的个人前3名,奖励其他项目的个人前6名。
1959	国家体委	《体育运动文件选编1949—1981》	在第一届全运会上首次向陈镜开、容国团等颁发了"体育运动荣誉奖章",它是中国体育运动的最高荣誉奖。

---

① 李迎生.国家/市场与社会政策:中国社会政策发展历程的反思与前瞻[J].社会科学,2012(9):50—64.

年代	发布主体	文件名称	主要内容
1963	国家体委	《体育运动文件选编1949—1981》	国家体委又在全国性比赛中设立风格奖,并给创造优异成绩的运动员一定的物质奖励。
1978/1	国务院	《国务院关于批转国家体委省、市、自治区体委主任会议的几个问题的报告》	建立先进集体和先进体育工作者评选制度,定期召开评功授奖大会;群众体育要评选体育先进单位;修订各项运动全国最高纪录审查及奖励制度。
1978/5	国家体委	国家体委《关于表扬、奖励少年儿童业余体校优秀教练员的通知》《关于颁发体育运动破全国纪录奖章的通知》及《关于恢复颁发体育运动荣誉奖章的通知》	1978年国家体委举行了多次重要的表彰会:10月授予自1965年以来破世界纪录、获得世界冠军的李富荣、索南罗布、金东翔等58名运动员及1名教练员"体育运动荣誉奖章";11月向全国391名优秀业余体校教练员授奖;12月为在第8届亚运会上取得优异成绩的295名运动员、教练员记功授奖。

资料来源:通过查阅《体育运动文件》《中国体育报》和官方网站资料整理而来

作为体育荣誉观实现机制中最接近体育荣誉表彰实践的制度规范,既具备国家荣誉制度的一般属性,又有其特殊性,一元统揽型体育荣誉制度规范的特点表现在:

(1)突出荣誉授予主体的权威性

国家体委是国家体育荣誉表彰的唯一实施主体,第三部门的发展受到全面制约,荣誉表彰供给的渠道过窄。

在这一阶段,体育表彰的等级之高、受众之少,充分彰显了国家体委的权威性和国家性,对于激发斗志、凝聚民心、实现国家认同,起到了重要作用。不过,由于群团组织和其他社会组织等第三部门发展受限,未能有效配合国家体委的表彰工作,使得体育表彰同时表现出一定的局限性。

"由国家体委颁发的全国运动会奖章的直径为30公厘,其他各级运动奖章之直径在均要小于此标准,破全国纪录奖和特殊奖章,由中华人民共和国体运动委员会制发。本规定经中华人民共和国体育运动委员会批准后实施。"

——资料来源:1957年3月13日,体运字第32号文《关于各级运动会给奖办法的暂行规定》

"新纪录经批准后,对创造新纪录的运动员,由国家体委发给奖章。"

——资料来源:1963年5月16日,国文办字345号《国务院关于批准各项运动全国最高纪录审查及奖励制度的通知》中第五章、第八条。

(2) 注重荣誉表彰仪式,彰显政治功能

在国内外重大比赛中表现突出的运动员和教练员是体育表彰的实施客体,表彰的目的在于弘扬为国争光、勇攀高峰的体育精神。体运字第32号文和国文办字345号都明确说明,文件制定的主要目的是激发广大运动员参加体育锻炼的积极性,鼓励运动员不断提高运动技术水平。

1959年4月5日,在联邦德国多特蒙德举行的第25届世界乒乓球锦标赛上,容国团力克群雄,夺得男子单打冠军。

——资料来源:容国团获世界冠军[N].体育报,1959—4—6(001)

在第一届全运会后,容国团等人获得体育运动荣誉奖章。此后,毛主席曾先后四次接见乒乓球运动员,并观看了乒乓球表演。1965年1月,毛主席还亲笔对《关于如何打乒乓球》一文作了重要批示,号召全党认真学习马列主义,掌握辩证唯物论,反对唯心主义和任何一种形而上学。毛主席的表扬与指示,在乒乓球界,在体育界,甚至在全国都引起了强烈反响,成为我们勇攀高峰的强

大动力。

> 乒乓球界的同志们清楚地记得,1971年五一国际劳动节晚上,年事已高的毛主席还在天安门城楼与乒乓球代表队亲切握手。周总理、贺龙、陈毅副总理经常接见乒乓球运动员、教练员,政治上谆谆教导,生活上关怀备至。
>
> ——资料来源:中央人民广播电视台难忘的瞬间——中国体育四十年[M].人民体育出版社,1990:7.

在我国乒乓球运动初建和发展过程中,周总理等中央领导同志经常教育我国乒乓球队,要认真学习毛泽东思想,树立为革命而打球的思想。在1971年世界乒乓球锦标赛期间,毛主席、周总理亲自批准邀请美国乒乓球队访华,这就是著名的"乒乓外交"。几十年来,我国乒乓球队始终保持着强烈的为国争光的荣誉感和责任感,"乒乓精神"得到继承和发扬。

(3)强调集体荣誉,服务经济发展

体育荣誉体系没有自己独立的位置,依托于计划经济体制,从属于经济发展,服务于生产劳动和国防建设的总目标。这一时期,我国在经济、政治与社会领域中通常比较强调"体制"和"制度"的概念,却很少提及"荣誉体系"和"激励政策"一类的概念[①]。改革开放前,我国虽然制定了系列体育荣誉表彰范畴的决定或办法,但当时不叫体育荣誉体系。在计划经济体制下,一切社会事务均由政府决策和政府运作,国家"一元统揽"不仅涉及体育荣誉表彰的统揽,更是对体育事业发展全局的统揽。在这种制度安排下,政府所面临的最主要问题是怎样建构一种和当前经济社会发展相匹配的体育管理体制,而不是像在市场经济体制下,更重要的是思考如何确定政府体育荣誉表彰的界限与内容。

---

① 关信平.社会政策概论[M].北京:高等教育出版社,2004:2.

"我国登山运动员登上珠穆朗玛峰的壮举,震动了世界。不但对我国体育事业的发展具有重大的鼓舞和推动作用,更重要的是对全国人民的继续跃进起到了巨大的鼓舞作用。"

——资料来源:1960 年 6 月 4 日,体办字 15 号《国家体委关于学习运动员征服珠穆朗玛峰英雄事迹的通知》

于是,在总路线、大跃进的旗帜下,国家体委强调,要进一步深入贯彻党中央和毛主席关于大搞体育的指示,学习登山运动员改造世界、征服宇宙的雄心壮志,学习他们艰苦奋斗,坚忍不拔,不断革命的精神;学习他们的集体主义,团结互助,为了集体荣誉不惜自我牺牲的共产主义品质。

总体来看,这一时期的体育荣誉表彰工作的实施主体单一,能充分体现国家体委表彰的权威性;实施客体代表性强,体育英模塑造的典型性和示范性特征鲜明;表彰目的明确,就是为了提高运动员的阶级觉悟和爱国主义精神,树立为了祖国争取荣誉的政治责任感,激发全国各族人民的爱国热情,提高民族凝聚力,为生产劳动和国防建设服务。

3.2 多元荣誉分散化(1979—2015)

3.2.1 体育荣誉观:群体分化背景下的多元价值信念

随着现代体育运动的盛行和世界体育文化的交融,群体分化现象日益加剧。在传统共同体中,个体和集体的关系主要表现为集体价值观通过等级制度遮蔽个体价值体现的可能。荣誉观是度量个体价值的标准,也是个体能够成为共同体成员,赢得他认认同的主要依据。这种荣誉规范就要求按照一定的贡献原则对共同体成员进行垂直分层。这一原则是指,"依据群体成员对共同体核心价值所作贡献的大小,和对共同体成员生活引导的特殊价值来确定的[①]。"简言之,贡献原则和共同体成员的所共享的习俗、约定、道德、价值观念是密切相关的。在这里,个体荣誉获得的多少就决定了社会相对地位的高低,但是,共同体成员的社会评价并不是归于个体特征,而是根据群体的价值来评定的,也正是群体价值的实现,个体价值才得以衡量,所以荣誉行为是指如果个体想在集体层面上获得与之相匹配的社会地位,就必须基于共同体文化的价值秩序来实现。

经济全球化和市场经济的主导地位推动了我国体育事业各个领域的全面提升,体育改革不断深入,在不断满足个体多样化体育需求的同时,也改变了传统的价值秩序,个体价值日益突显,以人为本、以运动员为中心的体育核心价值观体现了新时代体育事业发展的人文关怀。职业体育的快速发展切断了传统体育共同体共享价值和体育精神的维系纽带,从而致使新中国成立以来以集体利益、国家荣誉为导向的体育核心价值体系基本瓦解。另外,城镇化进程和职业体育改革的启动,使得传统的民间体育共同体、单位体育共同体、地方体育共同体、体育组织共同体受到严重冲击,传统体育共同体认同解体,新的共同体认同与价值秩序尚未建立。

体育荣誉开始向个人领域倾斜,正如泰勒所指出的,如今"荣誉不过是代表个人利益的、主观上可被界定的标准,这些标准是受到无条件保护的[②]。"体育荣誉在社会公共领域所享有的地位被"声望"

---

① [德]霍耐特.为承认而斗争[M].胡继华译.上海世纪出版集团,2005:128.

② [加]泰勒.承认的政治[M].董之林,陈燕谷译.上海:三联书店,2005.

和物质奖励所取代。在体育荣誉共同体变迁的过程中,逐渐和尊严融为一体,同时体育荣誉的个体化倾向也融入了个人发展的整个职业生涯。"从荣誉到尊严的转变实际上是一种普遍主义政治,该政治逻辑强调公民平等的享有尊严,在内容上表现为资格和权力的平等化①。"从而多元荣誉主体获得平等承认的政治意义开始成为群体分化时期的重要议题。

此外,社会组织、新闻媒体、企业、个人参与体育荣誉表彰的意愿逐步提升,体育荣誉授予主体日益多样化,体育荣誉授予目的各不相同。主体供给多样化和客体需求多样化的并存格局,要求体育荣誉观的铸塑方向必然是多元分散的。

> 1979年,国家体委颁布的《关于加强群体工作的意见》中提出:群众体育要建立评比制度,树立比先进找差距的社会风气。在全国范围内,除开展评选田径之乡、争创体育先进县等以外,还特别建立了综合性的群众体育评定制度。《中国体育年鉴1983—1984》:国家体委(或联合教育部)开始定期、不定期地表彰一些在学校体育工作中取得突出成绩的单位或作出重要贡献的个人。
> ——资料来源:张彩珍,中国体育年鉴1983—1984[M].北京:人民体育出版社,1987:166.

3.2.2　体育荣誉治理理念:鼓励市场运作和社会参与

在党十一届三中全会后,国家发展的重心由阶级斗争和国防建设转移到经济建设上来,经济体制的市场化转轨,为社会组织的快速成长创造了有利条件,在经济和社会领域逐步形成了多元化的后全能主义模式。在该模式中,政府运行的制度化水平大幅提高,体系健全、严禁稳定的科层制受到重视,政府决策趋向民主化和科学化,体育荣誉表彰有章可循,趋于制度化。诚然,我国在体育荣誉体

---

① [加]泰勒.承认的政治[M].董之林,陈燕谷译.上海:上海三联书店,2005.

系领域的改革所取得的成果,的确是值得肯定的,但在整个国家荣誉表彰系统中,体育荣誉表彰的受重视程度、频次、额度都有所式微,这一时期,国家体育荣誉体系的发展受到一定的制约。例如,与军事领域和科技领域相比,体育领域的荣誉表彰逐步被边缘化,且呈现出荣誉授予主体多元化发展的趋势。

表3-2　1979年至2015年多元主体参与体育荣誉表彰情况一览表

参与主体	授奖名称	表彰形式	起止时间
国家体育总局	体育运动荣誉奖章(一、二、三)	颁发荣誉奖章和相应的资金奖励	自1981年《国家体育委员会关于表彰和奖励优秀运动员、教练员的通知》发布至2015年
国家体育总局	"全国体育先进县"	全国推广学习	1985年至2015年已在全国范围内进行了4次评选工作,命名了388个"全国体育先进县"
国家体育总局	"奥运会科学训练奖""奥运会科研攻关与科技服务奖""奥运会科技突出贡献奖"	将奥运重奖政策作为实施"奥运争光计划"措施的重要内容	1995年国家体委出台了《奥运争光计划纲要》
共青团中央	"中国青年五四奖章""中国青年五四奖章集体"	原则上每年"五四"青年节授予,有特殊贡献者,可以随时授予,主要授予在重大体育赛事中取得优异成绩的运动员和集体。	2000年以来,为表彰我国青年运动员在奥运会赛场上顽强拼搏、为国争光的杰出贡献。
中华全国总工会	"全国五一劳动奖章""全国五一劳动奖状"	五一劳动奖章是全国总工会为奖励在社会主义体育事业中做出突出贡献的运动员和集体	国务院于1989年4月颁布的《关于召开全国劳模和先进工作者表彰大会的通知》
全国妇联	"三八红旗手""三八红旗集体"	主要是表彰在国际赛场上取得显著成绩的妇女先进人物和妇女先进集体。	1990年全国妇联授予在第十一届亚运会上荣获金牌的93名女运动员全国"三八"红旗手称号

续表

参与主体	授奖名称	表彰形式	起止时间
中央电视台	CCTV体坛风云人物	中央电视台为代表的新闻媒体作为体育荣誉颁授的主办方,通过第三方平台的提名和评选。	自2006年开始每年一次
地方政府	各类省市级体育荣誉奖章	"青年突击手""青年突击队""青年突击标兵"等	
霍英东	霍英东体育基金	"霍英东体育基金"奖励每届奥运会的中国金牌得主一枚重1000克的纯金金牌和8万美元,奖励奥运会中国银牌得主重250克的金牌和4万美元,奖励奥运会中国铜牌得主重150克的金牌和2万美元。	1984年10月,一直大力支持中国各项事业发展的香港富豪霍英东博士宣布捐赠一亿港元设立"霍英东体育基金"
曾宪梓	曾宪梓体育基金会	奖励北京奥运会、伦敦奥运会、里约奥运会和第32届奥运会上夺取金牌的中国内地运动员。	2008年9月设立
其他非政府组织	物质奖励	地方企业、俱乐部、赞助商等	

此外,在多元体育荣誉观分散并存的环境下,国家荣誉表彰从过去完全排斥第三部门到过于依赖市场的作用,也带来了严重的负面影响。在这样一个大的宏观背景下,此时的体育荣誉表彰更多地依赖实施主体的经济理性,改由市场承担体育荣誉表彰和奖励提供者的角色,加上由于西方物欲享乐主义的侵蚀,导致人们在道德上的空虚和荣辱观念上的颠倒。这一时期国家体育荣誉表彰主张"市场化运作和社会参与"的体育荣誉治理理念。在此理念下,社会力量参与体育荣誉表彰的积极性高涨,物质奖励的额度随着体育职业化、市场化程度的加深不断提升。国家荣誉治理的主导性和权威性有所减退,从而为社会主体在利用体育荣誉表彰,树

立英模典范,来贯彻其行为意志、创造市场机会、换取社会资本提供了广阔空间。

案例3-1-3

国家体委1984年8月19日作出决定,对参加第二十三届洛杉矶奥运会取得优异成绩,为祖国争得了荣誉的我国70名运动员颁发体育运动荣誉奖章和体育运动一级奖章。

资料来源:《中国改革开放新时期年鉴(1984)》

1987年5月11日,国际奥委会主席萨马兰奇授予陈镜开奥林匹克银质勋章,这是中国运动员第一次获此殊荣。1997年陈镜开入选国际举联名人馆。

2009年中国女排五连冠群体和容国团被评为新中国成立以来100位感动中国人物之一。——经中央批准,中央宣传部、中央组织部、全国总工会、共青团中央、全国妇联等11个部门联合组织开展评选。

资料来源:百度百科https://baike.baidu.com/item/%E9%99%88%E9%95%9C%E5%BC%80/2304447?fr=aladdin

总体上,改革以来,我国体育荣誉表彰的地位、内容及主体都发生了重要的变化。从地位而言,随着经济体制改革的深化,体育政策(特别是体育表彰)已日益从经济体制中剥离出来,成为一个相对独立的领域,并开始受到市场和社会组织的关注和重视。从主体而言,体育荣誉表彰的决策主体虽然仍是政府,但和计划经济体制下的国家包揽型已完全不同,开始强调发挥市场、群团组织、企业以及个人等的互补作用。从内容而言,体育荣誉体系的荣誉称号和奖项设置趋向完善,原先单一的体育表彰得到了补充,物质奖励被纳入其中,并逐渐受到重视;受奖客体也扩展到学校、单位和社会领域;体育荣誉体系的制度化、规范化和法治化水平显著提高。

3.2.3　体育荣誉制度实践：彰显多样化和规范性

市场主导型体育荣誉表彰相对于国家统揽型而言，体育荣誉观的实现机制在制度实践上显示出多样化和复杂性的特点。

（1）体育荣誉授予主体多元化

在市场经济的主导作用下，传统的国家荣誉授予的一元主体逐步向国家荣誉、地方荣誉、社会荣誉相结合的多元荣誉授予主体转变。国家体委颁授的荣誉称号的权威性日趋式微，国家已经不能像过去那样对社会组织的表彰和奖励行为直接颁布指令性的规制，只能通过法律法规的形式约束体育表彰的公正性，监管利益分配的合理性，其他诸如地方政府实施体育荣誉表彰的程序和标准、物质奖励的额度、企业参与表彰的类别和形式等，国家没有强制性权力。就纵向体育荣誉表彰系统而言，除了国家层面的体育荣誉表彰，还有地方政府和体育行政机构开展的表彰工作。横向体育荣誉表彰系统由共青团中央、全国总工会和全国妇联三大群团组织为代表的众多社会机构组成。另外，新闻媒体、知名企业和个人也都纷纷参与到体育荣誉授予的主体之中。

其一，国家层面的体育荣誉表彰基本延续了改革开放前中国体育荣誉体系的表彰传统，主要指国家体育总局颁授给优秀运动员的"体育运动荣誉奖章"和"体育运动一级奖章"。

表3-3　国家层面体育荣誉表彰政策实施情况

时间	荣誉奖项	表彰客体	文件名称
1979	"体育运动荣誉奖章""体育运动一级奖章"	自1965年以来破世界纪录、获得世界冠军的李富荣、索南罗布、金东翔等58名运动员及1名教练员	国家体委《关于表扬、奖励少年儿童业余体校优秀教练员的通知》
1979	"体育运动荣誉奖章"	全国391名优秀业余体校教练员授奖	《关于颁发体育运动破全国纪录奖章的通知》

时间	荣誉奖项	表彰客体	文件名称
1979	"体育运动荣誉奖章"	在第8届亚运会上取得优异成绩的295名运动员、教练员记功授奖	《关于恢复颁发体育运动荣誉奖章的通知》
2011	"体育运动荣誉奖章"	为表彰2011年度取得优异成绩的叶诗文等199名运动员、刘海涛等118名教练员。	体竞字[2011]259号《关于授予2011年度优秀运动员和教练员体育运动荣誉奖章的决定》
2012	"体育运动荣誉奖章""体育运动一级奖章"	奥运会上获得金牌、创造世界纪录的易思玲等49名运动员和获得银、铜牌的喻丹等54名运动员	《国家体育总局关于授予在第三十届奥运会上取得优异成绩运动员体育运动奖章的决定》

其二,地方政府为了表彰先进,突出地方成绩,纷纷制定优秀运动员奖励办法,对于特别优秀的运动员,有些地方政府会加大物质奖励的力度。地方上的体育行政机构也会单独开展体育荣誉表彰工作。(省、市、县)地方政府所实施的体育表彰行为,是我国体育荣誉体系建设的重要组成部分,承担着国家级以下的行政机构荣誉授予的责任。行政奖励被广泛应用在世界各国的社会管理之中,和传统的管制型政府行为有所不同,行政奖励以物质奖励为载体,通过引导行政相对人的动机和行为,以达到某种管理的目的[①]。地方政府对于在体育领域作出突出贡献的杰出人士,尤其是优秀运动员的奖励、表彰是非常普遍的行政行为,尤其是在1994税费制改革以后,地方政府拥有更大的财政自主权,此后,无论是行政奖励的频率,还是行政奖励的力度较以往都有较大幅度的提升。

---

① 陈榜.行政奖励的程序规制研究[D].上海:华东政法大学,2016.

> 陕西省团省委作出决定,授予陕西跳水队等3个集体"陕西省青年突击队"称号,授予李杰等2名运动员"陕西省青年突击手标兵"称号,授予顾原等5名运动员"陕西省青年突击手"称号。
> ——资料来源:陕西日报(2004/09/24)

在1996年国家体委、人事部发布了《运动员、教练员奖励实施办法》之后,河南、江苏、福建分别颁布了《河南省优秀运动员、教练员奖励实施办法》《江苏省体育运动员、教练员奖励实施办法》《福建省优秀运动员、教练员奖励实施办法》。这些奖励条例均设定了奖金的发放金额、比例、审批程序。

其三,群团组织作为体育荣誉授予的重要力量,在改革开放后构成了体育荣誉体系建设的主力军,"三·八红旗手"、"新长征突击手"、"全国人大代表"、全国和省市"十佳青年"、"劳动模范"、"优秀共青团员"等超越体育界的荣誉也大量而普遍地颁发给了体育工作者。

> 为表彰我国体育健儿在第30届奥林匹克运动会上取得的优异成绩,中华全国总工会决定授予获得金牌的中国男子体操队等4个运动队全国五一劳动奖状,授予获得金牌的易思玲等32名运动员全国五一劳动奖章。
> ——资料来源:《中华全国总工会关于授予在第30届奥林匹克运动会上获得金牌的运动队和运动员全国五一劳动奖状、奖章的决定》
> 为表彰我国青年运动员在伦敦奥运会上的突出贡献,共青团中央、全国青联决定,授予获得团体金牌的4个青年集体"中国青年五四奖章集体",授予28名运动员"中国青年五四奖章"。
> ——资料来源:新华网(2013/10)

其四,以中央电视台为代表的新闻媒体作为体育荣誉颁授的主办方,通过第三方平台的提名和评选,激发了社会参与的积极性,进一步扩大了体育英模的社会影响力,同时也提升了体育荣誉体系的规范性。

《CCTV体坛风云人物》年度评选是由中央电视台主办,中央电视台体育频道承办,国家体育总局、国家新闻出版广电总局大力支持的一项年度体育人物评选活动。该评选的前身是创办于2001年的《中国电视体育奖》,是中央电视台的三大品牌活动之一,在体育界和社会上产生了广泛的影响。《CCTV体坛风云人物》年度评选是中国体育界年度规格最高,程序最严谨,结果最权威,社会影响力最大的评选活动和明星秀场,是中国体育的荣誉殿堂。

评选分为初评和总评两个阶段,普华永道会计师事务所全程担任本评选的独立计票机构。在初评阶段,初评评委将从所有候选人中评选出各奖项的提名奖获得者(每项5人/队);在总评阶段,由总评评委对提名奖获得者进行投票,每个奖项的得票最多者,即成为该奖项的唯一获奖者。总评投票仪式将在颁奖盛典当天进行,评选结果将在当晚的盛典上正式公布。——资料来源:https://baike.baidu.com/item/CCTV

资料来源:维基百科、百度百科、CCTV官方网站

荣誉评选的具体流程分为六个步骤,依次是:候选人推选、初评评选、提名奖揭晓仪式、提名奖推介、总评投票仪式及颁奖盛典、延展和宣传。

表3-4　2001年至2015年CCTV体坛风云人物表彰情况一览表

年度	荣誉称号	获奖名单
2001	年度最佳男运动员奖 年度最佳女运动员奖 ……	田亮(跳水) 王楠(乒乓球) ……
2002	年度最佳男运动员奖 年度最佳女运动员奖 ……	李小鹏(体操) 杨扬(短道速滑) ……
2005	最佳运动员奖 最佳教练员奖 终身成就奖 ……	刘翔(田径) 王义夫(射击) 万里 ……

年度	荣誉称号	获奖名单
2006	年度最佳男运动员奖 年度最佳女运动员奖 ……	刘 翔(田径) 程 菲(体操) ……
2009	年度最佳男运动员奖 年度最佳女运动员奖 ……	张 琳(游泳) 刘子歌(游泳) ……
2010	年度最佳男运动员奖 年度最佳女运动员奖 ……	林 丹(羽毛球) 王 蒙(短道速滑) ……
2011	年度最佳男运动员 年度最佳女运动员 ……	孙 杨(游泳) 李 娜(网球) ……
2012	最佳男运动员奖 年度最佳女运动员 ……	孙 杨(游泳) 叶诗文(游泳) ……
2013	最佳男运动员 最佳女运动员 ……	林丹(羽毛球) 李 娜(网球) ……
2014	最佳男运动员 最佳女运动员 ……	宁泽涛(游泳) 李 娜(网球) ……
2015	最佳男运动员 最佳女运动员 ……	宁泽涛(游泳) 刘 虹(田径) ……

从历年奖项设置上来看,最佳男女运动员、最佳教练员、最佳新人、残疾人体育精神奖的延续性较好,每届评选的内容也会根据当

年的实际情况,适当做出调整,整体而言,颁奖盛典庄严、隆重、神圣、热烈,能够通过新闻媒体把体育荣誉的评选标准和价值取向传递给每一位观众。同时还发动公众参与评选,推动了体育荣誉体系建设的社会化。自2006年第6届"体坛风云人物"成功举办后,中央电视台每年都会开展一次盛典活动,在评选的程序上日益科学、规范,并引入第三方评价平台,体现了体育荣誉表彰的持续性和公正性,改变了国家体育荣誉体系行政化运作的传统。

其五,一些知名企业和著名慈善家与纷纷加入到体育荣誉授予主体之中。企业参与体育表彰完全是市场行为,虽然荣誉称号的影响力不大,但是物质奖励的数额却足以因此而提升企业的知名度。此外,慈善家们对奥运冠军的表彰和奖励也表现出很好的持续性。

案例3-1-3

> 　　1984年10月,一直大力支持中国各项事业发展的香港富豪霍英东博士宣布捐赠一亿港元设立"霍英东体育基金"。"霍英东体育基金"奖励每届奥运会的中国金牌得主一枚重1000克的纯金金牌和8万美元,奖励奥运会中国银牌得主重250克的金牌和4万美元,奖励奥运会中国铜牌得主重150克的金牌和2万美元。实际上,霍英东还会根据每届奥运会的不同情况而为中国选手增加奖金。如2000年悉尼奥运会,"霍英东体育基金"向中国运动员颁发了240万美元奖金,但到了2004年雅典奥运会,"霍英东体育基金"就颁出奖金3259万港元,就连中国女排的替补球员也获得了50万港元的奖励。
>
> 　　——资料来源:https://baike.baidu.com/item/
>
> 　　曾宪梓体育基金是2008年9月设立的。当时曾宪梓捐赠了一亿港币,原定是奖励北京奥运会、伦敦奥运会、里约奥运会和第32届奥运会上夺取金牌的中国内地运动员。在2008年,该基金奖励第29届奥运会中国金牌运动员2516万港币;2012年,奖励第30届奥运会中国金牌运动员2520万港币;今年,奖励里约奥运会中国金牌运动员2484万港币。2012年,曾宪梓宣布,基金会在原来的基础上追加一亿港元,奖励活动将最少持续至2036年奥运会。
>
> 　　——资料来源:https://baike.baidu.com/item

（2）体育荣誉授予客体扩大化

改革开放后，竞技体育逐步走向世界舞台，自女排三连冠到洛杉矶奥运会上实现奥运金牌零的突破，让世界人民见证了中国竞技体育的崛起，领略了中华体育精神所蕴藏的无穷力量。国家体委加大了对优秀运动员、教练员的表彰力度，并制定了具体的表彰办法。

> "对做出优异成绩的运动员、教练员等，要给予精神鼓励和物质奖励，其中有特殊贡献的，应予重奖。"
> ——资料来源：《中共中央关于进一步发展体育运动的通知》(1984/10)

在竞技体育突飞猛进的同时，群众体育、学校体育和体育科技也开始蓬勃发展，体育荣誉体系的建设逐渐延伸到群众体育和学校体育领域。

首先，在群众体育领域，体育荣誉表彰的重点在于激励县级单位积极参与体育锻炼，提高人民群众的身体素质，为实现"四个现代化"打好身体基础。国家体委先后颁布了《关于加强群体工作的意见》(1979)和《关于加强县体育工作的意见》(1984)，明确了体育荣誉表彰的目的、内容和评选办法。

> "群众体育要建立评比制度，树立比先进找差距的社会风气。在全国范围内，除开展评选田径之乡、争创体育先进县等以外，还特别建立了综合性的群众体育评定制度。"
> ——资料来源：国家体委《关于加强群体工作的意见》(1979)
> "为适应农村形势的发展，加强和改革县的体育工作，决定自1985年起，在全国范围内开展创体育先进县活动"，
> ——资料来源：国家体委《关于加强县体育工作的意见》(1984)

同时还制定了《体育先进县的标准和评选办法》及其细则，1987年又对该办法和细则做了修改，并在全国范围内进行了4次评选工作，命名了388个"全国体育先进县"，对农村体育工作起到了很好的推动作用。此后，国家体委与有关方面对评选条件做了进一步修

订,以使争创体育先进县制度更好地坚持下法。另外,为了提升单位制体育竞赛的水平和激发广大体育爱好者和专业运动员训练和比赛的积极性,国家体委也制定了群众体育先进单位和先进个人的评选制度。

> 国家体委将定期进行全国群众体育工作先进单位和先进个人的评比表彰。
> ——资料来源:国家体委《全国省、区、市群众体育工作评定办法》(1989)

其次,在学校体育领域,世界上许多国家都会把学校作为开展爱国主义教育和铸塑荣誉价值信念的殿堂。进入八十年代后,我国学校体育工作在国家体育和教育部的联合指导下稳步前行,在体育教学和运动训练领域取得突出成绩。

> 国家体委(或联合教育部)开始定期、不定期地表彰一些在学校体育工作中取得突出成绩的单位或作出重要贡献的个人。
> ——资料来源:《中国体育年鉴1983》
> "对在学校体育工作中成绩显著的单位和个人各级教育、体育行政部门或学校应当给予表彰、奖励。"
> ——资料来源:《学校体育工作条例》(1990/3/12)

九十年代后期,体教结合的训练模式和国家三级训练网并行发展,学校体育领域涌现出大批的优秀运动员和世界冠军,学校领域的体育荣誉表彰工作在国家体育总局和教育部的共同推进下有序开展,为国家体育荣誉体系的建设提供了丰富经验和实践素材。

再次,体育科技领域也进入到体育荣誉体系建设和完善的范畴。体育科技表彰和奖励工作在《体育科学技术进步奖励条例》《体育科学技术进步奖的奖励范围和评审标准实施细则试行》《中华人民共和国科学技术进步奖励条例》等文件的指导下有序开展。

表3-5 体育科技领域体育荣誉奖章的设置情况

文件名称	奖项设置	表彰内容	时间
《体育科学技术进步奖励条例》	"体育道德风尚奖""体育精神文明奖"	对奖励的范围、申请奖励要具备的条件、奖励的等级进行了严格的规定。依据条例,同年国家体委在北京召开会议,对1982年以来的体育科技优秀成果进行了评审。	1985/7/28
国家体委《国家体委体育科学技术研究成果管理条例(暂行)》	"体育科学技术进步奖""体育科学技术进步特等奖"	根据《中华人民共和国科学技术进步奖励条例》的精神,国家体委设体育科学技术进步奖。每年奖励一次。对体育事业的发展和体育科学技术进步有特殊贡献的体育科技成果,由国家体委体育科学技术进步评审委员会推荐,经国家体委批准,可以授予特等奖,其奖金数额高于一等奖。奖金由国家体委事业费支付。	1987/2/25
国家体育总局《关于颁授"体育科技荣誉奖"和表彰体育科技先进工作者的决定》	"体育科技荣誉奖"	袁伟民表示将要为部分有突出贡献的老专家授予"体育科技荣誉奖",还要对全国体育科技先进工作者进行表彰。	1999/11

资料来源:体育总局官方网站

体育科技工作对我国体育事业的高质量发展提供了科技支持和理论支撑,国家体委敏锐地察觉到在体育科技领域开展体育荣誉表彰的重要性,并制定了系列管理条例和表彰办法,进一步推进了我国体育荣誉体系的建设和完善。

(3)体育荣誉授予内容多样化

随着体育荣誉体系的不断完善,其授予内容在精神领域和物质领域全面铺展开来。既有行政领域的荣誉表彰和物质奖励,又有社会领域各种形式的荣誉激励。国家体育总局和社会组织根据设置了多种多样的荣誉称号,纷纷授予在体育工作中做出突出贡献的优秀运动员、教练员、科技人员以及团队和地区。例如,"体育运动荣誉奖章""体育运动一级奖章""全国体育先进县""体育精神文明奖""奥运会科学训练奖""体育科技荣誉奖""五一劳动奖章""五四青年奖章""三八红旗手"等。

表3-6 《国家体育委员关于表彰和奖励优秀运动员、教练员的通知》(1981)

奖项设置	表彰对象	物质奖励	授奖主体
体育运动荣誉奖章	取得较好成绩、为国争光的运动员和教练员	运动员:500元 教练员:500元	国家体委(现国家体育总局)
体育运动一级奖章	取得较好成绩、为国争光的运动员和教练员	运动员:250元 教练员:200元	国家体委(现国家体育总局)
体育运动二级奖章	取得较好成绩、为国争光的运动员和教练员	运动员:150元 教练员:100元	国家体委(现国家体育总局)
体育运动三级奖章	取得较好成绩、为国争光的运动员和教练员	运动员:100元 教练员:60元	国家体委(现国家体育总局)

此后,在1982年至1987年之间,国家体委、财政部、人事部联合发布3次关于体育荣誉表彰和物质奖励的实施办法和细则。在荣誉称号、荣誉等级、物质奖励计算办法等方面都充分体现了体育荣誉授予内容的多样化。

> 凡获得特等奖,一、二、三等奖的运动员,应同时获得体育运动荣誉奖章和体育运动一、二、三级奖章。运动员在奥运会赛、世界锦标赛和世界杯赛中,获世界冠军的,得特等奖。同一次比赛中,每多获一项冠军,在该项奖金基数上增加20%,但其奖励金额累计最高不得超过3000元;不同次比赛中,再次获得冠军的,再获再奖。
>
> ——资料来源:《优秀运动员奖励试行办法实施细则》、《专职教练员奖励试行办法实施细则》(1982)
>
> 规定了奥运前八名运动员物质奖励的基数。
>
> ——资料来源:国家体委、财政部、人事部联合发布《参加第23届奥运会运动员、教练员奖励的办法》(1984)

> 对在重大国际比赛中取得优异成绩，为国家做出突出贡献的优秀教练员和运动员授予体育运动奖章的荣誉。"三八红旗手""新长征突击手""全国人大代表""全国省市十佳青年""劳动模范""优秀共青团员"等超越体界的荣誉也大量而普遍地颁发给了体育工作者。
> ——资料来源：国家体委《授予优秀运动员、教练员体育运动奖章的暂行办法》(1987/4/1)

进入21世纪，随着荣誉授予参与主体的多样化发展，授勋内容也更加多样、更加细化，尤其表现在奥运年的表彰上。

表3-7 2012年伦敦奥运会后群团组织和国家体育总局授奖情况

荣誉称号	表彰对象	授勋标准	荣誉授予主体
中国青年五四奖章集体	获得团体金牌的4个青年集体	在伦敦奥运会上做出突出贡献的集体	共青团中央、全国青联
中国青年五四奖章	夺得金牌的28名运动员	在伦敦奥运会上做出突出贡献的个人	共青团中央、全国青联
全国五一劳动奖状	获得金牌的中国男子体操队等4个运动队	在伦敦奥运会上做出突出贡献的集体	中华全国总工会
全国五一劳动奖章	获得金牌的易思玲等32名运动员	在伦敦奥运会上做出突出贡献的个人	中华全国总工会
体育运动荣誉奖章	获得金牌、创造世界纪录的易思玲等49名运动员	在伦敦奥运会上做出突出贡献的个人	国家体育总局
体育运动一级奖章	获得银、铜牌的喻丹等54名运动员	在伦敦奥运会上做出突出贡献的个人	国家体育总局

地方政府和社会企业和赞助商对奥运冠军的表彰形式更是多种多样，有奖励钱的，有奖励房子的，有奖励车子的等等。一方面体现了地方政府高度重视对本土优秀运动员的奖赏和激励；另一方面也反映了市场经济下企业经理人对奥运冠军市场价值的理性判断。

案例3-1-4

> 陕西省召开奥运会庆功表彰大会,对取得好成绩的陕西籍运动员予以表彰奖励,其中跳水冠军秦凯和他的教练各获得90万元奖励,射击冠军郭文珺和她的教练各获得60万元奖励。云南省体育局高调宣布,对金牌选手,省政府将重奖100万元,银牌、铜牌分别奖励50万元、30万元。来自湖南省体育局的消息,伦敦奥运会冠军王明娟获得的这枚金牌,除了国家的50万元奖励外,省政府也将颁发奖金,确定的数字是(一枚金牌奖励)80万外加一套住房。
>
> ——资料来源:人民网(2012/8/12)
>
> 包括伦敦奥运首金得主易思玲在内的7位广东奥运冠军,每人得到了一辆省内某汽车企业提供的汽车,价值约为17万元。此外,还有某酒水企业提供的定制酒,酒的证书及铭牌上都将特别标有奥运冠军的名字和项目。青岛某集团向乒乓球奥运冠军张继科赠送了一套价值300万元的海景精装公寓。而在两位浙江游泳冠军孙杨和叶诗文刚刚到家时,便有国内媒体透露,浙江某房地产公司开出重奖,孙杨和叶诗文将各获赠一套该公司下属楼盘的房子,房子位于城郊之间,面积是140平方米,市场价格大约接近300万人民币。
>
> ——资料来源:新华网(2012/8/17)

(4) 体育荣誉授予程序趋于规范

随着体育荣誉授予主体、客体和内容的延伸和扩展,体育荣誉表彰的过程中现了一些问题,例如,体育荣誉表彰的申报和审批程序不规范;体育荣誉称号的设置过多,且等级模糊,缺乏特色;和体育荣誉表彰相匹配的物质奖励的数额缺少合法性基础等等。在此情况下,国务院下发了体育荣誉体系整改的通知和具体措施,《中华人民共和国体育法》确立了体育荣誉表彰的合法性地位,国家体育总局修订了《授予优秀运动员、教练员体育运动奖章的暂行办法》。

> 国务院各工作部门按照通知精神,对本系统的评先表彰活动认真地进行了规范,并收到了良好的效果。为了进一步加强对部级荣誉称号评选表彰工作的宏观管理,严格控制政府工作部门的奖励表彰活动,使政府奖励表彰工作收到良好的效果,从1996年起,实行部级荣誉称号评审表彰

> 工作计划申报审批制度。
>
> ——资料来源:人核培发[1995]57号《人事部关于实行部级荣誉称号评审表彰计划申报制度的通知》、人事部《关于加强对国务院工作部门授予部级荣誉称号工作管理的通知》
>
> "国家对在体育事业中做出贡献的组织和个人,给予奖励。"
>
> ——资料来源:《中华人民共和国体育法》(1995)

在1996年全国体育法制工作会议之后,国家体委政策法规司将政府体育奖励规章建设纳入之后的体育立法规划中。2011年9月,人社部经商国务院法制办同意后致函法工委,建议由法工委牵头研究起草国家勋章和荣誉称号法草案。2012年党的十八大进一步提出:"设立国家荣誉制度。"

案例3-1-5

> 国家体育总局按照"大群体"工作格局的要求,整合优化了以往的群众体育各单项业务工作表彰项目,将其统一纳入到4年一周期的"全国群众体育先进单位和先进个人评选表彰"中,以使这一群众体育领域最高规格的表彰成为推动各项群体业务工作发展的有效机制。
>
> ——资料来源:《体育总局关于开展2009—2012年度全国群众体育先进单位和先进个人评选表彰工作的通知》(2013/5/27)
>
> 国务院取消了76项评比达标表彰评估项目,有9项是由国家体育总局主办的,其中包括全国体育系统普法工作先进单位和先进个人、全国体育政策法规工作先进单位和先进个人、年度全民健身工作突出成绩奖、年度全民健身活动优秀组织奖和先进单位、全国优秀社会体育指导员、全国乡镇体育健身示范工程、体育工作荣誉奖章、体育事业贡献奖、全国体育标识评比。
>
> ——资料来源:新华网(2013/10)
>
> 各单位2015年仍按《授予优秀运动员、教练员体育运动奖章的暂行办法》([87]体综办字23号)严格执行,认真审核、严格把关,确保申报材料内容真实、准确、全面。
>
> ——资料来源:《体育总局办公厅关于报送2015年度教练员体育运动荣誉奖章申报材料的通知》(2015/11/5)

> 本办法解释权属国家体育总局。本办法自2016年1月1日起施行。原国家体委发布的《授予优秀运动员、教练员体育运动奖章的暂行办法》（[1987]体综办字23号）同时废止。
>
> ——资料来源:体竞字[2015]106号,体育总局印发《运动员、教练员体育运动奖章授予办法》(2015)

整体而言,新中国成立以来,我国体育荣誉表彰能够体现中国特色社会主义制度下体育事业的中国气派和民族情怀,展现了体育荣誉的崇高和鲜明的时代特点。既重视竞技体育精神的价值引领作用,又充分体现最广泛的群众体育的人民性;既注重体育科技领域荣誉称号、荣誉奖章的授予,又表彰在学校体育工作中表现突出的集体和个人,已有的理论研究和建设成果构成了丰富和完善国家体育荣誉体系的基础性条件。

3.3 一体多元化荣誉初现(2016年至今)

3.3.1 时代诉求

改革开放前的国家"一元统揽型"体育荣誉观将国家体委视为荣誉授权的唯一主体,体育荣誉的权威性得到充分保障,体育精神的价值引领作用得到充分发挥,为新中国的经济发展和国防建设提供了强大的精神支持。但是由于完全排斥市场、群团组织等第三部门的作用,在市场经济体制下,体育荣誉表彰的类别和层级都无法满足不同个体的多元化需求,一元统揽型体育荣誉观在多元治理体系下难以为继。

而在实施市场主导型体育荣誉表彰政策后,国家松绑了对体育荣誉表彰和奖励的控制和监管,市场、群团组织、社会企业成为体育荣誉表彰的主要供给者,由于缺乏国家政策的规范性指导,市场失灵和政府失控同时存在,表彰的权威性、公正性、合法性等问题日益突出。一方面,在市场为主导下形成的"多元分散型"体育荣誉观,加剧了体育事业各领域间、地方政府间资源配置的失衡,引发了荣誉表彰和物质奖励间新的社会矛盾,引起了社会各界的不满和谴责,强烈渴望国家制定荣誉表彰和奖励的法律法规,设立体育荣誉制度,依法颁布和实施国家级权威性体育荣誉表彰政策,履行对为竞技体育事业做出杰出贡献的运动员、教练员、工作人员等应尽的表彰责任。另一方面,"多元分散型"的体育荣誉表彰很容易造成社会有效需求不足,不利于及时应对已获得崇高荣誉的体育明星由于道德失范而引发的负面社会舆论。例如,2017年初爆出在2008年奥运会上获得举重金牌的三名中国运动员涉嫌使用兴奋剂的丑闻,以及7月份的中国三名优秀男子乒乓球运动员集体退赛事件,都引起了社会各界的广泛关注和道德讨论。由于在市场主导型体育荣誉表彰策略实施下,国家缺乏对荣誉表彰客体的监督和后续管理,无法满足广大民众有效的社会需求。更重要的是,市场主导型政策不利于我国体育荣誉治理法治化目标的达成。

可见,"一元统揽型"体育荣誉观和"多元分散型"体育荣誉观虽然都引领过中国体育荣誉表彰的发展方向,为体育荣誉体系的完善积累了颇多经验,但在新的历史时期,需要筑塑更加科学合理的体育荣誉观,并通过创新性的治理理念和制度实践完善实现机制。历史的应验和教训告诉我们,我们寻求的理想模式应当是注重学习和借鉴当代国际前沿社会政策理论和实践的最新研究成果,强调国家在权威性体育荣誉供给方面的基本职责,同时依托市场机制实现资源优化配置,并注重发挥群团组织、企业乃至个人等各方面的力量,以期建构凸显国家权威、尊重个体荣誉权利、覆盖体育事业各个领域、注重各级表彰协同发展的系统模式。在此背景下,无论从政策制定上,还是从法律规范方面,国家都有意识地加强了国家的核心地位和主导作用。由此,一体多元化体育荣誉观的注塑更能够契合新时代体育治理体系和治理能力现代化的战略目标。

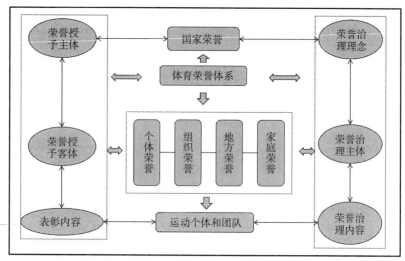

图3-3 "一体多元化"体育荣誉观实现机制的基本架构

3.3.2 国家政策导向

新的历史时期,习近平主席"继续为国争光"的时代论断进一步明确了国家荣誉在体育强国建设中的主导地位。个人荣誉服从于集体荣誉和国家荣誉,这是由中国几千年优秀传统文化积淀的结果,也是新时期体育改革和发展应该遵循的基本价值秩序。由此,激发个体荣誉感、捍卫国家荣誉、体现人民意志是新时代中国特色体育荣誉体系建设和完善的基本价值内核。

诚然,"一体多元化"体育荣誉表彰模式也是有历史和理论依据的。早在古希腊时期,柏拉图就提出了体育荣誉观,强调荣誉是德性的主要内容①。近代以来,政治哲学家把体育荣誉纳入到国家政治治理当中,把个人荣誉和国家荣誉捆绑在一起,逐步形成了以爱

---

① 吴国萍,薛秀娟.前苏格拉底时代古希腊哲学中的荣誉观[J].河北北方学院学报(社会科学版),2011,27(5):53—57.

国主义和个人主义为核心的西方荣誉观。这就促使西方发达国家较早地把荣誉表彰制度化,形成了各具特色的国家荣誉制度,体育荣誉表彰是构成国家荣誉制度的基本要素。除此之外,在韩国和日本等亚洲国家也具有历史悠久的国家荣誉制度,尤其是韩国的竞技表彰制度,内容完备,特色鲜明。国家主导、多元主体协同治理的荣誉制度在国外一些国家发展起步早,制度理念和结构体制也较为成熟,现代意义的国家层面的管理监督也更加科学规范。为我们进一步完善"一体多元化"体育荣誉政策体系提供了经验和借鉴。

事实上,自21世纪以来,社会各界呼吁设立国家荣誉制度的声音愈发高涨。自2007年党的十七大报告提出设立国家荣誉制度起,中央领导同志曾多次强调,要尽快研究落实国家荣誉制度,制定颁布相关法律。2012年党的十八大再一次提出建构国家荣誉制度的设想。2013年下半年开始,全国人大常委会法工委会联合人力资源社会保障部在已有研究成果的基础上,与中央组织部和解放军总政治部等共同梳理并总结了国家荣誉表彰工作的经验和教训。2015年12月27日,经第十二届全国人民代表大会常务委员会第十八次会议审议,正式通过了《中华人民共和国国家勋章和国家荣誉称号法》。至此,国家荣誉制度完成立法工作,并于2016年1月1日付诸实施①。

> 《称号法》中明确了国家勋章的授予对象为"在中国特色社会主义建设和保卫国家中做出巨大贡献、建立卓越功勋的杰出人士",国家荣誉称号的授予对象为"在经济、社会、国防、外交、教育、科技、文化、卫生、体育等各领域各行业做出重大贡献、享有崇高声誉的杰出人士"。
> ——资料来源:《中华人民共和国国家勋章和国家荣誉称号法》(2016/1)

人民日报2017年7月28日报道,由党和国家功勋荣誉表彰工作

---

① 中华人民共和国国家勋章和国家荣誉法[M].北京:中国法制出版社,2016:3.

委员会制定的"五章一簿"①已经中共中央批准实施②。2019年《体育强国发展纲要》明确提出了完善国家体育荣誉体系的战略任务,把社会组织和体育协会作为体育荣誉授予主体建设的重要力量,围绕多样化体育荣誉表彰类型,完善体育荣誉体系。

> "完善中国体育荣誉体系,鼓励社会组织和单项体育协会打造褒奖运动精神的各类荣誉奖励。"
> ——资料来源:《国务院办公厅关于印发体育强国建设纲要的通知》(2019/9)

上述各种重大荣誉表彰决策的陆续批准和实施,让我们看到了中央解决荣誉表彰问题,推进国家荣誉制度体系建设,制定国家主导、多元主体共同参与、层级分明、程序规范的表彰政策的决心和信心。由于以上战略决策的颁布实施都是以国家荣誉制度的立法为前提的,而国家荣誉体系的建设又离不开各个行业荣誉表彰政策的改革和创新,这也让我们看到了"一体多元化"体育荣誉观引领下的体育荣誉体系建设的基本依托。

3.3.3 诚待解决的问题剖析

探究体育荣誉体系建设问题的根源还应从厘清体育荣誉的本质开始。从已有的研究成果来看,政治学领域主要探讨国家荣誉体系的政治功能③;民法领域主要关注荣誉权立法的合理性④;社会学领域比较注重对荣誉表彰实践的反思;公法领域则研讨荣誉制度建设

---

① 注释:"五章一簿"指《国家功勋荣誉表彰条例》《中国共产党党内功勋荣誉表彰条例》《"共和国勋章"和国家荣誉称号授予办法》《军队功勋荣誉表彰条例》《"八一勋章"授予办法》《"七一勋章"授予办法》《"友谊勋章"授予办法》.

② 中共中央批准实施党内/国家/军队功勋荣誉表彰条例 我国确立中国特色功勋荣誉表彰制度体系[N].人民日报,2017—17—28(001).

③ 张树华,潘晨光,祝伟伟.关于中国建立国家功勋荣誉制度的思考[J].政治学研究,2010(3):39—43.

④ 杨立新.人身权法论[M].北京:人民法院出版社,2001:36.

的合法性。以上四个方面的研究我我们进一步探讨体育荣誉的内在品性提供了方法论基础和理论前提,在此基础上,有学者把体育荣誉的内涵指涉阐释为一种三维综合体,即:以外在形式呈现的公共荣誉(国家荣誉/民族荣誉/集体荣誉)、阐明行为规则的荣誉准则(过程正义)和作为一种性格品质的荣誉心(荣誉感)三个部分构成[1],并认为,体育荣誉的内在品性应包括体育荣誉的个人维度和公共维度。个人维度关涉体育荣誉的利己性或利他性,亦或是兼而有之,这关系到体育荣誉与个人尊严和德性的区别;公共维度关涉体育荣誉标准实施的适当性和有效性,涉及到社会认可和价值共识的探讨。

事实上,无论是从个人维度,还是从公共维度来看,体育荣誉都被认为是具有无比尊严的运动员、教练员在竞技场上、场下的权利表达,并与优异的成绩、杰出的贡献、卓越的标准和非凡的品质相关联的。那么,探讨体育荣誉观及其实现机制的存在问题必然离不开对体育荣誉观的铸塑方向、治理理念的选择倾向和制度规范的操作技术三个层面的关怀。

(1) 忽视了体育荣誉的自我实现功能

荣誉依赖于个体自身的义务感,服务于自我,是个体能动性的主要来源,和德性不同[2]。一方面,德性是涉他导向的,强调对他人或对整个社会的责任,体现的是利他主义。而荣誉是以自我为导向的,从不放弃对自身的关切,也从未掩盖让自己出人头地的欲望,他所追求的是个人野心和公共名誉[3]。但是荣誉又不是那么自利,它超越了利己主义对个体行动的束缚。另一方面,荣誉隐喻的是

---

① 莎仑·R·克劳斯.自由主义与荣誉[M].林垚译.南京:译林出版社,2015:8.

② See Sharon R. Krause, Liberalism with Honor, NewYork: Harvard University Press, 2002, p1.

③ See Judith Shklar, "General Will", in Philip P.Wiener (ed.), Dictionary of the History of Ideas, Charles Scribner's Sons, 1973—1974.

"非凡",而非"善"的东西,其内在本质也并非"正义"的。孟德斯鸠对此强调过荣誉和德性的差异①。那么,和荣誉相比,体育荣誉更具特殊性。由于体育荣誉的获得往往具有即时性,尤其是竞赛结束后颁授奖牌的瞬间,无法考证荣誉获得的正义与否(例如,是否服用过兴奋剂),因此,与社会贡献、正义性相比较,毋宁说体育荣誉更加看重荣誉个体是否伟大。事实上,体育荣誉所表达的内在品性是个体或团队是多么非凡,其目的不是达到一荣共荣,而是为了和其他人区别开来。

体育荣誉作为内在的性格品质涉及运动员个体的能力,尊严是每个人固有的,这一事实揭示了体育荣誉和内在尊严理念的不同。尊严是与生俱有的,不是一种成就,个体不需要做出任何出众的贡献,就可以拥有并保持尊严②。事实上,每个人都占有自身的内在价值,享有平等的尊严,彰显内在地位的尊严和个体行动不存在必然的关联。作为性格品质的体育荣誉和内在尊严有着本质的区别,体育荣誉隐喻着包括勇敢、高亢、卓越且有原则的勃勃雄心和非凡的竞技能力,以及为团队和国家做出贡献的积极行动,其核心机制是个体以卓越的表现获得社会的认同和赞许,从而树立伟岸的运动员形象,获得荣誉感。等同的看待体育荣誉和内在尊严,会导致体育荣誉特质的缺失,从而质疑体育荣誉制度体系建构的合理性和正当性。

虽然"荣誉具有内在不平等性的特征,鹤立鸡群的人会使别人变得渺小"③,但是,比起德性,荣誉则更加节制。体育荣誉则拥有比一般荣誉更为高贵的品质,比如,在一些团体项目中,核心队员并没

---

① Raws, A Theury of Justice, especially 178f., 440ff. and 544ff.; and Micheal Walzer, Spheres of Justice (New York: Basic Books, 1983), chap. 11.

② Universal Declaration of Human Rigths, (1948) U. N. G. A. Res. 217A(Ⅲ), 3(1) U. N. GAOR Res.71, U.N.Doc. A/810(1984)

③ Thomas Pangle, Montesquieu's Philosophy of Liberalism: A Commentary on "The Spirit of the Laws"(Chicago: University of Chicago Press, 1973),esp.56—65.

有无视对他人的责任和义务,相反,却隐藏着对利己主义倾向的纠偏机制。这就使得体育荣誉具有"勃勃野心"和"利益节制"的双层品质,当运动员个体为了夺取金牌而不懈努力时,也是在为公共利益服务的,更可贵的是,运动员在赛场上的优异表现会通过电视转播即刻发挥榜样的作用,从而激励青少年运动员甚至各行各业的人们努力拼搏。此外政府亦能够通过附加的体育荣誉表彰实现决策目标。

然而,当为了实现国家意志和政治功能,对体育荣誉观的铸塑方向过度干预时,体育荣誉的个体能动性和自我实现功能的发挥则会受到抑制。由此,国家体育荣誉体系的建构要恰当处理公共权力和个体意愿之间的关系,即国家荣誉权威和个体荣誉权利之间的关系。既要注重国家荣誉感的培育,规约体育荣誉表彰的失范行为,又要谨防国家公权力的越界,过度挤压运动员的个体荣誉权利。当前,除社会表彰之外,我国的行政荣誉奖章、荣誉称号的颁授基本上沿袭了传统的"命令—控制"型逻辑[1],体育荣誉表彰也不例外。不论是从国家到地方,还是从体育荣誉表彰的制度设计、遴选标准、实施程序、颁授主体、表彰内容和方式等,皆是公权力主导下开展的,体育荣誉表彰是以搭建国家向社会公众单向传播价值取向的桥梁而存在的。

在此情况下,获奖者的个人意志和权利并不能得到充分的表达。其结果往往是运动员国家荣誉感的淡化和个体荣誉权利表达的需求更加强烈的境地。例如,"李娜被授予80万巨奖"的案例中,政府一厢情愿的"强行表彰"和李娜的"更愿意接受雪中送炭"的个体意愿之间形成了强烈的反差,同时引起了社会舆论的广泛谴责。林丹也多次表示,除了为国争光,运动员个体价值的实现是缺少平台和机会的。姚明在NBA火箭队打球时也曾表达了个人对国家荣

誉和俱乐部荣誉的价值观念,"我最大的梦想就是代表国家队拿到奥运会冠军,但是夺取 NBA 总冠军的荣耀同样令人向往。"事实表明,在某一个运动项目上取得伟大成就,由此带给运动员的个体荣誉感和夺得金牌而获得的国家荣誉感同样重要。

此外,官方话语体系下对"自我"意识的淡化也可能造成公众对国家荣誉权威的失信。以《体坛风云人物》评选为例,候选人采取提名制,并引入第三方评价体系进行筛选。个案确定后,官方媒体将会对其进行包装和宣传,通过对主要成绩和重要贡献的重组和释义,使其和国家主流意识形态之间建立新的逻辑关系并赋予新的时代意义,从而在影响人们的思维方式和理解框架。在官方媒体的报道中,获奖者似乎是道德完美主义的代表,"自我"被遮蔽在权力话语之下,最终走向超道德[①]。优点的无限放大和缺点的有意规避在信息化高速发展的当下是存在很大风险的,一旦现实生活被曝光,很容易导致社会公众对国家荣誉权威的失信。

(2)追求价值认同的治理误区

虽然荣誉在其本质上是服务于本体的,是自我能动性的源泉。但是体育荣誉却不同于最低等形式的荣誉利己主义,当体育荣誉强调实现自我价值的同时,也注重对他人或集体的责任感。恰恰是这种责任感构成了运动员拼搏进取的驱动力和内在扩张力,并促使个体由思想意识转变成具体行动,最终实现对荣誉的需求。对个体价值的追求是自我行动的起点,而对他人、集体或国家的责任感和使命感则为巩固该动机不断输送营养,并逐渐形成提升个体能动性的动力源泉[②]。

体育荣誉源于自我能动性,却超越了利己主义,又比利他主义更加值得信赖,这就促使国家通过实施体育荣誉表彰实现价值认同

---

① 阮泪君.荣誉称号的困境与法律规制[J].广东社会科学,2018(5):246—253.

② See Sharon R. Krause, Liberalism with Honor, New York: Harvard University Press, 2002, p.161.

具备了合理性和可能性。有体育荣誉心的人不仅渴望金牌,也都坚持基本的荣誉准则,希望得到公共认可。因为对于运动员而言,坚守体育荣誉准则,向其原则看齐并得到认可是相当重要的。不仅如此,有体育荣誉心的人还想让人看到他的确是遵守体育荣誉准则的人[①]。例如2017年的"国乒退赛门"事件中,马龙、许鑫、樊振东的退赛行为虽然得到了处罚,但是从个体主观意愿来判断,他们放弃唾手可得的荣誉光环,退出澳大利亚公开赛,不论其对错与否,他们的确坚守了自我的荣誉准则,并且希望社会大众通过媒体传播能够看到他们的确是向其原则看齐的运动员。著名游泳运动员孙杨更是为了自己的荣誉准则和世界反兴奋剂机构(WADA)打起了官司,虽然最终的结果存在争议,但是运动员维护个体荣誉,坚持体育荣誉准则的主观愿望是显而易见的。

此外,体育荣誉的内在需求和外在表达都要求建构一种公共维度来提供价值判断或问责办法。有体育荣誉心的运动员可以凭借荣誉准则尊重自我;但与此同时,体育荣誉的公共维度意味着公众也可以据此判断他们是否具备了自我尊重的资格[②]。

尽管体育荣誉和认可有着千丝万缕的联系,甚至有时要依靠公共认可得以实现,但是却不能简单地化约为认可。因为个体的体育荣誉是和他的体育荣誉准则及其自尊相联系的,这就意味着体育荣誉是相对独立于公共舆论的。当运动员在捍卫个体体育荣誉的时候,其体育荣誉准则为他提供了向之看齐的一贯标准,从而为他的自尊提供了一致的基础,而不论其他任何人对他怎么想,甚至不论是否有人对此表示认可。体育荣誉的这些特征使之区别于当代的以公共舆论为唯一基础的"认可"。认可取代荣誉的问题在于,如果

---

① [美]奎迈·安东尼·阿皮亚.荣誉法则:道德革命是如何发生的[M].苗华建译.北京:中央编译出版社,2011:27.

② See Pitt—Rivers, Honor and Social Status, Chicago: University of Chicago Press, 1965, p30. Pitt—Rivers.

不是所有人都赞同你或你的团队、组织，那么你就无法得到认可。相反，即便在你不受欢迎的时候，你仍然可以满怀体育荣誉地捍卫你的原则。

随着市场经济改革的不断深入和体育职业化、社会化进程的持续推进，中国的体育荣誉体系结构、荣誉授予主客体和治理手段也发生了根本变化，授奖主体层级化、授奖客体多元化、授奖内容多样化等现象日趋显著，在此情况下，一定场域内共同体成员所追求的利益种类和价值目标必然呈现多样化态势，从而导致基于特定意义的价值共识也愈发难以实现。那么，在新的历史发展阶段，如果仍然沿袭传统社会价值一元论的治理理念，体育荣誉治理依旧采用凸显行政意愿自上而下的权力灌输，不仅无法实现预期目标，还会在一定程度上影响政府公信力，甚至导致受奖者产生抵触情绪和对抗行为。公共维度的建构应该尝试通过价值引导的方式来促使运动员追求体育荣誉表彰的高标准，而不是强制性的行政安排或利益诱导。后者是利用提供充足的物质奖励，以实现对欲望的控制[①]。恰如布尔迪厄所言，一旦放弃了规范化的制度管理和监管，引诱或诱惑成为社会整合的主要手段时，这种规范终将会被打破，而且在欲望的趋势下，没有什么行为是过分的了。反之，基于对个体尊严的尊重，注重培养个体荣誉感和核心价值观念，那么物质奖励的多寡似乎就不是那么重要了[②]。

(3) 体育荣誉表彰的规范性不足

在体育荣誉表彰实践中，存在大量的体育评比、表彰及奖励形式，内容几乎涵盖我国体育事业的各个领域，体现了中国特色社会主义制度下体育事业的中国气派和民族情怀，展现了体育荣誉的崇高和鲜明的时代特点。但是在制度规范上仍存在缺陷，例如评选程

[①] See Jean—Joseph Goux, Symbolic Economics: After Marx and Freud, Jennifer Curtiss Gage(trans.), Cornell University Press, 1990, pp200, 202.

[②] [英]齐格蒙特·鲍曼．共同体[M].欧阳景根译．南京:江苏人民出版社,2003:43.

序的合法性、公正性不足,物质奖励突出,荣誉表彰不足,地方型、社会型和应景型表彰和奖励多而重复,忽视主体需求,缺乏退出机制等诸多问题。

1) 立法建设不健全

从法律依据上看,除了《中华人民共和国宪法》第二十条、第四十二条和《中华人民共和国体育法》第八条对"体育奖励"作出简要性规定外,各级各类体育表彰和奖励项目的制度化、程序化、标准化水平较低。很多名目的评选、表彰都是地方行为或部门行为,缺少法律依据。

从授奖主体上看,各级体育行政部门、群团组织都开展了体育荣誉表彰活动,其中有国家体育总局授予的独立性荣誉奖章,也有多个群团组织联合授予的多项荣誉称号,还包括以社会、市场、企业、个人形式组织的表彰和奖励行为。层级、多部门、多种类的体育表彰和奖励是改革开放以来,我国体育事业发展的现实需要,但是也不利于形成规范性、法治化、一致性的制度要求,且容易出现权责不清、沟通不畅等问题。授奖主体的多样化也表明体育荣誉表彰仍然是一种不成熟、不系统的治理手段,虽然操作简单,易于推广,但也意味着体育荣誉治理技术的贫乏和单一。

从评选标准上看,尽管大多数体育表彰和奖励都制定了评选标准,但是除了奥运周期对优秀运动员、运动队及教练的评选相对明确外,其他的标准则较为空洞和模糊。事实上,体育荣誉表彰的标准并不是一成不变的,体育英模的塑造也不是仅限于竞技体育领域。比如,随着我国体育事业的全面推进,在体育科技、群民健身、学校体育等领域也不断地涌现出"体育英模",但是体育荣誉评选的标准尚不够完善和具体。

"党和国家功勋荣誉表彰工作委员会"的成立,意味着国家荣誉表彰的评选将在程序上实现透明化和公平化,让权威性荣誉表彰经得起时间的考验,从而产生更大的社会正面示范效应。当前,我国现行的体育荣誉表彰评选路径,一种是政府行政机构、群团组织根据自制的评选标准直接评定、授奖,另一种是采取自下而上的推选方式。国家行政机构和群团组织的评选具有一定的制度规范性,但是缺乏部门间的协同和最高权威性的国家荣誉表彰。例如,对奥运冠军的荣誉表彰既存在多部门重复表彰的现象,又缺乏国家级荣誉授予。

自下而上的模式似乎更具层级性和群众性,但是评选的权力仍然在少部分领导手里,公民的参与权和知情权无法得到保障。譬如,对全民健身领域表现突出的杰出人士的评选,多数是依据定性推选,对评选指标难以达到量化标准,操作性不强。在这种情况下,评选的主要依据是推选人、评审专家及领导的主观判断,认为的偏好和价值导向对评选结果产生重要影响。

2)重物质轻荣誉

各级体育表彰过于注重物质奖励的做法加剧了核心价值扭曲的程度,本应该位于体育表彰和奖励核心地位的体育荣誉被市场所淘汰,被国家所忽视,被社会所遗忘。造成了物质奖励和荣誉表彰的严重错位。尤其是各级地方政府在制定和实施体育荣誉表彰政策时,纷纷加大物质奖励的力度,强调物质奖励的激励作用,却忽视了体育荣誉的社会价值导向作用。例如,1996年国家体委、人事部发布了《运动员、教练员奖励实施办法》。

> 第一章　总则:基本原则,第二章　运动员奖励:名次、记录、比例,第三章　教练员奖励:名次、记录、比例,第四章　奖励的审批,第五章　附则:特殊情况的说明。
>
> 资料来源:《运动员教练员奖励实施办法》1996年7月3日国家体委、人事部发布

随后,河南、江苏、福建分别颁布了《河南省优秀运动员、教练

员奖励实施办法》《江苏省体育运动员、教练员奖励实施办法》《福建省优秀运动员、教练员奖励实施办法》。纷纷设定了奖金的发放金额、比例、审批程序，却忽视了对体育荣誉称号、奖章的授予设置和规范。长此以往，这种无止境的物欲主义的盛行，必然遭到体育物质奖励政策的挤压，逐步被边缘化。如何继承和发展优秀传统体育精神，建立正确的体育价值观已成为我国体育事业发展所面临的难题。

与计划经济时代不同，国家从体育荣誉授予主体中大幅度退出。这一趋势在改革之初就已露端倪，而后逐渐加剧。有学者明确指出，20世纪90年代以后中国的改革大多是以市场为导向的[①]。体育荣誉体系的改革也不例外，体育荣誉制度的核心任务是通过市场行为建立优秀运动员激励机制，传统的国家荣誉表彰开始让位于物质奖励；体育荣誉表彰体系改革的重点是利益分配问题；地方政府和企业竞相追逐巨额物质奖励的市场效应，体育荣誉表彰变成了地方政府赢取声望，企业提高知名度的重要手段。

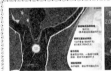

　　奥运冠军回国后，国家给几十万，地方政府奖励几十万，有些企业也会给钱或捐赠房产、汽车之类的。虽然也有表彰，但是已经不像以前那么重要了。其实并不是运动员不看重荣誉，而是国家级别的授励太少了，媒体宣传的也都是奖励多少钱，这样一来，金牌的意义就被带偏了，人民群众的思想意识也被带偏了。

　　文字来源：访谈记录2019年3月20日

这说明仅仅利用市场来调节，不能提供高效的表彰工作。实际上，体育荣誉表彰是一种非常特殊的东西，它兼具政治哲学和价值

---

① 李迎生.转型时期的社会政策:问题与选择[J].中国人民大学出版社,2007:16—17.

哲学的特征,很难用市场来解决。另外,国家已经不能像过去那样对社会组织的表彰和奖励行为直接颁布指令性的规制,只能通过法律法规的形式约束体育表彰的公正性,监管利益分配的合理性,其他诸如地方政府实施体育荣誉表彰的程序和标准、物质奖励的额度、企业参与表彰的类别和形式等,国家没有强制性权力。

3)临时动议较多

对以往授予的体育荣誉称号、勋章、奖章进行梳理,可以发现"体育运动荣誉奖章"和"体育运动一级奖章"的评选是较为规范的,也有了一定的持续性。这是对竞技体育运动员和教练员做出卓越贡献的肯定,充分体现了"盖有非常之功,必待非常之人"的基本原则,应该长期坚持下去。但是整体而言,此时的体育荣誉表彰体系缺乏总体设计,结构失衡、层级混乱。

一方面,体育表彰缺乏总体设计,呈时断时续的状况,规范性和连续性不够。《中华人民共和国国家勋章和荣誉称号法》颁布之前,一直缺乏荣誉表彰的根本法规,目前国家荣誉表彰仍缺少各个领域表彰奖励的具体规定和详细说明,在奖励对象、评选标准、申报条件、授奖方式等方面也不够完善[1]。可以说体育荣誉表彰也未成体系,尚处于碎片化状态,规范性和连续性的评选相对较少。另一方面,层级混乱,各级各类的体育表彰过多,不同的实施主体颁发同一称号或同一层级的荣誉表彰,体育表彰的权威性不足,表彰设置存在同质化现象。实际上,在很多领域的体育荣誉表彰是不规范的,临时动议的现象较为普遍。针对这一问题,党和国家开展了若干次整改工作。最近一次大规模的整改是2013年10月国务院取消了76项评比达标表彰评估项目,有9项是由国家体育总局主办的[2]。

---

① 张树华,潘晨光.关于中国建立过国家功勋制度的思考[J].政治学研究,2010(3):39—43.

② 本刊编辑部.评比达标表彰评估项目瘦身[J].中国人力资源社会保障,2013(10):28—30.

案例3-2-1

国务院取消9项体育总局主办的评比达标表彰评估项目:全国体育系统普法工作先进单位和先进个人、全国体育政策法规工作先进单位和先进个人、年度全民健身工作突出成绩奖、年度全民健身活动优秀组织奖和先进单位、全国优秀社会体育指导员、全国乡镇体育健身示范工程、体育工作荣誉奖章、体育事业贡献奖、全国体育标识评比。

——资料来源:国务院以国发〔2013〕34号印发《关于取消76项评比达标表彰评估项目的决定》

国务院决定取消76项评比达标表彰评估项目		
序号　项目名称	主办单位	处理决定
45　全国体育系统普法工作单位和先进个人	体育总局	取消
46　全国体育政策法规工作先进单位和先进个人	体育总局	取消
47　年度全民健身工作突出成绩奖	体育总局	取消
48　年度全民健身活动优秀组织奖和先进单位	体育总局	取消
49　全国优秀社会体育指导员	体育总局	取消
50　全国乡镇体育健身示范工程	体育总局	取消
51　体育工作荣誉奖章	体育总局	取消
52　体育事业贡献奖	体育总局	取消
53　全国体育标识评比	体育总局	取消

　　此外,基于我国行政奖励立法的缺失,地方政府在行政奖励的尺度上拥有较大的自由裁量权,又基于中国传统的官本位思想的沿袭,地方政府在授予荣誉称号和物质奖励时,缺乏程序规制和统一性的行政规范,在实践中表现出一股野蛮发展的势头。最典型的案例是2014年,湖北省政府给予在国际赛场上取得出色成绩的著名网球运动员李娜八十万巨奖。这则新闻一经公布便引发公众的强烈关注和激烈讨论,有许多公众对湖北省政府的做法表示不满,质疑其做法是否不妥以及其授奖的依据在何处。在某网站对此进行的调查中,6成以上的人表示"用公共财政的钱去奖励似有不妥",但也有1成多的网民认为"李娜创造历史理所应当[①]"。另外,地方政府在作出行政奖励的选择时,缺乏和上级行政部门、地方体育局的沟通,通常是单方面的临时决定。

　　4) 群众参与不足

　　首先,在体育荣誉表彰的授予过程中,公众参与表现不足。无论是国家层面的体育荣誉表彰,还是地方政府授予的体育荣誉称

---

① 参见《新华社三问湖北80万元奖李娜:合法? 合情? 合理?》,来源:http://sports.sina.com.cn/t/2014—01—29/21527002452.shtml,2015年12月1日访问.

号,亦或是共青团中央、全国总工会和全国妇联给杰出运动员、教练员颁发的荣誉奖章,都只是在机构或组织内部依据本部门的规章制度进行评选。这就会造成当这种表彰行为损害民众利益时,他们并没有办法制止这种行为。另外,民众对参与表彰评选的需求不断增长,然而此时的体育荣誉表彰的运行机制尚无法满足公众的期待。在信息化高度发达的新时代,公众对社会问题的知晓度与参与热情均较以前有急剧提升。同时,网络技术的快速提升,也为公众参与荣誉表彰的评选工作提供了便捷的平台。体育荣誉勋章、奖章和荣誉称号的授予,应广泛发动新闻媒体和公众的参与,把组织推荐和公众参与有机结合起来,最大程度地满足公众需求。

其次,体育表彰的授奖过程欠缺透明性。尤其是地方政府在颁授体育荣誉称号和荣誉奖章时,往往带有随意性和主观性,未能向社会公开评选程序。不透明性势必会增加民众的猜疑,即便评选的程序完全符合规范,公众仍会质疑荣誉表彰的公平性,怀疑幕后是否存在"暗箱操作"。

> 作为一名体育爱好者,每年的体坛风云人物、各种荣誉评选,只能通过电视、网络观看我们也渴望能够参与进来,推选自己最喜爱的运动员、教练员,或者说我们心目中的国家英雄、民族英雄。
> ——资料来源:访谈记录2018年8月1日

再次,体育表彰缺乏后续追溯管理,缺少惩罚机制和体育表彰的退出机制。这一问题在竞技体育表彰领域最为突出,例如,在奥运会结束后,获得金牌的运动员会被授予多种荣誉称号和荣誉奖章,由于评价标准单一,又缺乏后续管理和退出机制,即便有些运动员在受到表彰后犯有道德失范行为,已获得的体育荣誉也不会撤销,这就显然会削弱体育表彰的示范效应。

4 域外体育荣誉观实践模式呈现与梳理

"荣誉激发最勇敢的行为,并能够在法律的规制下实现政治目的……除专制体制外,现代国家的运行无不需要发挥荣誉的作用。"[1]古往今来,荣誉性质的奖励广泛存在于国内外任何政体[2]。国家若要实现高效的社会治理,需要通过所拥有的公共资源来引导和规范社会行为。行政命令和法律规范是国家常用的硬性治理技术,而荣誉表彰则是引导和激励共同体成员自愿作为国家所期望行为的重要形式[3]。为了达到一定的政治目的,所有的国家都会通过设立英模典范的形式引导社会价值观,进行思想和道德治理。荣誉表彰是国家分配价值理念的权威性路径,荣誉观的培育在荣誉治理过程中起到政治规训、价值塑造和精神引领的作用[4]。由于每个国家的价值信念、政治体制、文化背景、功勋荣誉传统等内外部环境存在较大差异,因此,本文对域外体育荣誉观及其实现机制的梳理、分析和比较,并非寄希望于从中学习他国体育荣誉观的培育方式,而是

① See C·L·Montesquieu, The Spirit of Laws.New York: Prometheus Books, 2002, pp. 26, 19—26, 19—26, 96.

② 姚东旻.荣誉/地位的最优分配:组织中的非物质激励[M].北京:中国人民大学出版社,2015:5.

③ 张树华,潘晨光等.中外功勋荣誉制度[M].中国社会科学出版社,2011:2.

④ 韩志明,史瑞杰.国家荣誉的社会认知——基于问卷调查数据的实证分析[J].中国行政管理,2015(10):64—68.

从价值哲学的研究视域出发,以体育荣誉观的社会价值导向作用为基线,探讨"荣誉—自由化""荣誉—民主化"和"荣誉—民族化"的实践模式和适宜土壤,进而为探索新时代中国体育荣誉观的培育提供思路。

本书将从静态和动态两个层面对世界主流体育荣誉观的筑塑方向和实现方式展开理论、政策和案例分析。在静态层面出发,试图通过对域外体育荣誉表彰的逻辑层次和结构要素细分、重组,提出一个建立在经验总结之上的理论分析框架。就动态层面而言,将运用演化论的思想从荣誉观演变的视角,探讨"荣誉—自由化""荣誉—民主化"和"荣誉—民族化"体育荣誉观及其实现机制在现代化转型过程中与文化传统、社会背景、市场经济、竞技职业化程度等之间的内在关联,并试图体察这三种体育荣誉观及其实现机制结构性要素之间的关联和差异性。

4.1　"荣誉—自由化"体育荣誉观及其实现机制

关于自由主义荣誉观的探讨可以追溯到西方文明的发源地古希腊时期①。但是,具有现代意义的荣誉自由化价值观念的起源应该在"近代英国革命以后,英国宪政主义思想和国家政治价值体系的形塑中寻找答案"②。"荣誉—自由化"荣誉观的形成是对传统荣誉体系的继承和转化,不仅如此,"荣誉—自由化"荣誉观的转型也是传统荣誉观和现代政治、宪政主义、宗教信仰、市场经济、职业竞技彼此融合相互影响的时代产物③。现代英国立宪主义下的荣誉自由

---

① [美]沃特金斯.西方政治传统—现代自由主义发展研究[M].黄辉译.长春:吉林人民出版社,2001:391.

② [英]艾伦.法律、自由与正义——英国宪政的法律基础[M].成协中,江菁译.北京:法律出版社,2006:147.

③ [英]迈克尔·弗里登.英国进步主义思想[M].曾一璇译.北京:商务印书馆,2018:203.

化倾向赋予了传统功勋荣誉制度现代化的价值意蕴,正是实现了荣誉宪政主义和体育荣誉自由化的有机融合,以英、美为代表的西方国家才成功建构了具有"荣誉—自由化"荣誉观指向的发展模式。立宪主义和自由主义在体育荣誉治理领域的结合为铸塑崇尚荣誉立法、限制政府荣誉权能、重视个体荣誉感、实施渐进变革的体育荣誉价值信念赋予了现实意义。

4.1.1 "荣誉—自由化"体育荣誉观的内在品性

(1)目标指向:基于运动员荣誉权的自由主义信念

近代以来,自由都被视为英国人的核心价值指向,正如霍布豪斯所言,"从历史的视角来看,自由是英国一以贯之的价值目标"[①],自由主义信念也由此构成了英国人争取荣誉权利、推进荣誉体系改革的内驱力。可以说,在某种意义上英国近代功勋荣誉体系的建构是自由主义思想孕育的关键时期,此后在大不列颠帝国生根发芽,到现代社会已经成为指导英国体育荣誉表彰的主流价值理想。"荣誉—自由化"也是当代美国体育荣誉观的目标指向。就美国对荣誉的价值判断而言,在荣誉观的铸塑上体现了自由主义的双重性,即个体性与妥协性。

美国的荣誉表彰种类繁杂,由国家授予的荣誉勋章,有个部门设立的专业奖项,也有独立于政府之外的民间自我管理机构。
——资料来源:张树华,潘晨光.中外功勋荣誉制度[M].北京:中国社会科学出版社,2011:410.
在整个20世纪的最后25年里,对个人主义、自由主义越来越多的重视改变了团体运动。运动员寻求对个人荣誉的关注,媒体则提供这种个人关注。鼓励性的合同和自由择队权带给职业运动员天价薪酬,也极大地减弱了大众对英雄的普遍认同感。此外,频繁的球员交易和退出削弱了与团体运动相连的忠诚感和团队身份,强化了自由主义荣

① [英]霍布豪斯.自由主义阅[M].朱曾仪译.北京:商务印书馆,1996:24.

誉观的形成。
　　——资料来源:杰拉尔德R·杰纳思.美国体育史[M].霍传颂等译.北京:人民体育出版社,2019:208.

　　正是对个体自由主义理想的追求和对荣誉自由化相对性的把握,才使得"荣誉—自由化"体育荣誉观的铸塑没有走向极端和抽象,从而为体育荣誉观实现机制的现代化转向提供了更温和的内部环境。自然法思想作为"荣誉—自由化"体育荣誉观的理论来源强调个体的自由性和独立性,突出运动员的重要性。"人类生活的一切动机都是自由的、理性的、纯粹的,但这并不意味着个体独立于特定社会的政治、法律、道德而存在,与此相反,任何社会的构成都是以个体为基本单元的,是个体理性生活的结果"①。在自然法思想的指导下,个人被认为是具有自主选择的理性独立个体,在社会活动中不受整体意愿的牵制和束缚。

　　热刺队里有一批与我同龄的优秀队员:尼基·巴姆比在这里,索尔·坎比尔也在,他已经有出色的表现。我不知道教练们和其他队员看到我身穿曼彻斯特联队的球衣参加训练会怎么想。我只是不想隐瞒我是一个曼联的球迷,能在曼联踢球是我梦寐以求的。
　　——资料来源:大卫·贝克汉姆.我的立场[M].王宝泉译.北京:中国城市出版社,2003:29.

　　运动员从自然状态向职业状态的演进,并非是遵从某种家庭、教练或社会的旨意,而是当自然性的个体即将成为向往已久的职业运动员后,才真正迈出了运动员追逐体育荣誉的步伐。

　　我清楚我是球队需要的人。但是我也清楚的知道我必须在接下来时间证明自己。我想,正是那种强烈的渴望在日后我的成功和球队的成功

---

① 申建林.自然法理论的演进:西方主流人权观探源[M].北京:社会科学文献出版社,2005:111.

中起了关键作用。
　　　——资料来源：科比·布莱恩特.曼巴精神：科比自传[M]，黄炜译.北京：金城出版社，2018:40.

　　在英、美近现代的价值哲学和政治哲学的思想体系中，个体的自由主义构成了国家治理体系价值信念铸塑的逻辑起点[①]。近代以来，尤其是现代英、美体育运动所宣扬的荣誉价值信念指向是围绕个体自由主义进行的，在体育荣誉治理的过程中，遵循维护个体自由、尊重个体荣誉感、保障个体荣誉权的基本原则。

　　Compared with the traditional British national honor system, modern British sports honor system does not emphasize the responsibility of athletes for collective honor and national honor, but pursues individual honor right and sense of honor.
　　译：和传统英国的国家荣誉制度相比较，现代英、美国家体育荣誉表彰并不强调运动员对于集体荣誉和国家荣誉的责任，而是追求个体荣誉权和荣誉感的内在自觉。
　　　——资料来源：V.M.Nancy，F.A.Tomas，M.S.Eduardo.Ethical Concerns in Sport:When the Will to Win Exceed the Spirit of Sport.Behavioral Sciences.2018.8(9):1—18.

　　正如莎伦·R·克劳斯所言，"个体荣誉权获得的空间越大，荣誉自由对我们来讲就越有意义"[②]。近现代以来，随着自由主义思想的蔓延和英、美国家由传统向现代的转型，人们对体育运动领域"荣誉—自由化"荣誉观的追求愈发热烈，对个体荣誉权的向往也日益强烈，然而，这种对自由主义的执着体现在体育荣誉实现方式的现代化转型中却显得温和而稳健，而非顽固、极端，彰显着荣誉自由的保守性。

---

　　① [英]艾伦.法律、自由与正义——英国宪政的法律基础[M].成协中，江菁译.北京：法律出版社，2006:85.
　　② [美]莎伦·R·克劳斯.自由主义与荣誉[M].南京：译林出版社，2015:231.

> 授勋是政府行使荣誉权力的重要表现形式，优秀运动员能够接受英女王的授勋，进入贵族阶层，对于多数运动员来说，是一件无比荣耀的事。不过，也会有一些运动员拒绝这项荣誉，本杰明·泽梵尼就曾在2003年拒绝过大不列颠帝国勋章。这就意味着，荣誉自由并非绝对的自由，而是带有保守性质的自由。
>
> ——资料来源：张新，凡红，郭红卫等.英国体育史[M].北京：人民体育出版社，2019:177.

这就是说人们在推崇荣誉自由化的同时，在一定程度上也彰显着保守主义的特征。在体育荣誉价值信念指向上的保守、妥协实际上构成了摆脱政府无限权力供给的核心力量，从而避免走向绝对自由主义的深渊[①]。"荣誉—自由化"荣誉观的这种妥协性主要表现在两个方面：一方面，"荣誉—自由化"体育荣誉观的铸塑，强调的是个体荣誉权力和个人体育荣誉观实现过程的自由程度，看重的是荣誉个体表达体育荣誉价值取向的可能性。另一方面，体育"荣誉—自由化"荣誉观的目标指向具体的荣誉治理实践，而非抽象意义上的价值理想，从而摆脱了理性主义导向下建构具有普遍意义的大一统体育荣誉体系的诱惑。

（2）合法性来源：自由主义传统

从体系变迁的视角来看，"光荣革命"被视为是英国现代化发展的重要转折点，它不仅推进了英国立宪自由主义的发展，而且化解了贵族、教士和君主的权能纠纷[②]。此外，通过新贵族和英国资产阶级的抗争，个体自由主义的价值秩序在英国社会得以稳定发展和长期存在[③]。英国传统体育荣誉表彰向现代自由主义体育荣誉表彰转化的过程中，"荣誉—自由化"荣誉观的铸塑正是以此作为合法性来

---

① [英]霍布斯.利维坦[M].黎思复等译.北京：商务印书馆，1985:189.

② [英]大卫·休谟.英国史：Ⅵ.克伦威尔到光荣革命[M].刘仲敬译.长春：吉林出版集团有限责任司，2013:233.

③ [英]G.M.屈威廉.英国革命：1688—1689[M].宋晓东译.北京：商务印馆，2017:90.

源的支撑,使得体育荣誉实现方式的现代化转型有了根基。

> 现代体育运动虽然起源于英国,英国体育荣誉表彰也是较早的,但是,就其价值观念而言,贵族、骑士阶层是体育荣誉授予的主要主客体,也是制约君主权力重要力量。自由主义在体育荣誉体系中尚处于理想状态。
>
> ——资料来源:张新,凡红,郭红卫等.英国体育史[M].北京:人民体育出版社,2019.

在此情况下,扎根历史、尊重传统的惯例被置于整饬价值秩序的制高点,并在英国传统功勋荣誉制度的延续上得到充分表达。把体育荣誉传统作为"荣誉—自由化"合法性来源的基础予以考察,不仅成功避免了理性主义导向下自由主义体育荣誉观的铸塑走向极端化,而且为英国传统荣誉表彰向现代的转变创造了温和的外部环境。

美国"荣誉—自由化"体育荣誉观的发展,自建国后具有一定的连续性和一致性。虽然在美国体育荣誉体系演进的过程中,国家表彰系统与民间表彰系统在一定时期存在矛盾与冲突,但在问题的背后,隐藏着一种支撑开放式、多样化、平民化发展方向的精神力量,这种精神力量就是自由主义传统。它决定了美国体育荣誉观筑塑的方向,保障美国体育荣誉表彰的连续性和认同性。

> 自由主义在美国更具普遍意义,信仰个体自由、平等,以及视个人成功与失败取决于自身的努力与能力,而不是其他。美国历史的发展表明,从其建国之初起,它就是一个自由主义社会,自由主义已成为其牢固的传统。
>
> ——资料来源:路易斯·哈茨.美国的自由的主义传统[M].张敏谦译.北京:中国社会科学出版社,2003.

事实上,对传统的尊重在西方社会具有坚实的认同根基和完善的支持体系[①],这就为在理性主义思想盛行于西方世界的时代背景

---

① [英]博克尔.西方自由主义思想[M].胡肇椿译.上海:上海古籍出版社,2018:272.

下,英、美国家"荣誉—自由化"荣誉观指向下保持现实主义、致力于体育荣誉治理实践提供了更多的可能。

关于自由主义思想的认识,伯克的立场非常坚定,他指出,个体自由的实现依附于对传统的继承和对现实生活的关怀,而非思辨演绎的结果①。"荣誉—自由化"荣誉观所遮蔽的传统性、保守性、妥协性特点,使得英、美体育荣誉体系的现代化转向变得更加温和、稳健。传统思想和制度的继承和尊重对体育荣誉观的建构意义非凡,主要体现在以下两个方面:

一方面,从"荣誉—自由化"荣誉观的建构理路上来看,强调功勋荣誉表彰传统对体育荣誉观铸塑的源泉性,这就意味着其目标指向更加关注传统经验对体育荣誉治理实践的帮助,这实际上表达了他们对荣誉、自由、精神的钟爱。另一方面,在方法论上崇尚逻辑思辩和尊奉抽象概念的理性主义论说的指引下,容易导致价值信念在目标指向上走向自由主义的极端②,从而可能陷入依赖国家权力无限供给的深渊。正是因为理性主义所设定的个体荣誉自由、权利平等的绝对性,决定了体育荣誉实现方式变革的激进性,同时也暴露出了理性主义思想下的危险性。

> 在美国现代社会,职业运动员崇尚把荣誉的获得根植于个体价值的实现,而个体价值的实现有寄托于卓越的运动成绩,因此认为,体育荣誉的实现是个体荣誉权利的自由表达。而事实上,完全脱离了国家意志和民族精神的荣誉是不存在的。
> ——资料来源:G. J. Marcos, J. F Reed, F. Mat thew. Trading Health Risks for Clory: A Reformulation of the Goldman Dilemma. Sports Medicine. 2018, 48(8):1963—1969.

由此,从历史和传统出发,推崇运动员个体荣誉自由的基础上,

---

① [美]拉塞尔·柯克.保守主义思想[M].张大军译.南京:江苏凤凰文艺出版社,2019:357.
② [法]热拉尔·迪梅尼尔,多米尼克·莱维.新自由主义的危机[M].北京:商务印书馆2015:20.

注重经验的习得和对体育荣誉治理困境的回应,从而为坚持理性主义的激进派注入了一剂镇定剂,将对个体"荣誉—自由化"荣誉观的铸塑控制在合理的区间。

(3)政治权能:有限政治权能观

从国家体育荣誉的政治功能视角来看,政治权能是指统治阶级实施荣誉表彰的政治意图和荣誉治理权力的适用范围。从政治边界的划分来看,对政治权能的理解一般归纳为三种观念,即:全能型政治权能观、无政府主义权能观和有限政治信念权能观。有限政治信念权能观在肯定政治功能合理性的同时,主张政治功能的边界性和有限性[1]。就体育"荣誉—自由化"荣誉观的铸塑而言,虽然认可政治功能的合理性与必要性,但是却更加强调体育荣誉政治意志的有限性,在价值信念的目标指向上形成对政治权能的有限收缩。

> 曼彻斯特联队的一些运动员也是英格兰国家队的队员,他们在国家队和在俱乐部分别代表了两种身份,国家队在国家赛场上夺得冠军,固然代表着国家荣誉,体现国家政治意志,同时服务于当权政府。在俱乐部赢得冠军奖杯,或者以个人身份参加市场化运作的职业赛事,本身和政治就没什么关系。
> ——资料来源:[英]马丁·爱德华兹.血色荣光[M].苏东译.南京:江苏凤凰文艺出版社,2018:59.

从洛克提倡的有限政治权能的理念上来看,国家作为体育荣誉治理的主体构成,它所拥有的体育荣誉治理权力主要在于调解荣誉纠纷和主客体之间的矛盾关系。另有部分思想家认为国家的政治指向性应该在于维持基本的价值秩序[2],在体育领域,则表现为对体育荣誉治理实践的提供政策引导、制度支撑和程序规制。

从历史上来看,自由主义荣誉观的铸塑由于受到中世纪基督教思想的影响,有限政治权能往往被认为是独立于价值信仰之外的政

---

① [美]郝岚.政治哲学的悖论[M].戚仁译.北京:华夏出版社,2012:185.
② 阎照祥.英国政治制度史[M].北京:人民出版社,2018:274.

治权力的使用范围①。基督教的教士们极力推崇和宣扬精神权利对世俗生活的导向性、规范性和独立性,他们精心设计了一个政治权力无法逾越的精神藩篱②。后来经过自由主义思想家洛克、路易斯等人的提炼、归纳和演绎,运用更加世俗化的表达方式进一步升华了独立派的思想,并在国家政治领域突出强调了政府对于个体精神信仰和价值信念规范的无力③。

> "Political power can't save the lost sports spirit. Even if the design and implementation of national laws, morality and system can persuade athletes to change their ideology, they can't help save their souls."
>
> 译:"政治权力拯救不了失落的体育精神,即便国家律法、道德、制度的设计和实施能够说服运动员思想意识的改变,却无助于灵魂拯救"。
>
> ——资料来源:G.J.Marcos, J.F.Reed, F.Matthew. Trading Health Risks for Glory: A Reformulation of the Goldman Dilemma. Sports Medicine. 2018, 48(8):1963—1969.

关于信仰的阐释,虽然洛克把对宗教思想的宽容视为"通往真理的必要手段"④,是"行塑社会主流价值信念最流行和最有效的方式"⑤,从而没有从价值深处摆脱理性主义的束缚。体育荣誉观核心要素所强调的自由主义传统和治理经验,体现了鲜明的保守主义气质,这就在很大程度上消解了理性主义对国家荣誉治理遮蔽的政治理想的禁锢。

4.1.2 "荣誉—自由化"实现机制的治理理念

现代英国在体育荣誉价值信念层面对个体荣誉自由、传统治理方式和有限政治权能的规定,确立了发展方向。从国家体育荣誉体

---

① [英]白哲特.英国宪制[M].李国庆译.北京:北京大学出版社,2005:102.
② 阎照祥.英国政治制度史[M].北京:人民出版社,2018:26.
③ 顾肃.自由主义基本理念[M].北京:中央编译出版社,2005:7.
④ [英]格雷.自由主义的两张面孔[M].顾爱彬等译.南京:江苏人民出版社,2002:3.
⑤ [英]迈克尔·弗里登.英国进步主义思想[M].曾一璇译.北京:商务印书馆,2018:190.

系整体的层次结构来看,体育荣誉治理理念层次既依赖于价值信念层次的目标指向,同时也规定着制度规范层面的具体治理实践。

(1)立法保障体育荣誉治理秩序

从英国体育荣誉治理的目标指向上来看,依法治理理念始终是以保护个体荣誉自由为出发点的,将传统功勋荣誉和现实体育荣誉治理实践相结合,从而在合法性上强化了"荣誉—自由化"对传统社会专断王权和贵族阶级体育荣誉治理权力的限制与降服。实际上,早在光荣革命时期,英国军事荣誉治理实践就确立了宪政制度下的法治模式,洛克等思想家们则从学理逻辑的层面归纳了人们对法律的认识,并进一步阐释了现代依法治理理念的内涵指涉①。

一方面,自然法思想为个体的生命、自由、财产、荣誉、名誉、荣耀等基本人权确立了不可剥夺的价值前提②。这一思想事实上是给定了荣誉立法的范畴,继承了亚里士多德的良法传统。而且通过律法的形式将抽象的荣誉价值观念转变为公民应然获得的基本权利,把个体荣誉权和所有权、人格权相匹配。

In the UK, the individual honor that professional athletes get is the realization of individual honor rights. The premise is that the realization of such rights is protected by law, and can be highly recognized by the society, which has a great impaot on the concept of honor of young athletes.

职业运动员拿到的各项个人荣誉,是个体荣誉权利的实现,其前提是这种权力的实现是受到法律保护的,而且是能够获得社会高度认可的,对于青少年运动员荣誉观的形成,影响非常之大。

——资料来源:Gerrabd.My Autobiography[M].Bantam Press a division of Transworld Publishers Bantam edition published 2007:59.

另一方面,自然法和社会契约论强调个体荣誉权利对于国家和

---

① 李栋.英国法治的道路与经验[M].北京:中国社会科学出版社,2014:146.

② [美]弗朗西斯·奥克利.自然法/自然法则/自然权利:观念史中的连续与中断[M].王涛译.北京:商务印书馆,2015:8.

民族荣誉的天赋性与先在性，而国家是维护个体权利的机器。洛克曾指出，"国家的政治意志和行动方式都要以个体权利的实现和维护为前提"①，这就在意味着国家是作为工具价值的形式而存在的，当国家意志或政府行为侵犯到运动员荣誉权的时候，法律层面赋予了他们反抗的基本权利。

维护个体自由是英美国家法治理念的根本立足点，而"荣誉—自由化"荣誉观的铸塑则在目标指向上规定了体育荣誉体系建构的法治意义。"荣誉立法的目的不是取消或限制个体自由，而是维护和扩大个体自由，保障个体的荣誉权利不受侵犯"②。在英美体育荣誉治理实践领域，法治理念并不是体育荣誉治理思想中简单的形式性概念，也不是国家政治意志在个体荣誉自由指向上的强制表达，事实上，体育荣誉立法是和对运动员、教练员荣誉权利的保护紧密相连的。依法治理理念是"荣誉—自由化"价值信念下体育荣誉体系整体架构的重要构成要素，从而使得依法治理和个体荣誉自由、荣誉体系传统以及有限政治权能共同形塑着体育荣誉实现方式的核心价值信念。

（2）维护个体荣誉权

英、美是以个体荣誉权的获得和维护作为"荣誉—自由化"荣誉观追求的目标，同时把这种追求看作温和的、妥协的，并没有将其作为整个国家的政治目标和民族信仰。这样一来，对个体体育"荣誉—自由化"的向往，既表现出狂热一面，又存在谨慎持重的保守主义心理，并深刻地影响着英国体育荣誉的实现方式。一方面，英美国家确立了个体权利不可侵犯的神圣地位，从律法层面保障了个体的生命、自由、人格、荣誉、名誉、财产等基本权利③。另一方面，虽然

---

① [英]洛克.政府论(下篇)[M].刘晓根译.北京:商务印书馆,2019:224.

② [英]马丁·爱德华兹.血色荣光[M].苏东译.南京:江苏凤凰文艺出版社,2018:106.

③ 蒋衡.从经济民族主义到全球经济时代:美英自由主义国家的教育变革——《教育、文化、经济与社会》评析[J].比较教育研究,2001.

个体对荣誉的追求是基于自由主义的考虑,但是他们所追求的荣誉内涵是具体的,所运用的手段是消极的[①]。

> 贝克汉姆坦言:"有人嘲笑我去美国踢球是为了赚钱,但转会到洛杉矶银河队和金钱无关,我有自由转会的权力,足球在世界各地都是第一运动,在美国则不然,我去洛杉矶,是希望成为美国足球历史的一部分,对美国足球的现状做出一些改变。"
> ——资料来源:朱晓雨.贝影:贝克汉姆传[M].北京:中国城市出版社,2014:158.

的确如此,运动员往往把个体荣誉权的获得视为传统荣誉体系、习俗和现代荣誉观念相结合的时代产物,而没有将其视为理性主义包装下的全人类的荣誉特权。此外,如前所述,在"荣誉—自由化"荣誉观铸塑的过程中,一直对表彰的政治意志保持较低的价值认同,一切对个体荣誉权造成威胁的政治意图都可能构成他们限制政治权能的合法性理由,这也从另一个层面否定了在英美试图通过国家权力建构大一统体育荣誉价值体系的可能性。

在"荣誉—自由化"荣誉观的影响下,英美体育荣誉体系建设理念的结构要素中对个体荣誉权的认识也表现出原则性和适应性相结合的特点。首先,个体的体育荣誉权属于基本人权的结构性要素,而基本人权是指人之所以为人而具备的基本权利,不可以被放弃。其次,体育荣誉权的隶属主体是运动员、教练员等个体,荣誉权的获得是个体荣誉观在荣誉权利层面的自由表达。

> 运动员个体荣誉感、俱乐部荣誉感、社区荣誉感和学校荣誉感之争,以及美国人民的期待,促进了运动员"不惜一些代价夺得胜利"的竞技态度,在这种环境下,运动员也形成了自己的荣誉观。
> ——资料来源:杰拉尔德R·杰纳思.美国体育史[M].霍传颂等译.北京:人民体育出版社,2019:250.

---

① [英]威廉·格尔达特.英国法导论[M].张笑牧译.北京:中国政法大学出版社,2013:75.

因此,现代英美体育荣誉的表达和实现是以体现个体荣誉权,限制国家权力为基本前提的。最后,在体育荣誉表彰领域,个体荣誉权的获得通常表现出一定的被动性,例如,荣誉称号、荣誉勋章和附属奖励等如果不被国家权力机构批准或颁授,就很难获得社会各界人士的拥护和认可,这样一来,个体的体育荣誉权和荣誉感就很难自由的表达。

(3) 国家有限治域

所谓有限治域,就是指在国家治理体系下,国家权力机构的主要任务是建构或维持一种基本的社会秩序,无关于政治的崇高理想,这种治理理念可以追溯到奥古斯丁时期[①]。随着时代的变迁和思想观念的更新,西方近现代思想家们重新诠释了这一理念,并以独特的价值观念和理论范式影响着现代体育荣誉观的实现方式。

如前所述,体育荣誉个体始终是以自由、平等、正义的形式存在的。秉持"荣誉—自由化"价值信念的运动员、教练员之所以能够舍弃一些荣誉权利,主动进入到国家荣誉治域的范畴,主要因为不同个体之间荣誉诉求和体育荣誉资源的配置方式需要第三方的有效仲裁。与传统封建社会不同,随着现代体育运动的快速发展,体育荣誉的表达形式逐渐多样化,共同荣誉或集体荣誉逐渐凸现出来。

案例4-1-1

当小贝脱下球衣,他的新纹身便显露了出来,他将女儿哈珀的名字纹在了左锁骨上,哈珀陪伴老爸捧起了他的第一个大联盟总冠军奖杯……2003年5月伦敦宣布申办2102年奥运会之后,小贝就成为了申奥大使,利用自己享誉世界的知名度和影响力为伦敦奔走。2005年7月6日,伦敦申奥成功,小贝把它称为让自己最骄傲的事……在以伦敦奥运会形象大使的身份为家乡做出了巨大贡献后,小贝更希望以运动员的身份亲历其中,

---

① 俞可平.论国家治理现代化[M].北京:社会科学文献出版社,2015:258.

他从来没有掩饰过对参加伦敦奥运会的强烈渴望。
　　——资料来源:朱晓雨.贝影:贝克汉姆传[M].北京:中国城市出版社,2014:216—217.

　　从贝克汉姆身上可以看到他对家庭荣誉、国家荣誉和个人荣誉的多元追求,但是,其终极目标还是通过个体荣誉的获得去影响家庭、俱乐部和国家队的发展。在英国近现代社会,集体荣誉的获得本身就是成立在个体荣誉得以保障的基础之上的。正如奥克肖特所言,"共同体荣誉不是'个体荣誉的集合',而是所有荣誉个体共同享有的某一种荣誉"[1]。

　　由此,现代英美体育荣誉体系在保持尊重传统荣誉观指向的前提下,对理性主义的分析范式进行了逻辑转换。并明确了国家荣誉、公共荣誉、集体荣誉的获得不过是维护个体荣誉、实现个体荣誉自由的治理手段和必经过程[2],在这个过程中,国家权力的实施应该受到有效的限制,因为并不需要建构统一性的体育荣誉治理秩序。

　　"The goal of collective honor is not the state, but the individual. In essence, it is a kind of system standard serving individual honor.".
　　"集体荣誉实现的目标指向并不是国家,而是个体,从本质上来说,是一种服务于个体荣誉的制度规范"。
　　——资料来源:E.John A., II.James E., N.Oscar.Bend it like Beckham or fix them like Florence—proportional representation of healtheare in New Year honours:an observational study.Bmj—British Medical Journal.2019, 67(8):91—103.

　　国家政权机构显然不是荣誉个体追求终极价值目标的载体,而是协调个人、集体、国家荣誉之矛盾,保障个体荣誉底线的工具。从传统国家荣誉观到现代"荣誉—自由化"体育荣誉观转变的理论证

---

[1] 赵波.奥克肖特的公民联合体理论研究[M].北京:中国传媒大学出版社,2011:306.
[2] [美]奎迈·安东尼·阿皮亚.荣誉法则:道德革命是如何发生的[M].北京:中央编译出版社,2011:192.

成方式上来看,体育荣誉观的表达方式和证成基础发生变化,要求收缩政治边界、限制权力供给、反对建立大一统的体育荣誉治理秩序,从而保障了整个国家荣誉治理传统的一致性。在英美体育荣誉观表达和实现的过程中,国家扮演着仲裁人的角色,并不设置超越于个体荣誉而存在的国家荣誉目标,从而也就不必追求国家权威性的体育荣誉治理秩序。

(4) 政府有限权力

无论从传统国家功勋荣誉的视角,还是从现代体育荣誉观铸塑方式和方向上来看,英美政府在体育荣誉资源分配的权能上从来不是任意专断的。

> "英国人绝不会接受没有任何律法依据、权利基础和权力边界的政府行为,这对美国自由主义思想和理念产生重要影响"
> ——资料来源:牛笑风.自由主义的英国源流[M].长春:吉林大学出版社.2008:125.

英美体育荣誉表达和实现的过程中,政府有限权力的治理理念主要表现在以下两个方面:其一,体育"荣誉—自由化"价值信念的铸塑从根本上限制了政府权力走向垄断的可能。荣誉—自由化坚持者认为,政府实施荣誉治理,不仅在于保障个体荣誉权不受侵犯,而且荣誉表彰的程序要得到公众的认可。因此,一切凌驾于个体和公众之上的王权、贵族、议会的权力都要服务于个体荣誉权的实现和维护公众参与权益这一最终目的[①]。一方面,在政府和个体之间要确立权力界限。

> "The power constraints imposed by the government on Athletes' Honor values should be controlled within a certain bottom line. which is to protect the freedom of individual honor rights."

---

① [英]约翰·密尔.论自由[M].许宝骙译.北京:商务印书馆,1998:57.

> 译:"政府对于运动员荣誉价值观所施加的权力约束要控制在一定的底线之内,这个底线就是保障个体荣誉权利的自由"。
> ——资料来源:J.Grant,A.Susan.Sport for Social Justice,Capability, and the Common Good:A Position Statement in Honor of Tessa Jowell. Quest.2018.71(2):150—162.

另一方面,在体育荣誉资源配置的过程中,要防止政府荣誉治理权力的僭越。光荣革命之后,议会开始接管英国荣誉体系的相关事宜,不过,议会的权力也是被限定在一定范围内的,正所谓要"限制它们过度干预维护个体权利的治理方式"①。

其二,英美传统功勋荣誉制度的运行机制对政府权力的无限扩张起到限制作用。现代英美体育荣誉体系的变革并非不是和传统制度规范、荣誉价值信念彻底决裂的产物,而是在继承传统荣誉价值信念、维护基本荣誉准则的基础上,实现的现代化转向。在历史上的很长一段时期,英国社会都处于君主、贵族、教士、第三阶层和谐共治的局面,国家权力不被某一阶层所垄断、独享②。美国国家功勋荣誉制度也从来不是政府所支配和独享的,除军事荣誉外,社会各领域和民间组织都设置类别多样的表彰形式。这就意味着,无论是内阁和行政机关,还是非内各部委和非部委公共机构都不能独享体育荣誉治理权力。此外,在英美,政府权力并非指向未来的抽象权力,而是治理社会秩序的具体权利。并且对政府权力的确立和限制已经成为了一种特有范式,一直影响着整个英美政府权力的实施范围。

(5) 主体平行互动

试图将体育荣誉的实现建构在个体荣誉权和荣誉感获得的基础之上,在体育荣誉价值理念层面倾向于在荣誉授予主体之间

---

① 孙骁骥.英国议会往事:议会不是一天开成的[M].北京:中国法制出版社,2011:77.

② 阎照祥.英国政治制度史[M].北京:人民出版社,2018:140.

实现平行互动的价值理念。所谓平行互动理念就是指在体育荣誉治理主体之间,并不否认国家荣誉当然的、绝对的、神圣的价值权威,只是在更加强调多元主体参与体育荣誉表彰和奖励的平等机会。事实上,荣誉授予客体也表现出对多样化体育荣誉的向往和追求。

案例4-1-2

> 在场下,穆雷三次成为了BBC评选的年度最佳运动员,并获得大英帝国勋章,被英女王封为爵士。而他在赛场上斩获的荣誉同样令人瞩目:英国77年来的首个大满贯单打冠军得主、以一己之力率队拿下2015年戴杯冠军头衔、两夺温网桂冠、在奥运会卫冕成功……这些年,穆雷一直在声援女子比赛,无论在体育还是社会层面,他一直在为女性的利益发声,他希望女性得到平等的对待。2013年荣获劳伦斯世界体育奖最佳突破奖。
>
> 回顾13年的职业生涯,夺得大满贯单打冠军,令我荣誉加深,不论是场内成绩,还是场外荣誉,都激励着我不断前行。我最大的愿望是能为国家的网球运动做些事情,帮助孩子们打好网球。
>
> ——资料来源:[英]安迪·穆雷.温网荣耀[M].易伊译.北京:新世界出版社,2015:27:维基百科.

运动员对体育荣誉的理解,意味着荣誉观的铸塑方式和方向对终极价值理想影响的弱化。以政治为核心的价值信仰议题被时代所搁置了,从而转向了对世俗化的权能配置和物质利益之辩[①]。正是由于在意识形态领域对多元化体育荣誉观的宽容,才成就了现代英美社会的"荣誉—自由化"体育荣誉观和多元化体育荣誉主体平行互动价值理念的形成。早在国会通过的《威斯敏斯特信条》文件中,议会认为,由于个体的认识能力各异,知识水平和社会生活圈也各不相同,因此,应当尊重不同个体的多元信仰自由。同时,议会也强调,不同个体的多样化信仰选择在同一民族国家中是能够达成一

---

① [英]奈杰尔·福尔曼,尼古拉斯·鲍德温.英国政治通论[M].苏淑民译.北京:中国社会科学出版社,2015:379.

致性终极价值信仰的①。

案例4-1-3

多主体在竞技体育发展中挑战了政府单向度的自上而下的层级治理体系,以"合作伙伴"为内容,以"制度契约"为保障的新的竞技体育治理格局开始呈现,并被西方社会视为解决和应对日益强大的社会力量所带来的多层级、多向度权利协调等问题。政府不再直接参与竞技体育的管理和投入,而是通过设立中介或机构形成治理网络,并与各个利益相关方互动,进行决策和资源分配。具体而言,就是英国文化传媒和体育部(DCMS)授权英国体育理事会(UK Sports)进行竞技体育的治理,为此,协调制定了一系列政策工具,包括财政、税收、彩票、信息和奖励等,以实现竞技体育治理的多层次变革。而英国体育理事会(UK Sport)与英国体育学院(English Institute of Sport)、奥林匹克全国合作组织(Olympic NGBs)、英国奥林匹克联合会(British Olympic Association)等组织以"合作伙伴关系"为基础,共同致力于竞技体育发展,在保证竞技体育治理主体的多向度更具有诱致性特征的同时,能够进一步保障治理行为的一致性。

——资料来源:WEISS K, HAMANN M, KINNEY, M, et al., 2012. Knowledge exchange and policy influence in a marine resource governance network. Global Environmental Change. 22(1): 178—188; BIDDLES, FOSTERC, 2017.Health behavior change through physical activity and sport [M].London:Routledge Handbook of Sports Development; GOODWIN M, GRIX J, 2011. Bringing structures back in: The 'governance narrative', the 'decentred approach' and 'asymmetrical network governance' in the education and sport policy communities[J].Public Administration.89(2):537—556.

此外,体育荣誉治理主体的行为一致性还表现在,政府、奥林匹克组织和英国体育半官方组织,共同致力于体育荣誉相关政策制定和实施,以改变传统精英阶层的荣誉表彰,开展更加广泛的体育表彰实施计划,当然也包括群众喜闻乐见的非奥项目,从而使体育荣誉表彰的价值目标和体育精神被公民和社会所接受和宣扬。

---

① [美]雪莱.基督教会史[M].刘平译.北京:北京大学出版社,2004:348.
② 陈洪,马瑛,梁斌,张国君,孙辉."国家在场"视角下英国竞技体育治理实践研究[J].体育科学,2019,39(06):22—27+54.

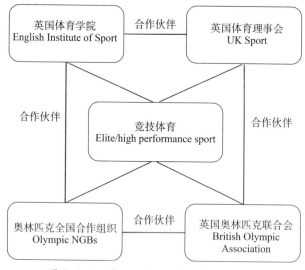

图 4-1-1   英国四大组织(群)在体育荣誉
体系中的位置和关系①

因此,将体育荣誉的价值指向从国家政治意志的束缚中剥离出来,是铸塑体育荣誉观多元存在的首要前提,而只有建立了体育荣誉观的多元化结构,才有可能实现体育荣誉治理主体之间的权力分配的平面化。在英美,人们的精神寓所和生活世界存在着多元的宗教信仰和多样化的生活方式,而平行互动是实现终极荣誉信仰的可靠手段。这就意味着,在体育荣誉终极信仰悬置的情况下,体育荣誉授予主体平行互动下的多元体育荣誉信仰并存具有阶段性作用。基于此种体育荣誉体系建设理念的坚持与传播,自由主义荣誉观从荣誉地位之争的漩涡中脱颖而出。也正是此种宽容的荣誉治理理念,塑造了体育荣誉观实现方式所蕴藏的自由、平等、协同、互动的价值观念。

4.1.3   "荣誉—自由化"实现机制的制度实践

在"荣誉—自由化"体育荣誉观的引领下,政府有限权力理念,导致国家层面荣誉治理的有限性,以及多元体育荣誉授予主体在权力运行方面的相互制衡。在体育荣誉制度规范层面,主体平行互动理念表现为体育荣誉表彰实践中推崇协力合作,国家、政府、非政府组织、企业、家庭、个人之间在体育荣誉表彰过程中是有共存性的。国家有限治域理念作用到制度规范层面,会在政治意志和价值信仰之间形成一定的张力,从而促进体育"荣誉—自由化"价值认同的实现。同时,在体育荣誉表彰实践中对个体荣誉权的把握实现了有限需求主体参与的治理格局,而非像法国所追求的全民参与的绝对民主。英国荣誉—自由化信念下的依法治理具有特殊意义,从而使得体育荣誉表彰实践更加强调个体的自由和体育荣誉治理合法性的自发生成。

(1) 注重个体荣誉权力的表达

英国荣誉制度由来已久,是世界上最早实施荣誉表彰的国家之一,至今已有600年的历史。事实上,早在13世纪早期亨利三世在位时期,就已经侧封过下级勋位爵士,经过两百多年的制度建设和实践经验,英国的五大贵族阶级基本形成①。英国的荣誉授予仪式一般被安排在新年和每年六月英王的生日举行,分别称为新年荣誉和生日荣誉,每次获奖人数在1000人左右,颁奖仪式隆重。颁奖典礼由中央档案处组织负责,白金汉宫是授予仪式的主办地点,有事也会安排在荷里路德宫或者加德夫城堡进行②。在荣誉授予仪式上,个体荣誉权利得到充分的表达。女王亲自向授勋者颁发勋章或荣誉称号,整个过程细腻严谨,备受瞩目。授勋对象的家人在观众席就坐,观看整个授勋过程。授勋仪式开始后,女王在两名长官的陪同下走向主席台,侍从在两侧站岗,由军乐队奏乐伴奏,授勋仪式由女王或皇室官员主持,整个授勋仪式大概要持续一个小时。国歌奏响后,皇室宫务大臣宣读授勋人员名单和获奖名称,女王为获奖者佩戴荣誉勋章或奖章③。英国荣誉权利的表达也受到传统等级制的影响,凸显了荣誉权运作在个体

---

① http://iask.edu.sina.com.cn/b/8770051.html?from=related,2008—8—13.

② Honours,http://www.the duke of york.org/output/Page4872.asp,2008—12—16.

③ 张树华,潘晨光.中外功勋荣誉制度[M].北京:中国社会科学出版社,2011:163.

荣誉权利层面的传统特征和积极推进作用。

案例4-1-4

> 在总体竞技体育激励决策方面,英国体育理事会(UK Sport s)积极对公民个人和团体开展政策咨询,包括在线调查和公众咨询会。以英国最近的竞技体育未来发展战略咨询为例,英国体育理事会(UK Sports)于2018年启动该项公民在线咨询,咨询工作共开放了11周时间,共有4923人提交了对咨询的回复。咨询内容的重点是日本东京2020年奥运会和残奥会之后,英国体育理事会(UK Sports)如何更好的分配国家彩票和财政(纳税人)资金。除了在线咨询以外,英国体育理事会(UK Sports)还与其利益相关者,尤其是合作伙伴、政治家、政府官员、媒体、运动员、外部专家和公众代表进行了研讨会和深度访谈。在线咨询和研讨会由两个独立的咨询机构Future Thinking和The Sports Consultancy负责,以确保咨询与探讨的独立性和公正性。所有讯息将由Future Thinking和The Sports Consul tancy进行独立分析,并形成一份独立决策咨询报告提交给英国体育理事会(UK Sports)以供其董事会能够就英国体育激励机制的未来发展决策尤其是投融资策略做出充分明智的决策,而该项决策将于2019年初确定且将对外发布并最终于2021年4月正式生效。
>
> ——资料来源:陈洪,马瑛,梁斌等."国家在场"视角下英国竞技体育治理实践研究[J].体育科学,2019,39(6):22—27; Treharne D, 2016. Ten years of supporters trust ownership at exeter city AFC:An overview[J].Soccer Society, 17(5):732—743.

此外,就运动员对政府荣誉表彰的态度和选择而言,也能反映出运动员个体荣誉权利的表达情况。例如,据2003年12月的英国《星期日时报》记载,二战以来曾多次出现拒绝授勋和主动退回荣誉勋章的事件(如摇滚歌手大卫·鲍依、足球运动员博比·摩尔等);英国中长跑运动员凯利·霍尔姆斯在雅典奥运会表现神勇,分别在女子800米和1500米比赛中夺得桂冠,这一壮举使他她成为了首位在一届奥运会上梅开二度的英国运动员。各种性质的荣誉表彰接踵而至,不少人预测她会被封为女爵士,遗憾的是,英国政府则倾向授予她OBE(大英帝国军官勋章),这比女爵士要低两个档次。这也从另一个层面说明,运动员对于政府提名、推荐的荣誉称号,拥有接受或拒绝的权利,这种权利的表达是能够得到社会认同的。

案例4-1-5

> 美国的国家荣誉起源于18世纪的战争年代,军事荣誉的发展较快,大学荣誉制度最早设立,直到20世纪中期,随着非军事荣誉的全面授予,美国的荣誉制度体系才逐步走向完善。发展至今,平民荣誉、专业荣誉和传统的军事荣誉构成了美国国家荣誉制度的三大支流。并呈现出军事荣誉越来越完善,并开始向非军事领域倾斜,大众荣誉和专业荣誉逐步得到美国政府的认可和重视,三大荣誉并行发展的态势。随着美国社会的快速变迁及国际形势的不断变化,美国的非军事荣誉的授予在各个领域得到广泛开展。例如,据美国白宫发布的官方消息:美国总统特朗普在2018年11月16日为3名美国体育界名宿——已故棒球传奇球星贝比·鲁斯(Babe Ruth)、前NFL球员罗杰斯·托巴赫(Roger SLaubach)和艾伦·佩奇(Alan Page)颁发了总统自由勋章。
>
> ——资料来源:王文娥,美国的国家荣誉制度概述[J].国外社会科学,2010,[4](01):58—64;Treharne D,2016.Ten years or supporters trust ownership at exeter city AFC:An overview[J].Soccer Society,17(5):732—743.

美国荣誉勋章、奖章的授予一般是不会体现等级或阶层的差异性,以平民荣誉和专业荣誉为例,无论是政府高级官员,还是体育领域的杰出运动员,所获得的总统自由勋章是没有任何差异性的[①]。可以说,美国体育荣誉表彰作为非军事领域的专业性荣誉,非常注重运动员个人荣誉权利的表达,运动员拥有自我选择的权利,当然这种权利是能够得到社会认同的。

自20世纪末期以来,英美体育荣誉的制度设计逐步从国家荣誉管理向公共荣誉服务转变[②]。离散化、细胞化的荣誉需求个体,在体

[①] 王文娥.美国的国家荣誉制度概述[J].国外社会科学,2010,{4}(01):58—64.

[②] 段运冬.国家艺术勋章三十年与美国国家文化荣誉制度的变迁[J].美术观察,2014,{4}(10):137—143.

育荣誉观实现方式的嬗变过程中扮演着越来越重要的角色,运动个体的荣誉权利,从式微开始向强化转变,注重公众的荣誉参与权利被认为是体育荣誉表达和实现的内源性基础。英美体育荣誉表彰最大的共同点是公众性,在荣誉权利实现的过程中,国家的政治理想和个体的荣誉信念是分离的,在荣誉设立和评选的具体实施阶段,政府有明确的权利边界。在这里,每一位公民都有提名候选人的权利,每一位公众也都享有参与评选、提出意见、在线咨询、研讨推选的权利。正如欧洲体育理事会首席执行官(CEO)Liz Nicholl 指出的那样,公众对体育荣誉评选的咨询、回应、参与,表明他们对体育运动和体育荣誉表彰未来发展方向的兴趣和关心。作为体育荣誉资金奖励的重要投资者,有权查询、建议体育理事会的荣誉表彰情况,从而确定体育荣誉实践能够做到激励公民的国家意识。

(2)强调荣誉表彰的权威性和规范性

英美体育荣誉制度的设置都具有各自的特点,虽然种类繁多,性质各异,但在国家层面的体育表彰都够体现女王或总统较强的个人意志。在英国,候选人的提名先提交到内阁秘书处,女王根据内阁的建议决定是否颁发荣誉称号。英联邦国家政府也有权向英国政府推送自己的候选人,不过英联邦国家也都有自己体育荣誉表彰制度。此外,涉及到外国友人的荣誉勋章、奖章则由外交部提议授予。英国内阁仪式秘书处是国家体育荣誉表彰的主管部门,公众提交的荣誉候选人名单要经过秘书处评审委员会筛选,评审委员会把相关材料送到熟悉评选工作的职能部门征求意见后,再做出评选。

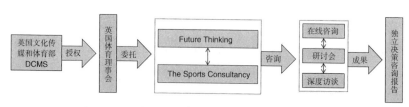

图4-1-2 英国公民参与体育荣誉评选咨询示意图

政府部门推送的荣誉候选人则由政府内部职能部门筛选后,提交到内阁仪式评审委员会评审。联邦外交部推送的名单则由部门内部提名、评审、确定。内阁仪式评审委员会由一个主委员会和八个分委员会构成,分委员会几乎涵盖社会生活的各个领域,主要为艺术和媒体、体育、教育、卫生、科技和地方服务①。为了体现公正性,委员会的主席和成员采用公开招聘,其身份往往独立于政府部门之外。被提交到评审委员会的候选人,根据其所属领域,分别由相应的分委员会评审筛选,将入围的名单提送到主委员会讨论、审议,通过后提交到内阁仪式秘书处书记办公室签字,呈交给首相,由首相再提交给女王②。英国贵族、绅士们的册封仪式由英国首相提名,女王批准并册封。事实上,女王册封只是程序上的规约,大多数英国勋章的颁发尊重政府的建议,但是少许勋章是由君主个人决定授予的,譬如,嘉德勋章、功绩勋章、蓟花勋章等。英国国家荣誉表彰评选程序如图4-1-3所示。

英国功勋荣誉制度规定,荣誉勋爵是授予在商业、艺术、科技、体育等领域作出重大贡献英国公民,然而事实并非如此,多数王室分封的荣誉勋爵集中在政界,还有一些分散在商界、体育圈和娱乐圈。由于英国政府官员的频频授勋,关于候选人名单的争论也从未停止。勋章授予也是英国政府开展外交、建构友好关系惯用的制度化手段,在20世纪60年代以来,勋章的交换、归还和免除具有高度的政治外交内涵和象征意义,当今,英国女王和外国元首互换勋章的做法已经被列为国与国之间官方的、制度化的外交行为。

---

① Development of the system, http://www. the duke of york. org/output/Page4875. asp, 2008—12—16.

② http://eur.bytravel.cn/art/jxl/jxlthsrygryzdtxpmhqs/, 2008—8—15.

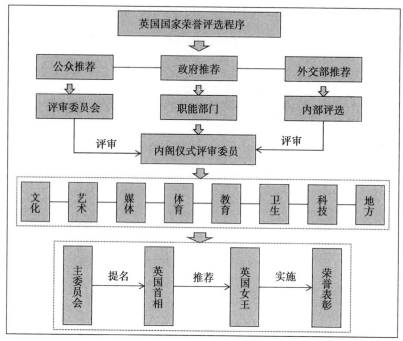

图 4-1-3 英国国家荣誉表彰评选程序图

案例 4-1-6

　　"国家在场"理论在英国体育荣誉体系的建构中得到广泛应用,在此理论指导下,政府是国家的具体化,政府嵌套于繁杂社会、经济与文化系统中,是国家意志的合法代理者政府通过制定政策法规推进各领域改革和发展,展示"国家符号""国家形塑"和"国家姿态",进而体现国家所代表的"政治性""全局性"和"公共性"。"国家代表团""国家队""国家运动员""国家标识"等,将国家意志、精神、制度、团体等嵌入到体育运动中,从而能够使个体和组织更有代表感、国家感和神圣感,以彰显"国家在场",进而体现国家意志和国家形象。由于政府对于竞技体育各方面事务具有决策效力,因此,在发展现代体育荣誉体系的过程中扮演着改革者与推动者等方面的多重角色。政府及其派生组织的决策变化与体育荣誉体系的现代化变革休戚相关,由于改革而形成与发展起来的一整套有效的制度规范,将对体育荣誉体系发展产生深刻变化。

　　在行为一致性的前提下,英国政府、英国体育半官方组织及相关奥林匹克组织作为竞技体育的发展主体,还共同致力于以策略性方式利用奥运会,以超越精英阶层的频谱,发展更广泛的精英体育参与计划,当然也包括非奥运会项目,从而使奥林匹克精神能够泽被更广泛的英国社会和英国公民(Arianne et al.,2017)。

——资料来源:崔榕."国家在场"理论在中国的运用及发展[J].理论月刊,2010(9):42—44;叶乐乐.国家在场与卫生管理:拉姆齐的国家医学观念[J].浙江刊,2018(4):183—189;陈洪,马瑛,梁斌等."国家在场"视角下英国竞技体育治理实践研究[J].体育科学,2019,39(6):22—27;ARIANNE C R,STEPHEN F HODGETTS D,et al.Sport Participation Legacy and the Olympic Games: The Case of Sydnev2000, London 2012 and Rio 2016[J].Event Management,2017(21):139—158.

英国是君主立宪制国家,女王作为国家的象征性领袖,是英国国家荣誉授予的唯一主体,包括册封终身贵族、爵士勋位等,代表着英国政府。美国的国家荣誉制度已日趋完善,授奖领域不断扩展,已经涵盖了科学、军事、宗教、体育、艺术、医学、娱乐等众多领域。授奖客体也不断扩大,像总统自由勋章与国会金质奖章的授奖范围早已成为国际上著名的奖项,可以说,只要是对美国做出过突出贡献的任何行业、任何阶层、任何国度的杰出人士都有机会获得美国政府授予的荣誉勋章获或奖章。就其表彰的内容而言,主要有勋章、奖章、徽章、大奖章、星章、十字章、勋标等,其中,荣誉勋章的授予比重较大。究其授予程序而言,主要依据《美国法典》关于荣誉制度相关规定,由国会决议,总统签发,如图4-1-4。

美国荣誉勋章、奖章的授予一般是不会体现等级或阶层的差异性,以平民荣誉和专业荣誉为例,无论是政府高级官员,还是体育领域的杰出运动员,所获得的总统自由勋章是没有任何差异性的;同样,无论是历史悠久的费米奖章,还是级别最高的国家科学奖,也都不设等级,只要是对美国做出过突出贡献的人士,无论是国美平民,还是外国学者,都可以平等的获此殊荣。当前,只有三军功绩勋章是美国唯——项划分等级的军事荣誉勋章,共分四个等级。美国的荣誉勋章和奖章的授予重在从精神上激励和价值观念的塑造,很少配备物质奖励,例如堪称美国诺贝尔奖的国家科学奖,只颁发一枚荣誉奖章,不设任何奖金,总统自由勋章、国会金质奖章也是如此。

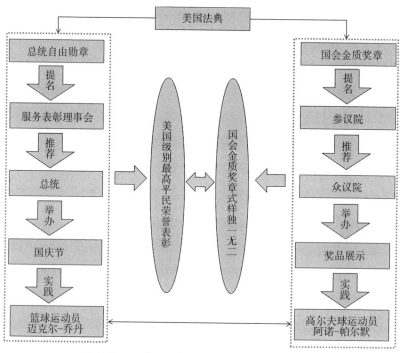

图4-1-4   美国体育领域的两大平民荣誉表彰

以总统荣誉勋章和国会金质奖章为代表的两项国家级荣誉表彰,在体育领域的授予及其稀少,且能够充分彰显国家荣誉的权威性。

案例4-1-7

2012年,83岁的美国著名高尔夫球运动员阿诺—帕尔默被授予美国国会金质奖章,这也是历史上的颁授给运动员的第六枚国会金质奖章。以表彰他在体育领域为美国做出的突出贡献和在精神引领上起到的英模示范作用,以及在公益、慈善、人道主义事业等方面所做出的杰出贡献。

阿诺—帕尔默曾捐建体育场馆建筑300余座,还分别以自己和已故妻子的名字命名,在弗罗里达州修建了妇女和儿童医疗中心。2016年11月17日,奥巴马总统在美国白宫宣布了本年度获得总统自由勋章的21人名单,其中,迈克尔·乔丹和贾巴尔两位体育领域的巨星收获了这一伟大荣誉。奥巴马表示,总统自由勋章是美国最高级别的公民表彰,是对英模的尊重,也是对社会价值取向的致敬,该项荣誉的获得者都是在各个领域为推动美国发展做出了突出贡献的杰出人士,引领并激励着年青一代的成长。美国总统特朗普将在当地时间2018年11月16日为7名美国公民颁发总统自由勋章(Presidential Medal of Freedom)。这其中包括三名美国体育界名宿——已故棒球传奇球星贝比·鲁斯(Babe Ruth)、前NFL球员罗杰.斯托巴赫(Roger Staubach)和艾伦.佩奇(Alan Page)。

——资料来源:http://style.sina.com.cn/news/2009—09—30/121949604.shtml;http://www.lanxiongsports.com/posts/view/id/13784.html

在英美体育荣誉表彰的历程中,对个体荣誉权利的尊重和荣誉授予程序、仪式的重视由来已久,并在现代社会不断得到强化。一方面,荣誉的授予仪式本身就是统治阶级政治权威不断巩固和强化的过程;另一方面,对功勋荣誉称号和荣誉奖章的颁发与佩戴,也进一步确立了现代英美社会的荣誉观的目标指向,从而引领公众的价值取向。从英美政府对国家体育荣誉表彰的重视程度和评选程序上来看,即凸显了国家级体育荣誉表彰的权威性和规范性,在这个过程中,也能够充分尊重运动员个体荣誉权利的表达。

(3)彰显体育荣誉表彰内容的多样化

近年来英国荣誉表彰开始向教育、科技、卫生、经济、体育和志愿者服务等基层领域倾斜,2019年新年授奖对象中70%来自基层,其中大部分是在基层做志愿者服务工作的。从对体育领域的资金投入上也能看出英国政府对国家体育荣誉的重视,在英国备战奥运的道路上,资金的投入越来越大,即便是在国家经济疲软,各种福利和教育资金大幅消减的状况下,在体育领域的投资却有增无减,在里约奥运会前,英国政府就曾拿出3.5亿英镑作为奥运备战资金。

英美体育荣誉表彰的多样化突出表现在两个方面,一是授勋主体的多样化,二是表彰内容的多样化。从授勋主体来看,英美体育荣誉表彰的对象更加平民化、大众化。

案例4-1-8

> 2014年备受瞩目的英国著名足球运动员贝克汉姆未能获得"骑士荣誉"的称号,引发了公众的强烈反响和热议。英国议会开始意识到传统英国荣誉体系的根深蒂固,以及改头换面、与时俱进的必要性。特别委员会主席托尼·莱特宣称,"荣誉制度需要进行彻底的系统化改革,切实转变授勋思路,授勋对象应该更加平民化。"这样一来,原本只授予贵族阶层的功勋荣誉开始向平民倾斜,而且不在局限于为国家做出突出贡献的杰出人士,其授予对象扩大到在各行各业基层工作的普通百姓。英格兰足坛巨星、前切尔西传奇球星兰帕德在2015年10月28日被授予了大英帝国的官佐勋章(OBE)。
>
> ——资料来源:Poet Laureate ot the United Kingdom[EB/OL].http://en. Wikipedia. Org/wiki/poet_ Laureate_of_the_United_Kingdom, 2015—08—19.陈洪,马瑛等."国家在场"视角下英国竞技体育治理实践研究[J].体育科学,2019,39(6):22—27.

英美国家在体育荣誉表彰的内容上都更趋于丰富、多样,且更加注重精神激励的价值引领作用。英国奥委会一位发言人说:"我们认为经济上的回报不会激励运动员登上领奖台。英国国家队的运动员需要有着对运动的热爱和执着,最重要的是,他们渴望代表自己的国家在世界最伟大的体育舞台——奥运会上,发挥出最好的水平。"[1]据新华社电:英国奥委会日前宣布,对于今年在伦敦奥运会上赢得金牌的运动员,他们不会给予现金奖励。《Suntimes》的消息称,英国奥委会并没有规定给英国奥运金牌得主多少钱的奖励,只是说将奖励一套纪念邮票。

---

[1] http://finance.sina.com.cn/world/20120511/225112049164.shtml

"The price of a commemorative stamp is about 6 yuan.Maybe the British Olympic champion will use this stamp to write to the Russian Olympic champion and ask them to give something." 译："一枚纪念邮票的价格大约为6元,也许英国奥运冠军会用这枚邮票写信给俄罗斯奥运冠军,让他们给点施舍。"

——资料来源:经济观察报http://www.sina.com.cn

英国荣誉表彰实践注重对优秀运动员的精神激励,而很少会采用直接的物质刺激和金钱奖励,不过英国政府却非常注重对奥运优势项目的资金投入和对体育基础设施和运动队训练的直接拨款,英国奥委会表示,这样做比直接奖励给奥运会冠军的物质财富更有意义。这样一来,运动员和运动队就能够得到更加长久的激励机制的保障,对于英国体育的发展的促进作用意义更为长远。英国在筹备伦敦奥运会时,政府就划拨了奥运专项基金,这部分资金主要用于训练场地、器材的建设和更新,聘请世界顶级优秀教练员,还用于青少年运动员的培训和选材。另外还会拿出一部分资金用于奖励曾经获得过奥运会、世锦赛、残奥会等国际大赛金牌获得者,他们每年都可以获得持续性奖励,这笔资金会给奥运潜力项目和潜力运动员带来物质上的基本保障,从而专心训练,备战奥运。

案例4-1-9

2015年12月由英国文化传媒体育部(DCMS)在经过两年的广泛咨询和讨论的基础上颁布了"体育的未来:充满活力的国家新战略"(Sporting Future:A New Strategy for an Active Nation)(简称"体育的未来"新战略)。新时期英国政府制定颁布了一系列的战略政策,投入大量的资金用于体育表彰,提升体育参与的数量。新战略指出了国际国内大型体育赛事对英国经济社会发展的重要作用,认为体育赛事"为国家提供了重要的福利、社会和经济利益;同时参加国际或国内体育赛事的成功案例可以激励一代人参与到各种形式的体育活动中"。新战略探索了多样化的体育资金来源:如税收制度、赞助、媒体权利,此外通过捐赠、投资或遗产,通过伙伴关系和其他类型的企业社会责任(CSR)活动,以及信托基金和基金会,都可以提供更多潜在的资金来源。在里约奥运会周期内,共对591名"天赋"运动员提供支持,平均每名运动员投入404.7万元。"体育的未来"新战略对英国在竞技体育方面的投入及措施给予了褒奖,并要求持续不断地增加竞技体育方面的投入,这也足以看出未来英国政府将更加重视精英体育与职业体育的发展。

——资料来源:刘宏亮,刘红建,沈晓莲等.英国"体育的未来"新战略:内容/评价及镜鉴[J].沈阳体育学院学报,2019,38(11):33—41.李冬庭.本世纪英国体育战略的变化特征及其启示[C].2016年体育改革与治理研讨会论文集,2016:19—28.

美国政府对优秀运动员、教练员的物质奖励水准和他们在国家赛场上取得的成绩相比较,略显紧缺,例如,在奥运赛场夺得冠军的运动员所获得的政府奖励仅仅有2.5万美元(税前)。不过,美国运动员的物质奖励渠道呈现多样化趋势,各大赞助商和项目协会纷纷加入到奥运奖励主体的行列。譬如,在2016年里约奥运会中表现突出的美国女子游泳运动员凯蒂—莱德基在赛后获得了44.5万美金的资金奖励,在本届奥运会上,莱德基共取得4金1银的好成绩,还打破了两项世界记录。其中11.5万美元来自于政府奖励,另外的33万美元的奖励来自于美国游泳协会,美国游泳协会在本届奥运会上开除了冠军奖励7.5万美元、亚军3万美元、季军1.5万美元的资金奖励。事实上,除此之外,美国奥运奖牌获得者还可以获得不菲的广告收入,并提升自己的商业价值。

案例4-1-10

美国政府对运动选手及教练平时并无奖助措施,对得奖的运动员和教练也无奖励措施,各项奖励及奖助等活动,主要由美国奥委会、各类体育协会和相关民间或学校自行办理。2012年奥委会奖励金牌者2万5千美元,银牌者1万5千美元,铜牌者1万美元,这笔资金来自商业赞助。有些选手可以通过赞助商、商务代言,获得一些收益。

美国的体育荣誉表彰主要通过就业协助、教育自助、健康保险等方式进行。Adecco与美国奥委会建立伙伴关系,办理奥运选手的职业管理服务(career management services)。该机构为运动员提供包括个人职涯协助、工作安置协助、举办运动员生涯管理座谈会。Devry University与美国奥委会建立伙伴关系,为运动员提供接受高等教育的机会。奥委会有优秀运动员健保计划(Elile Athlete Health Insurance Program),提供运动员低廉的健康保险。

——资料来源:https://www.liuxue86.com/a/1510594.html?force=1

综上可知,英美国家体育荣誉制度实践都非常注重运动员体育荣誉权力的表达,并强调体育荣誉表彰的权威性、稀缺性、规范性、多样性、连续性。在实施体育荣誉表彰的过程中,能够充分体现"荣誉—自由化"体育荣誉观的导向性,同时通过荣誉治理理念的创新以及体育荣誉制度的建设,逐步完善体育荣誉观的实现机制。

4.2　"荣誉—民主化"体育荣誉观及其实现机制

马克思曾指出,"为了实现民主化,法国人民在一天之内就推翻了所有封建事物,传统的政治价值体系被彻底瓦解"[①],由此隐喻着以追求平等、民主为价值导向的现代社会治理体系建构过程的迫切和激进。从这个意义上讲,法国现代体育荣誉观的实现方式更倾向于激进民主主义。"荣誉—民主化"体育荣誉观的培育和实现的过程受到社会众多因素的影响,其建构理念在法国荣誉治理现代化转型的道路上又把诸多特征推向极端。现代法国荣誉价值理想敌视一切传统、腐朽、专断的荣誉观,并试图渴望实现对整个国家的荣誉表彰系统彻底转换,当然体育荣誉也不例外。在"荣誉—民主化"荣誉观建构的道路上,韩国以法国国为模范,结合本国的国情,实现了"荣誉—民主化"的韩国化。但是,纵观法韩体育

---

① [德]马克思.马克思恩格斯全集(第五卷)[M].北京:人民出版社,1965:331.

荣誉治理的变迁之路,两国的体育荣誉表彰并未能够实现"人人平等"的荣誉观。就体育荣誉的内在品性而言,本身就具有稀缺性和竞争性的特点,所谓平等,只能是同一场域共同体成员平等的分享公共荣誉。整体而言,法韩体育荣誉的实现是在"荣誉—民主化"荣誉观的指向下建设的,在体育荣誉观的实现机制上表现出独特的一面。

4.2.1 "荣誉—民主化"体育荣誉观的内在品性

现代法国"荣誉—自由化"体育荣誉观的铸塑是在宗教与理性、专断与自由、贵族与平民、特权与平等这些强烈冲突中迸发出来的。韩国"荣誉—自由化"体育荣誉观是在模仿、学习、借鉴等外力作用下形成的。虽然形成的原因和影响因素各不相同,但在目标指向、合法性来源和政治权能上有很多相似之处。

(1)目标指向:平等荣誉观

英美体育荣誉价值观念也内含着对平等精神的追求与守护。英国的掘土派和平等派纷纷主张荣誉资源配置的平等性,然而,"平等"价值要素一直未能构成英国荣誉治理体系的核心理念,甚至在《权利法案》都没有提及"平等"[①]。就早期的荣誉治理现代化进程和价值取向上来看,只有法国的荣誉变革真正重视"平等"价值观。概略而言,法国体育荣誉表彰追求的平等信念具有绝对性特点。

若果说贵族的特权孕育了英国现代荣誉自由化,那么,平等观念的形成则是对抗贵族特权、批判传统等价值观念的结果[②]。平等信念作为国家荣誉治理的新政理念,从一开始就是彰显了对传统荣

---

① [美]弗朗西斯·奥克利.自然法、自然法则、自然权利:观念史中的连续与中断[M].王涛译.北京:商务印书馆,2015:132.

② 高毅.法兰西风格大革命的政治文化[M].杭州:浙江人民出版社,1991:102.

誉治理体系的革命性和对未来平等主义的幻想。随着平等主义价值观念的宣扬,逐步根植于社会的主流价值之中,并跨越了平等的政治性与合法性界限①,成为反对任何差异性,追求绝对平等的荣誉观。由此,基于荣誉观形成的价值目标、权能边界和统一性荣誉治理秩序就都找到了建构的逻辑起点。

虽然法国荣誉治理现代化转型的过程中也存在对多元荣誉价值观念的憧憬,也向往自由主义的荣誉治理理念,不论是变革者还是启蒙思想家们都把自由作为未来国家和社会治理的目标之一。然而,和平等信念相比较,自由则略显苍白。

> 荣誉不应该有等级之分,每一位公民都有平等的争取荣誉的权力。荣誉权利的自由是以平等为前提的,没有平等,自由便失去了生存的土壤,若果真的要追求自由,也是建立在平等基础上的自由。
> ——资料来源:[法]国罗曼·罗兰.名人传[M].邓金玉译.成都:成都地图出版社,2018:227.

可见,"自由"虽然是法国体育荣誉实现方式中的价值要素,但"平等"才是荣誉治理的核心价值信念。英美体育荣誉思想也提倡平等,他们强调个体与生俱来的内在人格尊严的平等,而法国人则执意追求个体荣誉权的绝对平等。在这里,"平等制造了权力,权力的发生又归结为平等"②。可见,"平等"已然背离了个体能动性发挥的差异性特征,成为了荣誉治理终极价值理想的核心目标。

韩国《勋章法》的制定受到欧洲国家的影响,尤其强调荣誉权利的平等性,但是韩国的荣誉民主并没有实现真正意义上的民主,虽然有明确的立法导向。

---

① Gordon H.McNeil, The Cult of Rousseau and the French Revolution, Journal of the History of Ideas, Vol.6, No.2(Apr., 1945), pp.197—212.

② [法]卢梭.社会契约论[M].何兆武译.北京:商务印书馆,1980:70.

（1）一切荣誉权力来自国民；（2）荣誉权利的执行者，由国民通过选举决定；（3）国民的基本荣誉权利必须得到确保；（4）荣誉表彰的评选程序受国民监督。

——资料来源：朴光海.韩国功勋荣誉制度研究[J].国外社会科学.2010(01)：82—86.

忽视荣誉的稀缺性特征，将平等奉为神圣信仰，对荣誉资源配置绝对平等的追求和坚持，是推动法国"荣誉—民主化"体育荣誉观筑塑的核心动力。在外部力量的推动下，韩国"荣誉—民主化"体育荣誉观的建构之路较为曲折，在荣誉民主化的过程中，权威主义与民主主义交替出现，直至《政府表彰规定》的颁布与实施，才逐步走向"荣誉—民主化"的轨道。然而，韩国"荣誉—民主化"体育荣誉观的践行却长期面临着西方荣誉观和传统荣誉观冲突和融合的问题。在传统荣誉体系向现代荣誉治理转化的过程中，血统、等级、身份等依然是影响个体名望、声誉、荣耀的主体要素时，高举平等之旗对削弱上层阶级的荣誉特权，实现荣誉治理现代化、自由化、平等化具有重要意义。然而，对平等信念目标的无限扩张，实际上意味着对现实荣誉价值秩序的持续建构，并为"荣誉—民主化"体育荣誉观的建构之路明确了方向。

在竞技的世界里，平等像风筝，身体永远拉扯着它，身体是运动员追求荣誉的限度。平等这种权力，在古代竞技向现代体育变迁中，得到加码和放大。但再高贵的灵魂都藏匿在现实的身体里。所以，向往橄榄枝花环，是所有运动员的愿望，却永远只是少数人的游戏。

——资料来源：乔治·维加埃罗.身体的历史（第三卷）[M].杨剑译，上海：华东师范大学出版社.2014：268.

对体育荣誉资源平等配置的期盼，实际上是对传统荣誉供给中不平等现象的强烈反抗，然而，平等信念的绝对化严重背离了荣誉的内在品性[①]，新的荣誉观又忽视了对旧社会专断权力无限扩张的

---

① [美]莎仑·R·克劳斯.自由主义与荣誉[M].南京：译林出版社，2015：3.

清算和批判,相反地,在体育荣誉治理现代化转型中,给荣誉供给主体荣誉配置权的无限扩张留下了宽阔的空间。

(2)合法性基础:公共意志和荣誉法则

法国人对荣誉分配绝对民主的持续呼唤,使得国家荣誉体系变革的过程始终带有鲜明的民粹主义色彩。这种表现可以追溯到1789年的宪法大辩论,法国革命派强调言论自由,抵制党派政治,拒绝两院制和对立法机关的规约,甚至极度推崇全民参与一切国家政治活动的"虚幻民主"①。

> "对于议会的任何决定,每一位法国民众都有旁听、质疑、否决的权力,公众的意志得以全部表达,且不受任何阻碍"。
> ——资料来源:[英]阿克顿.法国大革命讲稿[M].秋风译.贵阳:贵州人民出版社.2004:122.

这种将绝对民主合法性的基础从神权逻辑转化为民权逻辑,仅仅是提出了法国"荣誉—民主化"合法性来源转化的基本理路。把运动员个体的意志集合化约为公意,并赋予公共意志以终极价值理想,才算完成了对合法性来源的现代化转向。

在法国,公意支撑下的体育荣誉资源配置具有唯一性和真理性,在价值指向上意蕴着至善至美。一方面,表达着共同体成员平等地分享体育荣誉的愿望,另一方面,倡导全民参与体育荣誉评选的每一环节。公意被认为是国家荣誉资源配置合法性的来源,荣誉法则是保障公意合法性的依据和手段。

> The law of honor puts the power of all the people under the highest guidance of the public will to carry out sports recognition activities, and each member is an integral part of the community.
> 译:荣誉法则把所有民众的力量置于公共意志的最高指导下开展体

---

① [法]瑟诺博斯.法国史第2版[M].沈炼之译.北京:商务印书馆,1972:386—387.

> 育表彰活动,并且每一成员都是共同体中不可分割的一部分。
> ——资料来源:A. Salome, A. Julien, V. Jeremy France's 2018 Report Card on Physical Activity for Children and Youth:Results and International Comparisons.CaJournal of Physical Activity.2020.17(3):270—277.

由此,竞技者、公共意志和荣誉法则之间形成了严密的逻辑链,这一理论也为论证国家荣誉资源配置的合法性提供了坚实论据。事实上"荣誉法则、竞技者和公意的共同指向就是国家荣誉权威",也就意味着荣誉分配的最高权威是合理、合法、至善、至上的[①]。法国荣誉体系现代化变革的法律基础和政治前提都在于公意性价值指向,公意是从整体出发的,不宣扬个体私利,所以公意永远是正确的。

法国启蒙思想家们坚信个体荣誉的需求和表达最终一定会在价值指向上达成一般性共识,他们自信的认为公意根植于个体的理性思维,是能够抛开私立,最终走向价值认同的。公共意志的实现似乎要依靠一个能够将自身荣誉置之度外的理性个体,为了公共荣誉而采取的坚定性行动[②]。法国著名足球运动员普拉蒂尼早在1985年就荣获法国荣誉军团勋章。公共意志制约荣誉权力还表现在授勋客体对政府授勋的拒绝。

> 法国政府2015年1月1日公布的名单显示,包括皮凯蒂在内的多名人士被授予象征最高荣誉的荣誉军团勋章。而令人意外的是,皮凯蒂当天接受法新社记者采访时宣称,拒绝接受这一荣誉。他表示,自己刚刚得知这一消息,但无意接受勋章。按照这名43岁经济学家的说法,"政府的角色并非决定谁值得尊敬……他们还不如专注于复兴法国及欧洲的(经济)增长"。
> ——资料来源:http://book.sina.com.cn/news/a/2015—01—04/0816714642.shtml

这就意味着,公意追求的实质价值标准是不以个体感受为转移

---

① [法]卢梭.社会契约论[M].何兆武译.北京:商务印书馆,1980:35.
② [英]鲍桑葵.关于国家的哲学理论[M].汪椒钧译.北京:商务印书馆,1995:130.

的客观存在[①]，是超越个体利益而真实存在的终极价值判断标准。对法韩体育荣誉体系而言，这个荣誉资源配置的价值标准不仅彰显着国家荣誉权威的合法性和完美性，而且还理所当然的为国家开展荣誉治理实践提供理论指导。

法韩"荣誉—民主化"荣誉观对公共意志的服从受到社会各界的响应，从公意视角出发，主张绝对民主的体育荣誉观，激发了人们推翻现实等级荣誉体系和建构人人平等的荣誉民主化治理体系的热情与愿望。然而，绝对平等的荣誉观背后却遮蔽了对无限权力的纵容和庇护。就体育荣誉治理实践而言，实现人人享有体育荣誉的绝对平等几乎是不可能实现的，荣誉的稀缺性在体育运动中表现的更加突出，尤其在体育运动市场化、职业化的现代社会中，以公共荣誉为指向的荣誉观是很难走向尽头的。

（3）政治权能：政治无边界

在法国体育荣誉体系现代化转型的初期，我们不难发现，其荣誉观的铸塑远比美国、英国、德国更具政治野心，这一切都源于"法国革命的目的是推翻旧政府，废除一切腐朽的社会结构，而不是作细枝末节的修剪"[②]。法国激进民主主义治理信念倡导政治权能无边界，无限泛化的政治秩序最终必然走向大一统的社会治理轨迹。

> "以平等取代独断、以原则取代习惯、以正义取代邪恶、以民主取代暴政……以崇尚崇高荣誉取代热爱物质金钱，从而实现以共和国的完美取代旧社会一切荒谬的产物。"
> ——资料来源：[法]罗伯斯庇尔.革命法制和审判[M].赵涵舆译，北京：商务印书馆，1965：170.

"荣誉—民主化"荣誉观对终极目标、理想秩序、政治权能泛化的渴望昭然若揭，政权的更迭和政治结构的改变并不是法国大革命

---

① [以]塔尔蒙.极权主义民主的起源[M].孙传钊译.长春:吉林人民出版社,2004:46.
② [美]科基.理念人——一项社会学的考察[M].北京:中央编译出版社,2001:169.

的根本目的,运用国家的政治权能完成对社会的全面改造,建构平等、自由、民主的一体化社会秩序才是革命终极价值的意义所在,"法国革命是覆盖社会各个领域以及人类生存意义空间的革命"①。倘若从纯粹精神和理想道德的制高点来评判整个法国的政治结构、治理体系、权利关系和价值取向,那么社会变革的主体和目标将是全面而彻底的②。韩国政府对体育荣誉表彰管制更加严谨、细致,从评选程序的设计到评选标准的拟定,再到评选结果的传播,每一个环节都充分体现了体育荣誉表彰的政治意志和政府政治权能的无处不在。

> 韩国的功勋荣誉表彰的评选工作分为定期评选和不定期评选两种。功勋奖章的评选一般安排在国庆节、建军节或年底进行,而时效性较强的评功评奖则安排在项目完成、比赛结束后进行。功勋表彰候选人的推荐一般由功绩审议委员会来完成,拥有推荐权的机关通常都会设置该委员会,一般由5至10人组成。被推荐的候选人通过功绩审议委员会考核后,在授勋前一个月,其材料需提交到行政安全部,审核合格后,再上报到功勋表彰审议委员会复审。勋章和奖章的提名还要通过副部长会议讨论及国务会议表决。政府表彰由中央功绩审议委员会评选。勋章和奖章的颁授将经由国务总理裁决,再由总统决定最终名单。

"理想政治价值秩序的建构,必然要求社会活动在健全的政治标准下遵循国家利益至上的基本规律,变果为因,实现社会精神对社会制度的引领"③。这就意味着,国家当权者在荣誉治理领域拥有至高无上的政治权威,以至于任何对国家荣誉权威的干预都被认为是别有用心的愚昧行为。在此情况下,国家权力机构为了迎合体育荣誉平等主义的理想需求,需要对整个法国社会一切体育运动相关

---

① [以]塔尔蒙.极权主义民主的起源[M].孙传钊译.长春:吉林人民出版社,2004:31.

② Michael Oakeshott.The politics of Faith and the Politics of Skepticism. New Haven London:Yale University Press,1996,pp.49.转引:[法]瑟诺博斯.法国史第2版[M].沈炼之译.北京:商务印书馆,1972:273.

③ [法]卢梭.社会契约论[M].何兆武译.北京:商务印书馆,1980:53.

的荣誉表彰进行干预,直接控制体育荣誉资源的配置权力。

> 对于民主主义价值信念的坚守者而言,国家荣誉权威是神圣的、法律的、道德的、精神的,君主不仅有责任,而且有能力为国家现代化荣誉体系的建构承担起历史重任。
>
> ——资料来源:[法]帕特里克·阿米约.荣誉勋章:历史/传统/收藏[M].巴黎:拉鲁斯出版社,1995.

"荣誉—民主化"体育荣誉观要求荣誉的供给要崇尚公意,荣誉的需求要绝对平等,荣誉的配置要完全依照当权者的意愿实施,从而形成了大一统的体育荣誉治理秩序。然而,在新的荣誉观建立的同时,却没有清算如此神圣的专断权力在无限扩张趋势下将带来什么风险。在体育荣誉观和实现方式转型的过程中,荣誉治理的政治功能愈发凸显,荣誉配置的权利边界不断延伸,荣誉治理结构趋同,荣誉平等的价值目标激进,从而为旧社会"君权神授"专断制度的复辟提供了可能,甚至有过之而无不及。

4.2.2 "荣誉—民主化"实现机制的治理理念

激进民主主义和传统荣誉观念的决裂,产生了全新的荣誉治理价值信念,却没有对旧社会王权贵族的专断权力予以清算,并没能实现体育荣誉实现方式的现代化、法制化、民主化的时代转向。而是在理性主义思潮下设定了梦幻般的价值理想,把激进民主主义的建构理路最终指向了无限权力、零和互动、依法治理、集体性权力和无限治域的价值理念。

(1)政府无限权力理念

法国传统荣誉体系倾向于把分散在贵族、教士、骑士团体的荣誉分配权集中到中央权力机构,实施一体化荣誉治理。法国大革命以后,国家对荣誉权利的垄断是史无前例的,几乎所有分在社会各个角落的荣誉供给权全部集中在一起,由国家统一配置,荣誉治理秩序被中央权力机构完全控制,形成全国上下一体化的荣誉治理体系。在法韩荣誉体系现代化转向的过程中,对荣誉资源分配权的改造仍在继续,当中央权力不断集中的同时,还通过荣誉观的引领来强化中央荣誉治理的内在权威性。

> In terms of the expectation of the central authority for the distribution of honor, the allocation of honor resources should first follow the principle of substantive justice. However, the use of rights is an evaluation system that conforms to substantive justice but lacks legitimacy. Therefore, the honor allocation mechanism of central absolute centralization will inadvertently move towards the unlimited expansion of rights.
>
> 译:就社会对中央荣誉权能的期待而言,荣誉资源的配置首先应遵循实质正义的原则,不过,权利的使用是符合实质正义却缺乏合法性的评价体系,所以,中央绝对集权的荣誉配置机制不经意间就会走向权利的无限扩张。
>
> ——资料来源:F.Orellana.M.Fernanda.The Right to Honor as Limit to the Freedom of Information up to the Moment of Filing Criminal Charges. Revista de derecho.2011(37):547—564.

对于权利过于集中的可能以及所带来的风险,孟德斯鸠曾明确表示,"假如将行政权和立法权合并,那么自由将不复存在,因为人们受制于国王或议会制定的法律"[①]。然而令人遗憾的是,法国现代荣誉价值信念对绝对平等、公共意志的终极指向,以彻底改造国家政治秩序的野心都不断冲击着孟德斯鸠的"守旧"思想。卢梭本人就曾直截了当地批判了孟德斯鸠权力观念的中庸和保守。卢梭认为,主权的集中利于公意的表达,分割的主权只是代表着个别人或团体的利益,主权具有不可分割的实质意义。

> Only under the unified deployment of the monarch, can real equality and justice be realized, and the Democratic belief or honor governance can

---

① 法孟德斯鸠.论法的精神(上册)[M].张雁深译.北京:商务印书馆,1961:156.

be guaranteed.

译:竞技荣誉授予权力不应该被分散在贵族、骑士、地方和社会之中，只有在君主的统一调配下，才能够实现真正的平等和正义，才能够保障荣誉治理民主主义信念的达成。

—— 资料来源：W. II JIN. H. Kwon. Mediated effect of vicarious achievement on the relationship between prestige of sports team and basking in reflected glory(BIRG). Korean Journal of Sport Studies. 2013, 52(6): 311—319.

虽然这种强调权力归属重于权力运用的超现实主义思想，却能够在激进派那里得到持续的支持。况且，持此种观点的思想家并不孤单，朴正熙在谈论国民权力分配时指出，"形式在权利的实质归属面前无足轻重"[①]。姜万吉批评美国分权制衡的制度体系，认为它损坏了原本简单朴实的价值体系[②]。安清市的观点则更具激进民主主义色彩，以权力实质归属为导向的无限权利边界的理念在这里发挥的淋漓尽致。安清市指出，"政府的荣誉配置权不但不能削弱，还要进一步提升政府捍卫权力自由的能力"[③]。由此不难发现，韩国向现代化转型过程中最突出的特点就是权力由分散向集中的转移，具体表现为由社会组织、俱乐部、体育协会转移到政府主管部门，由政府机构转移到议会，再由议会转移到独裁者手中的权利集聚。

法韩体育荣誉观实现机制的治理理念，为了追求体育荣誉治理的实质正义，必然伴随着荣誉分配权中央集聚。在这种国家治理一体化、普及化、平等化的运行机制下，不仅会导致荣誉分配权的滥用，而且会导致荣誉供给和需求脱钩，荣誉分配平均化，从而严重违背体育荣誉的内在品性，最终造成体育荣誉体系现代化转型的失落。

① [韩]朴正熙.我们国家的道路[M].北京:华夏出版社,1988:63.
② [韩]姜万吉.韩国近现代史[M].贺建斌译.北京:东方出版社,1993:17.
③ [韩]安清市.韩国政治文化的特征和变化[M].姜靖藩等译.北京:商务印书馆,1987:76.

（2）零和互动理念

法国大革命时，整个社会的价值取向彰显着极端的排异心理，革命者非此即彼、你死我活的斗争主义始终萦绕在法国社会现代化转型的各个角落。如此极端的敌对模式，没有给对立双方留下一丝协商、妥协、互动的空间，处死政治犯被认为是"符合革命思想的理智行为"[①]。

这种两极对立互动的价值理念来自于对终极价值理想遵循所带来的心灵满足，以及由此站在道德的制高点抨击对方，慰藉自己[②]。这种自我肯定的心理作用来自于革命主流思想对公意的准确把握，而排除异己的道德优越感则来自于对公意承担的责任。激进民主主义两极对立的政治逻辑深刻影响着法国体育荣誉治理的价值遵循，这种泛道德化、泛荣誉化的治理理念先是遮蔽在思想家、革命家对公意连篇累牍的宣扬之下，之后又在体育荣誉治理主体（政治权威）对平等、民主、自由的呼唤中付诸实践。罗伯斯庇尔将这一治理理念释义为荣誉观的"善"与现实治理实践的"真"的有机结合，从而进一步强化了激进民主主义"一元治理论"的理论基础。

> 荣誉治理的基础在于公共美德、荣耀、声誉的普及程度，荣誉治理的目的在于扩大荣誉资源配置的平等化、普及化、公众化，公共荣誉成为国家荣誉治理的出发点的归宿。
> ——资料来源：[法]罗伯斯庇尔.荣誉法制和审判[M].赵涵舆译.北京：商务印书馆，1965:171—172.

对这种超现实性终极价值理想的追求构成了法国体育荣誉体系现代化转型时期的主流荣誉观，平等、正义、民主、荣誉、美德等关键词充斥着法国体育运动的各个角落。随着这一理念体系的不断发展，体育荣誉治理的道德功能和民主意识被过度放大，绝对平等

---

① [法]瑟诺博斯.法国史第2版[M].沈炼之译.北京：商各印书馆，1972:401.

② 刘大明."民族再生"的期望：法国大革命时期的公民教育[M].北京：中国社会科学出版社，2005:221.

和绝对民主的价值观念代替了荣誉法则和荣誉的内在品性,成为了衡量荣誉治理合法性、合理性的绝对标椎,最终导致体育荣誉治理的整体失范。

> 依据是否从公意的立场出发,是否体现荣誉公平、荣誉美德,法国体育荣誉治理主体被划分为两大派别。遵从公意标准的被认为是真理、正义和善良的化身,而遵循体育荣誉法则和荣誉内在品性标准的被划分到自私、封建、腐朽的行列。
> ——[法]罗伯斯庇尔.荣誉法制和审判[M].赵涵典译.北京:商务印书馆,1965:236.

在荣誉治理主体之间零和互动的场域下,平等、自由、民主被强行确认为体育荣誉治理的核心价值标准,荣誉资源共享、荣誉权力平等、荣誉需求民主就成了法韩体育荣誉体系建构的基本理念,而竞争性、稀缺性、个体能动性等体育荣誉的内在品性特征被作为敌对标准排斥、打压、扼杀。这种体育荣誉治理理念之争的持续发酵,这也是造成法国体育荣誉治理结构失衡的主要原因。

零和互动的价值场域在法韩体育荣誉体系中形成了泾渭分明的壁垒,也就意味着,在法韩政府体育荣誉分配权的归属上,建立的是"纵向一体化",而不是"二元平行化"的治理模式。

(3)公共荣誉立法理念

法国社会的现代化进程表现出对法律的热情呼唤,体育荣誉观的实现也试图通过荣誉权的立法摆脱传统荣誉体系的束缚,改变国王、贵族、骑士对体育荣誉资源的绝对控制权,实现荣誉权利的"人人平等"。可见,法国思想家对体育荣誉立法的追求和英国具有形式上的相似性,然而细作思量即可发现,二者在荣誉立法的目的和意义上却大相径庭,其区别主要体现在体育荣誉观的铸塑上。

近代法国荣誉体系的立法虽然是在宣扬天赋人权的背景下实施和颁布的,然而,体育荣誉治理法制化的意义和归宿始终是与公意和主权密切相关的。这种价值维度的确立可以在《人权宣言》关于权力和权利之间张力的阐述中找到依据。

> 行政权和立法权的决议是建立在神圣不可侵犯的人权之上的,其中包括个人信仰、言论、尊严、人格、名誉、荣誉等系列个体基本权利。任何权力都来自于国民,任何团体或个人都不得行使国家主权机构未明确授予的权力。
> ——资料来源:姜士林.世界宪法大学(上卷)[M].北京:中国广播电视出版社.1989:761.

如前所述,在法国启蒙思想和政治意志的熏陶和引领下,公民、人们、国民的意义所属都要依托于公意的实现与否[①]。假如认为荣誉立法的目的是为了满足和维护个体对荣誉需求的权力,而荣誉立法又是基于对公共意志的追寻,那么个体荣誉和公共荣誉发生矛盾时,荣誉立法如何在二者之中找到平衡点似乎不是那么容易,然而法国治理实践给出了答案。

> 《人权宣言》对立法机构的信任和对公共意志的向往,限制了竞技者荣誉权利的实现范围,放松了对当权者荣誉权力的限制。
> ——资料来源:[法]马塞尔·拉贝.体育法规(第2卷)[M].巴黎:加斯东·杜安与西出版社,1930:544.

事实上,对个体权利的种种限制和束缚致使人们丧失了自然的权利和自由的天性。在激进派主张的荣誉变革中,荣誉立法不过是公意的立法,所有违背公共荣誉的立法都不被认可。正是在这种情况下,主权者打着公意的旗号,把荣誉分配权最大化,甚至跨越法律的底线也不被质疑和批判,因为,"公意是一切权力实施的合法性来源"[②]。

此外,荣誉法治是韩国政府在体育荣誉体系建设中一贯坚持的

---

① [日]彬原泰雄.现代的历史—比较宪法学新论[M].吕艇译.北京:社会科学文献出版社,2000:19.

② [法]西耶斯.论特权第三等级是什么[M].冯棠译.北京:商务印书馆,1990:60.

治理理念,对韩国体育荣誉观的培育和践行起到重要作用。公共荣誉立法理念在体育荣誉观的实现机制中得到体现。但是,把公共荣誉获得与否作为体育荣誉立法和实施效果的评价标准,很容易导致体育荣誉观的筑塑在立法层面产生对立面,这可以释义为"在政治哲学领域符合自然法的立论逻辑,而在法律学说的语境下则属于法律实证主义的范畴"[①]。简言之,在宪法中所明确的公民权利在很大程度上被搁置或抛弃,国家意志、中央权力、人民意愿成为荣誉立法的动力和源泉。从而发现,在体育荣誉体系建构的法律框架内,社会团体、家庭、公民的体育荣誉权在公意的笼罩下一再被剥夺,并最终走向荣誉权力的虚无。

(4)集体性权利理念

在封建制度下的法国政权结构中,国王、贵族、骑士等特权等级垄断着整个权力系统,而占人口和社会分工绝大部分的第三阶层始终未能争取到丝毫权力,体育荣誉权力的配置更是如此。直到法国大革命的爆发后,"主权在民"的观念在宪法中得到强调,这种局面才得以扭转。至此,公民基本参政议政的权力有了法律依据,"由民众协商议定法律"的集体性理念在政治生活实践中不断地得到强化,公民参与社会活动的权力得到了极大地扩展。在此背景下,中间阶层参与竞技的热情迅速蔓延开来,法国民众对体育荣誉的需求也逐步高涨。

> "运动精神""复兴的运动""进步中的运动"等词条很快取代了准军事性质的"体操"。运动场、体育场和跑道朝向巴黎的大门打开了,很多小镇有了自己的足球队、自行车协会、田径队。牙医、巴黎理工学院的学生、法国中央高等工艺制造学校的学生还同属于法国体育队。《体育镜报》断言:法国最优秀的足球运动员都出身于贫寒阶层。体育荣誉奖励大幅提高,在1913到1933年间,里昂发放给优秀运动员、运动队的奖励和补贴从总

---

① 刘军宁.从法治国到法治[M].北京:三联书店,1997:106.

> 预算的5%提高到18%。
>
> ——资料来源:[法]乔治·德尼.运动与运动社会百科全书[M].巴黎:阿尔多出版社,1946:244.

不过,当第三阶层的人们试图分享体育荣誉权的时候,历史的车轮再次绕道而行。法国体育荣誉观的建构逻辑与美、英相比较,毋宁说和古希腊的斯巴达更加相近,更加强调体育荣誉的城邦性和集体性,而非个体性。

> 当法国人民开始分享公共权力、广泛参与国家荣誉治理之时,个体的荣誉权利却遭受到了空前的挤压。乔治·埃贝尔认为运动已经成为"国际化的肌肉市集",这是一种追求个体荣耀的过分行为。
>
> ——资料来源:[法]马塞尔·拉贝.体育法规(第2卷)[M].巴黎:加斯东·杜安与西出版社,1930:544.

当集体利益、国家利益和个体利益相冲突时,个体利益必须做出让步,正所谓"为了革命,个体的自由应该受到限制"。个体体育荣誉权利的实现同样是以共同体荣誉为前提的,这就是为什么当激进民主主义捍卫集体荣誉的时候,个体荣誉的获得常常只是一句空话。"古希腊人理想中的自由,是在城邦共同体成员之间分享公共权力,而现代社会把自由定义为能够充分享受有保障的个人快乐"①。

在韩国的产业化和民主化进程中,政府逐步认识到,自由主义和个人主义价值观已经在社会上传播开来,集体主义观念不断式微,为国家献身的爱国主义精神甚至也沦为不合时宜的荣誉观。主要表现在传统共同体认同的瓦解和集体荣誉观的削弱。为此,韩国学界和政府强烈呼吁,以地缘、血缘和学缘为根基的个人主义偏离了社会发展轨道,只有重塑集体主义价值观,才能实现真正意义上的和谐治理社会。

---

① [法]贡斯当.古代人的自由与现代人的自由[M].阎克文等译.上海:上海世纪出版集团,2005:40.

韩国国会于2014年12月通过《人性教育振兴法》,明确指出人性教育是保障人的尊严和价值,培养与他人、集体、自然和谐共存的品格和能力的教育。旨在培养具有健全、正直品质的国民,使互相尊重和关怀的集体主义意识在全社会普及。

——资料来源:郑越.韩国人的"我们"意识[J].长江丛刊,2016(22):179—180.

法韩体育荣誉观筑塑的过程中,集体性权利治理理念的产生有着深层的思想自觉和理论基础。公意的实现要求"国家、公民这两个旧制度中的概念应该从现代词语中剔除掉",而新制度的设立"是要以国家为依托的,因为,没有国家的地方,也就没有公民了"①。虽然学者们对公民权利的关心是真诚的,但是把国家利益置于压倒一切的高度,实则是对中央权力集中的进一步强化。显然在这里,所谓的体育荣誉权平等化、公民化治理理念,是基于集体性权利至上前提下的典型的斯巴达模式。

(5)国家无限治域理念

公共意志的表达和实现是支撑法国荣誉观形成,乃至决定国家价值体系新一轮建构方向的主要因素,这一价值共识贯穿于法国大革命的始末。

"公意是荣誉道德和荣誉价值理想的方向和源泉,是个体荣誉权利的前提和归宿,具有不可动摇的统领意义"。

——资料来源:[法]尼克拉斯.B德尔克斯.文化/力量/历史:当代社会理论中的一个读者[M].普林斯顿:普林斯顿大学出版社,1994:123.

站在道德和法律的制高点,启蒙思想家一方面承诺了公意理念下荣誉治理体系的完美构成,另一方面又把公共意志引领下社会实践性和未来规划展现在世人面前,从而实现了荣誉分配权集中治理的可能性和可欲性相结合的理想状态。实际上,基于这样的政权逻

---

① [法]卢梭.爱弥儿(上)[M].李平沤译.北京:商务印书馆,1978:7.

辑,荣誉治理的相对集中只是体育荣誉观走向理想状态的中间环节,只需公共意志的代表对这一中间环节进行积极的引导和必要的改造,就可以重塑体育荣誉治理秩序,从而能够达到荣誉价值理想的彼岸。

当然,对理想价值秩序的呼唤,也就意味着为了个体荣誉的得失而建构有限权力的政治机构是不具备价值基础的,无限治域理念才是顺应时代需要的当然之选①。建构中央集权无限治域的荣誉治理格局,其目的是为了通过改造个体、家庭、团体的荣誉观念,实现公意所意蕴的公共荣誉、全民荣誉、国家荣誉的终极理想。

> 权力分配主体无限治域的价值理念是对传统荣誉等级制、专断制、特权制的批判,是对旧社会荣誉体系的全面否定,是对现实荣誉治理技术的全面提升,是荣誉观重塑和再生的基本价值定位。
> ——[1]张树华,贺慧玲.欧美主要国家的功勋荣誉制度[J].中国民政,2015(16):56—57.

体育荣誉无限治域理念不仅意味着国家权威机构对体育荣誉分配机制、供给主体、需求主体、表彰程序、内容和标准的统一调配和系统改造,同时也是为了利用崇高的公意道德对荣誉个体进行洗礼,从而将君主专断的荣誉治理行为转化为正义、神圣、道德的自然安排。

> 我们渴望理想的社会秩序,在这里,一切都是平等的存在;在这里,个体私欲被压制,公共荣誉得以实现;在这里,国家赋予每个公民荣誉权利,而每一个人都为祖国的荣耀感到自豪……总之,我们希望能够完成历史使命,实现人人平等的享有荣誉权利的制度体系,证实等级制度下的暴政治理只会剥夺自由人民的荣誉权利,推翻旧制度,建构理想的荣誉价值体系,就是我们的目的。
> ——[法]热拉尔·瓦尔特.罗伯斯庇尔传[M].吕一民译.北京:商务印书馆,2017:283.

---

① 刘大明."民族再生"的期望:法国大革命时期的公民教育[M].北京:社会科学出版社,2005:134.

秉持此种价值理念的当权者自然享有无限的荣誉治理权限,必然要统管一体化的荣誉治理实践,从而实现荣誉资源分配平等民主化的远大理想。泛道德化、绝对平等主义、完美主义的荣誉价值理想,滋生并助长了全能型荣誉分配主体的权力扩张,这种无限治域的价值理念正是启蒙思想家们试图改造国家权力结构,铸塑君主极端荣誉权威的集中体现。

4.2.3 "荣誉—民主化"实现机制的制度实践

"荣誉—民主化"体育荣誉观的制度实践是在无限权力、零和互动、依法治理、集体性权利和无限治域五大治理理念基础上建构的制度系统。在荣誉治理实践中,无限荣誉权力授予和荣誉分配权的中央集中,是国家荣誉权力在荣誉体系层面提出的必然要求。在零和互动的荣誉治理理念,体育荣誉体系的设计遵循纵向的一元治理格局,体育荣誉供给的多元主体间呈现不平等互动与价值冲突的特征。无限治域的价值理念要求国家机构对体育荣誉体系的全面控制。

(1)注重体育荣誉表彰的系统化设置

法国荣誉体系所涵盖的体育荣誉表彰门类齐全,种类繁多,既有骑士荣誉奖章,也有平民竞技奖章、体育荣誉奖章和体育纪念奖章;既有中央层级的颁发的勋章,也有部委下属部门和地方政府颁发的荣誉奖章。荣誉军团管理会、国家功勋勋章委员会和体育荣誉管理委员会等管理机构在法国荣誉体系的运行中起到重要作用。但是,法国对荣誉权利的垄断也是空前的,几乎分布在社会各个领域的荣誉供给权全部集中在一起,体育荣誉也不例外,所有的体育荣誉资源由国家统一配置,荣誉制度规范被中央权力机构完全控制,形成全国上下一体化的体育荣誉制度[①]。

---

① 刘昌武.国家荣誉制度建构研究[D].长沙:湖南大学,2009:31.

> 体育和艺术类勋章的评委会设置在中央集权下的文化部门,其内部又分为法定委员和非法定委员,前者包括法国体育司司长、造型艺术司司长、音乐舞蹈戏剧和演出司司长等12为行政官员,后者则由文化部部长直接任命,两者都在文化部的统一领导下开展具体的体育荣誉表彰工作。
> ——资料来源:张树华,潘晨光.中外功勋荣誉制度[M].北京:中国社会科学出版社,2011:295.

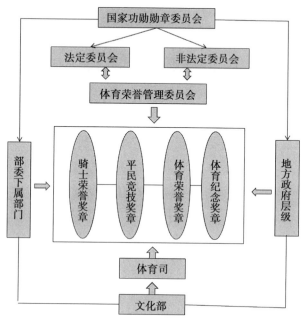

图4-2-2　法国政府体育荣誉表彰系统

法国功勋荣誉的授予有严格的等级制度和数额限制,法国荣誉功勋共分为6个勋位[①],层级鲜明,等级之间几乎没有互动,这种贵族式荣誉制度长期存在于法国传统社会。随着社会的变迁,工人阶级、平民阶级成为推动社会发展和进步的主力军,这就特别需要褒

---

① 注释:法国荣誉功勋从高到低依次是军团长勋位(Grand Master)、大十字骑士勋位Grand—Croix(Grand Cross)、大军官勋位 Grand Officier(Grand Officer)、高等骑士勋位 Commandeur(Commander)、军官勋位 Officier(Officer)和骑士勋位 Chevalier(Knight)。(张树华,潘晨光,2011)

奖工作中表现突出的个人或团体,而不再以贵族等级、拥有财富、掌管权力为表彰标准,从而促进了新的荣誉制度的产生①。为了抑制荣誉军团的过快发展,在法国本土设立了专业荣誉勋章,又称为部级勋章或部委勋章。

案例4-2-1

> 以《赏勋法》《赏勋法施行令》和《政府表彰规定》等法律法规为基本依据,韩国体育荣誉表彰共设置了三个层级,即:体育勋章、体育奖章和政府体育表彰。韩国国家荣誉制度包含的勋章有12种,体育勋章是其中之一。其一,体育勋章主要授予为提高国民素质、提升运动水平和推进国家体育事业快速发展做出贡献的杰出人士。体育勋章共分为5个等级,从高到低依次是体育勋章青龙章、体育勋章猛虎章、体育勋章巨象章、体育勋章白马章和体育勋章麒麟章。其二,韩国荣誉制度中的奖章是仅低于勋章的授勋,也共有12种,不过奖章没有等级差别,12种奖章分属不同领域,又属于同一级别。其中,体育奖章授予那些为发展国家体育事业做出突出贡献,以及为促进国民健康、提升国家形象和国际影响力发挥重要作用的优秀人士。其三,政府表彰是低于奖章的荣誉褒奖,共分为4个等级。即:总统表彰、国务总理表彰、中央行政机关首长表彰和各级机关首长表彰。其中政府体育表彰属于第三等级的中央行政机关首长表彰,具体而言,称之为体育文化观光部长表彰。政府表彰按内容分为功绩奖、创意奖、优等奖和协助奖4个奖项;其中优等奖是授予在体育竞赛、文艺比赛以及各种教育事业中取得优异成绩的个人或团体。
>
> ——资料来源:朴光海.韩国功勋荣誉制度研究[J].国外社会科学,2010(1):82—86.

《赏勋法》自颁布以来,历经数十次修订,已逐步趋于完善。但是在实际运行中仍不免会出现一些制度和实践脱钩的现象②。据《赏勋法》规定,过得勋章的人士在7年之内不能再次授勋。另外,2014年,韩国政府将青龙章的或将积分标准由1000分提高到了1500分,具体积分办法如表4-3-1所示。金妍儿在当年的积分是

---

① 张树华,潘晨光.中外功勋荣誉制度[M].北京:中国社会科学出版社,2011:294.
② 张树华,潘晨光.中外功勋荣誉制度[M].北京:中国社会科学出版社,2011:437.

1424分,这也是导致她在2014年和2015年都未能获得青龙章的另一个原因①。但是金妍儿在花滑领域的世界影响力以及对国家的特殊贡献符合"授勋标准特例",由此体育文化观光部于2016年在国立中央博物馆授予金妍儿体育一级勋章——青龙章。

表4-3-1 韩国运动员积分情况(单位:分)

赛事 \ 奖牌	金牌	银牌	铜牌
奥运会	800	540	320
亚运会	150	90	50
世锦赛	150	90	50

从法韩体育荣誉勋章、奖章设置系统来看,法国军团、贵族、各部委构成了荣誉治理的三大主体,三者之间表现为对立关系。国家级荣誉开始统领法国各个领域的荣誉表彰,荣誉治理权力逐渐聚集到中央机构。同时,荣誉军团管理会、国家功勋勋章委员会和体育荣誉管理委员会等管理机构广泛参与到体育荣誉治理体系。自韩国《赏勋法》颁布以来,体育荣誉的授予对象多集中在竞技体育领域,且评价标准单一,主要依据运动员在国家大赛上获得的成绩计算积分多少,再根据积分情况决定勋章、奖章的授予等级。

(2)强调体育荣誉表彰的公意性和权威性

现代法国荣誉制度对荣誉资源分配权的改造仍在继续,中央权力不断集中,并通过统筹荣誉资源的分配方式和比例来强化中央荣誉权能的内在权威性。就社会公众对中央荣誉分配权的期待而言,荣誉资源的配置首先应遵循公意和实质正义的原则,不过,权利的使用是符合实质正义却缺乏合法性的评价体系,所以,中央绝对集权的荣誉配置机制不经意间就会走向权利的无限扩张。同样,体育荣誉资源的配置权力并没有被分散在贵族、骑士、地方、俱乐部、家

<hr>

① 朴光海.韩国功勋荣誉制度研究[J].国外社会科学,2010(1):82—86.

庭之中,而是在国家的统一调配下,保障国家体育荣誉授予程序的有序性、正义性。在法国荣誉体系中,关涉到体育荣誉勋章和奖章覆盖领域广、种类多,主要通过荣誉军团勋章、国家功勋勋章和体育荣誉奖章的统筹设置来进一步规范授予程序。

> 　　荣誉军团勋章是法国最具权威性的荣誉表彰,其授予对象主要指为法国做出杰出贡献的军人、普通公民和优秀团体,体现了鲜明的公意属性。同时,法国总统担任荣誉军团团长一职,荣誉军团管理会负责荣誉表彰的具体实施工作,又彰显了国家作为荣誉授予主体的权威性。荣誉军团勋章共分为5个等级,从高到低依次是大十字级、高级军官级、指挥官级、军官级和骑士级。
> 　　——资料来源:张树华,潘晨光.中外功勋荣誉制度[M].北京:中国社会科学出版社,2011:298.

荣誉军团勋章的五个等级

　　法国的所有公民和为法国做出重要贡献的外国公民都有机会获得荣誉军团勋章,但是要由他人推荐,所有的推荐材料均提交给荣誉军团委员会进行审查,委员会对候选人的资格、品行、贡献、工龄、声望等进行细致考察,把合格名单递送给总统,由总统确定荣誉授勋人员,并签署法令,发表公告。军事荣誉授勋一般刊登在5月或7月初的《政府公报》上,民事领域的授勋通常在元旦、国庆等重大节日刊登于《政府公报》。随后将举行隆重的授勋仪式,荣誉军团大十字勋章和高级军官勋章由总统亲自颁授,军团荣誉管理会会长主持指挥官、军官和骑士的荣誉授勋仪式。授勋后,授勋者会收到证明自己荣誉军团身份的证书。2018年4月6日,我国公民郑谊先生就获得了由马克龙总统签署颁授的法国荣誉军团骑士勋章①。

案例4-2-2

早在2007年，北京时间9月29日，马刺后卫帕克(帕克新闻,帕克说吧)在巴黎的爱丽舍宫接受了来自法国总统萨科奇的嘉奖,萨科奇为帕克颁发了法国国家荣誉勋章。

法国总统马克龙在总统府爱丽舍宫,为曾在2018年捧得大力神杯的国家队全体成员,授予国家最高等级的法国荣誉军团勋章,马克龙还着重指出了球队最终夺冠的精神所在,那就是球队强烈的国家荣誉感。而在授勋仪式结束后,多名主力球员就表示,对于获此殊荣倍感荣耀。

法国队队长雨果洛里:"这是一份至高无上的荣誉,此刻作为法国人我倍感自豪,这真的是一个难忘的时刻。"

法国队球员博格巴:"对于中国球迷的支持,我感到非常的高兴,我也希望能在不久的将来去到中国,但这是之后的事情,就目前来说,这一刻真的是太绝妙了,这一枚的完美的荣誉军团勋章就在我的胸前,我一定要把它保存好!"

俄罗斯世界杯中夺得冠军的23名法国队员均被授予荣誉军团勋章　　法国总统马克龙在授勋仪式上讲话　　萨科奇为帕克颁发法国国家荣誉勋章

——资料来源:https://www.bilibili.com/video/av54584506

从法国体育荣誉制度实践的评选程序上来看,由他人推荐到军团委员会审核,再到总统亲自颁奖,国家荣誉的颁授是一个严格、庄严、神圣的国家事件,每一名接受嘉奖的运动员、教练员都无比自豪,民族自豪感、自信心、荣誉观念油然而生,同时起到了激励后进、引领社会主流价值趋向的作用。

国家功勋勋章是由戴高乐于1963年设立的,其目的是为了满足各个领域对国家荣誉表彰的需要,也是对军团荣誉勋章和专门化部级勋章的补充。曾获"欧洲金靴奖"的克罗地亚前足球运动员斯科

① http://www.sohu.com/a/232512854_99970298

布拉,2016年4月8日被授予法国"国家功勋骑士勋章"。国家功勋勋章的公告时间为5月1日和11月1日,其评审程序与颁奖仪式和法国荣誉军团基本相同,民事领域的获奖公告一般安排在5月15日和11月15日,由总统颁布法令,并发布于《政府公报》上。申报人可以通过邮递的方式过得申报材料,也可以直接到省政府出打印。

> 青年体育荣誉奖章(medaille d'honneur de la jeunesse et des sports)是由部委下属部门设立的民事荣誉奖章,其前身是1929年5月4日由法国政府设立的体育教育荣誉奖章,1969年改为此名。青年体育荣誉奖章共分为三个等级,即:金质奖章、银质奖章和铜质奖章,分别要求工龄至少到达20年、12年和8年。
> ——资料来源:张树华,潘晨光.中外功勋荣誉制度[M].北京:中国社会科学出版社,2011:299.

青年体育荣誉奖章的授予对象指在体育领域为法国做出突出贡献的法国公民和外国友人。每年的1月1日与7月14日是青年与体育荣誉奖章的评选时间,候选人的申报材料要包括工作年限、主要贡献、身份证明等信息,最终由体育部长决定授奖对象名单。

> 截止至2019年1月,法国荣誉军团勋章共授予在体育领域作为突出贡献的中外人士78名,骑士勋章367名。2018年俄罗斯世界杯中夺得冠军的23名法国队员均被授予荣誉军团勋章,1998年法国世界杯的国家队队员和负责人也获得过此勋章。另外,体育领域的法国的单板滑雪残疾运动员艾尔南德(Cecil llernandz)和足协会长哈尔多恩(Florence Hardouin)也都荣获了"骑士勋位"。
> ——资料来源:春花.法国颁发新一届荣誉军团勋章:捧得大力神杯的23名国足获勋[N].欧洲时报,2019—1—3(03).

可以说,法国体育荣誉表彰在授予程序上具有层级分明、统筹设置、公意指向的基本特征,充分体现了国家荣誉表彰的权威性。此外,在体现公意,鼓励公众广泛参与的同时,国家队荣誉资源的统筹分配上即设置了鲜明的荣誉层级,也限制了授勋人员的数额。

自古以来荣誉军团就有着员额限制的规定,荣誉军团所设大十字骑士勋章、高级军官勋章、司令官勋章和军官勋章的数额上限分别为75名、200名、1000名和4000名,骑士勋章的员额不受限制。《赏勋法施行令》和《政府表彰规定》的颁布都延续了韩国荣誉表彰的优良传统,既能能够关注公民的价值认同,又体现了国家荣誉表彰的权威性。

(3)彰显体育表彰形式的多样性和激励机制的平衡性

法国荣誉制度有着坚实的历史根基,不论是在管理体制、奖项设置和授予仪式上,还是在评选程序、授予实践上都彰显了一定的历史延续性和结构稳定性。

同时又表现出综合性和专项化并存的特征,即拥有含括多领域和多行业的一体化荣誉勋章,也表彰在专业领域表现突出的杰出人士,既注重表彰本国公民,也常常将国家级荣誉勋章、奖章授予国外友人,同时在授予对象上还充分体现了继承授勋传统的基本原则。

案例4-2-3

法国足球队及队员曾多次获得国家荣誉表彰,1998年法国队夺得大力神杯后,被授予法国荣誉军团勋章,2004年法国著名足球运动员齐达内也曾荣获骑士勋章,2009年法国总统萨科齐亲自授予齐达内荣誉军团勋章。法国队夺得2018年俄罗斯世界杯冠军后,时隔20年再次荣获法国荣誉军团勋章。

布斯特出生于法国一个小镇的马术家庭,小镇的爱马氛围和布斯特的家庭传统对他日后成为优秀的马术骑手影响颇大,在父亲的教导下,8岁便夺得第一个冠军,职业生涯代表法国队出战52次,共获得8次世界冠军,布斯特对马的控制力和快速跨越障碍技术被世人所称赞,也为发过的马术运动做出了卓越的贡献,2007年希拉克总统亲自为他授予了"骑士勋章"

——资料来源:http://www.forshine.net/baike/tiyumx;https://hong-kong.consulfrance.org/article3354

的确,无论是在军事领域还是在民事领域,无论是法国公民还是外国友人,也无论男女,只要是对法国做出过突出贡献的,都有资格获得法国荣誉勋章。《荣誉军团与军功奖章法典》也明确规定,国家勋章和奖章均可以授予为法国做出突出贡献的外国人,近年来,荣誉勋章的授予也延伸到体育领域的国际友人。

表4-2-2 中国优秀运动员授勋情况

时 间	授勋对象	授勋内容
2013年3月4日	国际手搏联合会主席袁祖谋	法国中国式摔跤协会主席玛丽-诺埃尔代表法国体育运动组织部长富尔内隆,向其授予法国体育金质奖章
2017年9月18日	前乒乓球世界冠军刘伟博士	荣获法国鲁拉德骑士勋章

法国在体育荣誉的实现形式上日趋多样化。譬如,2018年法国队在俄罗斯世界杯夺冠后,不仅收获了荣誉军团勋章,法国政府还为教练和球员们创设了各种纪念性表彰形式[①]。授勋教练和队员也纷纷表达了对勋章的崇敬和对国家荣誉的敬畏。通过表彰在国际重大体育赛事上取得优异成绩的运动员、教练员、运动队,对于培养青少年的爱国热情,增强民族自信心,实现国家认同具有重要意义,也是各国政府惯用的政治手段,法国也不例外。2018年俄罗斯世界杯结束后,法国政府举办了多种荣誉表彰仪式,队员们和主教练纷纷表达了作为法国公民对国家、民族的热爱和对青少年应尽的责任。

案例4-2-4

法国队主帅、1998年法国队队长德尚成为了历史上第三位既作为队员也作为教练夺得大力神杯的传奇人物,为法国足球事业做出了突出贡献,为了表彰和纪念他的伟大功绩,2018年9月12日,位于摩纳哥的马凯体育场(地标性象征)更名为迪迪埃·德尚体育场,该体育场和摩纳哥主队体育场(路易二世体育场)仅一街之隔,摩纳哥亲王阿尔贝二世出席了体

---

① https://zhuanlan.zhihu.com/p/343969884

育场更名仪式,德尚亲自为以自己名字命名的体育场揭牌,现在几百名观众、亲友和德尚的妻子见证了这一荣耀时刻。

主教练德尚也表达了自己的爱国情怀和社会期望。"能够以代表家族把名字命名体育场,对于我和家人来说是巨大的荣耀,在足球场上挥汗如雨、充满笑容的孩子们将是国家和民族未来的希望,世界上没有什么比这更美好了。"

据法国媒体RMC sport报道称,法国足协为每一位俄罗斯世界杯冠军成员打造了一枚冠军戒指,以表彰他们在世界杯中的突出表现和伟大壮举。

据《Goal》的报道,虽然姆巴佩入选了金球奖候选名单,但姆巴佩表示压根没有想过得奖。姆巴佩说:"当我想某事想太多了,就会变得个人主义,我更想为集体考虑。""作为法国公民能够代表法国队出战世界杯是莫大的骄傲和荣幸,能为国家效力是每位法国公民应尽的责任,所以我不需要任何酬劳和物质奖励,会把所的奖金全额捐出。"

——资料来源:http://www.sohu.com/a/253586044 362042;https://www.sohu.com/a/253586044362042;https://www.sohu.com/a/258960760515187

韩国对优秀运动员的奖励可谓五花八门。杨鹤善在伦敦夺冠后,其母在接受采访时提到,等儿子回家后给他做最好吃的煮乌龙面,此后生产该面的韩国农心集团决定给予杨鹤善终生免费享用方便面的奖励。此外,对于奥运会冠军来讲,韩国还有一项非常特殊的奖励——免服兵役[①]。除了多种形式的一次性奖励外,韩国政府越来越注重对运动员的持续性奖励。此前,韩国政府多是采用一次性资金奖励,但是发现对整体运动成绩的提高效果并不明显,甚至造成了冠军运动员满足现状、消极训练、缺乏进取心等负面影响。由此,韩国的体育荣誉制度进行了大规模改革,减少一次性资金奖励的额度,增加持续性奖励,构建运动员终身保障机制,为优秀运动员按月发放一定数额的奖金。该津贴的数额和运动员后期的运动成绩直接挂钩,随着获奖次数的增多,津贴也会相应的

① https://sports.qq.com/a/20160726/039530.htm?qqcom_pgv_from=aio

大幅提高①。以雅典奥运会乒乓球金牌获得者柳承敏为例,除了政府的一次性奖励外,每个月还可以领取约7880元(人民币)的终生性奖励津贴。这就解决的了运动员的后顾之忧,而且还能激励运动员更加努力训练、比赛,以更好地成绩换取更高的特殊津贴。

法韩体育荣誉制度有着健全的荣誉激励机制和退出机制,彰显荣誉,奖罚并重。据法国政府荣誉管理委员会称,在2018—2020年期间,会将强对功勋荣誉勋章授予程序规制,削减勋章授予数量,军官荣誉勋章的数量减少10%—25%,平民授予数量将减少50%②。法国总统马克龙强调,要严格审查候选人资质,依法遵循授勋原则,坚持把功勋荣誉授予为国家做出突出贡献的杰出人士,而不是授予仅仅有名望的人。韩国体育荣誉制度还设立荣誉退出机制,第八条规定,对于功绩造假,犯有危害国家安全罪,以及被判处三年以上刑罚者,将被剥夺已授勋章、奖章以及由此带来的政府俸禄③。《赏勋法施行令》对体育勋章、奖章颁授的相关事项作出更加详细的规定。包括功绩审议委员会的成员结构、授勋的附带奖品、勋章和奖章的佩戴时间、佩戴时的服装要求、佩戴方法以及授勋的取消等。

4.3 "荣誉—民族化"体育荣誉观及其实现机制

在西方国家现代化的进程中,德俄能够从政治的高度铸塑民族主义的价值信念,对世界历史的现代化转向起到重要的影响和示范作用。饱受战乱的德意志人们对和平的期盼,对国家统一的渴望,是德国建构民族主义国家的动力源泉。然而,近代德国民族主义体育荣誉体系的建构之路并不简单。德国人对国家荣誉的推崇与捍

---

① 朱慧松.韩国奥运奖励方式值得借鉴[J].共产党员,2008(17):32.
② 张树华,贺慧玲.欧美主要国家的功勋荣誉制度[J].中国民政,2015(16):56—57.
③ 朴光海.韩国功勋荣誉制度研究[J].国外社会科学,2010(01):82—86.

卫,并不完全来自于对民族的忠诚和认同①,民族主义价值体系的建构受到普鲁士民族主义思想的深刻影响。普鲁士的胜利改变了德国历史的发展走向,普鲁士精神深刻地影响着近代德国的道德标准、荣誉准则和价值理想,这些思想和意识后来被认为是属于整个德意志民族国家的②。

苏联解体后,千疮百孔的俄罗斯开启了社会转型和民族复兴的艰难道路,国家和社会的急剧变革,必然伴随多种文化的碰撞和多种思想的激烈争辩,保守主义思潮、自由主义思潮和民族主义思潮纷纷展开角逐③。其中民族主义思潮逐步兴起,民族主义迎合了自尊心受损的俄罗斯人,增强了他们的民族凝聚力和国家认同感,同时也为俄罗斯重返国际强国提供了精神动力和思想源泉。尤其在千年之交,国家民族主义迅速发展成为俄罗斯众多意识形态中的主流④。

民族主义和国家主义的结合,把国家意志和民族荣誉深深地印在了德俄体育荣誉观的培育之中,把国家、民族的概念伦理化、理想化,使其成为荣誉观筑塑的目标指向。这就为"荣誉—民族化"体育荣誉观的建构奠定了坚定信念。

4.3.1　"荣誉—民族化"体育荣誉观的内在品性

（1）目标指向：民族荣誉至高无上

回顾德国民族国家的建构史不难发现,德意志境内经历了极其复杂的意识变迁。早期的德意志由于受到古典人文主义者的影响,

①　[德]脾斯麦.思考与回忆:脾斯麦回忆录[M].山西大学外语系《思考与回忆》翻译组译.北京:东方出版社,1997:191.

②　[美]平森.德国近现代史:它的历史和文化[M].范德一译.北京:商务印书馆,1987:15—16.

③　谢晓光,张腾远.普京时代俄罗斯民族主义思潮及其影响[J].辽宁大学学报(哲学社会科学版),2018,46(02):154—165.

④　张钦文.俄罗斯转型期意识形态研究[D].南京师范大学,2015.

沉浸在世界公民的意识之中,并没有重视国家、民族的价值意义。
世界主义观构成了德国古典主义的哲学基础,康德认为世界公民观
是具有普遍意义的哲学观念①,席勒对世界主义的憧憬也更加直白,
他表示"仅以世界公民的身份存在,不畏惧任何君主……祖国早已
失去,取而代之的是整个世界"②。在新兴的体育运动领域,出现了
一位推崇足球世界主义精神的伟大思想家瓦尔特·本泽曼(Walther
Bensemann),他把体育视为宗教,"体育或许是当今唯一连接世界各
民族和各阶层的工具"。

> 1891年,瓦尔特·本泽曼卡尔斯鲁厄足球协会,后来又成立了卡尔斯
> 鲁厄足球队,以及德国南部的一系列其他足球队。德国足协成立时,他也
> 参与其中。自1893年至1898年,本泽曼在英国和法国奔走游说,希望通
> 过足球建立世界友谊。
> ——资料来源:[德]特亚·多恩,里夏德·瓦格纳,德意志之魂[M].丁娜
> 译.北京:社会科学文献出版社,2015:160.

这种对国家精神、民族情感的弱化在赫尔德思想中得以扭转。
他指出,所有民族都是独立于其他民族而存在的意义有机体,而民
族精神、民族认同感则是推动这个有机体发展的内驱力。以反世界
主义倾向作为理论基点,赫尔德逐步确立民族主义的思想体系,此
后便更加关注德意志民族的信仰、价值观、文化、文学、民族精神、荣
誉感等,并将其思想注入到创作之中。其中,把现代足球从英国带
到德国的康拉德·科赫(Konrad Koch)对德国足球的认识透显着强
烈的民族主义。

> 在德国的草地上不应该说英语,而是德语。这位与作家威廉·拉贝是
> 好朋友的德语教师,把足球语言的德语化当做把"Football"变成一种德国
> 式游戏的根本步骤。"每一个由德国感情的观众,当他看到一个小青年用

---

① 康德.三大批判合集(上/下)[M].邓晓芒译.北京:人民出版社,2017:255.
② [德]吕迪格尔·萨弗兰斯基.歌德与席勒[M].马文滔译.上海:上海三联书店,2017:284.

英语说'进球'和'踢球'时,就恨不得扇他一巴掌,告诉他,这样做对于一个德国球员来说是不对的。"

——资料来源:[德]特亚·多恩,里夏德·瓦格纳.德意志之魂[M].丁娜译.北京:社会科学文献出版社,2015:161.

然而,赫尔德思想依然呈现出对国家、政治排斥的心理状态。实际上,直到十九世纪末期,德意志民族主义的价值体系都未能在体育领域达成国家共识。第一次世界大战后,民族主义者未能利用足球为他们的目的服务。其中的一个原因是,记录在凡尔赛条约中的那场惨败使民众有切肤之痛,运动场上象征性的胜利只能使之得到些许慰藉。另一个原因是,由于德国体协思想保守,认为职业运动员玷污了体育运动,所以在1920年将所有职业球员除名,这直接导致当时德国队的战绩平平①。

体育运动的两面性逐渐在德国显现出来,民族主义分子把他看作延长战争的另一种手段,而世界和平主义者则把它当作民族之间相互沟通的最佳途径。

纳粹分子上台时,"德国体育"并没有取得更好的成绩,反而因为纳粹政权的血腥屠宰,迫使1940年和1944年两届奥运会,以及1942年和1946年两届世界杯的停办,同时德国人无缘战后1950年第一次在巴西恢复举办的世界杯。德国人在看待体育运动的世界观上存在巨大差异,一边抵制体育职业化,一边认同体育运动的全球性;一边顺应职业联赛的市场化,一边反对赤裸裸地金钱交易;一边辱骂队员们在国际赛场上的糟糕表现,一边呐喊"德国荣誉高于一切"。

——资料来源:潘华,郝勤.德国体育史[M].北京:人民体育出版社,2019:177.

在国际赛场上的接连失意逐渐唤醒了德意志人民的民族自尊心和认同感,也让德国人更加清醒的认识到惟有实现价值认同和民族团结,才能在国家的带领和保护下最大程度地争取民族自尊心和

① 刘波,李永宪.竞技体育发展之路——走进德国[M].北京:北京体育大学出版社,2014:92.

自豪感。至此,民族和国家实现了在价值理念和政治权威上的认同,为民族主义体育荣誉观的构想在德意志的兴起做好了铺垫。

事实上,在德国政治领域,民族主义有着深厚的历史基础和思想支撑。这也是德国"荣誉—民族化"体育荣誉体系建构的另一个原因。国家和民族存在天然的联系,是一个问题的两个侧面,国家是民族精神和情感的集中体现,"每一个民族国家,其制度安排的性质和形式都是该民族自我意识的表达"①。黑格尔对民族国家的阐释彰显了对国家政治的热切关怀,"就黑格尔来说,国家和民族是紧密联系的有机整体,民族存在的目标是成为独立的国家,失去国家形式的民族,就没有历史可言"②。

> "一个民族的荣誉价值信仰是该民族共同体成员个体意识的集中表达,是通过对国家荣誉的拥护、捍卫得以实现的。"
> ——资料来源:[德]黑格尔.历史哲学[M].潘高峰译.北京:九州出版社,2011:39.

国家民族主义中意蕴的民族精神和国家荣誉的融合对俄罗斯体育荣誉观的培育以及当代俄罗斯体育荣誉体系的建构具有重要的推动作用。苏联解体对当时俄罗斯的竞技实力、民族认同和国际地位造成极大的负面影响,B·P·戈洛夏波夫、B·H·祖耶夫等学者提出了俄罗斯体育发展新思想,强化"俄罗斯人在体育领域传统价值观"——爱国主义和民族主义荣誉③。尽管后来的体育荣誉观中蕴含了较为激进的民族主义、民族利己主义和保守的东正教价值思想,但俄罗斯人对待体育荣誉的态度始终保持着一种相对理性和中立的态度。21世纪以来,俄罗斯在竞技体育领域一直着力推行国家民族主义,并试图将民族主义体育荣誉观注塑成俄罗斯体育发展的

---

① [德]黑格尔.法哲学原理[M].范扬等译.北京:商务印书馆,1961:291.
② [德]梅尼克.世界主义与民族国家[M].孟钟捷译.上海:上海三联书店,2007:205.
③ 邱凌云.俄罗斯体育史[M].北京:人民体育出版社,2019:179.

主流意识形态,使"荣誉—民族化"在俄罗斯体育荣誉体系的建构中发挥观念引领作用。

(2)合法性来源:传统荣誉法则和荣誉立法

从德国近现代史的发展道路来看,德国社会的现代化变革是由传统权力机构发起的,故而,整个国家的价值体系并不像英国在保留传统信念的基础上悄然变革,也不像法国对传统价值信念的彻底变更。德国的现代化进程是在维护传统价值信念指向的前提下,对局部价值秩序的有限规约,以适应现代化的挑战①。这也为德国民族主义荣誉观获得合法性奠定了基础。从来源上看,现代德国民族主义荣誉观的形成是新的荣誉自由化思想和旧的荣誉体系相结合的产物,德意志民族的荣誉法则和荣誉立法构成了现代德国荣誉价值信念的合法性基础,为崇主绝对权力的民族主义价值体系的延续创造了前提。

> 早在普里德里希三世时期,君主权力就被鼓吹来源于上帝,"臣民们必须服从上帝的安排"。此后,君权神授的观念一直得以延续,一度成为反抗民权精神、自由精神的重要思想武器,并在德意志复辟时期成为引领社会正义,重塑社会秩序的官宣意志。需要强调的是,即便在民权精神、规则意识、契约思想的持续冲击下,君权神授的价值信念依然能够成为反对荣誉自由化变革,捍卫国家荣誉权威的思想后盾。
> ——资料来源:丁建弘等.德国文化:普鲁士精神和文化[M].上海:上海社会科学出版社,2003:67.

固然,君权神授信念能够在一定程度上满足传统贵族阶层和骑士军团荣誉权的合法性需求,然而,对于经历过启蒙运动的社会第三阶层的人们已然被荣誉自由化的思想所感化。这种崇尚个体荣誉自由,寄希望于国家建构荣誉选举制度的思想在十九世纪中期得到很大发展②。从而形成了荣誉自由化者和荣誉民族化者两股力量

---

① [美]弗里茨斯·特恩.非自由主义的失败:论现代德国政治文化[M].北京:商务印书馆,2015:41.

② [美]平森.德国近现代史它的历史和文化[M].范德一译.北京:商务印书馆,1987:161.

对立的局面,这种局面的发生,既是君权神授信念合法性削弱的表现,也是导致近代德国为了捍卫国家荣誉和民族自尊心而放弃对个体荣誉权保护的重要因素。

> 荣誉自由化的坚持者为了德意志民族的统一,最终还是转向了民族主义荣誉价值信念的怀抱,其原因主要在于支持民族统一、捍卫民族荣誉在当时被视为国家政治权威的合法性来源。在十九世纪中期的许多教科书、文学作品、竞技比赛、公共庆典中,国家-民族荣誉都被视为国家、社会、公民的价值理想之源。
> ——资料来源:[美]平森.德国近现代史它的历史和文化[M].范德一译.北京:商务印书馆,1987:306.

荣誉立法和民族荣誉的结合缓和了转型期德国荣誉价值信念指向的两极冲突,从而避免了体育荣誉价值体系根本性变革的可能。或者说,当时德意志所倡导的国家—民族至上的荣誉价值信念和他们所坚持的国家荣誉资源分配权威性的主张是相辅相成的,进一步来讲,德国上层社会的既得利益者之所以坚持国家—民族荣誉的崇高性,主要是为了维护国家的绝对荣誉权威,并使其保持永久的合法性。

德俄荣誉制度都有着坚实的法律基础和丰富的实践经验,在德国,除了现行的《头衔、勋章和奖章法》总的法律规范之外,还有《德意志联邦共和国勋章颁授细则》对具体领域授奖程序的详尽说明,各州政府也设立了各具特色的荣誉授予相关法律规范和实施细则,对勋章、奖章及荣誉称号授予的意义、标准、基本原则、授予程序,以及历史传承下来的功勋荣誉表彰的时效性、适用性做出了基本规定和操作规范。俄罗斯联邦注重国家奖励制度的合法性,以确保政府奖励的权威性、公平性和正义性。宪法作为俄罗斯联邦的根本性法律,指导一切国家奖励法令的制定和实施,《俄罗斯联邦国家奖励条例》等文件,为维护国家荣誉表彰秩序提供法律保障。此外,俄罗斯联邦还会根据奖项的性质,通过总统令、议会审议或政府决策等法律路径彰显荣誉表彰的权威性。

(3)政治功能:彰显国家权威

英美和法韩分别追求有限政治信念和全能政治信念,而德俄则热衷于国家权威性政治信念。权威性政治信念的形成是德俄文化传统和价值理想积淀的结果,"服从心理"一直是德国人普遍的价值观念,并对德国荣誉观的铸塑影响深远。俄罗斯民族主义与现代民族国家的形成相伴随,逐渐成为一种思想理论和政治意识形态[①],民族主义荣誉观在俄罗斯体育荣誉体系的建构中起到决定性作用。

> "每个民族都有其前进的动力源泉,在德国是服从。"
> ——资料来源:[美]克雷格.德国人[M].杨立义等译.上海:上海译文出版社,1998:22.

此外,德意志受到普鲁士精神和文化传统的影响深远,"对国家的指令不去评价,唯独服从才是每一位公民应该做的事情"[②],这种绝对民族主义思想指导着德国传统荣誉体系的建构。在此背景下,逐步形成了强调中央荣誉配置权威,排斥个体荣誉自由的价值理想,倡导国家指导,民众顺服的荣誉治理体系。

> 1918年之前德国勋章的设立和授予都由各国国王负责,自魏玛共和国时期开始,魏玛宪法严格规定了国家勋章的种类、级别和授勋对象。其中由总统许可颁发,并能够体现中央荣誉权威的体育勋章和奖章有:设置于1936年2月4日的奥林匹亚奖章(das Olympia-Ehrenzeichen)和设置于1936年7月31日的奥林匹亚纪念章(die Olympia-Erinnerungsmedaille),前者表彰在米施·帕滕基兴冬季奥运会、柏林及基尔夏季奥运会上取得优异成绩的运动员,后者表彰在奥运会中做出突出贡献的工作人员。
> ——资料来源:张树华,潘晨光等.中外功勋荣誉制度[M].中国社会科学出版社,2011:226.

---

① 张昊琦.当代俄罗斯民族主义[J].俄罗斯中亚东欧研究,2008(3):8—18.
② 邢来顺.德国精神[M].武汉:长江文艺出版社,1998:272.

在德俄近现代时期,国家荣誉的权威性不但没有削弱的迹象,反而在民族精神的影响下不断得到强化①。需要强调的是在德俄体育荣誉观现代化筑塑的过程中,存在着荣誉分配权的错位。俄罗斯民族主义思潮蕴含的坚定民族精神和爱国情怀,慰籍了俄罗斯人心中由于国家分裂而造成的挫败感,并成为当时俄罗斯各个领域影响最大的思潮之一②。在此影响下,俄政府意识到俄罗斯这种独特的民族主义思想已经改变了人们的荣誉观,并巧妙地将民族主义荣誉观运用到体育荣誉体系的建构之中。

The governance of national sports honor should not only be based on the requirements of political service, but also adapt to the characteristics of the times with diversified subjects of modern sports honor, which provides a historical opportunity for the integration and development of honor authority with traditional color and modern sports honor governance.

译:国家体育荣誉治理既要立足于为政治服务的要求,又要适应现代体育荣誉主体多元化的时代特点,这就为具有传统色彩的荣誉权威和现代体育荣誉治理融合发展提供了历史契机。

——资料来源:G.J.Marcos, J.F.Reed, F.Matthew. Trading Health Risks for Glory: A Reformulation of the Goldman Dilemma. Sports Medicine.2018.48(8):1963—1969.

虽然德俄推崇国家荣誉的权威性,把国家—民族荣誉视为荣誉治理价值信念的最高目标③,在体育运动领域,民族主义体育荣誉观的建构有一个清晰的国家治理蓝图引领实施。

纵观德俄体育荣誉体系的近现代发展史,我们发现,德俄体育荣誉观的培育是在军事荣誉的示范和体育运动主体参与的多元化刺激下被动改革变迁的,并不是被形而上的教条主义所鼓舞,也不

---

① 钱乘旦.谈现代化过程中领导者力量的错位——以德国为例[J].南京大学学报(社会科学版),1998,44(3):35—43.

② 赵明晨.俄罗斯民族意识发轫的普遍主义图景[J].山东行政学院学报,2021(02):116—128.

③ 徐建.近代普鲁士官僚制度研究[M].北京:北京大学出版社,2005:163.

是在英法美体育荣誉变革的引导下开展的。在德国体育荣誉体系现代化转向的进程中,国家权利机构也试图通过顶层设计,统筹体育荣誉资源配置,但是却没有完善的荣誉治理体系与合理性的荣誉实践架构供参照与借鉴。在此情况下,国家荣誉权威和荣誉价值理想之间很难实现有机结合。

4.3.2 "荣誉—民族化"实现机制的治理理念

在荣誉观培育表现出来的对传统荣誉体系的拥护,从另一侧面来看,是对荣誉治理体系现代化转向的抗拒。这一判断在荣誉观的实现机制中也能找到契合点,事实上,民族主义荣誉治理理念表现出对传统荣誉观表达形式和价值指向进行彻底变革的排斥。在体育荣誉体系现代化转向的进程中,荣誉价值理念的变迁和调整具体表现在,权力制约下的法治理念、文化认同下的民族权利理念、君主绝对权力理念、君主和贵族间等级互动理念、国家权力治域理念。

(1)权力制约下的法治理念

受到近代英美法治思想的影响,德国社会的法治观念逐步增强,并与自身的历史特点、价值观念和文化传统形成了独具特色的法治理念。体育荣誉依法治理的价值理念和英国所倡导的以自然法为基础的法治思想虽然形似,但是在对"荣誉法治"的理解存在本质上的差异。

> 与英国荣誉法治理念不同的是,德国往往注重国家运用法律手段对荣誉治理体系进行统领和规约,而不是遵循荣誉法治本身的价值意蕴和基本规律,荣誉法治理念更像是保障国家荣誉权能秩序化形式的思想工具。
> ——资料来源:[英]马克·格林格拉斯.欧洲史:追逐荣耀[M].李书瑞译.北京:中信出版社.2018:362.

可见,在德国的荣誉立法领域,"法律只是立法者的行使权力的工具,而非以自然法为基础维护个体权利的产物"①。简言之,体育荣誉法治其本质是对国家荣誉权威的服从与安排,而不是追寻法律本身所蕴含的自然正义。这里所谓的"自然正义"就是指不同政体下的特定价值指向。从而,德国的荣誉法治理念往往被贴上"形式上的法治",以此区别于英国所遵循的"实质上的法治"②。因此说,推崇荣誉法治对国家荣誉治理权威的遵从,并借助法律形式上的权威性实施荣誉治理,是德国民族主义体育荣誉观法治理念铸塑的核心特征。

别尔嘉耶夫关于律法的思想对俄罗斯荣誉法治理念的形成影响深远,体现了自上而下的律法建设和崇尚国家权力至高无上性之间的内在关联,这也和俄罗斯体育荣誉法治理念的价值指向是相吻合的。就康德本人的荣誉观而言,他更倾向于个体荣誉的自由,别尔嘉耶夫的律法思想蕴含着对个体权利的向往和追求,而非是国家意义下的形式主义。

> 律法存在的基础不是为了维护个体权利,而是国家公共意志的产物,依法治国理念源于对国家统治的坚持。
> ——资料来源:[俄]别尔嘉耶夫.论人的奴役与自由[M].张百春译.上海:上海人民出版社,2019:330.

权力服从下的法治理念,意味着个体荣誉权完全服从于国家—民族的荣誉治理权威,限制国家荣誉配置权力的荣誉自由化思想也已被侵蚀殆尽。至此,民族主义取代个体自由主义构成了荣誉法治建设的核心指向,从而完成了荣誉法治从价值理念向国家治理手段的转换。

(2)文化认同下的民族权利理念

民族主义思想在近代欧洲主要存在两种状态,一种是以政治核

---

① 刘军宁.从法治国到法治[M].北京:三联书店,1997:20.

② 陈新民.德国公法学基础理论[M].济南:山东人民出版社,2001:3—4.

心的民族主义,另一种则是以文化为核心的民族主义[①]。前者以英法为代表,主要表现在对平等、自由、正义、荣誉等现代政治价值信仰的共同体认同,其实质是在同一治域范围内和相同法治下形成的以公民理性为价值指向的思想联合;而后者则以德俄国为代表,主要表现为国家传统文化和共同体文化认同基础上的民族主义。在体育领域,《德国体育奖章》计划被认为是强调民族主义,促进德国大众体育发展的头号计划。

> 《德国体育奖章》是在研究改造1907年《瑞典体育奖章》计划的基础上完成的,旨在推行真正的大众体育健身活动。该计划的颁布和实施加强了国民的体育意识和民族凝聚力,提高了国民的体育热情,使国民达到了强身健体的目的,至1944年,荣获《德国体育奖章》的国民已达130万左右。
> ——资料来源:刘渡.德国体育研究[M].北京:北京体育大学出版社.2012:69.

自2000年以来,传统的苏联功勋荣誉得到尊重和继承,国家体育荣誉称号、体育荣誉奖章、徽章等日益被凝结为实施爱国主义教育的象征性符号[②]。在重大国家体育比赛后,由国家奖励委员会组织实施,由国家首领亲自颁授奖项并致辞,尊重运动员们顽强拼搏的体育精神和优异的运动成绩,强调奖牌对国家的重要意义,突出荣誉表彰的爱国主题。

德俄体育荣誉治理的价值理念在民族权利意识上和英法两国存在较大差异。虽然英法两国在民族权利意识的表现形式上各不相同,但是在方法论上,无论是英国的洛克,还是法国的卢梭,都坚持荣誉个人主义的权利原点[③]。其区别仅仅在于个体荣誉权利实现

---

① 李宏图.西欧近代民族主义思潮研究:从启蒙运动到拿破仑时代[M].上海:上海社会科学院出版社,1997.

② http://www.enorth.com.cn

③ [法]德拉诺瓦.民族与民族主义[M].郑文彬译.北京:三联书店,2005:28.

方式上的差异。而德俄思想家对民族的理解是截然不同的,他们不再认为民族是个体意志的集合,而是认为个体存在的意义是由民族的意志所赋予的。

> "国家意志的实现不是由个体意志发起的,更不是国民意志的总和。民族权利意识的充分表达才是国家存在的根本意义,就像教会依赖于信仰、家庭依赖于爱情、竞技依赖于荣誉、物质世界依赖于万有引力那样"。
>
> ——资料来源:[德]吕迪格尔·萨弗兰斯基.荣耀与丑闻

这就意味着,民族主义荣誉观的特殊意义就在于国家荣誉对个体荣誉的遮蔽,以及由此出发所形成的具有普遍意义的权利意识,而这种权利意识的表达恰恰反映了德俄近现代历史上体育荣誉观实现的价值基础。在近现代体育运动领域,个体荣誉权利在国际或欧洲赛场上始终不能独立于国家—民族荣誉而存在,一直为国家或民族的荣誉权利意识所遮蔽。对此,德俄学者们进一步阐释了个人权利和国家—民族权利的深层关系。一方面维护了个体权利实现的平等性和不受侵犯性,另一方面又对个体权利的实现设立了前提条件,即当需要彰显国家权威和民族利益时,这些个体权利都要在律法的规定下做出调整①。这也透显了文化认同下民族权利理念在竞技领域中的集中表达情况。

(3)绝对权力理念

近代德意志连年处于战乱之中,德意志民族内忧外患。一方面,国家和民族的概念在频繁而又残酷的对外战争中逐步深入人心;另一方面,欧洲革命虽然最终以失败收场,但是却在德意志民族内部强化了共同体的文化认同,间接导致了德意志民族的统一②。

---

① [日]杉原泰雄.宪法的历史比较宪法学新论[M].吕耗等译.北京:社会科学文献出版社,2000:44—45.

② 丁建弘等.德国文化:普鲁士精神和文化[M].上海:上海社会科学出版社,2003:72—73.

由此在德国近代史上形成了国家权威和民族主义的政治传统,这也深刻影响着德国传统荣誉观的建构逻辑。在荣誉治理体系向现代化转型的过程中,国家—民族利益至上的政治价值选择构成了国家权力来源的合法性基础和依据。从而在荣誉治理理念上形成了国家行使绝对权力的价值指向,主要表现在对国家绝对荣誉权的强调和宣扬。

在德国近现代体育荣誉观实现机制方面,荣誉治理的最大特点就在于,荣誉授予的客体无论是贵族阶级,还是骑士军团,亦或是中产阶级,他们都必须服从国家安排,肯定君主的荣誉配置权威。可以说,君主权力绝对主义的价值观念深深地扎根于德国体育荣誉体系之中。君主制原则在现代德国的政治体制中得到了律法的确定和制度的保障。迫于欧洲革命带来的外部压力,魏玛共和国就颁布了更有利于对外战争和保护民族利益的宪法。

> 《魏玛共和国宪法》明确了君主作为国家荣誉体系授予主体的权力和内容,"君主有权设立骑士勋章、军事勋章和英勇勋章"。
> ——资料来源:张树华,潘晨光.中外功勋荣誉制度[M].北京:中国社会科学出版社,2011:203.

1966年联邦德国体育联合会制定了《德国体育宪章》。宪章提出"德国文化部和体育联合会共同致力于德国体育事业的全面发展"。2000年12月颁布实施《德国体育指南》,作为关于德国体育的最高法律文件,对德国体育荣誉体系的机构、宗旨、原则、程序及其各部门的职能范围做出了明确规定。其中"体育发展规划及体育解放与一体化"和"体育的统一与团结"是指南颁布的主要内容。

《俄罗斯联邦国家奖励条例》规定,俄罗斯联邦总统办公厅下设干部和国家奖励局,具体管理国家奖励实践,并组织成立了国家奖励委员会,负责评估奖励材料,保障国家奖励的正义性和公平性[①]。

---

① 张树华,潘晨光.中外功勋荣誉制度[M].北京:中国社会科学出版社,2011:27.

干部和国家奖励局负责实施宪法赋予总统的授奖权利,并制定合法性、统一性奖励政策。在法律文本中,虽然没有明确设定荣誉配置权力的权威性和实施范围,但却被看作一切荣誉表彰的前提和依据。对于国家级的荣誉授予,总统具有荣誉表彰的最终决定权,并代表最高权力机构出席荣誉授予仪式,还拥有撤销荣誉勋章的绝对权力。

综上,近现代德俄体育荣誉观是在绝对权力理念下践行和推进的。正如杉原泰雄所言,"在处理君主权力和社会各阶层的利益关系上,宪法并不能授权规范,只是有限的限制规范"[①]。可以说,无论是宪法对权力的设定,还是思想家们对绝对权力的期待,都在一定程度上反映了近现代德俄对国家荣誉、君主权力和民族利益的追求。绝对权力的价值理念对现代德俄体育荣誉观实现机制的完善意义深远。

(4)阶层等级互动理念

自民主德国和联邦德国实现统一后,德国体育荣誉体系的建设进入全面改革阶段。原民主德国体育体制下的荣誉授予主体结构发生重大变化,不少原民主德国的优秀运动员选择退役,德国统一后的竞技成绩开始下滑。但是,传统社会中的等级制度在体育领域逐步被打破,《黄金计划》《东部黄金计划》《德国体育指南》《联合声明》等政策的陆续出台,极大地促进了阶层间的等级互动,体育荣誉授予的客体日趋大众化,德国大众体育空前发展。

> 两德统一后,原民主德国体育系统中的10500名员工,包括各种项目的教练和队医被全部解雇。自1996年后,德国在奥运金牌榜上的竞争力逐年下滑,但是德国体育运动的群众基础却越来越牢固,德国足球强势回归,德国发展成为全民体育的国度。2014年最新数据显示,德国共有超过

---

① [日]杉原泰雄.宪法的历史:比较宪法学新论[M].吕昶等译.北京:社会科学文献出版社,2000:43.

9.1万个体育协会,注册会员达2800万人,占总人口的34%。

——资料来源:潘华,郝勤.德国体育史[M].北京:人民体育出版社,2019:184—185.

"德国体育奖章"制度发展已逾百年,不仅保留了依法治理、国家荣誉权威、民族荣誉至上等有限传统,而且在荣誉授予客体上突破了传统的君主和贵族阶层之间特权制和等级制。体育、游戏、休闲活动不再仅仅是王权贵族们才能享有的特殊权利,体育奖章的授予范围不断扩大,测验门类和项目呈现多样化,体育表彰活动更加丰富,授奖的总量逐年上升。

2000年将滚轴溜冰、直排轮滑、滑板和越野行走等项目纳入测验门类,尤其受到儿童和青少年的欢迎。至2001年底共颁发23533487枚各类德国体育奖章。各州也采取措施,推动德国体育荣誉体系的发展,如2001年8月18日就是萨尔州的"体育奖章日",启动了"萨尔州创体育奖章记录"活动。2006年5月,德国体育联合会和德国奥委会合并为德国奥体联,大大刺激了全体国民参加锻炼、争取奖章的积极性,就在当年颁发了949916枚,创一年内颁发"德国体育奖章"的新高,而2008年历史性突破了100万大关,达到1004341枚。其中,776920人是儿童和青少年,227421人是成年人。

——资料来源:潘华.德国大众体育[M].北京:人民体育出版社,2011:194—195.

德国政府非常重视全民健康,推出了一系列促进全民健康的计划。2000年德国体育联合会、州体育部长会议和文化部长会议发表"联合声明",推进了学校体育的平等、普遍发展。

《俄罗斯联邦国家奖励条例》指出,不论是俄罗斯联邦境内的、个人、企业、团体,还是长期居住在俄罗斯联邦的外国友人,都有权向上级主管部门推荐国家荣誉表彰候选人,通过审议后,由主管部门向联邦国家权力机关提交相关材料,国家机关负责人与相应的政府部门首脑协商同意后,向总统上报推荐者名单①。俄罗斯联邦国

---

① 王文臻,祝伟伟.俄罗斯的国家荣誉制度[J].俄罗斯中亚东欧市场,2010(04):40—50.

家荣誉的授予通常没有固定的时间,尤其是在奥运会等国家大赛上获得金牌的优秀运动员的推选,可以随时上报,批准后,及时发布总统颁奖令。一般是两个月内,在克里姆林宫举行庄严授奖仪式①。多数奖项由政府主管部门互动协商,协同授奖,只有少数具有国家影响力奖项由总统亲自颁授。假如授奖程序的任何一环存在不合理性,总统都有权撤销并收回勋章、奖章和荣誉称号。

可见,"荣誉—民族主义"体育荣誉观的实现机制在阶层等级互动理念的治理下,民族主义对资产阶级和平民荣誉权利的蔑视和掌控已不复存在,体育也不再是王权贵族的特权活动,德俄体育荣誉观的建构基础和发展理念逐步转向社会化、大众化。

(5)国家选择治域理念

就近代德国政治发展的整体目标而言,在于践行国家权威,实现民族利益,建构一种具有绝对主义政治权力的治域价值理念②。现代以来,两德的统一改变了传统德国的政治秩序,维护国家荣誉权威依然是德国体育荣誉观践行的重要理念,但随着社会力量的壮大和民间体育组织的快速发展,德国的非官方体育荣誉授予主体逐渐壮大。

> 德国体育荣誉体系的管理机构主要分为两类,即官方机构和非官方机构。在官方的管理机构中,国家层面以内务部为主,联邦州层面以文化教育局为体育荣誉授予主体。在非官方机构中,德国奥体联是管理体育荣誉表彰工作的唯一最高组织,在它的领导和管理下,各单项体育协会、联邦州体育联合会和联邦国防军体育管理机构积极参与体育奖章的授予。
>
> ——资料来源:鲁毅.德国体育管理体制及其对我国体育发展的启示[J].广州体育学院学报,2016.36(4):1—4.

---

① 单煜.俄国家荣誉制度:法律保障下兼顾广泛与公平[N].法制日报,2008—01—21(004).

② Willoughby, Prussian Political Philosophy, New Yor, London: D. Appleton and Company, 1918,PP.52—53.

在俱乐部体制下,德国竞技体育的国际战绩并不理想,国家体育荣誉体系的建设开始从竞技体育领域延伸到大众体育领域,又基于国家治理能力的有限性和社会参与体育表彰的积极性,体育荣誉授予主体也随之向社会领域转移。近年来,俄罗斯联邦荣誉制度作为一项基本法律制度,被国家和社会广泛接受并不断完善,以运动员和军人身份出身的普京总统更加重视国家体育荣誉表彰的合法性、权威性和重要性,竭力倡导爱国主义教育,一直将国家荣誉表彰制度视为振奋民族精神,增强民族凝聚力的有力抓手。

案例4-3-1

自1986年开始,德国体育联合会就与德国商业银行合作,设立绿带奖,以表彰在后备人才培养方面业绩突出的体育俱乐部或俱乐部青少年竞技体育分部。每年从50家体育运动俱乐部获得绿带奖,奖金为5000欧元。此外,许多体育运动单项协会和州体育联合会也有各自的奖励和表彰办法。例如,德国巴登符登堡州每年都评选最佳后备人才教练员,德国田径协会每年也要评选最佳青年运动员。德国足协2017年度的最佳教练员奖也颁发给了一名后备人才教练。德国奥体联合可口可乐公司从2007年5月开始举办每年一次的"德国最具体育活动的城市"和"德国最佳体育积极分子"的评选活动,"德国最具体育活动的城市"每年评选出三万人以上和以下城市各一个,2008年首届评选活动,某茵州的斯佩尔市一举夺魁,除了获得国家荣誉称号外,还获得10万欧元的奖金。"德国最佳体育积极分子"甚至每月评选一次,前三名分别获得500、300和200欧元的奖金。

——资料来源:潘华,郝勤.德国体育史[M].北京:人民体育出版社,2019:197—198:潘华,郝勤.德国体育史[M].北京:人民体育出版社.2019:260.

《俄罗斯联邦国家奖励条例》明确提出,国家荣誉的授予对可以是俄罗斯公民、外国友人和无国籍人士,针对不同的授奖对象,设置不同的奖项,从而保证不同人群平等的享有相同的获奖机会①,特别是俄罗斯联邦荣誉称号的设立,在更大程度上保障了国家荣誉表彰的广泛性与公共性,其授奖对象涵盖50多个领域,每个领域都有相应的荣誉称号,又充分体现了授奖对象的特殊性。值得一提的是,普京于2016年8月25日在克里姆林宫接见奥运冠军代表团,举办庆功仪式,授予多名奥运冠军国家体育工作者荣誉称号。

由此说,现代德俄体育荣誉治理理念实现了从国家权力治域向国家选择治域的转变。不可否认的是,国家依然是介于个人与自然界之间管理社会荣誉表彰的权力机构,赋予个人荣誉以精神和存在意义②。国家是德俄体育荣誉观的核心概念,整个荣誉体系都是基于国家的特征而架构的,可以说,体育荣誉观的践行和体育荣誉体系的社会化发展,在很大程度上依赖于国家的能力。

在德俄体育荣誉观的实现机制中,国家对荣誉表彰的绝对权力,在一定程度上会阻碍体育运动的普及和社会化、平民化发展进程。国家有选择的治理体育荣誉体系,并不是放之任之,当体育荣誉的价值信念偏离国家和民族意志时,则会随时把权力的触角伸到各个领域,当然也会对体育荣誉观实现机制的设定和实施通过政策制定进行间接干预,从而引领着体育荣誉观的筑塑方向。

4.3.3 "荣誉—民族化"实现机制的制度实践

以上从荣誉治理理念层面讨论了"荣誉—民族化"体育荣誉观的实现机制。在荣誉法治和国家选择治域理念下,国家作为传统体育荣誉体系的建设和授予主体,开始把权力下放到政府部门、社会体育组织和赞助企业。对国家权威和民族荣誉追求的狂热与坚韧,构成了德俄体育荣誉体系建设的根基,但并没有成为阻碍社会力量

---

① 张三梅.国外奥运奖励政策分析[J].体育世界(学术版),2008(07):28—30.
② 恩格斯.路德维希·费尔巴哈和德国古典哲学的终结[M].北京:人民出版社,2018:169.

参与体育荣誉表彰的理由和依据。非官方机构作为体育荣誉授予主体,一方面为个体荣誉的实现提供了强有力的社会支撑,另一方面通过荣誉称号的设置,和国家对重点领域的选择性表彰,在一定程度上反而强化了国家荣誉权威。

（1）注重体育荣誉表彰设置的系统性

德国的荣誉体系设立于魏玛共和时期,魏玛共和国宪法第一百零九条和一百七十五条规定,除战争功绩勋章外,不得设立其他类别的勋章和奖章[①]。在第三帝国时期,德国的荣誉体系得到空前发展,政府设立和颁发了多种类别的勋章和奖章,其中以军事类勋章居多,最著名的当属铁十字勋章与和平类勋章[②]。奥林匹亚奖章和奥林匹亚纪念章是被认可的和平类奖章,奥林匹亚奖章授予在1936年柏林夏季奥运会和米施·帕滕基兴冬奥会上表现突出的优秀运动员,奥林匹亚纪念章授予为奥运会筹办做出突出贡献的工作人员。

奥林匹克奖章 奥林匹克纪念章

目前德国荣誉体系结构稳定、类别清晰、层级分明,国家级的荣誉授予主要由联邦政府管理,联邦总统颁授,得到国家承认和许可的荣誉勋章、奖章和荣誉称号分为三大类,共几十种,各州政府自设的勋章和奖章也都在十种以内,主要有各州功绩勋章、运动奖章和荣誉称号等[③]。

① 张树华,潘晨光.中外功勋荣誉制度[M].北京:中国社会科学出版社,2011:224.

② 牛建华,刘峥,雷鸿.德国"荣誉法官"制度评介及其思考[J].法律适用,2011,26(11):110—115.

③ 白娇健.完善国家科技荣誉制度的研究[D].徐州:中国矿业大学,2015:29.

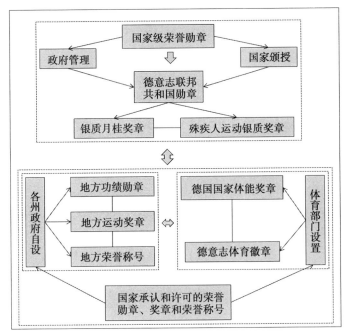

图4-3-2　德国体育荣誉勋章、奖章、荣誉称号设置系统

德意志联邦共和国勋章是级别最高、使用范围最广的综合性国家勋章。联邦共和国总统 Theodor Heuss 在1952年发布的《德意志联邦共和国勋章设立公告》中对该勋章的授予对象给予了说明。

在政治、经济、社会、文化、教育、体育等各个领域对德国重建做出贡献的德国人和外国人。——《德意志联邦共和国勋章设立公告》

资料来源:张树华,潘晨光.中外功勋荣誉制度[M].北京:中国社会科学出版社,2011:237.

银质月桂奖章(Das Silberne Lorbeerblatt)是德意志联邦共和国最高级别的体育奖章,设立于1950年6月23日,颁授于运动成就卓越的运动员和教练员,体现了国家对体育精英的重视和对体育运动的支持。该奖章每年颁发150次左右,每届奥运会和残奥会结束后,颁发的数量会大幅增加,一般情况下,在奥运会中多次获得优异成绩或打破世界纪录者可获此奖。此外,每年还会为在上一届足球世界杯和欧洲杯上取得优异成绩的国家队预留相应的奖章。银质月桂奖章长约12cm，形状似月桂叶，授予在奥运会上表现突出的运动员的奖章上印有奥运五环标志。此外，每一枚奖章都配有总统签署的证书。

德意志体育徽章(Das Deutsche Sport abzeichen)是国家承认的徽章，它是由德意志体育联盟(Deutscher Sportbund)发起，公益团体设立，逐步被联邦政府承认的国家级荣誉徽章。

德意志体育徽章设立于1912年，期初是授予某一运动协会运动男性运动员的体育运动多项成就奖，自1921年起，女性运动员也获得了授奖资格，在第三帝国时期，被命名为"帝国运动徽章"，直到1958年才得到联邦总统的承认。1976年联邦内政部修改了德意志体育徽章的颁授条件和授奖内容。徽章主要授予在多项体育运动中取得成就的杰出人士，按照受奖者年龄的不同分别授予金质奖章(男性不低于40岁、女性不低于35岁)、银质奖章(男性在32—40岁、女性在28—35岁)、铜质奖章(男性在18—32、女性在18—28)，且需要在一年内完成5项运动的要求。德意志体育徽章分为金、银、铜三个等级，徽章的中间是"DSB"字样，周围似橡叶编制的圆环，三个级别都不佩戴绶带。

——资料来源：潘华，郝勤.德国体育史[M].北京：人民体育出版社，2019，张树华，潘晨光.中外功勋荣誉制度[M].北京：中国社会科学出版社，2011；https://baike.baidu.com/item

德国国家体能奖章(German Nationalbadgefor Physical Training)又称为"国家体育奖章"或"DRL体育奖章"，由德国国家体能训练委员会在1913年设立的。起初只设立了金、铜两个等级，授予对象仅限于男性公民。1920年增设了银制奖章，并把女性也纳入到了受奖范围。设立该奖章的初始目的是激励国民积极参与体能训练，增强体质，为战争做准备。1933年至1945年，该奖章经历过数次修改，基于战争年代的需要，颁发的奖章数量较多。DSA是德国奥林匹克联合会与DOSB联合成立的，主要授予德国本土人员，1993年始，允许指定的39个国家和地区参与评选，获奖人被授予

DSA奖章。

任何一个等级奖章的获得都必须在满足一个条件：在12月期间通过五项体能测试，按照年龄阶段颁授不同等级的体能奖章，铜质奖章（18—32岁）、银质奖章（32—40岁）、金质奖章（40岁以上）。五项体能测试的内容明确、考核严格，测试人员在考官的亲自监督下完成每个项目，测试成绩被详细的记录在授予证书上，并附有体能考官签字和部门印章。

苏联时期，国家荣誉表彰制度成为苏共开展党政建设、思想教育和组织领导的重要抓手，并与媒介宣传、极大地激发了苏联人民的爱国热情和奉献精神。之后，陆续设立了多种类型的勋章、奖章、荣誉称号，苏联的奖励制度得到全面发展，相关法律法规也不断成熟完善。

苏联解体后，俄罗斯政府并没有彻底推翻苏联时期的荣誉表彰制度，而是在保留部分荣誉称号及其相关待遇的基础上，新置或重拾了部分沙俄时期的荣誉荣授予类型和方式①。在法治化建设的道路上，《俄罗斯联邦宪法》的颁布为俄罗斯国家荣誉制度的构建提供了基本依据和法律保障。1994年出台了《俄罗斯联邦国家奖励条例》的总统令，1995年底，俄罗斯联邦总统第1341号《关于确立俄罗斯联邦荣誉称号，批准关于俄罗斯联邦荣誉称号章程及对荣誉称号胸章的说明》的命令，此后经过数次修订，逐渐形成了立法明确、种类齐全、表彰有序的国家荣誉制度体系。整体而言，德俄体育荣誉勋章、奖章和荣誉称号的设置较为系统，国家层级的荣誉表彰和国家认可的社会性质、各州政府荣誉表彰协同发展，种类齐全，层级鲜明，能够体现各级各类体育荣誉表彰的特点和目的。

（2）强调授予程序的规范性

德俄荣誉体系的设立是在"荣誉—民族化"荣誉观铸塑的基础上完成的，充分体现了国家权威和权力的至上性，同时又遵循着严

① 吴恩远.世纪之交的俄罗斯[J].学术动态,2000,1006(18).

格的法律准则和荣誉传统。德俄在体育荣誉制度建设上的规范性推动了"荣誉—民族化"荣誉观的实现进程。

德国国家级勋章和奖章主要由总统颁发或总统许可颁发勋章或奖章以及国家承认的徽章三大类构成。每一类国家荣誉的授予都遵循着严格的法律程序,1966年《德意志联邦共和国勋章颁授细则》明确规定了推选程序。

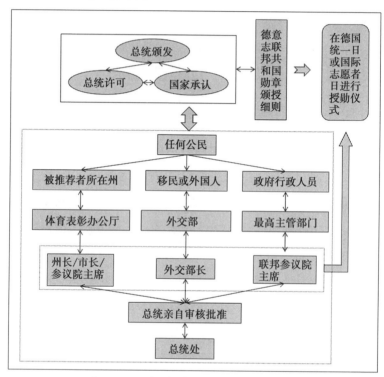

图4-3-3　德国体育荣誉授予程序示意图

任何公民都拥有提名他人为联邦共和国勋章或奖章的授予候选人,主要通过以下途径完成推选:直接向被推荐者所在州的总理办公厅提交申请;居住在国外的被推荐者或外国友人,则向外交部提交申请;如果要推荐联邦最高行政人员,应该向最高主管提交申请。所有提交的申请或提案都要经过相关部门的严格审查和筛选,符合要求并获得相关负责人

> 许可的提案将被提交到联邦总统处。
>
> ——资料来源:朱建华,刘峥,雷鸿.德国荣誉法官制度评介及其思考[J].法律适用,2011,26(12):110—115.

这里所说的相关负责人主要指有权给联邦总统提供提名建议的各州州长、市长、参议院主席、外交部长、具体领域的联邦参议院主席等。被提交到总统处的所有提案都要由联邦总统亲自审核、批准,在荣誉表彰前,由联邦总统、外交部长和内政部长联合签署荣誉授予公告,最后由各州州长、州参议员或市长、联邦部长为荣誉授予对象颁发勋章或奖章,只有少数勋章由总统亲自颁发佩戴。德国国家荣誉勋章的颁授时间一般选择在德国统一日或国际志愿者日进行。

在德国,任何一种勋章或奖章的授予都要颁布法令予以保障,一些重要的国家级勋章还要对授予对象、条件、奖章设计、佩戴方式等作出详细说明。此外,结构精简、层级分明、程序通畅是德国荣誉体系法制化建设的基础性条件。

> 德国国家荣誉体系有着坚实的法律基础和丰富的实践经验,除了现行的《头衔、勋章和奖章法》总的法律规范之外,还有《德意志联邦共和国勋章颁授细则》对具体领域授奖程序的详尽说明,各州政府也设立了各具特色的荣誉授予相关法律规范和实施细则,对勋章、奖章及荣誉称号授予的意义、标准、基本原则、授予程序,以及历史传承下来的功勋荣誉表彰的时效性、适用性做出了基本规定和操作规范。
>
> ——资料来源:张树华,祝伟伟,贺慧玲.德俄法国家荣誉制度的法律规定[R].北京:中国人才发展报告,2013:11.

其一,联邦级别的勋章、奖章门类清晰,数量有限,总计不过十几种,集中表现在功绩类、消防类、体育类和救援类等方面,依据不同行业评选的勋章、奖章较少。其二,国家荣誉体系不设置专门的荣誉授予和管理部门,候选人提名、资格审查、筛选主要由州政府、军队、国家部门和行业协会等具体负责实施。其三,国家级荣誉勋章和奖章的授予一般由国家元首亲自执行,战争类勋章或奖章一般由高级军事指挥官授予,救援类、体育类、消防类勋章、奖章或荣誉称号的授予则由各自协会的会长负责实施[①]。

俄罗斯联邦注重国家奖励制度的合法性,以确保政府奖励的权威性、公平性和正义性。宪法作为俄罗斯联邦的根本性法律,指导一切国家奖励法令的制定和实施,《俄罗斯联邦国家奖励条例》等文件,为维护国家荣誉表彰秩序提供法律保障。此外,俄罗斯联邦还会根据奖项的性质,通过总统令、议会审议或政府决策等法律路径彰显荣誉表彰的权威性。针对特殊奖项的颁授更有具体的特殊说明。事实上,俄罗斯联邦设置的每一项国家奖励都有相应的法律条文进行规范,从而确保其合法性和严肃性。条文中内容也很具体,涵盖实施范畴、奖励缘由、授予层级等;另外还涉及到奖章的式样、颜色、规格、佩戴方式、佩戴场合等详细说明。

(3) 突出仪式感和物质配套的重要性

近年来,德国体育表彰的总量和例呈增长趋势。据《联邦公报》公布的德意志联邦共和国荣誉勋章、奖章获得者的个人信息,可以了解到自1951年—2017年,德意志联邦共和国勋章、奖章的颁授情况。

> 自1951年—2017年,德意志联邦共和国勋章、奖章供给颁授26万人次,获奖者中有25%是由于做出了特殊的社会贡献,7%的荣誉勋章、奖章授予了在体育领域表现突出的杰出人士,13%来自文化领域,14%授予了在地方行政领域中表现突出的政府官员。——《联邦公报》
> 资料来源:朱建华,刘峥,雷鸿.德国荣誉法官制度评介及其思考[J].法律适用,2011,26(12):110—115.

自1990年以来,德意志联邦共和国荣誉勋章、奖章在授予数量上呈减少趋势,体育领域荣誉表彰的数量却增加了27%,女性获奖

---

① 张树华,祝伟伟,贺慧玲.德俄法国家荣誉制度的法律规定[R].北京:中国人才发展报告,2013:14.

的比例也呈现上升趋势,由此可见,近年来德国国家荣誉表彰表现出的体育领域的政府重视和制度倾斜①。尤其是国家领导人出席的体育荣誉表彰层出不穷,受到社会各界的广泛关注。

案例4-3-2

据德国足协官网报道,2010年10月5日,德国国家队全体队员赴柏林望景宫,接受德总统武尔夫为他们颁发银质月桂叶奖章的仪式,国家队全队共同获得的"银质月桂叶奖章"。勒夫获得的"联邦十字勋章",曾经担任过德国队主帅的贝肯鲍尔、福格茨、沃勒尔、克林斯曼都曾获此殊荣,只是此番授奖与之前有所不同:此前十字勋章的举荐要通过由下到上的层层审批,而这次总统武尔夫亲自提名并批准颁发给德国队主帅。

德国当地时间2014年9月12日晚上,德国总理默克尔在首都柏林亲自为克洛泽颁发"黄金维多利亚"奖杯,这是德国专门表彰那些拥有移民背景并为德国做出卓越贡献的人士。德国外交部长加布里尔在2017年5月16日为前德国国脚克洛泽颁发了"德国足球大使"荣誉称号。该荣誉是颁发给具有全球影响力,且个人形象积极的足球工作者。每年一度的德国体育业界晚会于当地时间2018年11月3日晚在法兰克福举行。德国国家队前队长拉姆在晚会中获得了2018年度"体育传奇"称号。此前,卡恩(2009)、马特乌斯(2015)、勒夫(2016)等都获得过此项荣誉。

2019年12月4日德国总统施泰因迈尔为著名篮球运动员诺维茨基颁发德国"联邦十字勋章",以表彰青少年教育和篮球运动中的贡献。该勋章曾颁发给多为体育精英,其中包括拳击手施梅林以及勒夫、克林斯曼等德国足球名宿。

——资料来源:https://www.dongqiudi.com/archive/844471.html;腾讯网 https://sports.qq.com/a/20140818/079388.htm;——环球网 https://m.huanqiu.com/article/9CaKrnK2Qfi

德国国家队全体队员获银质月桂叶奖章

德国总理默克尔为克洛泽颁发"黄金维多利亚"奖杯

德国外交部长加布里尔为前德国国脚克洛泽颁发"德国足球大使"荣誉称号

---

① 张树华,祝伟伟,贺慧玲.德俄法国家荣誉制度的法律规定[R].北京:中国人才发展报告,2013:12.

对于授勋者而言,无不为此倍感荣耀。克劳泽直言:"我一直和国家队一起努力取得胜利,渴望用每一场胜利回报国家、球迷和家人。在这个过程中我秉持着公平竞赛、努力拼搏的价值观,我将会在场内外继续努力贯彻下去。"诺维茨基说:"我希望能够在孩子们的成长过程中,帮助他们在体育运动中发现自己的长处,增加自信,学会更好的把握机会①。"就荣誉授予供给主体而言,德国非政府组织在国家荣誉体系的运行中起到越来越重要的作用。

案例4-3-3

> 由体育生活基金会主办的国"体育金字塔"奖颁奖仪式,在当地时间2015年9月12日在汉堡落下了帷幕,率领德国国家队在巴西世界杯上捧杯的主帅勒夫正式领取了这一至高荣誉。这一奖项创立于2000年,用于表彰那些为体育运动做出了突出贡献的个人。
>
> 2017年5月,德国体育记者协会注册会员投票33岁的拉姆,使之当选为2016/17赛季德国足球先生。拉姆表示:"这是个大奖,对此我真的非常享受。我想德国体育记者是看在我整个职业生涯的份上来投票的。"
>
> 2018年8月,前拜仁慕尼黑中场施魏因斯泰格回到慕尼黑,重新回到慕尼黑的小猪得到了一项至高的荣誉,巴伐利亚州州长索德尔亲自为小猪颁发了巴伐利亚荣誉奖,以表彰小猪在体育领域的贡献。索德尔称赞小猪是一名榜样。"他是一名巴伐利亚人,为巴伐利亚做出了突出的贡献。"
>
> 2018年10月,欧足联宣布德国击败土耳其获得2024年欧洲杯的主办权,前德国队长拉姆是德国申办这次欧洲杯的形象大使,拉姆在整个申办的过程中起到了非常重要的作用。德国足协为了表彰拉姆的贡献,发给了拉姆25万欧元的奖金。
>
> 每年一度的德国体育业界晚会于当地时间11月3日晚在法兰克福举行。德国国家队前队长拉姆在晚会中获得了2018年度"体育传奇"称号。举办此活动是为了表彰为德国体育事业作出突出贡献的人。
>
> ——资料来源:www.dongqiudi.com;https://sports eastday.com;腾讯体育https://sports.qq.com/

---

① 新华社http://massports.cn/others/16524.html

以上案例可见,德国体育荣誉表彰主体呈现多样化发展态势。除了国家层面的体育表彰,还有德国体育协会、地方州政府、新闻媒体等多种荣誉授予主体参与体育荣誉表彰实践,为德国体育荣誉体系的完善贡献集体智慧和力量。在多元主体参与体育荣誉表彰的趋势下,德国体育荣誉表彰的物质配套也呈现多样化。

伊尔戈纳作为基金会的负责人表示,奖金不仅是为了褒奖运动员在奥运会上的优异成绩,更是为了激励有天赋的青少年运动员的长远发展,为将来的比赛做好准备[①]。在对世界大赛中取得优异成绩的运动员,德国采取多种激励方式,且表彰的内容更加丰富。

案例4-3-4

> 2018年德国人的俄罗斯世界杯之旅可谓黯淡无光,不过在赛前德国足协对本次世界杯还是充满了信心,并设置了丰厚的奖金预案,如果德国队能在俄罗斯赢得大力神杯,每位球员将拿到35万欧元的奖金(在过去两届足球世界杯,德国足协就曾开出30万/人的夺冠奖金)。如果获得亚军或季军,每位运动员能分别获得20万欧元和15万欧元的奖励,如果球队打入四强,每位球员的奖金为12.5万欧元,打进八强则是7.5万欧元的奖励。奖金是随着名次的下降而递减的,不过若是仅仅小组出线,是没有任何奖金的。
>
> 在北京奥运会前夕,德国奥委会特制了蓝色小册子——北京2008奥运通行证,事实上就是一些消费优惠券,这里面都是各大赞助商提供给过奖运动员的奖励,其中有Warsteiner公司提供给冠军运动员的600升啤酒。每进一球,赞助商就会奖励相应数量的啤酒,德国体操名将汉布钦就曾表示,希望能够赢得这些啤酒,并把它们用在夺冠后的庆祝仪式上。
>
> ——资料来源:腾讯体育 https://sports.qq.com/a/20160827/008978.htm;https://tiyu.baidu.com/news?id=3fedlleb994d9b1067d26bf7d96dll6e

用啤酒表彰运动员或运动队在德国是非常普遍的事情,德甲的足球队都有赞助商提供啤酒。蓝色小册子里面还包括汉莎公司为冠军运动员提供的两张欧洲境内游机票,梅赛德斯公司提供的

---

① https://tiyu.baidu.com/news?id=3fed11eb994d9b1067d26bf7d96d116c

免费使用一年的奔驰轿车,AWD投资理财对运动员进行的免费理财培训等[①]。蓝色通行证的创意构思源自于奥委会主席巴赫,他表示,这本小册子是对运动员参加奥运会前的承诺,也是奥运奖励的符号化,奥委会会把这些小册子提前发到运动员手里,从而起到激励运动员更好地备战奥运,取得好的成绩。他们需要做的就是夺得冠军,站在最高领奖台上兑换这些优惠券。德国足球联盟主席发布2018俄罗斯世界杯奖励方案,并表示,希望新的表彰政策能够帮助球队卫冕成功,这将是至高无上的国家荣誉,配得上这份奖金。同时还提醒运动员应该更多的关注竞技目标,而不是经济利益。

案例4-3-5

> 2010年温哥华冬奥会后,获得奥运奖牌的俄罗斯选手不仅延续了传统的国家荣誉表彰,而且获得了丰厚的物质奖励和奖金。例如,温哥华冬奥会,冠军运动员获得10万美金和豪华汽车一辆。2012年伦敦奥运会后,重奖奖牌得主,金牌获奖奥迪A8,银牌获奖奥迪A7S,铜牌获奖奥迪A6S。在2014年索契冬奥会获得奖牌的运动员分别获得奔驰车一辆,金牌获奖G级运动版,银牌获奖ML级,铜牌获奖GLK级。2016年里约奥运会奖牌得主马卡洛娃回忆说:"如果拿到了奥运会金牌,就会获赠一辆宝马X6,银牌则是一辆X5,铜牌也会有一辆X4。"2018年平昌冬奥会奖牌得主分别获奖宝马车一辆,金牌获奖X6,银牌获奖x5,铜牌获奖X4。"在俄罗斯,奥运会是举国关注的大事件,奖牌得主将获得很多物质奖励和现金奖励,运动员直接从总统手里接过汽车钥匙,这是其他国家运动员无法得到的伟大赞赏和奖励。"
>
> ——资料来源:https://www.163.com/sports/article/87PU8KFR0005ICAQ.html;刘红华,刘兴.俄罗斯备战东京奥运会举措及对我国的启示[J].沈阳体育学院学报,2021,40(03):89—96.

在2018年俄罗斯足球世界杯的比赛中,在东道主俄罗斯不被外界看好的情况下,战胜西班牙,闯进8强,成为这届世界杯最大的一

---

① https://www.cqcb.com/sports/2017—12—14/597545_pc.html

匹黑马,自然在或内收获了国家和人们给与的巨大赞誉[①]。总统普京在克宫接见了足球队的全体将帅,为主教练颁发了亚历山大—涅夫斯基勋章——被誉为最伟大的俄罗斯教练,门将阿金费耶夫收获了荣誉勋章,其他球员也分别获得了荣誉证书。随后,体育部破例为俄罗斯足球队颁发了体育荣誉徽章,由此引发了广泛的舆论声讨。其中,俄罗斯著名女排运动员加莫娃就在社交平台上质疑此次授奖的正义性,她提出:"男足在世界杯只是打进了八强,就被授予荣誉勋章,意味着其他项目的运动员在今年就没有机会获此殊荣,显然对其他项目来说是不公平的。"的确,俄罗斯国家体育荣誉的授予,一般分为年度评奖和奥运周期评奖,获奖者通常是在国家大赛上获得奖牌的运动员。在俄罗斯,国家体育荣誉的授予还意味着运动员待遇的提升,就算是退役后也能获得足够的生活保障。

---

① https://www.sohu.com/a/241321076_100203617

5　域外经验的比较与镜鉴

　　"荣誉—自由化""荣誉—民主化"和"荣誉—民族化"体育荣誉观的建构逻辑受到多种因素的影响,不同形态的体育荣誉观其实现机制也不尽相同。值得注意的是,每一个国家体育荣誉观的培育,都不是绝对意义上的"自由""民主"或"民族",所谓的"荣誉—自由化""荣誉—民主化"和"荣誉—民族化",都是相对而言。简言之,不同时空或不同场域下,价值意蕴各异。在市场经济快速发展的当今世界,体育运动的职业化、社会化程度逐步深入,体育荣誉供给和需求主体不断分化。

　　但是,就此判定"荣誉—自由化"体育荣誉观及实现机制优越于"荣誉—民主化"和"荣誉—民族化",并以英美为典范,在世界范围内建构普适性的"荣誉—自由化"现代化体育荣誉体系的话,尚缺乏理论支撑和实践论证。事实上,英美体育荣誉治理在价值信念的建构上和法德俄具有一定的相通之处,况且对荣誉—自由化治理模式的借鉴本身也不是普适性的。为此,进一步探讨以下问题更具现实意义:"荣誉—自由化"是如何推动英美体育荣誉制度现代化转向的? 英、美、法、韩、德、俄体育荣誉观实现机制各自的优势表现在哪里? 对域外体育荣誉观及实现机制进行的回溯式研究在何种意义层面能够促进我国体育荣誉体系的现代化? 正是基于以上问题,并结合以上对体育荣誉观及其实现机制的基本要素整体分析,以深化对当代体育荣誉观建构逻辑的认识。

5.1　结构要素的系统比较

5.1.1　理性主义构筑共同的方法论基础

英、美、法、韩、德、俄现代体育荣誉观的铸塑之所以和理性主义难舍难分,甚至在否定理性主义的观念时,也只能运用理性主义的思维方式。究其原因在于,理性主义不仅是影响西方荣誉观导向性的基本思想,而且是主导整个现代西方社会价值理想和文化走向的方法论基础,韩国体育荣誉观的形成受到法国的影响深刻,不仅在价值导向上一致,在实现方式上也相似。

无论是近现代经验主义之父——培根,还是思想巨擘笛卡尔,都显示出对人类获取知识能力的肯定和对理性能力的过度自信[1]。正是由于他们的思想赋予了理性主义更过的自信和批判一切的怀疑精神,才使得理性主义具有了自我确信的内涵。可以说,近现代理性是充满怀疑精神的,他质疑并解构一切既有理论和制度,但却从来没有质疑过自身的合理性和可信性。理性主义既表现出怀疑主义的一面,又表现出乐观主义的一面。

> "不管既有的习俗、观念、制度多么的深入人心、根深蒂固,都会被质疑。但对于自身所表达的理性始终持乐观态度"。
> ——资料来源:陈修斋.欧洲哲学史上的经验主义和理性主义[M].北京:人民出版社,2007:103.

理性怀疑一切,体育荣誉观的培育自然也逃脱不了理性法庭的审判,理性主义者认为理性自身就具备能够改变传统的力量,而且

---

[1] [英]索利.英国哲学史[M].段德智译.济南:山东人民出版社,1993:33.

据此而行是能够到达至真至善的彼岸世界的。

假如对理性主义者关于国家荣誉治理逻辑的质疑和批判做进一步分析的话,不难看出,他们对确定性的把握是自负的理性,这种自负来自于西方思想史的文化渊薮。理性主义最大的遗憾莫过于先在的设定了人类认识能力的无限性和对认识对象的确定性这一逻辑前提。这种遮蔽在现代荣誉观深处的理想化判断源于西方科学的滥觞。在科学研究领域,这种简单性思维逐渐成为人们思考一切问题的前提。理性主义者往往把认知对象简单化,以迎合他们追寻普遍性真理的欲望。体育荣誉观对确定性政治目标的执著追求充分体现了理性主义思维的简单性。而今看来,即便是在自然科学领域,这种理想化、简单性的思维都显得十分狭隘[①]。

事实证明,复杂多变的世界扼杀了人类把握一切普遍性真理的可能性。体育荣誉治理对象的多维性、价值观念的多元性、国家政治治域的局限性等全球化问题,终结了理性主义者主张的建构世界一体化、确定性的体育荣誉观的可行性。20世纪后,随着体育运动的市场化、职业化和社会化程度的不断加深,体育荣誉治理的过程和体育荣誉概念本身的内涵也更加复杂、丰富,从而进一步加速了理性主义所追寻的确定性认知的瓦解。就个体认知观而言,理性主义的自负告诉我们,在建构理想化、一体化的国家荣誉观是不可能实现的政治目标。

> 个体的知识和认知不仅不可能被他者所体察,更不可能通过个体能力的累积来达到实现总体目标的需求。人类的知识固然具有改造世界的能力,但是这种能力的无限性是不切实际的,知识本身的不可穷尽性决定了人类认知世界能力的局限性。
> ——资料来源:[英]哈耶克.致命的自负[M].冯克利译.北京:中国社会科学出版社,2000:20.

---

① 陈修斋.欧洲哲学史上的经验主义和理性主义[M].北京:人民出版社,2007:67.

在对个体认知观的批判中,迈克尔·波兰尼关于默会知识(Tacit Knowledge)的研究对理性主义的反思和现代知识观的形成起到重要推动作用[①]。默会知识理论对哈耶克思想造成的影响是不容置疑的[②],奥克肖特则把这种知识自觉地运用到政治领域,对理性主义理想化政治观造成巨大冲击。不过,能够把这种认识继续深化,并从知识的技术性和实践性两个方面与国家荣誉治理的建设理路相联系的思想家非埃伦·梅克辛斯·伍德莫属。

> 从荣誉体系政治意志的视角出发,应该把把荣誉法则、政治原则、法律规范奖励标准归类于技术性知识,而把荣誉等级、庆典仪式、勋章类别、物质奖励等具体的荣誉授予方式归类于实践性知识。
> ——资料来源:[加]埃伦·梅克辛斯·伍德.西方政治思想的社会史:自由与财产[M].南京:译林出版社,2019:293.

埃伦·梅克辛斯·伍德实际上把荣誉体系建设中的技术性知识释义为明确的,可以被不同国家的人们习得、认同、表达出来的知识。在她看来,实践性知识和技术性知识存在质的区别,在荣誉观的筑塑过程中,有一些传统、习俗、仪式、往往表现出模糊性和不可言传性,甚至处于一种无知的状态。不同国家和民族,其荣誉观的建构中都存在不可以用语言明确传达的文化要素,只是潜移默化的遮蔽在民族性、地域性的传统习俗之中。

在此基础上,埃伦·梅克辛斯·伍德正面指出,正是由于西方国家对荣誉治理技术性知识的过度强调[③],才导致了近现代体育荣誉体系追求至真至善冲动的症候所在。理性主义者们对国家荣誉治理在政治上的完美追求是不现实的。

---

① Burrt, The Metaphysical Foudations of Modern Science, New York: Harcourt, Brace&Company, Inc,1925,pp.64.

② [英]牛顿,[美]塞耶编.牛顿自然哲学著作选[M].王福山等译.上海:上海人民出版社,1974:12.

③ [加]埃伦·梅克辛斯·伍德.西方政治思想的社会史:自由与财产[M].南京:译林出版社,2019:441.

　　对传统体育荣誉观赖以建构的认识论和知识观的反思,可以让我们更加理性的认识政治权能的有限性。从而重视并肯定曾经被理性主义者忽视的荣誉表彰传统、价值信念、荣誉习俗、个体荣誉观的重要意义。这恰恰契合了亚里士多德曾主张的中庸思想,保守主义思想家使其在西方近现代社会体育荣誉的变革中被重塑现实意义。正如伯克指出的那样,"反思和审慎在任何时候都是首要的美德"[①]。事实上,对人类认知能力的审慎、反思、保守、节制并非是对传统的守旧,更不等同于自甘堕落,不是变革。走出理性主义的自负,全面审视体育荣誉观的建构逻辑和基本要求,才能为体育荣誉体系的现代化搭建更加适宜的平台。

5.1.2　坚信体育荣誉观筑塑方向的完美性

　　欧洲文艺复兴和科学革命后,人的主体性、能动性以及在国家治理中的重要性得到日益强化,世界上不再有不可达到的彼岸世界,理性主义开始主导现代社会的价值指向。

> 　　理性主义者认为,对于价值理想而言,人类不仅能够准确把握,还能够归纳出一般性的原理。而且依据该原理,完美的荣誉价值目标同样可以在彼岸世界实现的。
> 　　——资料来源:丁耘译,贺照田.西方现代性的曲折与展开[C].长春:吉林人民出版社,2002:94—95.

　　对于理性主义下的现代荣誉体系而言,没有什么神圣的君主权威,人们只要充分发挥自己的理性思维,便可以实现至真、至善的荣誉价值理想。荣誉观在政治立场上表现出鲜明的理念独断性、个体能动性、政治完美性和目标乐观性。在体育荣誉体系的现代化转型过程中,理性主义特征的表达对体育荣誉观指向的形塑影响深远。

---

① [英]伯克.自由与传统——伯克政治论文选[M].蒋庆等译.北京:商务印书馆,2001:304.

由此,我们能够察觉理性主义者对未来美好的期许和信心,对国家政治、市场经济和社会生活积极乐观的态度,对体育荣誉表彰自由、平等、正义原则的确认,而这些理性主义的价值理想在近现代历史上持续地形塑着体育荣誉观的核心指向。理性主义者主张体育荣誉观的培育要彻底摆脱传统规则和现实制度的束缚,将体育荣誉观导向抽象、虚幻的宏大理想。这就意味着,在既定价值信念目标的引领下,极易导致国家荣誉权利的无限扩张,并形成世界一体化体育荣誉体系的价值理想。奥克肖特尖锐地指出,"理性主义影响着近现代所有西方国家体制的价值信仰"[①],构成了"荣誉—自由化""荣誉—民主化"和"荣誉—民族化"体育荣誉观的共同思想支撑。

表5-1-1　英美法韩德俄体育荣誉观厘定的比较

国家	体育荣誉观
英美	英美"荣誉—自由化"体育荣誉观的筑塑是以自然法思想的论证逻辑为前提的,把荣誉治理的政治权能诉诸于自然权利、自然状态和社会契约,在本源上决绝接受历史的现实性和实践的复杂性、差异性,而是转向了对抽象性和确定性深信不疑的价值理想。并进而确认荣誉资源、荣誉权、荣誉感和个体荣誉自由是衡量一切荣誉治理体系的主导性价值原则,彰显着理性主义者对简约信条的盲目推崇和对现实多样性的熟视无睹。
法韩	以荣誉—民主化为指向的体育荣誉观具有高度抽象性和激进性特征,其政治目标是为了迎合理性主义所构想的宏大愿景,而非解决荣誉表彰中的现实问题。理性主义对政治理想的痴迷深刻影响着法韩"荣誉—民主化"对强权政治、权威性荣誉权能的信赖和渴望,并引领着法国体育荣誉体系的现代化走激进变革之路。
德俄	德俄"荣誉—民族化"体育荣誉观的筑塑似乎和西方理性主义的价值指向相去甚远,荣誉—民族化往往以荣誉制度传统、民族精神和民族主义等非理性因素作为价值信念层次的核心要素。然而,德俄"荣誉—民族化"育荣誉观在表面上否定理性主义的立论基础,却在荣誉治理实践中把民族荣誉至上的观念置于理性思辨的范围内推广和传播。

英美"荣誉—自由化"体育荣誉观的筑塑,由于受到传统荣誉制

---

① [英]奥克肖特.政治中的理性主义[M].张汝伦译.上海:上海译文出版社,2003:1.

度政治权能有限性的制约,从而表现出渐进、宽容、妥协的特征,尽管这些特征被认为是"达成普遍性共识,实现理想政治目标的途径"[①]。再者,传统荣誉表彰中所着重强调的等级性、历史性、实践性、多样性、复杂性的政治思维,从而在荣誉制度内部形成了崇尚真理和注重实践的两种张力,这在一定程度上对理性主义的普世化进程形成了缓冲。

与英美"荣誉—自由化"相比,法韩"荣誉—民主化"体育荣誉观的筑塑表现的则更加激进,和理性主义所主张的颠覆性、虚幻性的价值指向结合的也更加紧密。启蒙运动为法国民主主义价值信念的形成提供了思想意志,而在这个以伏尔泰为代表的理性思想时代里,"一切理论和实践都在一般性原理的导向下行动"[②]。这些依附于理性主义思想下的民主主义价值信念,在荣誉治理实践中只是些脱离现实的普遍性口号而已。与"荣誉—自由化"相比,法韩所推崇的体育荣誉观则"更加抽象,不受传统惯例的约束,不切实际"[③]。这正是荣誉—民主化为什么坚持荣誉终极价值理想凌驾于荣誉制度本身的原因所在[④]。

实际上,"荣誉—民族化"体育荣誉观所崇尚的荣誉治理秩序化和人类荣誉需求的非理性都是基于反对普遍主义与延续传统荣誉制度的前提下来理解的。德俄体育荣誉观的形成和法国的体育文化影响不无关系,"荣誉—民族化"一开始就强调文化的差异性和荣誉价值信念的多样化,以抵制荣誉价值理想的普遍真理性。同时也为设立本土权威性荣誉制度和至上性民族荣誉埋下伏笔。"荣誉—民族化"体育荣誉观在强调民族主义和民族荣誉的同时,并不否认荣誉价值在政治指向上的统治性和抽象性,并且这种理

① [美]埃德蒙·福赛特.自由主义传[M].杨涛斌译.北京:北京大学出版社,2018:15.

② [美]库利.国家的神话[M].包凡一、王湲译.北京:华夏出版社,2015:29.

③ [美]萨拜因.政治学说史(下)[M].刘山译.北京:商务印书馆,1986:614.

④ [美]约翰·杜威.民主主义与教育[M].魏莉译.武汉:长江文艺出版社,2018:204.

性思想是可以被接受的。"荣誉—民族化"和"荣誉—自由化""荣誉—民主化"三者在对荣誉价值信念的终极意义上的确认是一致的。这就意味着民族主义非理性荣誉观下遮蔽着理性主义的政治灵魂。

由此可见,虽然英、美、法、德、俄、韩体育荣誉观在价值目标的设定和价值实现的证成方式上各不相同,但是"荣誉—自由化""荣誉—民主化"和"荣誉—民族化"在价值信念的整体指向上是一致的,他们对体育荣誉终极价值理想的追求都难以摆脱理性主义的案臼。由此可以认为,英、美、法、德、俄、韩体育荣誉观在培育之初就和理性主义政治结下了不解之缘。

5.1.3　体育荣誉治理理念的分化

"荣誉—自由化""荣誉—民主化"和"荣誉—民族化"在理性主义的导向下,都为自己设定了确定性的宏大愿景,也就是体育荣誉观确立了理想性的、超前性的、价值一元性的一致性目标。从体育荣誉体系的发展史来看,三种荣誉观的实现机制都比较注重荣誉法治、体现公平、权利平等、荣誉感的培育等治理理念的遵循,但在具体理念的表达上却表现出鲜明的差异性。

立法保障体育荣誉治理秩序、维护个体荣誉权、国家有限治域、政府有限权力、授予授予主体平行互动是"荣誉—自由化"体育荣誉观实现机制坚持的五大治理理念;政府无限权力、荣誉授予主体零和互动、公共荣誉立法、集体性权利、国家无限治域是"荣誉—民主化"体育荣誉观实现机制坚持的治理理念;而"荣誉—民族化"体育荣誉观实现机制则秉承权力制约下的法治、文化认同下的民族权利、君主绝对权力、阶层间等级互动和国家选择治域的治理理念。从字面上来看,三者在治理理念上既存在相似的地方,但在具体内容和实施方式上却存在本质上的差异。

表5-1-2 体育荣誉观实现机制的治理理念比较

理念	荣誉—自由化	荣誉—民主化	荣誉—民族化
法治治理理念	从近现代英美法治制观念的演变历程和实践经验上来看,在体育荣誉观实现机制中荣誉法治的治理理念并不能全然纳入到体育荣誉价值体系中进行考察,将其纳入到体育荣誉价值体系中进行考察,它实际上是特定历史时期"荣誉—自由化"荣誉观的集中表达。维护个体自由在体育荣誉法治理念上的集中表达。维护个体自由为立足点,而"荣誉—自由化"是现代荣誉观所筑塑构建的法治范本。荣誉立法在目标指向上规定了体育荣誉观荣誉体系构建的目的是维护和扩大个体荣誉观在荣誉权利层面的自由表达。	"荣誉—民主化"体育荣誉观实现机制对体育荣誉实现机制具有形式上的相似性,然而二者在荣誉立法的目的和意义上却大相径庭。荣誉制度的立法虽然是在宣扬天赋人权的背景下实施和颁布的,然而体育荣誉治理法制化的意义和归宿终究是与公意和主权密切相关的。荣誉立法的目的是为了满足现代荣誉对荣誉需求始终是寻求和维护个体荣誉权利的追求,而荣誉立法又是基于对公共意志的追寻。在"荣誉—民主化"体育荣誉观法律框架内,社会团体、家庭、公民的体育荣誉权在公意任的笼罩下未能充分表达。	德俄体育荣誉法治理的价值理念对英美所倡导的以自然法为基础的法治思想虽然相似,但是对"荣誉法治"的理解存在本质上的差异。"荣誉自由化"所遵循的法治一价值原点,是从保护个体荣誉自由这一价值原点出发,把荣誉自由化现代荣誉治理念与价值观相结合。"荣誉—民族化"注在注重国家荣誉法律手段对荣誉治理进行统领规约,而不是遵循荣誉法治本身的价值意蕴而是像是保障国家荣誉权能秩序形式化的思想工具。
权利理念	"荣誉—自由化"体育荣誉观的建构观念是以个体荣誉权利的获得和维护作为权利理念的治理目标,对个体体育荣誉权利的向任,既表现出狂热一面,又存在着谨慎持重的保守主义心理。英国人首次确立了个体权利不可侵犯的神圣地位,从宪法层面保障了个体的生命、自由、人格、名誉、财产等基本权利。但是,英国荣誉权特权。体育荣誉权的获得国没有将个人类视为理性主义包装下的全人类的表属,体育荣誉权利的获得国主体运动员、教练员等个体荣誉权特权,是个体荣誉观在荣誉权利层面的自由表达。	和坚定地个人自由自主立场不同,"荣誉—民主化"体育荣誉观在权利理念上是以共同荣誉为前提的,在处理个人和集体的关系时总是有意识地模糊两者的边界,或者说更加倾向于赋予自然状态的个体荣誉的社会性构成,共同构成荣誉的标识。体育荣誉观的培育总是以公意为价值导向的,当个体荣誉观和俱乐部荣誉、团队荣誉、集体荣誉等集体性荣誉发生冲突时,社会意识、公共意志、共同体荣誉观超越个体荣誉而存在就再正常不过了。	"荣誉—民族化"体育荣誉观的价值理念实出表现在民族权利意识上。虽然英美观在表现形式上各不相同,但是民族权利意识的表现形式大体系为前提的权利原点,在权利理论上都坚持荣誉个人主义的权利实现方式上。其区别仅仅在于个体荣誉权利实现方式上的差异。而德国人不再认为荣誉权利的实现是个体意志的集合,而是认为荣誉的实现是由民族的意志所赋予的。国家荣誉的实现也不是由个体意志发起的,是民族荣誉的充分表达才是国家荣誉取得优异成绩的根是运动员参与国际比赛,民族荣誉与国际意义。

理念	荣誉—自由化	荣誉—民主化	荣誉—民族化
权力理念	体育"荣誉—自由化"荣誉观的转塑从根本上限制了政府权力走向垄断的可能。政府实施荣誉治理,不仅在于保障个体荣誉权不受侵犯,而且荣誉表彰的程序要得到公众的认可。无论是内阁和仲裁内各部委和非部委公共机构都不能独享体育荣誉治理权力。此外,政府权力并非指向未有的抽象权利,而是治理了体育社会秩序的具体权利。	在"荣誉—民主化"体育荣誉观现代化转向的过程中,对荣誉资源分配权的改造仍在继续,当中央权力不断集中的同时,还通过荣誉观的引领来强化中央荣誉治理的内在权威性。为了追求体育荣誉治理的实质正义,必然伴随体育荣誉分配权中央集聚。在这种国家治理一体化、普及化、平等化的运行机制下,容易导致荣誉供给和需求化脱钩,荣誉分配平均化等问题。这种权力理念在一定程度上背离了体育荣誉的内在品性。	在"荣誉—民族化"体育荣誉观向现代转型的过程中,国家—民族利益至上的政治价值选择构成了国家权力来源的合法性基础和依据,在治理理念上形成了国家行使绝对权力的价值倾向。对于国家级别的荣誉,国家元首代表最高权力机构出席荣誉授予仪式,还拥有撤销荣誉的绝对权力。无法和非法主席撤销荣誉勋章的期待,都在一定思想家们对君主绝对权力的期待,君主权力和民族程度上反映了对国家荣誉和民族利益的追求。
治域理念	国家治域理念层面,明确了国家荣誉、公共荣誉、集体荣誉的获得不过是维护个体荣誉、实现个体荣誉自由的治域手段和必经之道,在这个过程中,国家权力的治域应该受到有效的限制。国家荣誉机构不是荣誉追求终极价值目标的载体,而是协调个人、集体、国家荣誉之矛盾,保障个体荣誉底线的工具。在"荣誉—自由化"体育荣誉观形成的过程中,国家扮演着种植人的角色,并不设置超越于个体荣誉而存在的国家荣誉目标,从而也就不必追求国家荣誉威性的体育荣誉治理秩序。	荣誉治理的相对集中是"荣誉—民主化"体育荣誉观主要向理想状态的中间环节,公共意志的代表实现这一中间环节进行积极的引导和必要地改造,从而达到荣誉价值理想的彼岸。当然,对理想价值秩序的呼唤,也就意味着为了个体荣誉的得以而建构权力回味着为了个体荣誉的得以缺失而建构的政治治理机构是不具备价值基础的应当然环境无限集中,其目的是为了通过改造个体的荣誉观念,实现公意所蕴涵的公共荣誉、全民荣誉、国家荣誉治理的终极理想。	有限荣誉治理理念实现了从国家权力治域向国家荣誉治域的转变。这种治域的选择成为国家现代化力军,社会力量选择"荣誉—民族化"实现理念中发挥重要作用。现代以来,社会力量成为国家荣誉表彰的主力军,国家对于体育荣誉的治域范围开始收缩。不过,在论及国家荣誉治理主体的作用和意义时,不可否认的是,在德国现代体育荣誉体系中,中国依然是个人与自然界之间管理,赋予社会荣誉表彰的权力机构,赋予个人荣誉以精神和存在意义。

续表

理念	荣誉—自由化	荣誉—民主化	荣誉—民族化
互动理念	"荣誉—自由化"体育荣誉观的实现机制倾向于在荣誉授予主体之间实现平行互动的价值理念。从运动员对体育荣誉的理解来看不难看出，具有现实意义的"荣誉—自由化"体育荣誉管消失在体育荣誉体系的建构之中，事实上，这种体育荣誉价值理想多元化的倾向，其本身正是多元荣誉治理主体对各自信仰坚守的结果。也正是由于在意识形态领域对各现代化体育荣誉治理主体的宽容，才成就了现代社会的荣誉—自由化的价值信念和多元化体育荣誉主体平行互动的多元价值理念的形成。	在治理主体之间零和互动的场域下，平等、自由，民主被强行确认为体育荣誉治理的核心价值标准，荣誉资源共享，荣誉权力平等，荣誉需求决定民主主义成了"荣誉—民主化"体育荣誉观建构的基本理念。而竞争性、稀缺性、个体能动性等体育荣誉的内在品性特征致使荣誉治理主体予以抵触。零和互动的价值作为敌对标准予以分明的场域在体育荣誉体系中形成了泾渭分明的壁垒，也就意味着，在法国体育荣誉分配权的治理的归属上，建立的是"纵向一体化"的治理模式。	在主体互动理念上，不仅保留了依法治理、国家荣誉权威，民族荣誉至上等有限传统，而且在荣誉授予客体上突破了传统的君主和贵族阶层之间特权和等级机制。体育、游戏、休闲活动不再是王权贵族们才能享有的特殊权利，体育奖章的授予范围不断扩大，测验门类和参与体育荣誉表彰的广度和深度都不断加大。体育协会、赞助商、俱乐部参与体育荣誉表彰上层社会的特权活动，体育荣誉体系的治理主体逐步向社会化扩展。

5.1.4　体育荣誉制度实践的经验对比

体育荣誉制度实践和治理理念不同,它属于更加具体、更加贴近解决现实问题的荣誉治理技术。从近年来域外体育荣誉制度实践来看,能够体现出各自的特点和优势,当然所谓的优越性也是在每个国家的意识形态、历史沿革、文化传统、体育传统、管理机构、民众意愿、运动员的价值理想等多种因素的相互影响下形成的,并不具有绝对的普适性,但是其中运用的一些创新性荣誉治理技术是值得有选择性的借鉴的。

(1)"荣誉—自由化"制度实践

在"荣誉—自由化"体育荣誉观的引领下,体育荣誉表彰实践中推崇协力合作,国家、民族、社会、企业、个人之间在体育荣誉表彰过程中是有共存性的。对个体荣誉权的把握实现了有限需求主体参与的治理格局,而非"荣誉—民主化"追求的全民参与的绝对民主,更加强调个体的自由和体育荣誉治理合法性的自发生成。

表5-1-3　体育荣誉制度规范的英美经验

要素特点	内容体现
法治基础牢固	自然法精神是近现代英美确立个体"荣誉—自由化"自然权利的理论前提。自然法的缘起和个体的自然理性直接关联,从理性这一视角出发,个体自由意义上的自然理性则构成了英美传统体育荣誉观向现代体育荣誉观转变的关键。
尊重个体荣誉	崇尚个体自由是英美"荣誉—自由化"体育荣誉体系建构的逻辑前提,也是制度规范的目标导向。在现代英美社会,对于授勋个体来说,与荣誉相比较,自由则更加可贵。类似的事件不在少数,英国政府和参与荣誉表彰的社会组织也一直致力于建构一个以理性主义为指引,能够充分体现个体荣誉自由化的体育荣誉观。当然,这种自由是建立在自然法基础上的自由。美国的国家荣誉制度已日趋完善,授奖领域不断扩展,已经涵盖了科学、军事、宗教、体育、艺术、医学、娱乐等众多领域。授奖客体也不断扩大,像总统自由勋章与国会金质奖章的授奖范围早已成为国际上著名的奖项,可以说,只要是对美国做出过突出贡献的任何行业、任何阶层、任何国度的杰出人士都有机会获得美国政府授予的荣誉勋章获或奖章。

要素特点	内容体现
权利边界明确	英国内阁仪式秘书处是国家体育荣誉表彰的主管部门,政府部门推送的荣誉候选人则由政府内部职能部门筛选后,提交到内个仪式评审委员会评审。联邦外交部推送的名单则由部门内部提名、评审、确定。被提交到评审委员会的候选人,根据其所属领域,分别由相应的分委会评审筛选,将入围的名单提到主委会讨论、审议,通过后提交到内阁仪式秘书处书记办公室签字,呈交给首相,由首相再提交给女王。美国国会金质奖章的授予程序严谨,权力边界明确,评选标准也十分严格,根据《美国法典》规定,国会金质奖章的候选人必须得到参议院三分之二以上议员的联合推荐,才能被推动到众议院,在众议院也要得到三分之二以上的投票,最终才能荣获该奖章。
注重授勋仪式	在荣誉授予仪式上,个体荣誉权利得到充分的表达。英国的荣誉授予仪式一般被安排在新年和每年6月英王的生日举行,分别称作"新年荣誉"和"生日荣誉",颁奖仪式隆重。荣誉的授予仪式既充分体现了国家荣誉的权威性,又进一步确立了现代英国社会的荣誉价值信念的目标指向,从而引领公众的价值取向。美国总统自由勋章原名自由勋章候选人主要由服务表彰理事会向总统推选,或者由总统自行确定候选人名单,受奖仪式一般选在每年的7月4日(国庆节)举行,总统自由勋章佩戴于颈部,通常由总统亲自为授勋者佩戴。
表彰对象平民化	在体育荣誉授予客体的制度规范上,英国体育荣誉体系进行了系统化改革,授勋对象不在局限于为国家做出突出贡献的竞技体育精英物质激励持续化运动员,其授予对象扩大到学校体育、大众体育和体育科技领域。美国荣誉勋章、奖章的授予一般是不会体现等级或阶层的差异性,以平民荣誉和专业荣誉为例,无论是政府高级官员,还是体育领域的杰出运动员,所获得的总统自由勋章是没有任何差异性的;同样,无论是历史悠久的费米奖章,还是级别最高的国家科学奖,也都不设等级,只要是对美国做出过突出贡献的人士,无论是国美平民,还是外国学者,都可以平等的获此殊荣。
物质激励持续化	英国政府在对奥运优势项目和潜力运动员的资金投入却越来越大,即便是在国家经济疲软,各种福利和教育资金大幅消减的状况下,也是有增无减。这笔资金会给奥运潜力项目和潜力运动员带来物质上的基本保障,比直接奖励给奥运会冠军的物质财富更有意义。运动员和运动队就能够得到更加长久的得到资金支持,从而专心训练,备战奥运。美国政府对优秀运动员、教练员的物质奖励水准和他们在国家赛场上取得的成绩相比较,略显紧缺,不过,美国运动员的物质奖励渠道呈现多样化趋势,各大赞助商和项目协会纷纷加入到奥运长期奖励主体的行列。

（2）"荣誉—民主化"制度实践

与"荣誉—自由化"不同,在体育荣誉制度的设计上没有对荣誉

权力进行限制。在荣誉治理实践中,无限荣誉权力授予和荣誉分配
权的中央集中,是国家荣誉权力在荣誉制度层面提出的必然要求。
体育荣誉体系的建构必然要求在荣誉资源配置上实现自上而下的
一体化融合,倡导荣誉权利的整体利用,在制度规范层面十分注重
公众参与的广度和深度。

表5-1-4　体育荣誉制度规范的法韩经验

要素特点	内容体现
覆盖面广	法国荣誉体系所涵盖的治理机构健全,体育荣誉表彰门类丰富,种类繁多。既有骑士荣誉奖章,也有平民竞技奖章、体育荣誉奖章和体育纪念奖章;既有中央层级的颁发的勋章,也有部委下属部门和地方政府颁发的荣誉奖章。荣誉军团管理会、国家功勋勋章委员会和体育荣誉管理委员会等管理机构在法国荣誉制度体系的运行中起到重要作用。以《赏勋法》《赏勋法施行令》和《政府表彰规定》等法律法规为基本依据,韩国体育荣誉表彰共设置了三个层级,即:体育勋章、体育奖章和政府体育表彰,覆盖了体育荣誉表彰的各个领域和各种级别。
系统性强	所有的体育荣誉资源由国家统一配置,荣誉制度规范被中央权力机构完全控制,形成全国上下一体化的体育荣誉体系。体育和艺术类勋章的评委会设置在中央集权下的文化部门,其内部又分为法定委员和非法定委员,前者包括法国体育司司长、造型艺术司司长、音乐舞蹈戏剧和演出司司长等12位行政官员,后者则由文化部部长直接任命,两者都在文化部的统一领导下开展具体的体育荣誉表彰工作。韩国体育荣誉制度具有较强的系统性,体育勋章共分为5个等级,主要授予为提高国民素质、提升运动水平和推进国家体育事业快速发展做出贡献的杰出人士。体育奖章共有12种,授予那些为发展国家体育事业做出突出贡献,以及为促进国民健康、提升国家形象和国际影响力发挥重要作用的优秀人士。政府表彰是低于奖章的荣誉褒奖,共分为4个等级。
从属公众意志	体育荣誉资源的配置权力并没有被分散在体育协会、俱乐部、赞助商、社会组织、地方政府、家庭之中,而是在国家的统一调配下,保障国家体育荣誉授予程序的有序性、正义性。正如荣誉军团勋章是法国最具权威性的荣誉表彰,其授予对象主要指为法国做出杰出贡献的公民和优秀团体,体现了鲜明的公意属性。为了体现公意,韩国功勋奖章的评选一般安排在国庆节、建军节或年底进行,而时效性较强的评功评奖则安排在项目完成、比赛结束后进行。功勋表彰候选人的推荐一般由功绩审议委员会来完成,拥有推荐权的机关通常都会设置该委员会,一般由5至10人组成。被推荐的候选人通过功绩审议委员会考核后,在授勋前一个月,其材料需提交到行政安全部,审核合格后,再上报到功勋表彰审议委员会复审。勋章和奖章的提名还要通过副部长会议讨论及国务会议表决。

要素特点	内容体现
体现权威性	就社会公众对中央荣誉分配权的期待而言,权利的使用是符合实质正义却缺乏合法性的评价体系,所以,中央绝对集权的荣誉配置机制不经意间就会走向权利的无限扩张。现代法国体育荣誉体系对荣誉资源分配权的改造仍在继续,中央权力不断集中。法国总统担任荣誉军团团长一职,荣誉军团管理会负责荣誉表彰的具体实施工作,并通过统筹荣誉资源的分配方式和比例来强化中央荣誉权能的内在权威性。韩国体育勋章、奖章和政府体育表彰的颁授实践都是以《赏勋法》为根本法律依据,其授予对象都是要为国家事业做出突出贡献的杰出人士。体育勋章和奖章在图案的设计上也都继承历史传统和国家特色。体育勋章、奖章和表彰的提名、评选和举行颁奖仪式的时间一般是固定的,通常会选择在国家法定纪念日、国庆日、建军节、阅兵日、开学典礼等重要节日进行,能够保证国家荣誉授予的权威性和传统性。
授勋程序规范	在法国体育荣誉体系中,有关体育荣誉勋章和奖章的颁授范围广,种类多,主要通过荣誉军团勋章、国家功勋勋章和体育荣誉奖章的统筹设置来进一步规范授予程序。法国体育荣誉体系在授予程序上具有层级分明、统筹设置、公意指向的基本特征,充分体现了国家荣誉表彰的权威性。在具体评选程序上,由他人推荐到军团委员会审核,再到总统亲自颁奖,国家荣誉的颁授是一个严格、庄严、神圣的国家事件,每一名接受嘉奖的运动员、教练员都无比自豪,民族自豪感、自信心、荣誉观念油然而生,同时起到了激励后进、引领社会主流价值趋向的作用。韩国《赏勋法》自颁布以来,历经数十次修订,已逐步趋于完善。但是在实际运行中仍不免会出现一些制度和实践脱钩的现象。体育荣誉的授予对象多集中在竞技体育领域,且评价标准单一,主要依据运动员在国家大赛上获得的成绩计算积分多少,再根据积分情况决定勋章、奖章的授予等级。
激励形式多样	法国体育荣誉的实现形式上日趋多样化。除了荣誉军团勋章外,法国政府还为教练和球员们创设了各种纪念性表彰形式。例如以教练员或运动员的名字命名体育基础设施,为他们专门设计具有纪念意义的冠军戒指等。值得注意的是,法国荣誉制度注重荣誉表彰的精神激励,很少给予物质奖励,只有少数优秀运动员或教练员能够得到少数的象征性年薪。韩国对优秀运动员的奖励可谓五花八门。杨鹤善在伦敦夺冠后,其母在接受采访时提到,等儿子回家后给他做最好吃的煮乌龙面,此后生产该面的韩国农心集团决定给予杨鹤善终生免费享用方便面的奖励。此外,对于奥运会冠军来讲,韩国还有一项非常特殊的奖励——免服兵役。

（3）"荣誉—民族化"制度实践

与英美法韩相比，"荣誉—民族化"体育荣誉观在制度规范层面，注重把体育荣誉治理权力下放到政府部门、社会体育组织和赞助企业。官方机构和非官方机构构成国家体育荣誉授予的两大主体。一方面，国家对体育领域的荣誉治域是有选择性的，而不是全面的、笼统的，这在一定程度上能够强化国家荣誉的权威性和至上性。另一方面，非官方机构作为体育荣誉授予主体，为个体荣誉的实现提供了强有力的社会支撑，提升了社会力量参与体育荣誉表彰的积极性。

表5-1-5　体育荣誉制度规范的德俄经验

要素特点	内容体现
立法规范	任何一种勋章或奖章的授予都要颁布法令予以保障，一些重要的国家级勋章还要对授予对象、条件、奖章设计、佩戴方式等作出详细说明。结构精简、层级分明、程序通畅是德国荣誉体系法制化建设的基础性条件。各联邦州还设立了管理和规约本州内荣誉表彰的法律法规，对于重要的勋章和奖章的授予，还会制定详细的实施法令和细则，以保障荣誉授予的正义性。俄罗斯联邦注重国家奖励制度的合法性，以确保政府奖励的权威性、公平性和正义性。宪法作为俄罗斯联邦的根本性法律，指导一切国家奖励法令的制定和实施，《俄罗斯联邦国家奖励条例》等文件，为维护国家荣誉表彰秩序提供法律保障。此外，俄罗斯联邦还会根据奖项的性质，通过总统令、议会审议或政府决策等法律路径彰显荣誉表彰的权威性。针对特殊奖项的颁授更有具体的特殊说明。事实上，俄罗斯联邦设置的每一项国家奖励都有相应的法律条文进行规范，从而确保其合法性和严肃性。
层级鲜明	目前德国荣誉体系中国家级的荣誉授予主要由联邦政府管理，联邦总统颁授，得到国家承认和许可的荣誉勋章、奖章和荣誉称号分为三大类，共几十种，各州政府自设的勋章和奖章也有近十种。其中，德意志联邦共和国勋章是级别最高、使用范围最广的综合性国家勋章，银质月桂奖章是德意志联邦共和国最高级别的体育奖章。此外，还设有残疾人运动银质奖章、德意志体育徽章、德国国家体能奖章等。《俄罗斯联邦国家奖励条例》规定，俄罗斯联邦总统办公厅下设干部和国家奖励局，具体管理国家奖励实践，并组织成立了国家奖励委员会，负责评估奖励材料，保障国家奖励的层级性和公平性。

续表

要素特点	内容体现
尊重荣誉传统	从德意志体育徽章的设计理念、图案和佩戴方式上不难看出,德国体育荣誉体系非常重视对传统竞技文化继承。德国荣誉表彰历史悠久,其形状、图案、色彩的设计承载着德国传统的文化记忆,尽管几百年来德国设立了种类繁多、形式多样的勋章、奖章、徽章、纪念章等等,在形状上虽然各式各样,各具特色,但是在图案的设计上仍然主要以十字、橡树叶、月桂枝叶和鹰为核心内容。自2000年普京上台以来,传统的苏联功勋荣誉得到尊重和继承,国家体育荣誉称号、体育荣誉奖章、徽章等日益被凝结为实施爱国主义教育的象征性符号。在重大国家体育比赛后,由国家奖励委员会组织实施,由国家首领亲自颁授奖项并致辞,尊重运动员们顽强拼搏的体育精神和优异的运动成绩,强调奖牌对国家的重要意义,突出荣誉表彰的爱国主题。
评选程序严谨	德国体育荣誉体系的评选程序较为严谨、规范。任何公民都拥有提名他人为联邦共和国勋章或奖章的授予候选人,主要通过直接向被推荐者所在州的总理办公厅提交申请、向外交部提交申请、向最高主管提交申请三种方式。所有提交的申请或提案都要经过相关部门的严格审查和筛选,符合要求并获得相关负责人许可的提案将被提交到联邦总统处。这里所说的相关负责人主要指有权给联邦总统提供提名建议的各州州长、市长、参议院主席、外交部长、具体领域的联邦参议院主席等。被提交到总统处的所有提案都要由联邦总统亲自审核、批准,在荣誉表彰前,由联邦总统、外交部长和内政部长联合签署荣誉授予公告,最后由各州州长、州参议员或市长、联邦部长为荣誉授予对象颁发勋章或奖章,只有少数勋章由总统亲自颁发佩戴。
表彰形式多样	对世界大赛中取得优异成绩的运动员,德国多采取精神激励为主的方式,且表彰的内容日趋多样化。奖金作为褒奖运动员在国际大赛中所取得的优异成绩,是德国体育荣誉表彰最直接的形式。此外,德国在表彰内容上不拘一格,例如,在奥运会前夕,德国奥委会特制了蓝色小册子,里面包含一些消费优惠券,都是各大赞助商提供给过奖运动员的奖励,有赞助商提供的啤酒奖励、免费旅游机票、免费试用一年的汽车卷、免费理财培训等等。近年来,俄罗斯联邦荣誉制度作为一项基本法律制度,被国家和社会广泛接受并不断完善,以运动员和军人身份出身的普京总统更加重视国家体育荣誉表彰形式的多样性性,竭力倡导爱国主义教育,一直将国家荣誉表彰制度视为振奋民族精神,增强民族凝聚力的有力抓手。

整体而言,"荣誉—自由化""荣誉—民主化"和"荣誉—民族化"在体育荣誉制度实践上都表现出了各自的优越性,有共同之处,也有不同之处。这些实践经验对我们培育和践行新时代体育荣誉观

具有借鉴意义。

5.2　体育荣誉观实现方式的镜鉴

5.2.1　"一元性"审慎

在体育荣誉多元价值信念共存的当今世界,有必要对理性主义下的统一性荣誉价值理想进行反思,更有必要对体育荣誉观的虚幻性进行清算。

(1)荣誉价值信念终极理想的确立逐渐失去了理论上的基础、法律上的支持和政治上的依托。就像启蒙思想家把荣誉价值理想的寄希望于理性主义,但是理性主义者却未能完成宗教神学衰落后荣誉治理的时代使命。况且,荣誉观筑塑的政治基础也备受质疑。长此以往,强调崇高政治理想的荣誉观也就失去了合法性基础,那么,在全社会范围内建立宏大的荣誉道德和价值理想的愿景也就化为了泡影。这样一来,不同国家、不同民族、不同群体、甚至不同个体的荣誉价值选择、荣誉感的表达,以及彼此间的区别与联系都能被赋予时代意义和现代化精神。就认知观的演进而言,整个世界处于完全开放的状态①。从而假如仍然按照理性主义的思维,试图建构至善至美的统一性体育荣誉体系的话,将是多么的荒谬。

(2)体育荣誉观的终极价值导向和现代化、市场化、法制化、职业化的荣誉治理主体不相吻合。随着市场经济的快速发展,人们逐渐意识到体育运动的职业化、社会化发展趋势是不可回避的时代议题。职业化作为这个时代体育运动的核心课题,其荣誉观的建构需要基于既有体育荣誉供给主体、需求主体和生产过程进行重新定

① [以色列]尤瓦尔·赫拉利.人类简史[M].林俊宏译.北京:中信出版社 2014:380.

义,从而对接现代化荣誉治理逻辑的内在要求。作为体育荣誉消费主体的个人或团体欲成为荣誉权、荣誉感和荣誉授勋客体的自觉单位,就要依靠体育运动职业化背景下体育荣誉客体和荣誉授勋主体之间良性互动来实现。承认个体荣誉消费的能动性和自觉性,实际上是表达了对个体荣誉需求的偏好和荣誉自由化的默认。然而,如果体育荣誉观的培育秉持理性主义的理想化倾向,那么就必然要求对体育荣誉治理的普遍性真理和统一性标准的绝对垄断,这恰恰背离了体育运动市场化、职业化场域下,对个人荣誉权和荣誉感尊重的基本要求。可以想象,在现代化体育荣誉观的建构中,既赋予个体荣誉需求的选择权,同时又要通过政治权能规制体育荣誉观的终极价值指向,其逻辑本身就是矛盾对立的。只有正确认识体育荣誉多元供给主体、多元需求主体和多元荣誉观共存的治理格局,尊重个体对体育荣誉权、荣誉感的自觉能动性,才能为现代化体育荣誉体系的建构奠定稳固的价值根基。

(3) 在世界范围内强调体育荣誉观的终极价值指向,势必会导致不同政治体制、不同体育文化传统国家之间价值冲突的升级。任何社会所形成的荣誉价值共识,都是基于特殊的历史文化传统和固有的思维模式而得以实现的。在一定意义上,任何国家、任何形式的体育荣誉表彰,只不过是自身特殊文化的产物,只有遵循本土的价值规范、体育传统、荣誉法则、仪式习俗和制度规则,才能够存在、延续[①]。民族、地域、文化、历史上的差异为不同国家形成的差异性体育荣誉价值认同提供了基础性支撑。也正因为此,不同个体拥有了多元化体育荣誉需求实现的可能性。然而,西方文化霸权主义国家越来越倾向于把本民族的"理性思维"强加于不同历史文化背景的国家或人群,试图在复杂的社会体系中寻求理性化价值信念的共

---

① [美]奎迈·安东尼·阿皮亚.荣誉法则:道德革命是如何发生的[M].北京:中央编译出版社,2011:15.

同体认同①。

（4）同一国家或地区不同人群的体育荣誉观也会有所差异。随着体育运动职业化程度的加深，运动员、教练员流动的现象日益加剧，从而造成共同体价值认同的持续离散化。即便在统一运动项目部内部，不同民族、地区、家庭或团体之间在荣誉资源的需求上也存在一定的差异性，或者说不同国家体育荣誉价值信念都存在不同程度的离散化趋势。在现代竞技体育领域，越来越多的运动员会因为培养体制、参赛形式、赛事类别、团队构成、受教育类型的差异，而在体育荣誉感的获得、荣誉权的需求上表现出异质性。正如伯克所言，"即便是生活在同一区域的人们，也会因为背景的不同而导致思想观念上的差异"②。其实在同一国家或地区内，由于历史和环境的不同，导致价值观念上的差异普遍存在于社会生活的各个领域，而现代体育运动所具有的群体分化、职业赛事、社会化培养模式等发展特征，又不同程度上加剧了荣誉观的差异。那么，价值多元化的结果使得任何试图建构统一性荣誉价值理想的理性主义，都是在向其他国家、民族、地区、个人发起的意志侵蚀③。

对理性主义主导下体育荣誉观的反思和批判，其意义在于让我们更加客观地认识理性自身的局限性和一元政治价值指向的虚无性。只有在荣誉观深处对西方世界所热衷的理性主义进行再思考，才能真正推动体育荣誉观的培育从终极价值指向到对接现实问题的现代化转型。

将体育荣誉观培育的目标指向确立为应对现实问题，这就意味着和国家政治体制所追求的权力资源分配不同，体育荣誉观实践性的强化能够避免政治功能的泛社会化倾向，更有利于实现政治权能在体育荣誉治理领域的边界收缩。此外，假如从消解体育荣誉表彰

① 刘亚斌.文化霸权论的变异学研究[M].北京:中国社会科学出版社,2016:74.

② [英]伯克.法国革命论[M].何兆武译.北京:商务印书馆,1998:239.

③ [美]塞缪尔·亨廷顿.文明的冲突[M].周琪译.北京:新华出版社,2017:39.

的现实困境出发,而不同国家、民族、地区所面对的现实问题本身是多样化的和不确定性的,因此,在世界范围内建构一体化的体育荣誉价值秩序是不具备合理性和可能性的。综上所述,体育荣誉观的目标指向实现从追求普遍真理向解决现实问题的转化,能够更好的节制体育荣誉表彰的政治理想,收缩政治权能的边界,实现政治价值秩序的底线化原则,在此基础上建构各具特色的现代化体育荣誉体系。

5.2.2　新时代体育荣誉观培育的当然要求

通过对"荣誉—自由化""荣誉—民主化""荣誉—民族化"体育荣誉观及其实现机制现代化变革路径的探讨,不难发现,现代化体育荣誉观培育和践行的合法性、合理性与否,并不是以荣誉观在表达形式上是否进行了全面革新为判断标准,而是更加看重其现代化的过程是否深度契合了政治价值、社会价值、时代特征、市场化和职业化程度、本土体育文化传统和现实荣誉资源等深层次、综合性因素。基于此,现代化体育荣誉观的培育和践行需要从以下几个方面系统安排:

(1)恰当处理体育运动市场化、职业化、社会化背景下对体育荣誉观筑塑方向的时代诉求和不同条件下具体实现方式的关系。整体来讲,新时代体育荣誉观的培育需要以新的历史时期体育运动高度职业化的时代诉求为依据。现代体育运动在市场经济的引领下,要求荣誉治理体系的建构需要从传统的王权贵族垄断转向全社会开放、荣誉价值体系从一元政治转向多元价值信念、荣誉授予主体从国家扩展到社会、荣誉治理秩序从纵向一体走向多向规制。从而,高度职业化、社会化的现代竞技必然要求体育荣誉观的培育能够从宏大的政治理想走向具体的荣誉治理实践,国家政治权能的治域维度也从无限治域走向了有限治域,荣誉治理秩序从政治一统走向协同治理。这是现代竞技特质对体育荣誉观培育提出的基础性前提。然而,不同国家、民族和地区的历史文化背景的差异性决定了这些要求在重要程度和表现形式上呈现不同状态,从而使得体育荣誉体系的建构逻辑、价值指涉、荣誉法则、制度标准、治理秩序的多样性和复杂性。这样一来,即便我们试图遵循荣誉治理体系建构的一般规律,在此基础上对荣誉观的目标指向做出适应性调整,但是,现实情况是并不存在可以让我们按图索骥的基本范式①。因此,在体育荣誉治理实践中,各国要以体育运动的发展特点为依据,结合本土荣誉体系传统和具体荣誉表彰工作,积极探索荣誉权能配置、荣誉资源分配和荣誉法则制定的合法性、合理性与时代性特征,进而完成新时代体育荣誉观的培育和践行。

(2)正确对待体育荣誉表彰在程序规制、授勋仪式、物质奖励等实现机制上的创新和体育荣誉观在目标指向上的转化之间的关系。就现代体育荣誉体系建构的出发点而言,就是为了回应体育运动市场化、职业化、社会化所带来的荣誉观多元化和荣誉治理实践过程中的种种困境。在这个过程中,不同荣誉观的目标指向必然伴随特定意义的荣誉治理理念和体育荣誉制度实践的表达和呈现,而这种具有具体指向特征的体育荣誉观的实现方式取决于特殊国家的文化背景、荣誉体系传统和本土化体育荣誉的时代特征,由此说,不同国家体育荣誉治理理念和制度规范的建设不可能千篇一律,没有本土色彩,而是必然表现出一定的特殊性。可见,体育荣誉体系现代化转型过程中面临严峻的挑战,在于是否能够通过体育荣誉观的培育和实现方式的时代转化,从而在目标指向上形成对接现代体育运动个性化、职业化发展的荣誉需求,在表达方式上形成本土特色。实际上,体育荣誉体系建构的过程是荣誉观铸塑的普遍性原则和目标指向多样化、治理理念本土化和制度体系建设的具体化的有机统

---

① [美]哈定.文化与进化[M].韩建军等译.杭州浙江人民出版社,1987:105.

一。而现代体育荣誉体系建构的失落,其根本原因就在于把理论建构的重心放在了荣誉治理理念、荣誉制度规范和荣誉治理技术等具体概念的表达方式上,而忽视了体育荣誉观铸塑的决定性作用。

(3)成功实现新时代体育荣誉观培育和传统荣誉观转化的融合共生。在市场经济高度发展的当今社会,体育荣誉观的培育首先要满足体育运动市场化、职业化、社会化、个性化发展的内在要求,这就会在时代性体育荣誉观和传统荣誉观之间形成巨大张力。这就意味着,现代化、法制化、柔性化体育荣誉体系的建设难免彰显变革的色彩与革命的意蕴。不过,这种内在荣誉观上的时代转变并不必然导致国家体育荣誉体系的彻底性变革。从上述域外经验可知,法国在体育荣誉价值信念"公意"指向的目标下,激进派主张的绝对平等、绝对民主的理性主义变革道路并没有走出权力悖论的阴影,反而在反传统的道路上背离了体育荣誉治理的一般规律。与此相反,英美在继承传统荣誉体系中核心荣誉观念、政治权能的基础上,积极创造和现代体育荣誉观共存的格局,实现了在体育荣誉体系在功能意义上的全面提升,这也是实现传统荣誉观向现代化体育荣誉观演进中,成本较小、冲突较弱的变革路径。"荣誉—自由化"体育荣誉观的建构逻辑和现代化理论的普遍观点是一致的,即"后发国家制度建设的关键在于正确评价本土化的制度遗产,并且以何种方式在何种程度上对其进行改造以对接时代需要,而不是一味地借鉴西方国家的成功经验"[①]。从英美法韩的对比来看,传统国家荣誉观应该被看做现代体育荣誉观筑塑的根基和源泉。在现代化的进程中,多元体育荣誉观可以和传统一元的国家荣誉或贵族荣誉相对话、制衡,但是不能彻底否定传统荣誉观的本土化、时代性的特征和意义。而当我们将体育荣誉体系建构的逻辑起点从概念革新、技术创新的层面转移到多元体育荣誉观的铸塑和解决现实问题上来的时候,也

---

① 董正华.世界现代化进程十五讲[M].北京:北京大学出版社,2009:23.

就为传统荣誉体系的功能发挥创造了更多的可能。传统的荣誉观不再被视为腐朽思想的痼疾，而是现代体育荣誉观培育和践行的重要构成。

（4）要谨防保守主义抗拒式变迁的发生。通过对"荣誉—民主化"和"荣誉—民族化"体育荣誉观筑塑和实现机制的探析和反思，不难发现现代体育荣誉观的培育并不意味着和传统荣誉观的彻底决裂，却更像是对传统国家荣誉体系的多维阐释和荣誉观的多元探索，可以说，兼具合法性与合理性的现代化体育荣誉观的建构是离不开传统国家荣誉观的支撑和传承的。诚然，这种倾向于妥协、温和的保守主义精神在现代体育运动急剧变迁的背景下，并不是采取顽固守旧的态度来对抗时代诉求。市场经济的快速发展彻底改变了体育运动的价值信念指向和传统贵族荣誉的治理格局，在现代体育运动自由化、个性化、职业化特征愈加彰显的新时期，体育荣誉观的现代化筑塑方向不可能规避体育荣誉价值多元化的基本事实，否则难以恰当回应体育荣誉治理理念的时代变迁和现代体育荣誉治理实践中的现实困境。整体而言，面对体育运动职业化程度日益加剧的当今社会，保守主义精神尽管审慎地强调变革的连续性和缓进性，甚至在某种程度上表现出对传统国家荣誉观的留恋，然而并没有在体育荣誉观的实现机制上拒绝革新。正如欧克肖特所言，"他们是被动的革新者，接受新的价值信念指向，并不意味着贵族阶级的赞同，而是因为他们没有办法回避"①。这就意味着"当他们进行变革时，既不会顽固守旧，也不会普遍求新，而是要尽量保持对传统原则和制度的遵循"②。总之，现代体育荣誉观的培育和践行，一方面要避免激进派主张的"荣誉—民主化"彻底型变革路径，另一方面也要防止落入保守主义宣扬的"荣誉—民族化"抗拒型变

---

① [英]欧克肖特.政治中的理性主义[M].张汝伦译.上海:上海译文出版社,2003:131.
② [美]维特.从圣礼到契约:西方传统中的婚姻/宗教与法律[M].钟瑞华译.2014:336.

革的深渊。

通过以上的分析,我们能够对现代体育荣誉观的形成逻辑和实现机制提出的一般性见解无非是:体育荣誉观的培育和践行必然是对新的历史时期多元价值信念不断把握的过程;必然是更加重视对体育荣誉概念内在品性的认识和对体育荣誉治理实践困境的有力回应;也必然是在坚持遵循本土化特色的前提下,对传统荣誉观及其实现方式不断调整、革新的历史过程。

5.2.3 体育荣誉治理技术的创新性转化

从以上分析可知,无论是何种体育荣誉观的形成都是基于多种因素综合作用的结果,"荣誉—自由化""荣誉—民主化""荣誉—民族化"体育荣誉观都不具有普适性,任何形式的移植、照搬都是不切实际的。那么,是否意味着域外体育荣誉观及其实现机制就没有值得我们学习借鉴的地方了呢? 显然也不是。通过前面的立论我们发现,在体育荣誉观的实现机制上,英美法韩德俄都有各自突出的表现,尤其是在体育荣誉制度实践上,有很多先进的荣誉治理技术值得进一步研究探讨,通过综合比较与选择借鉴,实现创新性转化,对于新时代中国体育荣誉观实现机制的完善具有一定现实意义。

(1) 建立健全体育荣誉制度实践的法规系统。从英美法韩德俄的经验来看,它们都非常注重体育荣誉制度的法制建设,使得体育荣誉表彰的各个阶段的各项工作都有法可依。地方政府制定的荣誉法律和荣誉法规对体育荣誉表彰的规定应具有较强的可操作性。而且,还应注意体育荣誉体系法规系统内部的各个要素间不能出现效力上的抵触和内容的冲突等问题。

(2) 增强政府主管部门的协调联动整合性。无论在英美法韩德俄,还是在中国,体育荣誉治理的政府职责是得到公认的。英美德俄重视多主体、多部门的联合协作,它们不仅注重体育主管机构的职能协作,更加注重整合其他领域的优质资源,真正实现多元主体协同治理的荣誉表彰系统。在这个系统里,中央机构、文化部门、体育部门、新闻媒体、社会组织、赞助商、俱乐部、企业、家庭、个人,共同致力于体育荣誉表彰的主体建设和层序规制。

(3)明确体育荣誉表彰的结构层级,设立权威性体育荣誉称号。整体而言,英法德表彰系统的设置能够尊重客观规律,基本符合本国国情,遵循国家体育荣誉制度建设的一般规律。在纵向上,荣誉设置应从高到低层层递进,不能使某一级别的表彰缺位;在横向上,治理主体要平行互动,不宜缺失,也不宜过多或重复。要共同致力于体育荣誉治理目标的实现和国家荣誉体系的总体发展。如我国目前的最高层级体育荣誉表彰就存在缺位,直接导致了某些高层荣誉定位的困惑,如"运动荣誉奖章",究竟是不是国家最高层级的荣誉表彰,谁也说不清。

(4)加强非政府组织参与体育荣誉表彰的能力。英美法德俄在体育荣誉制度建设的过程中注重对非政府组织的引入,通过政府组织和非政府组织两个系统的协同配合,发挥非政府组织的便捷性、社会性、亲民性、公众性等优势,实现体育荣誉体系的高效运行。尤其是英美德政府在强调政府部门体育荣誉表彰的应有职责外,注重发挥社会系统体育表彰的作用,如奥委会、体育联合会、新闻媒体、体育协会等。可见,政府并非是国家体育荣誉表彰的唯一供给者,以群团组织为主的社会组织可成为重要生产者,应充分发挥社会系统参与体育荣誉表彰的优越性。

(5)拓宽表彰资金来源渠道并建立体育奖励专项资金支持制度。英俄法韩体育荣誉表彰的奖励资金有国家专项支持基金、政府财政拨款、企业赞助基金、体育彩票抽取和体育协会筹集。目前,我国体育荣誉奖励出现的"资金来源""发放标准""发放依据""纳税人参与权和知情权"等问题,主要是由于与时俱进的体育奖励专项资金支持制度的缺失。建立以国家专项体育奖励基金为主导、以政府财政支持为杠杆、充分吸纳社会资金的多元治理格局,制定合法性、科学性和针对性的物质奖励标准,鼓励社会公众参与、咨询、监督体育荣誉评选的各个阶段。

(6) 注重表彰的实施效果,明确人民群众的监督主体地位。英美法通过体育荣誉表彰的内部监管和外部社会公众的监督,使国家、社会和地方州政府体育荣誉表彰的程序更加科学化、民主化。以人民为中心,建立社会参与、咨询、评价、监督机制,对体育荣誉授予客体因荣誉表彰而获得的预期收益进行信赖保护,通过民众的监督来完善体育荣誉表彰的评选程序,提升表彰效果。

(7) 健全体育荣誉表彰救济机制。每一奖项的设置都必须对应有一个相应的管理部门来具体实施,并通过立法加以明确,不能出现管理的真空地带,更不能出现某一荣誉表彰找不到实施主体的情况。这样当行政相对人应获表彰而未被表彰时,便找不到申诉的对象,给行政相对人确定复议被申请人和行政诉讼的被告以及国家赔偿的赔偿义务机关增加了难度。从长远上讲,不利于责任政府和法治国家的实现。举一个简单例子《中国人民共和国体育法》第七条中规定"国家对在体育事业中做出贡献的组织和个人,给予奖励。"但由哪个主体来实施奖励,并未规定。

6 新时代体育荣誉观培育与实现机制探索

　　基于"荣誉—自由化""荣誉—民主化""荣誉—民族化"体育荣誉观及其实现机制的经验和失落，将其作为参照对象对于新时代中国体育荣誉观的培育和实现机制的完善具有确切的理论指向和实践意义。体育荣誉体系的现代化演变路径是一个由表及里、由制度到价值、由物质到精神的系统转换过程。在革新体育荣誉治理理念、创新荣誉治理技术的同时，应更加重视对遮蔽在价值理念和制度规范背后的体育荣誉观的深刻把握和时代变革。同样，培育新时代体育荣誉观，更需要完善的实现机制来践行。当然，对于更深层次体育荣誉观的探寻和筑塑，并不是要执意推崇西方社会政治意志和理性主义的优越性，从而被卷入意识形态的旋涡，而是试图从政治哲学和价值哲学的视域去洞察现代体育荣誉观培育的内在逻辑，把握现代化体育荣誉治理的本质意蕴，分析现代国家体育荣誉观革新的可能选择、时代特征和本土色彩，有选择的借鉴英美法韩德俄在体育荣誉治理理念和制度实践中的合理经验。

　　市场经济的快速发展改变了中国传统社会的单一模式，价值信念和目标指向趋于多元化。在体育领域，市场化、职业化和社会化发展程度的不断深入，对传统社会一元体制下个体、家庭、团队、集体价值信念的筑塑造成了巨大冲击，市场经济和举国体制双轨制背景下价值多元化的发展模式逐步形成。价值多元的社会必然存在着对多种理想生活的向往和追求,以及对于事物价值的不同认知[①]。这些价值信念不可通约,没有对错之分,也不能被纳入到某个具有普适性的价值体系中予以考量,它们共同筑塑着体育荣誉体系建构中多样式和多层次的荣誉观。多元荣誉观的培育方式创造了多种可能的机会结构,而这样的机会结构能够为个体荣誉权利的实现释放更加广阔的自由空间,从而塑造荣誉需求主体更加丰富的个性[②]。因此,新时代中国体育荣誉观的培育应该坚持继续为国争光、国家荣誉至上的基本原则下,创造通向个体荣誉权利实现的多元路径。

《体育强国建设纲要》提出,"完善举国体制与市场机制相结合的体育发展模式,坚持开放办体育,形成国家办与社会办相结合的体育管理体制和运行机制。"

> "完善中国体育荣誉体系,鼓励社会组织和单项体育协会打造褒奖运动精神的各类荣誉奖励。"
> ——国务院办公厅于2019年8月10日印发实施《国务院办公厅关于印发体育强国建设纲要的通知》

这就要求在新的历史时期,创新体育荣誉表彰的主体协同和多样化荣誉表彰的模式建构,培育多元体育荣誉观,建设面向全社会开放的体育荣誉体系,充分调动新闻媒体、社会组织、地方政府、企业和个人参与体育荣誉表彰工作的积极性。同时,综合评估各级各类体育荣誉治理实践的合法性、合理性和有效性,统筹体育荣誉资源的全局配置,设立荣誉治理协同机制,平衡不同体育荣誉需求主体的荣誉观,真正实现以国家荣誉为本体,多元体育荣誉观并存的治理格局。

---

① WESTEN P. The concept of equal opportunity[J]. Ethics,1985,95(4):837—850.

② 费西金.瓶颈:新的机会平等理论[M].徐曦白译.北京:社会科学文献出版社,2015:218.

6.1 培育"荣誉——体多元化"体育荣誉观

6.1.1 目标指向:国家荣誉为本体的多元荣誉观共存格局

20世纪80年代,中国掀开了改革开放的历史篇章,随着中西方经济、文化交流的不断深入,多元价值信念、观念、理念也不断地冲击着中国计划经济时代的一元价值认同,从而导致在国家主义和自由主义之间形成了巨大张力,在个体荣誉、集体荣誉和国家荣誉之间也表现出了荣誉观念上的离散现象。这种现象在体育领域表现得尤为突出,1994年中国足球甲级联赛的启动,意味着中国体育运动正式步入了职业化道路。传统举国体制下的国家荣誉至上、个体荣誉绝对服从于国家荣誉等价值观念逐渐弱化,在国家荣誉之外,个体荣誉、家庭荣誉、俱乐部荣誉开始构成塑造运动员荣誉观的主体部分,有些时候,部分职业运动员甚至把个体荣誉和俱乐部荣誉凌驾于国家荣誉之上。

表6-1-1 关于"您是如何看待国足的国家荣誉感的?"观点整理

访谈对象	观点表述
肇*哲	在"金元足球"的环境下,不少运动员在国际比赛中思考的第一问题不是国家荣誉,而是保护好自己,该发力时再发力。
吕*军	从我带队的经验来看,赢得比赛的胜利,能够加入国家队,有机会为国出战,是每个运动员的梦想。但的确有一些国字号球员没尽全力。
谭*	中国足球的水平就摆在那里,在屡屡失败的现实面前,队员们会表现得情绪化、消极化,在这种情况下,国家荣誉感很难得到体现。
姚*薇	运动员在场上想得最多的就是如何能够拿下比赛。为国争光、为父母赢得荣誉和丰厚的物质奖励,哪个运动员不想呢?
杜*军	我相信每一名运动员都是有国家荣誉感的,可能在某些时间点上,考虑的比较多,个人利益往往占据了上风。

可见,虽然多数运动员都拥有为国争光的使命感,但是在多种因素的影响下,国家荣誉感淡化的现象在国足队伍里普遍存在,一些足球运动员为了保存实力、避免运动损伤,更好的服务俱乐部,而消极地对待国家队比赛的情况时有发生。培育国家荣誉感和继续为国争光的使命感是新时代体育荣誉观培育的主要任务之一。

此外,像参加世界网球公开赛的职业运动员,他们自组团队,自由安排训练、比赛,在竞技场上表现往往自认为是个人行为,并不涉及到国家荣誉争取和维护。再者,还有一些群众喜闻乐见的体育运动,如近年来风靡全国的跑马拉松,爱好者们参与比赛也并不是为了捍卫国家荣誉、集体荣誉,通常是基于个体荣誉感的获得而形成的较为稳定的持续性运动参与行为。马拉松运动员的坚持和炫耀,在很大程度上归结于对个体荣誉感的狂热和追求。

表6-1-2　关于"您是如何看待马拉松爱好者的荣誉感的?"观点整理

访谈对象	观点表述
卢*镇	当你与马拉松爱好者交谈时,他们大多会如数家珍一样,将他(她)的马拉松经历很自豪地告诉你,甚至将每次参赛的奖牌、纪念章、号码布展示给你看,他们还会告诉你未来的马拉松参赛计划,准备去参加哪些比赛,自己的成绩将达到什么水平。他们那种荣誉感溢于言表,让人感动。
李*伟	三年前开始跑半马,为自己每一次的坚持和进步感到骄傲,成绩对我来说并不是那么重要了,主要是享受这个过程。
曹*辉	跑马会让人上瘾,我们有一个小圈子,因为热爱马拉松走到一起,大家都有自己的工作,但是跑马我们是认真的。我们每周一起训练一次,比赛一起报名。每一次完成比赛,都会觉得很自豪。

事实上,作为体育运动核心价值构成的正义、竞争、自由、荣誉等要素之间,并不存在一个统一性的公度标准和按照一定等级进行排列的次序,也不能将表达着不同"善"的价值指向凝结为单一的核心价值。柏林对荣誉多元化倾向的积极性和消极性的二元划分成为了当代荣誉观讨论的逻辑起点。他唤起了人们对不同价值

观念的思考,同时也引发了对荣誉自由化的反思。如何理解荣誉观多元化的积极性和消极性之间的张力、荣誉多元化和荣誉自由化之间的区别和联系、荣誉多元化和荣誉国家主义之间的对立关系?当遇到荣誉价值取向的选择等具体问题时我们该如何做出判断?支持个体荣誉价值观念自由化的合理性、合法性、价值场域和国家体制是什么?柏林、托马斯·内格尔、斯图亚特·汉普舍尔、约翰·格雷、查尔斯·泰勒、理查德·米拉白等西方学者从伦理学的视域出发,围绕信仰铸塑、价值选择、利益分配、个体自由和集体约束力、传统荣誉观念和现代化诉求等价值的一元性和多元性问题进行了深入思考。

20世纪末期,布达佩斯学派的代表人物费赫尔系统阐述了现代荣誉自由化观念的内在矛盾;瓦伊达批判了理性主义的虚幻性,讨论了荣誉自由和民主制度之间的张力;赫勒分析了荣誉自由化、民主主义、民族主义等在后现代国家政治价值信念铸塑中的现实困境;马尔库什进一步论述了荣誉自由化所遮蔽的理性的规范性要求与矛盾的多样化现实。在他们看来,荣誉自由化的双重属性为荣誉治理的动态实践赋予了特殊内涵,同时也把荣誉自由的价值观念定义为一种意识形态上的幻觉。

正如沃尔泽所言,社会中存在的机会结构形式决定了人们的志向、偏好和能力[1]。如同简单、呆板的机会结构推崇一元性的价值观念,社会成员的志向、偏好和能力就相对稳定;假如社会的机会结构复杂、多变,但是又存在一种具有支配性地位的价值观念,那么社会成员就会在这种支配性价值的引领下追求各自更多的偏好。

在中国,实现体育治理体系和治理能力现代化的过程也是国家主义和个人主义、自由主义不断博弈的过程,考察体育文化建构中的国家主义立场尤为必要。另外,国家主义理念在体育领域中的存

---

[1] 费西金.瓶颈:新的机会平等理论[M].徐曦白译.北京:社会科学文献出版社,2015:218.

在具有一定的合理性和普遍性①。个人荣誉服从于集体荣誉和国家荣誉,这是由中国几千年优秀传统文化积淀的结果,也是新时期体育改革和发展应该遵循的基本价值秩序。

> 在朱婷年少时,"祖国和人民的利益高于一切"这一信念就根植于心了。她常用"打球要有国家荣誉感"告诫自己。并表示:"郎平是我的偶像,我希望追随她的脚步不断发展,能为国家排球事业作出哪怕一丁点的贡献都是我毕生的荣耀。"郎平也不止一次谈到:"为国争光是中国女排的使命和义务"。
>
> ——资料来源:(新华社,2017/7/3)

女排精神凝聚着国家荣誉高于一切、个体荣誉从属于集体荣誉和国家荣誉的文化传统。近年来,习近平主席也多次接见在国际赛场上表现突出的运动员和运动队,并在讲话中数次表扬了队员们为国争光、为祖国和人民赢得荣誉的精彩表现。由此,建构国家荣誉为本体的多元化荣誉观念共存格局,既是捍卫国家荣誉、激发个体荣誉感、体现人民意志的基本方略,也是新时代实现中国特色体育荣誉治理体系现代化的基本价值导向。

6.1.2　合法性来源:国家政策导向

在国办发〔2019〕40号《体育强国建设纲要》中就明确提出了"坚持以人为本、改革创新、依法治体、协同联动……更好发挥举国体制与市场机制相结合的重要作用,不断满足人民对美好生活的需要。"的体育强国战略目标指向。

经济全球化和市场经济的快速发展推动了我国体育事业各个领域的全面提升,体育改革不断深入,在不断满足个体多样化体育需求的同时,也改变了传统的价值秩序,个体价值日益突显,以人为本、以运动员为中心的体育核心价值观被来自西方的个人主义文化所利

---

① 谭刚.国家主义视野下的竞技体育[J].体育学刊,2013,20(6):26—29.

用,自私自利、物欲至上、无视纪律的现象频频发生在体育领域。

表6-1-3　关于"您如何评价运动员物质追求和国家荣誉的关系?"观点整理

访谈对象	观点表述
吕*军	职业体育带来了很多好的东西,也带了一些不好的东西。比如,现在运动员的价值用什么来衡量? 转会费嘛,说白了就是身价! 直接和金钱挂钩,什么国家荣誉,什么集体利益,都是说给老百姓听听罢了。
桂*军	早在我们是运动员的那个年代,就想有一天能够代表国家赢得金牌,光宗耀祖。现在的一些运动员动不动就和西方国家的职业运动员比,不是埋怨管理体制僵化,就是闲奖金拿得少了。
彭*祖	运动员希望通过比赛获得更多的物质奖励,这本身没有什么问题,问题在于把国家荣誉、民族利益放在什么位置,假如把个人利益凌驾于国家荣誉之上,那就有问题了。

以个人为中心的利己主义切断了传统体育共同体共享价值和体育精神的维系纽带,从而致使新中国成立以来以集体利益、国家荣誉为导向的体育核心价值体系濒临瓦解。另外,城镇化进程和职业体育改革的启动,使得传统的民间体育共同体、单位体育共同体、地方体育共同体、体育组织共同体受到严重冲击,传统体育共同体认同解体,新的共同体认同与价值秩序尚未建立。

体育荣誉开始向个人领域倾斜,正如泰勒所指出的,如今"荣誉不过是代表个人利益的、主观上可被界定的标准,这些标准是受到无条件保护的[①]。"体育荣誉在社会公共领域所享有的地位被"声望"和物质奖励所取代。在体育荣誉共同体变迁的过程中,逐渐和尊严融为一体,同时体育荣誉的个体化倾向也融入了个人发展的整个职业生涯。"从荣誉到尊严的转变实际上是一种普遍主义政治,该政治逻辑强调公民平等的享有尊严,在内容上表现为资格和权力的平等化[②]。"个体间获得平等承认的政治意义开始成为学者们讨论的重要议题。同时,共同体荣誉向个体向度的转变引发了人们对个人利益

---

① [加]泰勒.承认的政治[M].董之林,陈燕谷译.上海:三联书店,2005:129.

② [加]泰勒.承认的政治[M].董之林,陈燕谷译.上海:三联书店,2005:310.

和自我价值的狂热追求,构成了个人主义在体育领域兴起的肇端。

而今,体育领域的共同体认同缺失、体育道德断裂、体育精神扭曲、集体荣誉淡化的现象尤为严重。在群体分化的背后,个体化进程持续加速,崇尚个人利益至上的自由主义在竞技体育队伍里扩散开来。近年来为了个人利益的最大化,置共同体利益于不顾,将国家荣誉抛于身后的运动员不在少数。在这样一个自我意识凸显、荣誉认同阙如的当代体育生态环境中,以运动成绩和自我经济值为导向的运动员,并不是依靠国家体育荣誉制度安排,而是依据世界体育规则和西方体育文化理念而独善其身的,在中国体育体制机制仍不够完善的情况下,实际上国家荣誉感的培育又陷入了制度安排的匮乏以及体育核心价值引领的缺失。

我国体育职业化改革的现代性发展侵蚀着传统国家队共同体赖以生存的认同基础,国家队共同体成员的国家认同分化现象突出,表征为国家队组织结构碎片化、公共活动削减、共同体成员日趋原子化等特征,职业运动员国家共同体正面临着群体分化的危险。

表6-1-4　关于"现在的国家队和传统的国家队在认同感上的区别"观点整理

访谈对象	观点表述
姚*薇	进入国家队以后,感觉压力大很多,竞争很激烈。队员之间的交流不多,平时都在地方队或各自的俱乐部训练,国家队集训了,才到一起。相比之下,在俱乐部的生活更适应些吧。
李娜(人物传记)	现在的训练都很专业,分工也很明确,我们有自己的团队,技术教练、体能教练、理疗师、经纪人各负其责。即便是参加奥运会,前期的备战也是和其他队员分开训练的。
安*鹏	自组团队、聘请私人教练、自负盈亏,是现代体育职业化的发展趋势,这种模式对传统国家队成员的共同体认同难免带来冲击。

虽然社会各界一直在关注运动员的国家认同问题,学术界也持续强调国家队共同体认同的重要性,但是在当前的国家队建设中,政策设计和治理实践的着力点却主要放在运动训练和基础设施的

建设上,国家队"共同体精神"的培育和弘扬往往被忽视。国家队在国内体育工作部门早已不是一个概念符号,然而,国家队的文化建设却在很大程度上依靠国家体育总局自上而下的政策推动和制度安排,职业运动员的参与积极性不高,身份认同感不强,这就意味着国家队建设很大程度上是政府的单方面治理行为,从而导致职业运动员共同体精神的缺失。

表6-1-5 关于"您如何评价完善中国体育荣誉体系?"观点整理

访谈对象	观点表述
王*万	国务院提出要完善国家体育荣誉体系,也提出了具体要求。其实,这几年,新闻媒体、专家学者都有呼吁。运动员的荣誉观和从前不同了,是应该有一个规范性制度来引领。
张*华	首先得重视运动员国家荣誉感的培育,另外就是要发挥社会组织和体协的作用,开展多种类型的体育表彰,满足不同类型、不同水平运动员的多样化需求。

毋庸置疑,破解新的历史时期国家队文化建设困境的首要任务在于加强精神文明建设,重塑国家认同,而"荣誉治理"则是重塑职业运动员国家认同的重要内驱力。在此基础上,更好地发挥市场机制的作用,鼓励社会力量设立具有影响力的体育荣誉表彰形式。

6.1.3 政治权能:有限政治权能

古往今来,荣誉性质的奖励广泛存在于国内外任何政体[①]。国家若要实现高效的社会治理,需要通过所拥有的公共资源来引导和规范社会行为。行政命令和法律规范是国家常用的硬性治理技术,而荣誉表彰则是引导和激励共同体成员自愿作为国家所期望行为的重要形式[②]。为了达到一定的政治目的,所有的国家都会通过设

---

① 姚东旻.荣誉/地位的最优分配:组织中的非物质激励[M].北京:中国人民大学出版社,2015:5.

② 张树华,潘晨光等.中外功勋荣誉制度[M].中国社会科学出版社,2011:2.

立英模典范的形式引导社会价值观,进行思想和道德治理。荣誉表彰是国家分配价值理念的权威性路径,荣誉治理在此过程中起到政治规训、价值塑造和精神引领的作用①。因此,荣誉治理是国际上较为常用的柔性治理技术。

无疑,体育荣誉表彰本身首先应该服务于国家制度,准确把握国家主体价值的政治逻辑,能够为体育核心价值的培育、弘扬和传播提供稳定的制度保障;而体育荣誉观的培育和践行也应该符合国家主流价值取向,尤其是共同体成员的政治诉求与核心利益。

表6-1-6 关于"您如何评体育荣誉和政治的关系?"观点整理

访谈对象	观点表述
王*里	体育领域的一切改革都应该服务于国家制度的安排,体育强国梦也是在强国建设的一部分。体育荣誉表彰更应该首先服从国家意志,然后才能谈具体如何去建设、去完善。
彭*祖	体育离不开政治,在国际赛场上,体育荣誉的获得是代表国家,赛前会介绍"来自某某国家的某某某",金牌背后蕴含着政治意志。
张*华	运动员在国际赛场上挣金夺银是政党优越性的体现,在中国共产党的领导下继续为国争光是新时期体育强国建设的必然要求,这一点是毋庸置疑的。

倡导国家实施荣誉治理就是要树立体育英模典范,反应人民意志,宣扬体育精神,引领国家主流价值,培育体育核心价值观。将运动荣誉提升到国家、民族的高度,是世界各国普遍的做法,一方面可以增强全社会的向心力与凝聚力,另一方面也可以使体育运动得到更强有力的政治支持。

然而,改革开放以来,市场经济在中国的快速发展催生了部分体育项目的职业化道路,各大项目协会和俱乐部构成了职业体育实现繁荣发展、迈向世界的土壤和钥匙,从而改变了传统的国家培养

---

① 韩志明,史瑞杰.国家荣誉的社会认知——基于问卷调查数据的实证分析[J].中国行政管理,2015(10):64—68.

运动员的三级训练网络,举国体制下的政府权能和权力运作机制受到很大程度的冲击,缩减政治权能也就成为促进职业体育提高市场化程度和满足个体荣誉权利表达诉求的关键环节。

案例6-1-1

> 所有人都知道费德勒是瑞士的,但费德勒打球不会只是为瑞士争光。就像巴萨是西班牙的,他们的头号人物梅西却是阿根廷人,西班牙的本土球员也只是球队的一部分;他们是世界上最棒的豪门俱乐部,有他们独一无二的打法;他们代表着这项运动最先进的水平和最顶尖的魅力,这早就超越了为国争光的水平。
>
> ——资料来源:林丹自传
>
> 为了祖国的荣誉拼搏,在奥运赛场上升起国旗,这都没有错,甚至是非常伟大的一刻,也可能是终生难忘的一刻。但同时我们也要问:为什么有的运动不需要通过奥运会,依然能够获得全世界的关注?因为它有这样的魅力。像足球、网球、篮球运动本身的美丽远远超过了奥运会,这是羽毛球运动不能比的。
>
> ——资料来源:林丹自传
>
> 鉴于国家体制、项目类别、发展形势、市场化程度等方面的特殊性和一般性,中国体育的职业化道路并没有完全打开,或者说一些项目尚不具备走向职业化的条件,项目的建设和发展在很大程度上还需要依赖项目本身的特点以及国家的投入和支持。
>
> ——资料来源:吴合斌,曹景川.我国竞技体育职业化进程中道德失范现象的表征及应对策略研究[J].北京体育大学学报,2016,58(8):14—19.

举国体制和体育运动职业化"双轨制"的发展格局,在对体育荣誉观的培育上提出了服务国家荣誉和有效防范全能政治倾向的双重任务。前者要求对政治权力的相对集中,后者则要求对过多的政治倾向性进行有效的约束。成功化解这一体育领域的内生性矛盾,需要国家政治领域在体育治理实践中做出全面调整,而体育荣誉观的变革创新更是居于价值指向的核心地位。从英美法韩德俄的历史经验上来看,培育符合时代诉求、国家意志、主体需要的体育荣誉观是应对这一挑战的必然要求。

从我国近年来体育荣誉治理实践上来看,有限政治权能似乎更能够有效回应运动员个体的荣誉诉求。例如,中国网球名将李娜在美国当地时间 2019 年 7 月 20 日正式加入国际网球名人堂。当社会各界在大力宣扬"李娜是国家英雄、民族英雄"的时候,李娜本人却不止一次的声明是为自己而战。

事实上,撇开李娜自身获得的荣誉不谈,她的确为中国的网球运动做出了突出的贡献,在她的努力和带领下,中国网球公开赛得以成功开启,青少年网球训练体系逐步健全,网球项目的职业化程度不断深入。但是,职业竞技更多是代表个人进行参赛这是事实是不可否认的,倘若被强加于过多的国家情感、民族精神、政治价值,往往会违背运动员的个体意愿。或者说,当职业运动员在代表个人参赛时,更加看重个体荣誉和个体价值的获得。

体育荣誉可以起到激励人们参与体育运动的作用,颁发金银铜牌通常是用以激励精英运动员最为直接的荣誉表彰机制。而对于普通的运动参与者而言,体育荣誉又是如何作用于运动过程的呢?例如,群众马拉松爱好者参与比赛的动机在哪里?

表 6-1-7 关于"您如看待群众马拉松运动员的体育荣誉感的?"观点整理

访谈对象	观点表述
李*伟	参加群众马拉松,个人身份报名,不代表国家;争冠,绝大多数参与者似乎并不具备实力;健身,似乎没必要跑那么远的距离;社交,社会成本又太高。
赵*	跑马对我来说就是一种信念,让我感到骄傲的是跑完全程的过程,还有每一次的进步,哪怕就一点点。
李*飞	我参加过大大小小的马拉松 30 多次,获得 25 次奖牌(规定时间内完成比赛就有奖牌),这种荣誉感是发自内心的满足,对自己的肯定。

事实上,马拉松的爱好者非常看重自己在每一场比赛中跑出的

成绩、获得的奖牌、纪念章,甚至对每场比赛的"号码簿"都珍爱有加。当和他们交谈时,那种自豪、荣誉感溢于言表,令人动容。可见,无论是精英运动员,还是普通的运动参与者,体育荣誉都深藏在运动员的信念深处,潜移默化地支撑着他们的坚持。但对于普通运动者而言,体育荣誉的获得并不具有政治意义。

6.2 "荣誉——体多元化"实现机制的理念选择

6.2.1 依法治理:推进体育荣誉表彰的立法建设

依法治理是新时代体育强国战略背景下实现国家体育荣誉表彰现代化的基本理念和基本方式。自党的十八届四中全会提出"依法治理"的治国理念,并通过召开党代会,明确提出多领域、多层次要坚持系统治理、依法治理、综合治理、源头治理。党的十八届五中全会进一步强调要建构"法制保障的社会治理体制"。党的十九大创新性的提出了自治、法治、德治"三治融合"的行业自治的治理理念,再一次明确了社会各领域坚持"依法治理"的基本方略。在体育领域,"依法治体"的治理理念也被提高到前所未有的战略高度。2019年9月2日,国务院办公厅颁布的《体育强国建设纲要》中再次明确提出了"依法治体、协同联动"的战略思想,并提出了"增强为国争光能力""弘扬中华体育精神"的战略任务。首次把"完善中国体育荣誉体系,鼓励社会组织和单项体育协会打造褒奖运动精神的各类荣誉奖励"作为体育强国建设的战略任务之一写入《纲要》。

事实上,自1957年《国家体委关于各级运动会给奖办法的暂行规定》颁布后的60年来,有关国家层面的体育荣誉称号、奖章、表彰授予的法律法规、政策条例和表彰大会的发布约50余次。

表6-2-1　党的十八大以来国家层面荣誉政策颁布与实施情况

时间	内容	发布主体
2012	提出建构国家荣誉制度的设想	党的十八大
2013	在已有研究成果的基础上,梳理并总结了国家荣誉表彰工作的经验和教训。	全国人大常委会法工委会、人力资源社会保障部与中央组织部和解放军总政治部
2014年10月23日	通过《中共中央关于全面推进依法治国重大问题的决定》,明确指出,制定国家勋章和国家荣誉称号法,表彰有突出贡献的杰出人士。	中国共产党第十八届中央委员会第四次全体会议
2015年4月10日	将国家勋章和国家荣誉称号法列为8月份提交初次审议的法律草案	第十二届全国人民代表大会常务委员会第四十五次委员长会议
2015年12月27日	正式通过了《中华人民共和国国家勋章和国家荣誉称号法》	第十二届全国人民代表大会常务委员会
2016年1月1日	《中华人民共和国国家勋章和国家荣誉称号法》付诸实施。国家荣誉称号的授予对象为"在经济、社会、国防、外交、教育、科技、文化、卫生、体育等各领域各行业作出重大贡献、享有崇高声誉的杰出人士。"	中华人民共和国主席令第三十八号
2017年7月28日	国家功勋荣誉表彰条例》《中国共产党党内功勋荣誉表彰条例》《"共和国勋章"和国家荣誉称号授予办法》《军队功勋荣誉表彰条例》《"八一勋章"授予办法》《"七一勋章"授予办法》《"友谊勋章"授予办法》,已经中共中央批准实施	党和国家功勋荣誉表彰工作委员会

坚持依法治理,要以《中华人民共和国国家勋章和国家荣誉称号法》为主要依据,科学合理地界定国家、市场、群团组织等在体育表彰供给上的角色边界和角色定位,重塑国家主导角色。

表6-2-2 关于"您是如何评价奥运冠军物质奖励的?"观点整理

访谈对象	观点表述
张*华	他们能在奥运的赛场上获得冠军,都有着不为人知的,甚至是常人难以忍受的辛苦、寂寞、付出。所以,作为一种回报,奥运冠军获得奖励无可厚非。
钱*峰	这几年的一些体育奖励有争议,争议的问题无非就是,一个奥运冠军应该奖励多少钱? 谁来奖励? 钱从哪里来? 有没有依据? 说白了,还是因为我们的奖励制度没有立法。现在荣誉制度立法了,那么在荣誉制度下进行物质奖励,问题就好解决了。由国家牵头做这件事,以往出现的重复奖励、临时动议、盲目跟风等问题,慢慢都能得到解决。
王*万	只要竞争环境公平,对成功的褒奖永远都是激励人前进的一个动力。所谓不想当将军的士兵不是一个好士兵,就是这个道理。

在荣誉制度立法的背景下,走国家主导型政策发展道路,既能够体现国家荣誉权威,也利于统筹体育荣誉资源,更大程度地满足个体荣誉权利表达的需求,是新时代体育表彰政策理论和实践发展的必然结果。十九大报告强调,"党的领导是人民当家作主和依法治国的根本保证,人民当家作主是社会主义民主政治的本质特征,依法治国是党领导人民治理国家的基本方式,三者统一于我国社会主义民主政治伟大实践①。"在我国体育表彰政策制定中,拥护人大常委会、国务院、政协、法院和检察院依法履行决策权,改进国家在政策制定和实施过程中的领导方式,提高表彰层级,保证国家政策在社会治理角色中的权威性。

在体育荣誉观培育和践行的过程中,坚持依法治理的实质就是对体育荣誉表彰法治、良治、善治的价值向往和对治理规则的遵循,是国家体育激励机制、体育荣誉体系现代化发展的必然趋势。市场经济和中国职业体育发展所带来的体育体制双轨制和体育治理理念的变迁,在不断满足不同个体、团队、集体多样化荣誉供给和需求

---

① 习近平.决胜全面建成小康社会 夺取新时代中国特色社会主义伟大胜利——在中国共产党第十九次全国代表大会上的报告[N].人民日报,2017—10—28(1—5).

的同时,也使得我国体育荣誉治理实践逐步形成了和现代体育荣誉治理理念相适应的正义、平等、法治等价值观念。

尽管中国的国家荣誉制度已经立法,荣誉治理体系的建设正稳步推进,体育领域荣誉表彰工作的开展有了坚实的依据,体育荣誉治理领域的法治观念明显增强,但是还应该认识到,与发达国家的体育荣誉体系相比较,和体育强国建设的任务要求相比较,同推进体育荣誉体系现代化建设的目标相比较,之间尚存在许多不适应和不协调的问题。

表6-2-3   关于"您是如何评价体育荣誉表彰法治化建设的?"观点整理

访谈对象	观点表述
卢*成	从全国范围来看,我们的体育荣誉表彰工作还是开展得不错的,一些优秀运动员、运动队还得到了国家领导人的接见。这对于运动员来说,和拿金牌的意义还不一样,或者说,在某种程度上比拿金牌更值得骄傲。问题在哪里呢? 还是政府和社会系统表彰程序的问题,不够规范。
钱*锋	因体育奖励引起的纠纷,有合同型、管理型、保障型、侵权型等多种类型。物质奖励如何分配,比例如何定,是运动员、教练员、体育组织之间争论的焦点。由于当前我们没有把体育奖励纳入到运动员社会保障体系当中来,运动员退役后生活没有保障,所以往往会和"恩师"、培养单位产生矛盾。其原因在于侵权行为认定、运动员、教练员无形资产商业开发和合同精神淡薄等方面缺少法律规范。

尤其是在行政系统,体育荣誉奖励往往带有很强的主观性,缺乏标准,未能起到塑造英模、引领价值取向的时代使命,甚至在一定程度上侵犯了荣誉需求主体和公众的权利。因此,将依法治理理念运用到体育荣誉体系建设的各个领域和各个层次依然任重道远。

6.2.2   平衡主客体关系:兼顾国家荣誉权力和个体荣誉权利

权利在内涵上包含具有权力维度和不具有权力维度的双层向

度,权利是权力的来源,优先于权力而存在,当权力脱离权利而形成共同体权力的时候,权力就表现出了一定的独立性[①]。因此,共同体荣誉权的行使和获得要遵循国家荣誉权力和个体荣誉权利的平衡原则,保持一定的界限。

> "体育的职业化、国际化本是一种趋势,否则也不会有郎平执教美国女排,不会有梅西加盟巴萨,诺维茨基也不会到 NBA 打球了。无论是教练还是运动员,代表的都是这项运动的职业精神——既然来了,就要为这个俱乐部、为这支国家队效力。"
>
> ——资料来源:林丹.直到世界尽头[M].凤凰出版社,2012.

卢梭认为,公共权力的形成是个体权利集中表达的结果,是个体在社会契约过程中形成的权利集合与让与,从而实现权利的高级表达形式,即共同体的权力。这就意味着国家荣誉权力不是个体荣誉权利的上位概念,在公民权利之上设立一个独立的政治权威是不可取的,因为人民本身就是权威的化身。这种理解对于我们恰当处理国家荣誉权力和个体荣誉权利之间的关系具有一定意义。在任何政权社会中,个体成员都扮演着双重角色,即:主权者和臣民[②]。这似乎意蕴着,个体荣誉权利下隐藏着国家荣誉权力。一方面,个体荣誉权利使得人民以主权者的角色参与荣誉表彰,形成公共荣誉价值观念,并据此设立具有普遍意义的法律规范,但此时的荣誉权利还不能简约为权力,因为它依然没有走出权利的范畴。另一方面,当主权者通过政治约束、法律规范、制度建设等方式,把国家荣誉权力隐藏于日常生活中时,便要求个体成员服从国家荣誉治理秩序,个体荣誉权利也就成为了不具权力因素的权利,个体即被称为卢梭笔下的"臣民"。

在实现国家荣誉权力和个体荣誉权利对接的时候,体育行政机构在其中起到了纽带的作用,正如卢梭所言,"作为普遍性的主权者

---

① 格雷厄姆·格林.权力与荣耀[M].傅惟慈译.上海:上海译文出版社,2018:50.

② [法]卢梭.社会契约论[M].何兆武译.北京:商务印书馆,1982:26.

作用于作为个体性臣民,就必须借助政府这个中间体"[①]。体育行政机构对于国家荣誉权力而言,其职能和组织都是个体性的,其行为必须控制在国家荣誉权力这个普遍性的范围内。

案例6-2-1

> 　　钱利民想留着王治郅拿冠军。联赛冠军和全运会冠军,这两个冠军今年必须得拿,这是政治任务。最终,王治郅完成了政治任务,八一队放行。八一队之所以同意王治郅去NBA,还有另外两个原因,一是首位进入NBA中国球员的荣誉,这个荣誉不能让给姚明。二是当时中国正在申办2008年北京奥运会,如果中国有一位NBA球员,显然能够提高国际影响。就王治郅本人而言,他在国内几乎没有提升的空间了,进军NBA,才有可能在更大的舞台实现自己的价值。
>
> 　　姚明进入NBA也不是一帆风顺的。首先上海体育局提出三个"适当"——适当的球队,适当的时机,适当的条件。其次,篮协给出的条件是,在国家队需要你的时候,必须回来。姚明本人曾这样看待国家荣誉和俱乐部荣誉:"我最大的梦想就是代表国家队夺得奥运会冠军。但作为火箭队的成员,夺得NBA总冠军同样具有重要意义。"
>
> 　　李元伟认为,姚明有责任做的只有两件事,一是代表国家队参加重大的国际锦标赛,二是帮助促进篮球运动、提升国家队及中国篮球运动的水平。照顾好个人利益,保障姚明在休斯顿火箭队打球的权益,不仅是CBA的政策,更是中央政府的政策。这将是中国体育发展至关重要的一点。许多人认为,姚明最终要在NBA和CBA中做出选择。但是我认为,他可以两边兼顾。而且,他已经做的很好。
>
> 　　——资料来源:杨毅.姚明传[M].北京:新星出版社,2012;姚明.我的世界我的梦[M].长江文艺出版社,2004.

　　可见,国家荣誉权力和个体荣誉权利是同一个体在不同价值场域中的两种表现形式,当体育行政机构作为中间力量介入后,可以借用卢梭提出的连比例来阐释三者之间的互动关系,主权者:政府=政府:臣民[②]。这样一种连比例揭示了国家荣誉权力、体育行政机

---

① 陈端洪.宪治和主权[M].北京:法律出版社,2007:104.

② [法]卢梭.论人与人之间不平等的起因和基础[M].北京:商务印书馆,2015:167.

构和个体荣誉权利之间存在着以下关系:体育行政机构对个体的作用量应该等于国家主权者对于体育行政机构的作用量。如果前者小于后者,体育行政机构就难以保证运动员对国家制度的服从,无力维护国家荣誉治理秩序;如果前者大于后者,体育行政机构则会变得专制,挤压运动员的荣誉权利。在这里,国家主权者是指由社会个体的集合而形成的政治共同体,是具有普遍性的公民全体,而臣民是指作为个别性的运动员、教练员全体,两者之间体现的力量上的关系,而非数量。在这个连比例中,主权者集合体现的是具有权力内涵的权利,参与国家荣誉权力的设立,运动员则体现了不具有权力内涵的权利,服从国家荣誉法治的安排。体育行政机构作为连接二者的纽带,是由国家主权者依法创设的行使个体让与权利的集合,即共同体权力。如此一来,三者之间的关系就表示为:具有权力内涵的权利:共同体权力=共同体权力:不具有权力内涵的权利。这个比例结构的意义在于,它不仅描述了国家荣誉权力和个体荣誉权利的运行规律,而且隐喻着两者之间的平衡关系。既要赋予体育行政机构足够的国家权力,也要对国家权力的行使控制在一定范围内。权力不足,体育荣誉治理容易陷入失范状态,最终损害运动员的利益;权力过大,就会造成权利滥用,形成不公。因此,一个稳定的体育荣誉治理结构,必然要求国家荣誉权力和个体荣誉权利之间达成一定的平衡。

国家荣誉权力和个体荣誉权利平衡的意义在于,阐释了两者之间的紧张关系和各自的界限,为我们创新体育荣誉治理理念提供了理论依据。此外,通过这一平衡结构,我们也能更为清晰的洞察荣誉个体在社会荣誉治理中的角色和定位,从而进一步明确国家荣誉权力和个体荣誉权利之间关系的应然状态。需要强调的是,具有"权力内涵的权利"具有隐蔽的特性。个体荣誉权利背后隐藏着国家荣誉权力,这就为我们把握两者之间的关系提供了新的维度,也是我们处理运动员荣誉、俱乐部荣誉和国家荣誉关系之关键。

6.2.3　政府有限权力：强调行政体育荣誉表彰的规范性

在依法治理理念下，实现国家荣誉权力和个体荣誉权利关系的平衡，其核心问题是对政府荣誉权力的调控，确立政府有限权力的价值理念是现代化荣誉治理的必然要求。在体育荣誉治理领域，要实现这一要求，需要以法制化、民主化为基础，完善能够培育个体荣誉感、维护运动员的荣誉权利、体现国家荣誉主体地位的体育荣誉制度和立法体系。政府在个体体育荣誉权利表达的过程中所实施的强制性措施，不能违背国家荣誉权力和个体荣誉权利平衡的基本原则，不能背离荣誉个体的主观意愿。这就意味着，政府有限权力的治理理念，就是要把政府权力装进民主制度和法律的笼子，使其成为代表国家行使荣誉权力、保障个体荣誉权利的中间介质，接受国家、社会和个体的全面监督。

一方面，确立政府有限权力的治理理念是践行新时代"荣誉——体多元化"体育荣誉观的必然要求。

表6-2-4　关于"您是如何评价地方政府体育荣誉权力行使的?"观点整理

访谈对象	观点表述
王*万	湖北省政府表彰李娜的一事，社会舆论关注重点是政府是否存在权力滥用，地方政府开展体育荣誉表彰本身是一件很正常的事情，问题出在奖励的金额巨大（80万），缺少依据，也没有向社会说清楚"钱从哪里来"，而李娜本人对此次表彰却表现的毫不在乎。
卢*成	对本土优秀运动员给予荣誉表彰和相应的物质奖励，是我国地方政府普遍采用的激励手段，好多地区也制定具体的奖励办法。需要注意的是，政府奖励和社会奖励不同，政府奖励的资金来源于纳税人，民众有权利知道推荐程序、奖励标准、奖励依据。所以政府领导不宜独断行事。
钱*锋	国家荣誉制度已经完成立法，下一步地方政府也应该以此为依据，制定地方政府开展荣誉表彰工作的法律规范。

正如一上学者所言，新时期现代化体育荣誉体系的完善应站在

国家荣誉信念一体化、个体荣誉价值多元化、体育运动市场化和职业化、体育荣誉表彰社会化的高度为我国体育事业的全面发展和体育强国战略目标的实现进行定位。表现在政府权力分配和运用问题上的要求是确立民主、法治、科学、多元、合理的权力结构模式和治理理念，其核心即政府有限权力。政府有限权力不同于政府全能权力和政府无限权力，有限权力强调政府体育荣誉治理实践的法律规约和权能自觉，这就要求其权力来源和实施过程必须以依法治理理念为导向和依据。在这里需要说明的是，有限权力治理理念并非是指政府的权力范围、强度、规模和作用愈小愈好，而是注重提高政府权力在体育荣誉治理过程中的有效性，从而达到有限权力和依法治理的统一。首先，政府有限权力治理理念应确立以"运动员为中心"的根本出发点。这是体育荣誉治理的民主形式和专制形式的根本区别，这也意味着，运动员个体的荣誉权利和价值取向一旦得到法律的确认和保障，就获得了普遍的社会认同与合法地位。

案例6-2-2

除了接受总局领导的接见，开奥运总结表彰大会，我（刘翔）就被方方面面的人——有认识的，也有不认识的——从这里"请"到那里。回到家乡上海，更不得了。9月3日，飞机降落在虹桥国际机场。接机处休息室外摩肩接踵，人山人海。同机回来的还有姚明，我抬头跟他说了几句话，就引来记者们一阵狂拍。就是从这个时候起，我开始觉得不对劲。此时此刻，我算是体会到了什么叫做"成名之累"。这里、那里要我去，这个事领导，那个是记者，时间还安排得撞车，我左右为难，都不去也不行，非得"逼"我做出选择。无论对着谁，都要微笑、微笑、再微笑。稍显倦意，人家可能就会觉得你不够礼貌。

按计划，我不能回家，得先去参加普陀区区委、区政府特地为我举行的欢迎会。我累得根本做不回自己。稍有不慎，就要被人说"呦，成了奥运冠军了，目中无人、耍大牌"。本来我甚至觉得，自己怎么一夜之间成了奥运冠军了呢，对此多少还有些不敢相信。然而，这些生活中实实在在的繁杂事务让我确信，金牌是真的，一切都是真的。而且，起码在今后的一

段时间里,这样的日子还得继续。——资料来源:刘翔

　　看看刘翔都觉得可怜。那天欢迎会结束了,刘翔在台上,有很多看上去都是像大大小小的领导,蜂拥上台去拉刘翔的手、衣服往自己这边拽。因为人实在太挤,他们就一面推开别人,一面自己拉住刘翔。有的人叫刘翔到这里,有的人叫他到那里。人群推来挤去,我都差点被推倒。像这样的情况,不是胡说,要真被推倒了,会被人群踩扁的。

　　——资料来源:胡晔(宜川中学代表)

　　优秀运动员是体育荣誉授予的主要对象,一般情况下,运动员都是以为国家、为家乡、为俱乐部、为爹娘赢得荣誉而骄傲自豪。但是地方政府和行政机关不应该以自我为中心,一厢情愿地实施单向表彰。应该更多的考虑运动员的荣誉需求和社会公众的参与诉求。在做好这些工作的基础上,以《称号法》为依据,形成法律规范。这样就能解决地方荣誉表彰的些许问题。

　　其次,以个体荣誉权利的保障和政府权力的约束为基础。这就要求国家机关、政府机构、行政人员在形式荣誉治理权力时,必须尊重个体荣誉权利,保证个体基本荣誉权利不受侵犯。再次,以对政府权力行使的合法性、有效性检验为保障。政府对于体育荣誉资源的配置和权力运作的结果最终要反馈给社会,接受个人、团队、家庭和社会组织的监督,并在这个过程中发挥价值引领的作用。

　　另一方面,确立有限权力的荣誉治理理念是和政府拥有体育荣誉治理权的性质相吻合的。首先,有限权力的治理理念是由国家和政府体育荣誉治理权力强制性的本质属性所决定的。政府权力作为执行国家意志的代表具有强制体育荣誉客体服从管理的力量,被法律赋予配置体育荣誉资源、引领荣誉价值取向、控制体育荣誉治理实践等处理涉及体育荣誉治理领域的一切公共事务的治理权能,作为体育荣誉授予客体的被管理者具有服从权力执行的义务。可以说,政府权力的运作是单向性的,而这种自上而下的强制力量往

往是和"以人民为中心"的根本出发点相分离的公共权力①,这种公权力的运作很容易被掌权者的个体意志所左右,这就需要通过权力的制约来限制政府权力的无限膨胀。其次,是由政府权力设置的等级性所决定的。和其它行政机构一样,政府的体育荣誉治理权力的设置总是存在于国家治理体系的等级序列之中。这种等级序列的结构设置和运行机制往往是依据中央、地方和荣誉授予主体的能动性倾向为坐标来厘定的,这就意味着,在自下而上的权力等级中,下级对上级存在着很大的依附性,而上级权力的行使却不受下级的约束,长期以来必然导致权利的集中和垄断②。这就需要依法确认每一层级政府权力的独立性和有限性。

需要说明的是,政府的体育荣誉治理权力应受到制度、法律的制约,并不意味着所有的权力都要受到制约,同样,政府权力运行的有限性逻辑,也并不是说所有的权力运行都要遵循有限性。落实政府有限权力的关键在于探寻有效的方式、方法。政府有限权力必须是荣誉立法和国家荣誉制度所规定的体育荣誉治理权力。前者赋予人民参与荣誉权力立法,其实质是人民规定政府的体育荣誉治理权力,后者把政府权力装进了制度的笼子,规定了政府体育荣誉治理权力的实施范围、界限和时限。有限权力需要以个体荣誉权利的保障和政府权力的制约为基础。个体荣誉权利的实现与否作为判断标准,在此前提下,有效制约政府权力在治理体育荣誉资源配置中的实施权限。

6.2.4 国家有限治域:提升社会体育荣誉表彰的参与度

系统的国家治理是任何领域、行业、项目实现治理现代化的前提和基础。在体育荣誉治理领域,假如缺失国家荣誉法制体系和国家

---

① 中共中央编译局.马克思恩格斯选集(第4卷)[M].北京:人民出版社,2013:114.
② 胡振旭,冯翠珍.有限权力的法治定位[J].法学研究,2000,22(1):34—36.

荣誉制度体系的引领、规范和治理,任何形式的体育荣誉表彰工作都会丧失合法性与合理性,在此意义上,国家对体育荣誉领域的有效治理,表现为权威性的政治权能对社会荣誉组织和荣誉个体失范行为的制约,以及对现代化体育荣誉治理秩序的行塑。新的历史时期,实现体育治理能力和治理体系现代化,已成为体育强国建设和体育体制、机制改革的总纲领。在体育治理体系中,荣誉治理作为柔性化、现代化的技术手段,兼具法律规范和制度规范的双重属性。

假如说体育荣誉观的培育和践行目标是为了解决我国体育荣誉表彰实践中遇到的各类问题,那么,国家荣誉治理理念的转型则是在体育发展模式和体育荣誉内涵指涉都发生新的变化的历史背景下发生的。从国家无限治域到国家有限治域治理理念的转变,在内容上是复杂的,在时间上是缓慢的,是很多因素综合作用的结果。面对职业运动员、教练员,甚至一些诸如马拉松运动爱好者们的荣誉诉求,体育荣誉体系的建构对于荣誉设立、荣誉评定和荣誉机制运行三大系统均表现出良性的推动作用。不过,国家在体育荣誉治理的广度和深度上尚不具备系统评价、考量的条件。

表6-2-5　关于"国家层面的体育荣誉表彰授予范围?""
行政系统和社会系统体育荣誉表彰的关系"观点整理

访谈对象	观点表述
彭*祖	共和国荣誉勋章和国家荣誉称号是《称号法》设定的最高层级的国家荣誉,具有绝对权威性和稀缺性的特点。国家荣誉称号授予在各领域各行业作出重大贡献的杰出人士。也就是说,国家层面体育荣誉的授予不可能涵盖各种级别、各种类型的体育荣誉表彰。
卢*成	社会体育荣誉表彰有自己的优势,设置灵活,形式多样,市场化程度高,可以弥补国家体育荣誉表彰的不足。
王*里	从顶层设计到具体操作,我国现行的国家荣誉治理体系尚不具备条件,当前应该严格区分行政系统和社会系统两者在体育荣誉治理操作中的差异性,在国家意志引领和区别对待中绘制有限治域和能动之治的治理图式。

此外,从荣誉授予客体的视角出发,多元荣誉需求已是客观事实。在我国举国体育体制和体育运动职业化并行发展的情况下,运动员、教练员的荣誉价值导向不再是单一的国家荣誉至上,而是逐步形成了以国家荣誉内核,多元荣誉价值取向并存的新局面。此时,必须认识到,在体育荣誉治理实践中存在着一些能够自发形成、自我运行的荣誉激励机制,国家需要做的是引领方向,而不是直接插手具体的社会表彰行为,这就是福柯所指出的"有节度的治理"和"治理的节制性问题"①。尤其是在当前多元体育荣誉供给主体共存、荣誉客体价值信念目标指向多样化的背景下,国家治理需要树立在有限场域内依法治理的新理念,而不是对一切体育荣誉表彰领域的全面统筹,也不是由国家管理代替社会组织的自治,更不是对各种形式、各个环节具体荣誉表彰工作的管控。

再者,秉持国家有限治域的治理理念也是我国体育荣誉体系现代化建设的必然要求:其一,国家荣誉治理体系尚不够完善。虽然《中华人民共和国国家荣誉勋章和荣誉称号法》和"五章一簿"荣誉治理规范的颁布为我国体育荣誉制度的建设指明了方向,新型的体育荣誉表彰政策已初见曙光,但是结构完善、层级鲜明、信息通畅的全国性荣誉治理体系尚未建立,国家荣誉治理任重道远。其二,各类社会组织参与体育荣誉治理的热情高涨。近年来,除了国家行政机构主导体育荣誉治理之外,群团组织、新闻媒体、企业、个人等都纷纷作为荣誉授予主体参与到体育荣誉表彰实践中来,表彰的种类之多、内容之广、范围之大,远远超越国家荣誉制度明确指定的范畴。其三,个体荣誉价值信念目标指向的多样化趋势。随着李娜等职业运动员的不断涌现,体育荣誉价值信念的目标指向不只是为了为国争光、争取国家荣誉,还表现为个体、家庭、团队的荣誉目标,对物质奖励的渴望,以及对某项运动本身的狂热和追求,这就对国家

---

① 米歇尔·福柯.生命政治的诞生[M].上海:上海人民出版社,2011:15.

荣誉治理的全面性、系统性提出了挑战。

案例6-2-3

这么多年来,我们第一次开始试图达成谅解,越来越多的本土记者将重心放在了网球本身上,这是个值得骄傲的转变。曾有记者提出想去我和姜山在慕尼黑的家做节目,我们婉言谢绝了,我希望自己在慕尼黑的小基地简单纯粹,在这里,我只是一个不断向最高荣誉发动攻势的运动员,我不是冠军,也不是青年偶像,更不是国家英雄,我必须放下所有包袱,轻装前进。网球对我来说就是工作,不论输赢,我都只是为自己而战,而不是为了去做国家英雄……我从没把自己当英雄。

如果在他们眼中只有输或赢,好或者坏,那我觉得自己也没必要浪费时间去解释什么。作为一名职业网球手,只要我还继续打球,我就仍然会对胜利充满渴望。但是,我从来不认为,冠军是衡量一个运动员成功或者失败的唯一标准。

有个英国朋友说,他们的文化里好像更喜欢失败的英雄。可能他们觉得这些人要面临更多的挫折,这些人在身体和心灵上要经历双重考验,其实更不容易。没有不重视胜利的网球运动员,也没有不想为荣誉而战的运动员,我们存在的意义,就是不断地让自己的球技更加完美,在不断的磨练中追求胜利。

这次澳网虽然没有拿到冠军,但亚军也是大满贯历史上亚洲人拿到的最好成绩。主持人说我是"中国人的英雄"。我觉得言重了,我算不上英雄,也代表不了中国人。我只是个中国球员,正在努力的做好自己的工作。

记者又问我,是什么支撑我逆转了比赛,我顺口说"奖金"。大家都笑了。其实这也是实话,网球就是我的工作,我付出后得到回报,我很坦然,这有什么不好意思的?谁工作不拿钱啊?这本就是事实,很多人都是这么想的,只不过他们没有说出来。

——资料来源:李娜.独自上场[M].北京:北京联合出版公司,2019.

由此说,国家有限治域的治理理念更符合新时代"荣誉——体多元化"体育荣誉观的建构逻辑。需要指出的是,所谓的国家有限治域并不是指国家在某些领域放弃治理,事实上,任何领域都要依靠国家治理来实现治理能力和治理体系的现代化,有限指的是在某些社会领域国家实施体育荣誉治理原则、方式、方法上的变革,国家治理的无限权威需要在有限的治理领域中来实现,这就是无限治理和有限治域之间的辩证。

6.2.5 主体协同:突出特点、协同共治

荣誉表彰主体协同治理对于推进"荣誉——一体多元化"体育荣誉观的践行起到重要作用。中国体育荣誉体系的建构应以国家荣誉制度为依据,其逻辑结构包括国家荣誉称号授予系统、国家体育总局及直属行政系统、(省、市、县)地方行政系统、社会系统四个子系统,这四个子系统都是成立在国家荣誉制度基础之上的,各子系统既对各自领域发挥作用,又相辅相成,维护国家体育荣誉体系的动态平衡,推动中国体育事业的发展进步。

表6-2-6 关于"您是如何评价多元主体参与体育荣誉表彰的?"观点整理

访谈对象	观点表述
李强	多元主体参与体育荣誉表彰是现实情况,未来会更加注重社会主体的重要作用。如何更加合理、有效地开展体育表彰工作,关键就在于系统性、规范性和协同性,只有相互配合,才能更好地发挥各自优势。
国家体育总局智能咨询中心	目前,关于体育领域荣誉奖励相关工作,主要由体育总局人事司统管,各级体育部门具体实施,体育协会等参与配合。
张树华	作为一个系统架构,中国体育荣誉体系是整体结构的全面展开,不可偏废。国家机关、地方行政机构、社会组织、企业、个人等各要素都是这一体系中荣誉授予主体的构成部分,每一个要素的功能都是制度整体绩效的构成部分,其中每一个要素的权重都体现了制度整体运行的整体性和公平性。
刘爱杰	政府系统和社会系统相互作用、协同治理,才能在体育荣誉表彰工作中形成合力。两个系统中的各要素充分发挥各自功能,是为了现代化体育荣誉体系的目标实现,治理体系的良好运行需要体育荣誉授予主体间的耦合、相辅相成。

新中国成立后,军事领域、生产领域树立了大量的英模典范,改革开放以来,树典型逐步延伸到经济领域、文化领域、科技领域、体育领域,授奖主体也有政府一家独办发展为政府、市场、社会、企业共同参与的多元化格局。除了"国家一级运动奖章"少数国家行政系统授予的荣誉称号外,多数荣誉称号由群团组织授予,通过官方媒体传播,一些荣誉称号深入民心,例如,"五一劳动奖章"、"五四青年奖章"、"三八红旗手"等,近年来还有一些新闻媒体、企业或个人也纷纷参与到体育荣誉表彰的行列,如CCTV5举办的"体坛年度风云人物"以及各种物质形式的奖励等。一直以来,树立英模典范都是维护公共秩序、点亮政治景观、树立企业形象的重要元素,是我党进行国家治理的重要技术,在当代中国制度设计和制度运行中重要地位①。各种形式的体育荣誉表彰构成了国家体育荣誉体系运行的重要组成部分,同时发挥着价值引领和社会规范的作用。

国内实践和国外经验一再表明,科学的协同治理理念对促进各部分主体功能的发挥可以产生积极地影响。与"统一管理、分而治之"的理念不同,由国家主导、各荣誉授予主体协同配合大大激发了多元主体参与荣誉表彰的积极性。在我国,不同性质的荣誉授予主体有其特殊的运行机制,协同治理更有利于发挥各自优势,从而更加合理、充分的配置体育荣誉资源。例如,群团组织有体制内的联结通道,其观点和意愿能够有效影响社会政策的制定、实施和修订。与一般的社会组织不同,群团组织参政议政的频度、程度以及影响政府决策的能力都更强,渠道也更畅通、便捷②。在实际工作中,运动员、教练员、基层体育工作者、体育科技研发人员等优

---

① 董颖鑫.从理想性到工具性:当代中国政治典型产生原因的多维分析[J].浙江社会科学,2009,25(5):24—29.

② 康晓强.论习近平的群团观[J]社会主义研究,2017(1):20—26.

秀体育群体需要通过各自的组织表达和维护自身的合法权益,党和政府也需要工会、共青团、妇联等群团组织通过表彰工作反映他们的利益诉求以助于改进工作、提升合法性。从这个意义上看,群团组织所开展的体育表彰是国家体育荣誉制度建设的重要构成要素,并起到上承国家层面的荣誉表彰、下启地方政府和社会组织的纽带作用。

事实上,各荣誉授予主体在体育表彰工作中存在的最突出的问题就在于各自为营,相互之间缺乏有效地沟通和协作。这就导致同一受奖客体获得的荣誉表彰过多,且缺乏层级,严重扰乱体育表彰体系的有序性和整体性。希克斯的整体政府理论认为[①],虽然碎片化政府和与之相对应的全国性社会组织形态的治理目标是一致的,但是达成目标的方法缺乏共识,极易产生部门之间相互抢占资源和争夺地盘的问题,从而导致机构裂化的困境。只有在整体政府治理下加强部门协同,才是新型公共管理的理想模式[②]。在多元化荣誉价值信念共存的新时期,体育荣誉授予主体间的协同治理,应做好以下几点:其一,建构协同表彰框架,为不同性质的荣誉授予主体之间实现跨领域、跨行业、跨部门协作开展体育表彰工作提供结构化基础。具体应包括政策协同框架、方案协同框架、具体实施框架以及追踪管理协同框架等。其二,探索体育荣誉表彰项目化的协作机制,使主体间能够针对具体表彰事宜达成有效地协作方案和工作规划,明确体育荣誉表彰的类型和类别(例如奥运冠军、体育科技人员等),实现荣誉个体平等参与,避免群团间的矛盾冲突,确保整体性体育荣誉表彰供给的实现。其三,提高公众的参与度,建构以公众参与为核心的体育荣誉表彰协作实现机制。

---

① [美]唐娜·希克斯.尊严[M].叶继英译.北京:中国人民大学出版社,2016:85.

② 曾维和.后新公共管理时代的跨部门协同——评希克斯的整体政府理论[J].社会科学,2012(5):36—47.

6.3 "荣誉——一体多元化"实现机制的制度规范

社会制度的建构一般具有多层次性和多样性特征。埃莉诺·奥斯特罗姆把制度规则划分为宪政选择、集体选择和具体操作三个层次,三者之间既呈现出金字塔式的自上而下、由抽象到具体的变化过程,也存自下而上的信息反馈和自治创新的相互关系[①]。每一层次的制度规范不仅在位置、边界、权威、范聚合、信息、收益等方面表现出规则的多样性[②],在作用的范围、强度、效果等方面也各不相同。国家层级的制度设计应体现出权威性和价值引领的作用,同时应该赋予基层政府、社会组织、新闻媒体、企业和个人探索创新、表达权利的基本权限,充分发挥基层政府和社会共同体成员参与社会治理和制度创新的积极性,在树立和弘扬国家主流价值信念的基础上,尊重不同个体多样化价值取向的表达。只有这样才能有效激发社会活力,促进制度创新,实现国家治理能力和治理体系现代化。

建立中国特色现代化体育荣誉制度是践行"荣誉——一体多元化"体育荣誉观的必然要求,也是改革体育激励机制、弘扬中华体育精神、塑造体育英模、调动个体积极性的制度保障。所谓"荣誉——一体多元化"的制度规范,就是指体育荣誉制度的建构要以国家荣誉制度为母体,树立国家荣誉观;要推进体育荣誉制度立法,加强程序规制;要明确政府权力边界,体现以人民为中心的根本宗旨;同时体育荣誉制度体系的建设还要适应市场化、职业化和社会化的要求,符合现代体育运动发展规律,体现个体荣誉权利,与国际接轨,建构多部门协同、多元主体参与的央地一体化制度系统。这就要求畅通

---

① 埃莉诺·奥斯特罗姆.公共事物的治理之道:集体行动制度的演讲[M].余逊达,陈旭东译.上海:上海译文出版社,2012:37.

② 埃莉诺·奥斯特罗姆.公共事物的治理之道:集体行动制度的演讲[M].余逊达,陈旭东译.上海:上海译文出版社,2012:38.

各级各类体育荣誉表彰通道,积极推进国家荣誉表彰体系和社会表彰体系的融合发展;深化行政系统荣誉表彰、群团组织荣誉表彰、企业、个人类荣誉表彰改革;支持单项体育协会开展荣誉表彰活动,鼓励社会力量举办形式多样的荣誉奖励等。如图6—3—1所示。

国家体育荣誉制度体系的建构是一项复杂的系统工程,其设计理路的合理性、科学性直接关涉到体育荣誉的治理能力,在体育荣誉制度体系的建设初期,制度的实现受到来自政治进步、部门协同、市场化程度、公众需求等多方面因素的影响,需要我们科学审视中国特色体育荣誉制度体系建设的逻辑遵循、作用机制和体系架构,为推进体育荣誉治理的现代化进程提供理论指引和实践规范。

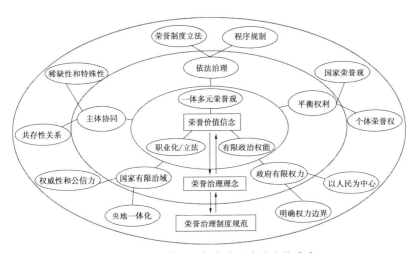

图6-3-1 中国体育荣誉体系的结构要素

6.3.1 体育荣誉制度规范设计的逻辑遵循

新中国成立以来,我国逐步形成了种类齐全、领域广泛、层级有序的荣誉表彰体系,国家荣誉制度的立法和荣誉激励机制的不断完善,体现了国家荣誉体系的广泛性、开放性和公共性。然而,体育荣誉制度的建设仍然任重道远。在新的历史时期,如何更好的发挥体育荣誉表彰价值引领的和英模示范效应,如何更好的培育个体的国家荣誉感,如何更好的体现个体荣誉权利,就构成了"一体多元主义"体育荣誉观的培育目标下国家体育荣誉制度规范过程中必然遵循的基本逻辑。而国家体育荣誉制度的建构既要遵循核心层面的价值逻辑,也要遵循制度建设的一般逻辑,还必然遵循着制度规范的学理逻辑,如图6-3-2。

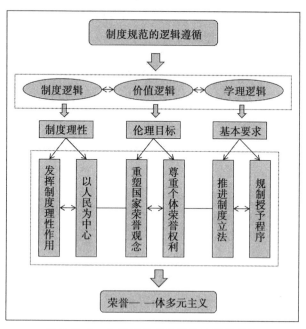

图6-3-2　体育荣誉制度规范的逻辑遵循

（1）价值逻辑:重塑国家荣誉观念、尊重个体荣誉权利

制度本身的价值在于通过制度主体的理性行为,提高社会运行效率,而制度发展和创新只有遵循一定的价值逻辑,才能提升制度行为的合法性与合理性,进而对公众发挥应有的正向功能[①]。体育荣誉观的价值目标指向在体育荣誉制度的设计和执行过程中制度主体追求的价值理想,价值理想是制度设计者在体育表彰实践中积

---

① 赵浩华.国家治理视角下制度理性意蕴及其价值探寻[J].行政论坛,2018,25(5):14—18.

淀的智慧结晶和终极价值关怀,对体育表彰实践和荣誉治理体系具有引领、规制和支撑作用。在创新体育治理技术范畴下,尽管工具理性在体育表彰实践中,对推进行政奖励法制化、权威表彰合法化、表彰程序规范化、表彰客体合理化等起到积极作用,对体育荣誉制度的法制化进程具有重要现实意义,但是任何形态的治理技术都无法规避价值取向和伦理目标,价值理想是治理方略必不可少的认知能力①。体育荣誉治理的伦理目标构成体育荣誉观培育的内驱力,规范和衡量体育荣誉制度建设现代化与否的标准是以人为价值尺度,从而体现体育治理体系和治理能力现代化的终极人文关怀。

历史的车轮已敲响警钟,政府行政奖励的主观性、随意性、功利性特点逐渐为社会所诟病,部分职业运动员国家荣誉观念的缺失也日益受到政府和社会大众的关注和重视。国家荣誉观和个体荣誉权利关乎体育治理能力现代化的正义性、民主性和公共性,直接影响体育荣誉治理成效。体育荣誉制度的设计和执行必须遵循以国家荣誉为本体,尊重个体荣誉权利实现的导向逻辑,才能提升表彰实践的公正性与合理性。

案例6-3-1

进入新世纪,在不同文化的熏陶下,郎平的价值取向也悄然发生了变化,这可以从她后来的几次抉择中看到,这种价值取向,是她后来赢得荣誉的阶梯。回到美国后,她依然关注着排球,敏锐地捕捉着在排球方面还可以提高的、还可以实现价值的机会。于是,就有了2002年她离美赴意大利,执教莫纳德女子职业排球俱乐部,将这支成立27年没得过全国冠军的队伍带到了夺得意大利联赛和杯赛双料冠军的领奖台。

人生抉择并非易事,困难的抉择常常伴随着不确定性,甚至风险。2004年雅典奥运会结束不久,我接到郎平从境外打过来的电话,她告诉我美国排协要聘她出任美国女排主教练,想听听我的意见。因为消息来得太突然,我不知如何回答是好。在电话中,我首先反问郎平:"你自己是什

---

① 何颖,李思然.国家治理的伦理探寻[J].中国行政管理,2017,33(11):50—54.

么态度呢?"她说她还没决定,但是很想去,不想放过这次机会,主要觉得自己长期漂泊在外,对女儿亏欠太多,浪狼正进入青春期,许多事情她爸爸照顾起来不方便,很需要母亲的陪伴。同时他也告诉我,美国排协给出的报酬非常优厚,从工资、住房、汽车到休假、国际旅行,很有吸引力。郎平也谈到,现在中国女排刚拿奥运冠军,正处于巅峰期,美国女排马上"大换血",如果倒过来,中国女排正在低谷,美国女排处于上升期,她不会去美国队执教。

郎平希望我帮她从侧面征求一下袁伟民指导的意见,以及排球界其他朋友的看法。我觉得郎平已经是体制外的人了,不存在请示领导的问题,虽然郎平很尊重袁导,想听听他的意见,但这事也可能会为难袁导。我没有给郎平回电话,只想默默等待,让郎平自己决定这件事。郎平要执教美国女排的消息终于传开了,舆论基本没有异议,但也并非风平浪静,某报载文暗指郎平异国执教似"叛徒行为"。

2008年8月15日晚,美国女排战胜中国女排。对于这个结果,郎平没有思想准备。赛后我和她通电话,她显得很激动,倒不是因为美国队赢球了,而是因为这样的比赛结果,他还能被观众和记者理解,她深深感动。时代变了,人们的观念和心态也越来越多元化了,正如一位热爱女排的网民所说:"以宽容的心态和国际化的眼光来分析衡量,退役运动员或教练员赴海外寻求发展乃至回过头来成为我们的对手,不是什么坏事,不要以狭隘的民族主义为其贴上标签。出去也好,回来也好,都仅仅是个人对生活的选择而已。体育无疆界,我们的心也不该有太多的边界!"

2013年郎平回国执教中国女排,豪取里约周期三大赛"两冠一亚"。2015年世界杯,是郎平带队首次夺冠。2016年里约奥运会,是中国女排继2004年雅典之后,时隔12年再次登上奥运之巅。2019年,中国女排以儿战全胜的战绩夺得世界杯冠军。

——资料来源:何慧娴,李仁臣.巅峰对话——袁伟民郎平里约之后对话女排[M].武汉:长江文艺出版社,2016;http://sports.ifeng.com/c/7qSD9IMT2ql

可见,郎平敢于实现自己的价值,坦然的面对境外给予的丰厚待遇和物质奖励,更重要的是,郎平始终没有忘记为国争光的光荣使命。从郎平的个案也可以看出,运动员或教练员个体荣誉权利的表达和对国家荣誉的追求并不是一对矛盾对立体。

党的十八大以来,社会各领域都着力于建构完善的制度体系,提升治理能力,体育领域也取得了历史性成就,《称号法》的颁布又为体育荣誉治理理念的实施和国家体育荣誉制度的建构提供了坚实的法律保障,进一步完善国家体育荣誉制度体系既是顺应时代发展,也是对接现实所需。但是我们也要清醒地认识到,国家荣誉观念和个体荣誉权利博弈的问题在体育奖励制度设计和体育荣誉表彰实践中仍较为普遍,这既是市场化、产业化、多元化和自由化所带来的外部效应,也和制度设计主体缺乏价值意识息息相关,效率优先、利益至上、忽视价值产出的体育表彰行为依然存在,体育治理现代化的进程受到利益多元化和矛盾集中化的严峻挑战。由此,在体育强国建设进程中,国家体育荣誉制度的建构对于价值理想的诉求和遵循不应该仅仅停留在意识层面,应当运用价值理想巩固体育荣誉治理的合法性基础,以"荣誉——一体多元化"的目标指向来引导、规范、激发体育表彰的市场行为和社会诉求,重塑国家荣誉观,最大限度地实现个体荣誉权利,充分发挥体育荣誉表彰的精神引领和价值示范效应,不断提升体育荣誉表彰的权威性与合理性。

(2)制度逻辑:发挥制度理性作用、以人民为中心

新时期体育强国梦的实现,依托于体育治理体系和治理能力的现代化,而体育治理的现代化离不开体育制度的现代化。制度本身并非是"人类无知状态下自发演化"的结果,而是理性在社会制度中的体现①。为此,国家体育荣誉制度的建构应该注重发挥制度理性的作用,探寻制度理性的实现逻辑,以期推进体育治理现代化的改革进程。

1)发挥制度理性的反思功能,为体育治理现代化提供价值导向。反思作为制度理性的主要功能之一,对完善体育荣誉制度和治理实践产生积极影响。一方面,制度理性的反思功能透显的是制度

---

① 赵浩华.国家治理视角下制度理性意蕴及其价值探寻[J].行政论坛,2018,25(5):14—18.

主体对客观历史环境的深刻认识和理性思考。另一方面,制度理性的反思功能还表征为制度主体对价值取向的纠偏,对人及其意识的反思构成了制度理性的逻辑前提。中国体育表彰政策实施60年来,彰显了特殊历史时期中国特色体育奖励制度的优越性,同时也引发了种种社会问题。诚然,外部环境的急剧变化不断地影响着体育表彰政策的实施效果,体育表彰工作的困境还与制度主体在制度设计和价值定位上的不准确、不完善密切关联。

表6-3-1 关于"您有被推荐或参与体育荣誉评选的意愿吗?"观点整理

访谈对象	观点表述
张*	奥运冠军应该得到表彰,每届的CCTV举办的体坛风云人物评选节目,我都会观看。看到刘翔、林丹、李娜获奖,很激动,替他们高兴。我也希望有一天能够为自己喜欢的运动员投上一票。
魏*玲	像我们这样的运动员,很少有机会获得表彰,除非在大赛上拿到金牌。我个人非常渴望得到表彰,得到认可,获得相应的物质奖励、补贴。同时也希望有机会推荐其他优秀运动员获得奖励。
潘*光	以运动员为中心,以人民为中心,就是要使体育荣誉评选更加民主化,最大程度的体现民意,实现共同体认同。

为此,体育荣誉表彰只有不断满足多元主体的多样化需求,以人民为中心,提升公众参与体育荣誉推荐、咨询、评选、监督的广度和深度,才能更科学有效的为体育治理提供精神支持和价值导向,实现体育治理现代化。这就要求国家体育荣誉制度的建构要充分发挥制度理性的反思功能,准确把握制度运行的作用机理和内在逻辑。

2) 发挥制度理性的调节作用,为体育治理现代化整合资源。体育治理现代化的实现并不是体育事业发展的必然结果,而是依赖于制度变迁的必然性和制度主体主观能动性的共同作用。作为制度主体的人会根据内外部环境的变化,在理性和价值上做出适时调节。体育荣誉治理的主要任务是培育国家荣誉感、体现个体荣誉权利、调节主客体关系、化解利益冲突、凝聚价值共识。而体育表彰领域社会矛盾的产生根源在于体育荣誉制度的不协调、不适应、不匹配。"以理性对话取代无休止的谩骂,是现代文明的理性化体现。理性对话有助于在公共领域有效地达成社会共识,并通过制度化的路径使理性对话形成常态"[①]。

案例6-3-2

2002年,上海东方大鲨鱼队3:1击败了八一火箭,获得CBA历史首个总冠军。姚明在攻防两端都是绝对核心,是上海队的功勋运动员。可以预见,在未来几年,只要姚明在,夺冠的希望就非常大。但是,姚明渴望去NBA打球,希望在那里实现自己的价值。冠军到手后,上海电视台就在直播节目中宣布——我们放姚明去打NBA。但接下来上海方面还有三个问题:第一,去NBA是的话,对上海队而言是巨大的损失,你不能白去,得给组织钱。第二,上海队虽然同意了,但中国篮协还没同意,只有篮协发了通行证,姚明才能去。第三,需要让NBA球队更加了解姚明所处的环境,争取状元签,为国家、为上海赢得荣誉。

上海方面就是谈钱,这可不是奖励给姚明多少钱,而是让姚明补偿给上海队800到1500万美元不等(一开始上海队要加3000万美元,通过各种协商、讨价还价、谈判,才达成这样一个结果)。如果姚明拿下状元签,新秀合同四年1803万美元,税后900多万。也就是说,姚明前四年都是在白白打工,将来签新合同,还得给上海队钱。但是没有办法,补签就走不了。在发布会上,一个上海队的官方人员也没有。姚明的母亲方凤娣面无表情。会后坦言:"我和姚志源一辈子都献给了上海篮球,献给了上海体育。打了一辈子球,没什么实惠,没奖励多少钱,只是在为组织争荣誉。姚明有今天的成绩,组织上确实培养了,可是这些和今天合同上的钱成正比吗?"

上海队的问题解决了,中国篮协的许可和通行证还没到手。篮协顾虑的事情很多,加上王治郅刚刚出事,篮协怎么能保证姚明可以随时回来,为国征战呢?当时的篮协主席信兰成提出一个要求,"你们要签一份保证书,必须保证姚明在我们需要的时候可以随时回国",火箭队没有同

---

① 顾爱华.国家治理现代化的前提与基础:政治稳定与制度创新[J].行政论坛,2016,23(3):27—31.

意。最后通过各方协调、协商，是姚明自己签的保证书："我保证四项大赛，世锦赛、奥运会、亚锦赛、亚运会，只要国家队征召，我肯定参加。"

到了中午，在曼哈顿的喜来登大酒店，所有参加选秀的球员、嘉宾、亲友都来了。NIKE 中国市场总监陆海瑞也来了。他用地道的中国话对现场的中国朋友说："今晚，将是中国的骄傲。"

——资料来源.姚明.我的世界我的梦[M].武汉:长江文艺出版社，2004;杨毅.姚明传[M].北京:新星出版社.2012.

从姚明的案例可以看出，当个体价值、俱乐部利益和国家队荣誉发生冲突时，制度理性的调节作用得到了发挥。姚明和上海俱乐部的协商、谈判，突破了传统的固有思维，最终在利益的分配上达成一致；在火箭队和中国篮协谈崩的时候，姚明通过个人的努力，再一次跨越了制度藩篱，为个体荣誉的实现赢得了机会。也因此，才有了后来姚明实现个体价值的同时，极大地推进了中国篮球的发展，为国家赢得了更多的荣誉。事实上，制度理性的调节作用主要体现在通过协商、谈判、沟通的方式来突破制度固化的藩篱，寻找价值共识和利益共同点，增强共同体认同。因此，制度理性的调节作用可以被视为推进体育荣誉体系不断完善的现代化治理技术，也是体育荣誉制度不断完善、协调发展的现实需要。

3）发挥制度理性的创新功能，为体育治理现代化增强内驱力。体育奖励制度虽然表现出相对稳定性和连续性的路径依赖特质，但体育表彰在某一历史阶段满足客体需求时往往表现出相对滞后性，那么制度主体如果要继续保持其权威性与合理性，就必须审时度势地做出正确的价值判断和理性设计。一方面，对原有的奖励制度本身进行修补、调整、完善，补齐制度短板；另一方面，以法律为准绳，以解决现实问题为导向，创新制度设计和制度运行机制。

表6-3-2 关于"您认为如何创新体育荣誉的制度规范?"观点整理

访谈对象	观点表述
桂*军	希望在拿到一次省运会冠军后,除了获得奖牌之外,能够得到持续性的资金奖励或生活训练补贴,不给家里添负担,这样才能安心训练。
吴*	对优秀运动员缺少长期评价机制,就像美国篮球名人堂那样,运动员在退役几年后,才可以参评。
梅*点	在推荐、评选的程序中,希望地方政府能够依法表彰,让人民群众知道奖金的来源、奖励的依据,尽可能让更多的老百姓参与进来。
梁*虎	应该增加物质奖励的力度,像我们这样的年轻运动员,很少有在大赛上拿奖的机会,很多队友都被淘汰,十几年的心血白费了。走出来的寥寥无几。父母培养我们不容易,就是希望有一天我们能够出人头地,挣到钱,养活自己。
姚*曼	尽早设立体育荣誉退出机制,不能说你服用兴奋剂获得了奥运冠军,后来查被出来了,把金牌退回就完了,由此获得的一切荣誉、地位、权力和物质奖励都应该被取消或退回。

目前,我国现行的体育行政奖励制度和社会表彰实践由于缺乏法律基础和共同体认同,要回答体育治理现代化的问题,就必须以《称号法》为依据,积极主动地发挥制度理性的创新功能,以制度理性带动体育表彰和奖励制度创新,科学建构公平、开放、高效、完善的国家体育荣誉体系,为推进体育治理现代化构筑动力来源。此外,大数据时代已经来临,网络评选便捷高效,完全可以借助互联网,通过媒体宣传,发动群众参与投票,这样评选出来的优秀运动员、教练员才更公正、更接地气、更亲民,更能体现出"以人民为中心"的价值指向。

(3)学理逻辑:推进以"人民为中心"的制度立法、规制授予程序

合法性和规范性是国家体育荣誉制度建设的基本要求,公平正义的体育荣誉评价需要公众的参与,评价体系的形成建立在评价主体理性沟通的基础之上,这不仅需要激发社会各阶层的积极性和主动性,还需要体育荣誉体系的制度保障。正如罗尔斯所述:"合法性

和规范性是'以人民为中心'治理体系实现的基本保障,其价值目标是公共善,是正义观念对社会基本制度建构的基本要求,也是制度运行的目的和目标所在①。"

表6-3-3 关于"您是怎样看待体育荣誉制度立法的?"观点整理

访谈对象	观点表述
张*华	国家荣誉制度已经完成立法,依法治理的荣誉体系正趋于完善,体育荣誉有其特殊性,体育荣誉制度也是国家荣誉制度的重要组成部分,体育荣誉制度立法是迟早的事。
李*	作为体育荣誉授予的主体,我们也希望有法可依,当前的荣誉表彰还好些,体育奖励工作很难开展,稍有不慎,就会引起舆论声讨。
赵*	作为运动员,当然希望国家能够通过立法,来保障我们获得荣誉表彰和物质奖励的基本权益。最好设立一个明确的标准,拿到什么级别的奖牌,得到相应的物质奖励。然后再根据运动员整个职业生涯的贡献,综合评选,给予持续性补贴。

由此可见,推动国家体育荣誉体系的建构和运行具备合法性,是当前体育荣誉制度建设的重要任务。通过制度立法,价值引领和权力规范公众的参与行为,使体育荣誉评价体系符合公众预期,只有制度体系充分表达了公众的价值共识,对制度的认同和遵循才会成为公众的自主选择。而体现"以人民为中心"的制度设计,通过程序化的问题审视,能够在有效地化解公众视野中的社会矛盾②。可以说,"以人民为中心"的公共理性是实现体育治理体系和治理能力现代化的学理支撑。党的十九大报告提出:"保证全体人民在共建共享发展中有更多获得感,不断促进人的全面发展、全体人民共同富裕③。"共建共享理念的提出也为体育荣誉制度的建构提供了学理逻辑,同时契合了制度立法的公共理性设计思路。

① [美]罗尔斯.政治自由主义[M].万俊人译.南京:译林出版社,2000:225—226.

② 顾爱华.国家治理现代化的前提与基础:政治稳定与制度创新[J].行政论坛,2016,23(3):27—31.

③ 习近平.决胜全面建成小康社会 夺取新时代中国特色社会主义伟大胜利——在中国共产党第十九次全国代表大会上的报告[M].北京:人民出版社,2017:23.

此外,国家体育荣誉制度建设的学理逻辑遵循离不开对体育荣誉表彰中现实问题的考察,以问题为导向,探究问题成因,加强程序规制,反过来又强化了体育荣誉制度建设的学理性。的确,体育荣誉治理进程中仍然面临诸多问题。一方面,全球化程度的日益加深以及信息科技的高速发展,社会认知体系和价值取向由一元走向多元,共同体认识逐步趋于离散化、碎片化。需求多元化和价值多元化是当前体育治理所面临的基本事实,公众参与体育制度建设的主观意愿和对成为制度主体的权利渴求日趋增强,社会各界对体育强国建设和体育治理现代化的关注度逐渐提高,对国家和社会体育表彰和奖励行为的合法性、公平性和正义性的价值需求也越来越强烈。

表6-3-4　关于"您认为应该怎么样规范授予授予程序?"观点整理

访谈对象	观点表述
李*	推荐候选人从基层开始,一级一级向上审批,严把审批关,要防止通过各种关系,内定情况的发生。
姚*曼	对于体育荣誉的授予应该分层分类。比如有依据运动成绩的,有依据长期表现的,有依据综合贡献的,等等。
刘*杰	实现公平正义应该是体育荣誉表彰需要坚持的基本原则,这就要求荣誉评选公开化、民主化、法制化,在立法的基础上,以人民为中心,深度了解公众的荣誉咨询、参评、监督的内在需求。

多元价值的无限冲突势必会影响社会的和谐发展,遵循制度规范的学理逻辑,形成良好的社会秩序,"以人民为中心"势必成为社会建构的基本价值观,而平等对话、提高公众参与度是体现"以人民为中心"的具体方法,也是公共决策的合法基础①。另一方面,基于公众对当前体育表彰实践的多元认识取向,网络非理性现象呈高发态势。例如,近年来体育行政奖励行为引发大范围社会负面舆论的现象屡见不鲜。究其原因,仍然是由于体育治理体系不完善、公众参与程度低等制度因素造成的。为此,"以人民为中心"的公共理性所主张的

---

① 王子丽,吴赋光.公共理性与我国社会群体性事件[J].河南社会科学,2012,21(8):40—42.

依法治理和程序规制,在我国体育荣誉制度体系的建设中尤为重要。

6.3.2 体育荣誉制度规范的运作机制

从我国体育荣誉制度的运行特点来看,树立政策实践的英模形象,通过党组织、社会团体、新闻媒介的宣传教育,倡导人们见贤思齐,是凝聚中华体育精神、实现体育治理柔性化的重要方式和有效手段①。英模的典型事迹能够向社会传达国家和社会主流的价值取向。树典型作为荣誉治理技术的主要手段,就是对日常生活中的个人或团体进行重新定义,并将其符号化,用以表达国家、社会、民众的荣誉价值观念。通过媒体和公众的互动,英模的价值取向得以传播,潜移默化地影响并重构着公众的共同体认同。

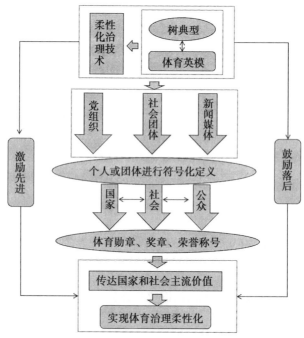

图 6-3-3 体育荣誉制度规范的作用机制示意图

① 王浦劬,赖先进.中国公共政策扩散的模式与机制分析[J].北京大学学报,2013,50(6):14—23.

树典型是对杰出人物的激励和赞扬,同时也是对普通大众和落后分子的示范和引导,所以,荣誉表彰、授予荣誉称号的活动,事实上是一种权力运作机制,发挥着价值符号的引领作用。它以具体的勋章、奖章、荣誉称号为载体,由此匹配杰出个人或团体的社会贡献和社会价值,通过这种方式把国家意志传播到社会的各个角落,从而维系社会的主流意识形态。

新中国成立后,军事领域、生产领域树立了大量的英模典范,改革开放以来,树典型逐步延伸到经济领域、文化领域、科技领域、体育领域,授奖主体也有政府一家独办发展为政府、市场、社会、企业共同参与的多元化格局。不过多数荣誉称号由群团组织授予,通过官方媒体传播,具有典型的政治属性,例如,"五一劳动奖章"、"五四青年奖章"、"三八红旗手"等。政治典型是维护公共秩序、点亮政治景观的重要元素,是我党进行国家治理的重要技术,在当代中国制度设计和制度运行中重要地位①。各种形式的荣誉表彰构成了体育荣誉制度运行的重要组成部分,同时发挥着价值引领和社会规范的作用。

(1) 运作内容:凸显体育荣誉的稀缺性和特殊性

体育荣誉传播于社会的对象是什么,即什么样的体育荣誉能够得到社会的认可和向往,这关涉到体育荣誉授予客体的品质要素和评选标准的问题,实际上就是体育荣誉机制的作用内容问题。荣誉在词源意义上被表达为"被广为流传的名誉"、"被公认的尊敬",荣誉是基于个人或团体杰出的贡献而获得的稀缺性赞许或奖励,并由此产生良好的社会示范效应,这种示范效应的产生是基于被尊重的内在品质,而尊重的实质是对权利的服从②。伽达默尔认

---

① 董颖鑫.从理想性到工具性:当代中国政治典型产生原因的多维分析[J].浙江社会科学,2009,25(5):24—29.

② 李广德.司法荣誉制度的法理逻辑与作用机制[J].政法论坛,2018,40(1):138—150.

为,所谓权威是指承认他人的见解和判断超越我们自己,从而发自
内心的服从和尊重①。而对权威性体育荣誉的服从和尊重又基于
体育荣誉的特殊性。可见,体育荣誉的稀缺性是保障体育荣誉体
系有效运作的内容前提,体育荣誉的特殊性则是体育荣誉体系独
立存在的的立根之本。

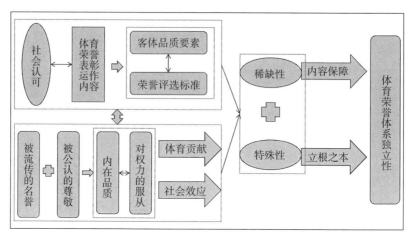

图 6-3-4　体育荣誉制度运行机制的作用内容示意图

结构主义的观点认为,人类社会是一个完整的结构组织,任何
制度、体系和组织的长期存在都基于其自身的合理性和特殊性,任
何子系统又都服从于整体系统的结构安排。结构主义解释了个体
尊重整体、服从权威的原因②,同时也为体育荣誉体系运作机制的设
计提供了基本思路,即体育荣誉的稀缺性是权威性的前提,权威性
则是价值认同的前提,而价值认同和体育荣誉的特殊性又是体育荣
誉制度存在的先决条件。因此,体育荣誉只有在社会语境下才具有
意义,体育荣誉的形成、传播以及功能的发挥既依赖于社会结构的
组织形式,又源于其对社会系统的特殊贡献。正是由于稀缺性的体

　　①［德］伽达默尔.诠释学:真理与方法[M].洪汉鼎译.上海:商务印书馆2013:396.

　　②［美］斯坦利·米尔格拉姆.对权威的服从:一次逼近人性真相的心理学实验[M].赵萍萍,
王利群.译,北京:新华出版社,2013:138.

育荣誉和社会结构紧密关系,体育荣誉才能被公众所服从,并服务于社会。这种服从以尊重为前提,构成社会结构作用荣誉制度建构的基础。

那么,体育荣誉的获得,其前提条件是得到社会各界的广泛认可和尊重。稀缺性作为体育荣誉机制良性运作的先决条件,其授予主体首先指向从事体育事业的个人或团体的"合需求性",即体育精英在某一体育领域取得了优异成绩并作为了特殊的突出贡献,发挥了体育精神的示范作用,满足了社会各界的价值诉求,获得了民众的普遍认可与服从。因此,体育领域的尊重和个人或团体对体育事业的贡献密切相关,尊重建立在运动成绩或体育贡献的基础之上,其前提是体育成就的获得经得起道德的审判和法律的追查,能够体现体育精神,引领社会价值取向。

虽然在竞技体育领域,奖牌的含金量往往代表了体育荣誉的评价层级,譬如,金牌本身就意味着荣誉,但是,奖牌并不能含括竞技体育领域的荣誉类别和荣誉等级。首先,奖牌并不能代表竞技体育领域的所有成绩和贡献,竞技体育领域的荣誉的授予对象还包括教练员、科技工作者、管理人员等,荣誉的评选标准还包括奖牌的含金量、影响力、运动项目的普及率等;其次,奖牌只是对运动员体育运动成绩的认可和奖励,其意蕴仍局限在竞技体育领域,最多是扩展到体育领域,仍然没有符号化为社会民众尊重的对象,其社会价值尚不能得到充分挖掘和传播。再次,由于体育荣誉的特殊性,《称号法》明确提出国家荣誉制度体系的建设内容包括体育领域,那么就需要突出体育荣誉授予的稀缺性、专业性和特殊性,否则体育荣誉制度建设的社会价值就难以体现。

可见,金牌只是竞技体育领域衡量体育贡献、获得社会尊重的基础性条件,是获得体育荣誉质的要素,而相对于整个体育领域来讲,体育荣誉的授予应该更加注重量上的标准。对量的考量可以表

表6-3-5 关于"您认为哪些是体育荣誉表彰推荐的关键要素?"观点整理

访谈对象	观点表述
吕*军	对于运动员来说,主要是先看运动成绩,在国际大赛上拿过多少金牌,金牌的含金量有多高,这个项目在国际化程度高不高,我们国家的整体水平怎么样。
吴*	除了金牌,整个生涯的贡献也很重要,金牌不是唯一标准,还有影响力的大小也是需要考虑的重要方面。
赵*	运动成绩、道德品质、体育精神、社会贡献,都应该被考虑进去,尤其像一些在群众体育领域奉献的一线体育人,不能只看运动成绩和带队成绩。
臧*	应该考虑在这个项目上是否有突破,尤其是像我们拳击项目,应该多设置一些鼓励奖项,激励更多的青少年运动员参与进来。

达为超越同行的一般智识[①],能否获得同行的认可和服从应作为体育荣誉授予的重要条件。在履行体育正义、弘扬体育精神、累计体育贡献上超越同行就意味着卓越,以此作为体育荣誉授予对象的量的标准,更具说服力和公信力。因此,体育荣誉授予对象的评选应充分考虑体育荣誉的特殊性,凸显体育荣誉的社会价值,综合衡量质和量两个维度体育贡献,方能增强体育荣誉的理论解释力和生命力。

(2)作用方式:提升荣誉表彰的权威性和公信力

荣誉的获得源自社会的评价,荣誉的价值导向作用也在于其社会传播的特质,正因如此,荣誉才具有广泛的制度价值。那么,如何在制度设计和作用方式上助力体育荣誉价值的发挥,则是体育荣誉制度建设的当然命题。即体育荣誉表彰的评选程序和评选结果,如何能够提升荣誉评选部门的权威性和公信力,如何实现体育荣誉的价值引领作用,提升体育职业尊荣和授予对象的英模形

---

① 李广德.司法荣誉制度的法理逻辑与作用机制[J].政法论坛,2018,40(1):138—150.

象,有待做出系统的逻辑论证和经验检验。不过,任何理性的制度设计都无法精准预设并克服制度实践所面临的困难和风险,这也是制度有效性检验的局限性所在①。而体育荣誉的作用方式则决定了体育荣誉制度作用机制的设计和运行,深入探讨体育荣誉的作用方式,具有重要现实意义。国家体育荣誉制度的运作方式如图6-3-5所示。

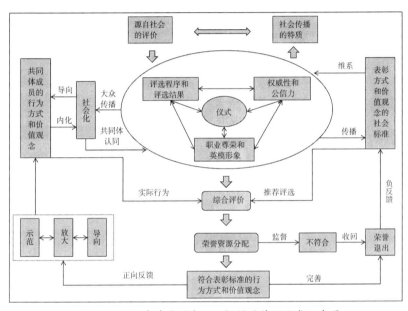

图6-3-5 体育荣誉制度运行机制的作用方式示意图

体育荣誉制度的设计理念是为了提升体育职业尊荣,弘扬体育精神,进而实现政府部门公信力和公权力的建设目标,其作用方式实质上是体育荣誉的感官品质对荣誉授予对象和社会公众作用归摄。职业尊荣源自于主体感觉和社会评价,行政部门公信力的建设又涵盖了维护职业尊荣的制度逻辑和体育职业良好社会形象积淀的历史逻辑两个维度,体育荣誉的获得能够提升荣誉授奖主

---

① 朱恒鹏,徐静婷.共享发展/共同体认同与社会保障制度构建[J].财贸经济,2016,37(10):5—15.

体对体育职业的尊崇,同时通过体育荣誉的评选,荣誉称号、荣誉奖章的授予,以及官方媒体的宣扬,强化了体育价值在社会公众认知中的记忆累积。这一作用方式也契合了荣誉授予仪式的作用过程。荣誉表彰营造的强烈的仪式感是制度主体实施规训功能的重要形式,通常由国家领导人在重要节假日,举办庄重的荣誉授予仪式,使得公众经由强烈的视觉触动和心灵震撼,而感受到国家意志和国家形象[①]。

表6-3-6 关于"您是怎样看待体育荣誉表彰仪式的?"观点整理

访谈对象	观点表述
张*	最令我感到骄傲的时刻就是登上领奖台,领取奖牌,然后能够上电视,被人们记住,回到家乡,被当地政府表彰、奖励,让父母脸上有光。
赵*	作为运动员,我们每个人都渴望站到世界最高领奖台上。能够得到国家领导人的接见,想想都觉得骄傲,羡慕女排姑娘。她们太优秀了,要像她们学习。
王*万	近几年,习总书记特别注重对国家功勋人物的表彰,尤其重视表彰的仪式。体育界的精英也经常得到国家领导人的接见和表扬。我认为这是一种趋势,仪式感对每个人来讲都很重要。

仪式是古今中外统治阶级维护社会秩序的重要活动,通常指具有象征性、纪念性、表演性、传统性的一整套文化传播行为或象征性活动[②]。体育荣誉的社会认可、价值传播和效果发挥也通常需要通过制度性表彰仪式得以实现。一方面,制度化的仪式作为政治活动的象征性行为,会给参与主体和社会大众带来直观的心理冲击,行塑他们的价值认知和对周围世界的理解,进而实现仪式活动的政治效果[③]。在体育荣誉表彰过程中,荣誉授予对象在荣誉评选、表彰的

① 王理万.国家荣誉制度及其宪法建构[J].现代法学,2015,37(4):77—87.

② 郭于华.仪式与社会变迁[M].北京:社会科学文献出版社,2000:1.

③ [美]大卫·科泽.仪式/政治与权力[M].王海洲译.南京:江苏人民出版社2015:14.

仪式活动中不断地强化对体育职业的自我认同,实现对体育职业的敬畏。涂尔干是这样评价仪式的,仪式的功能在于强化社会成员的共同体认同和集体意识,使人们始终保持主流价值信仰和生活信心。仪式维持社会秩序的手段,社会成员通过仪式活动重塑社会认知[①]。另一方面,政治仪式是通过对象征性符号的传播已达到对政治信仰、价值取向的反复强化,从而使公众形成稳定的社会认知和行为方式[②]。体育荣誉表彰的授予仪式作为国家和社会宣扬主流价值活动的具体表现形式,通过官方媒体的传播,形成对体育事业、体育精神的符号化塑造,从而实现公众对体育英模的广泛认同,树立起体育事业的风向标。

案例6-3-3

中共中央总书记、国家主席、中央军委主席习近平专门邀请刚刚获得2019年女排世界杯冠军的中国女排队员、教练员代表,参加庆祝中华人民共和国成立70周年招待会,并在会前亲切会见女排代表,同大家合影留念。习近平强调,在第十三届女排世界杯比赛中,你们以十一连胜的骄人成绩夺得了冠军,成功卫冕,为祖国和人民赢得了荣誉,很好诠释了奥林匹克精神和中华体育精神。中国女排夺得了第五个女排世界杯冠军,第十次荣膺世界排球"三大赛"冠军,激发了全国人民的爱国热情,增强了全国人民的民族自信心和自豪感。习近平指出,本届女排世界杯期间,全国人民都在关注你们,每一场比赛都有亿万人民为你们加油。38年前,中国女排首夺世界冠军时,举国上下心潮澎湃,亿万观众热泪盈眶。中国女排"五连冠",万人空巷看女排。广大人民群众对中国女排的喜爱,不仅是因为你们夺得了冠军,更重要的是你们在赛场上展现了祖国至上、团结协作、顽强拼搏、永不言败的精神面貌。女排精神代表着一个时代的精神,喊出了为中华崛起而拼搏的时代最强音。

10月1日,庆祝中华人民共和国成立70周年大会隆重举行,刚刚在

---

① 廖小东,丰凤.仪式的功能与社会变迁分析[J].湖南科技大学学报(社会科学版),2012,24(4):175—178.

② 姬会然.论宪法宣誓制度的政治内涵/价值及其完善——以现代政治仪式构建为分析视角[J].社会主义研究,2016,39(6):71—77.

第十三届女排世界杯夺冠的中国女排出席活动,出现在群众游行彩车"祖国万岁"方阵上。5000名首都各界群众共组成"祖国万岁"方阵,中国女排队员及教练组位列其中,世界冠军女排姑娘们在夺冠两日后登上"祖国万岁"花车。郎平、安家杰、朱婷等中国女排队员、教练组挥舞鲜花致意,神采奕奕,展现了新一代中国女排朝气蓬勃、团结向上的精神风貌。

——资料来源:http://www.xinhuanet.com/2019-09/30/c_112506 1499.htm

https://sports.qq.com/d/20191001/002874.htm

仪式的文化传播功能和政治逻辑诠释了体育荣誉表彰的行为动机和作用方式,体育荣誉制度的建设势必要重视仪式的社会价值,从仪式的运行逻辑和理论完善出发,不断地优化体育荣誉表彰的制度设计。仪式又通常被视作权威性资源的生产、储存和分配的权力工厂[①],基于此,在体育表彰和奖励合法性、正当性缺失的境况下,诉诸于体育荣誉表彰仪式对权威性资源的塑造功能,来提升体育行政表彰的权威性,无疑是体育荣誉制度建设初期优化体育荣誉治理的重要抓手。当前我国体育表彰和奖励制度的改革,往往倾向于管理体制层面的完善,而忽视了学者、媒体、公众等关于现行荣誉表彰的社会认知和思想表达,有些政府部门开展的体育荣誉表彰甚至出现了权力滥用、"表不配体"、"奖不服众"的现象。而在政府权威过剩而公众参与程度较低的情况下,通过仪式化的体育荣誉表彰来传达国家意识,提升政府公信力和政治权威,也许是体育荣誉治

---

① 王淑琴.政治仪式推动政治认同的内在机理——兼论政治仪式的特性[J].中共福建省委党校学报,2018,30(9):73—78.

理走向现代化的一条捷径。

6.3.3 构筑四类体育荣誉表彰系统的共存性关系

中国体育荣誉体系是在中国共产党领导下,以《称号法》为基础和依据,在建设和发展中国体育事业实践基础上逐步确立并完善的,应该体现中国特色,体现理性的制度设计与现实的制度实践和逐步完善创新的统一。

从英美法韩德俄六国的历史经验来看,英国较注重各荣誉授予主体能动性的自由发挥,法韩现代化体育荣誉制度体系更倾向于荣誉表彰的公意性和平等性,德俄则更加强调国家、政府在体育荣誉授予过程中的主体地位。虽然各个国家关注的重点各不相同,但是从近年来的体育荣誉治理实践上来看,国家、政府、社会组织和企业共同参与体育荣誉表彰的广度、深度以及表彰形式的多样化方面都有所提升,体育荣誉体系的整体性、协调性和实践性明显增强。现代化的中国体育荣誉体系制度规范的背后存在着政府、社会和企业各方主体协同表彰和合作博弈的行为。良性的体育荣誉制度系统不仅需要政府、媒体、群团组织、企业积极参与到体育荣誉表彰工作,还需要通过国家统筹、部门协同,形成良性的共存性关系,各参与主体既要保持一定的独立性和优越性,又要在授奖内容上互相协同,避免低层次、重复性、随意性体育荣誉表彰行为,从而实现全国范围的价值认同和价值共享。

从中国体育表彰政策演进的历程和时代发展的诉求来看,构建体育荣誉授予主体协同共生、上下协调统一的系统性制度体系,既是对中国优秀传统文化的继承,也是对现代化体育荣誉体系建构、完善在荣誉治理实践方面的制度支持。

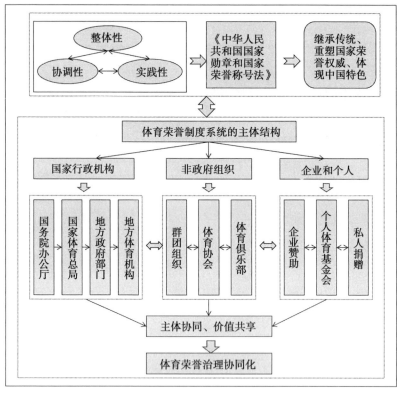

图 6-3-6　体育荣誉制度主体结构协同治理示意图

表 6-3-7　关于"您认为体育荣誉制度的主体结构应
具备哪些特点?"观点整理

访谈对象	观点表述
卢*成	国家体育荣誉制度应该是一个完整的系统,荣誉表彰的客体不能局限于竞技体育领域,体育精英也可以是群众体育、学校体育领域中的佼佼者。所以我认为,在未来的制度建设中,应该深挖体育事业各个角落的一线教练员、志愿者、社会体育指导员,以防埋没任何一名英雄。
潘*光	当前出现了一些重复表彰、竞争表彰的现象,其原因就在于表彰主体之间缺乏沟通,也缺少权威性部门的指导,所以导致一名运动员在同一次比赛后获得多项重复性表彰。不仅浪费荣誉资源,还破坏了体育荣誉稀缺性的基本特征。因此,不论是行政表彰还是社会表彰,都要相互协调,彼此呼应。

访谈对象	观点表述
彭*祖	建议国家行政机构的体育表彰应该以精神激励为主,设立权威性的体育荣誉称号,在重要节假日,举办隆重的表彰仪式,颁授奖章。社会表彰应该以此为依据,设立相应的物质奖励,而不是创设各种荣誉称号。
钱*锋	每一种体育荣誉称号都要有相应的评选标准和程序,而且流程要具体化,具有可操作性。国家管理机构整体把握,地方政府出台相应的表彰政策,社会系统既要遵循市场规律,又要注重体育荣誉的价值引领作用。

由此,中国现代化体育荣誉制度的建设,在主体结构的设计上需要把握好以下三个特性:

1) 整体性。中国体育荣誉制度是一个系统架构,是整体结构的全面展开,不可偏废。国家机关、地方行政机构、社会组织、企业、个人等各要素都是这一体系中荣誉授予主体的构成部分,每一个要素的功能都是制度整体绩效的构成部分;而竞技体育、群众体育、学校体育、体育科技又是荣誉被授予主体的主要领域,其中每一个要素的权重都体现了制度整体运行的整体性和公平性。各要素在发挥各自功能和相互竞争的同时又成为彼此发展的条件,相互作用,我国体育荣誉政府系统和社会系统的创新发展应全面、完善。

2) 协调性。作为一个系统来说,要充分考虑到制度、物质、精神和文化的辩证发展关系和内在协调性,既注重物质奖励的基础力量,又重视体育精神的价值目标导向,还要依靠制度创新和体育文化的繁荣发展提供智力支持和精神动力,这样才能建构和谐的、动态发展的体育荣誉制度体系。制度体系中的各要素充分发挥各自功能是为了体育荣誉制度体系的目标实现,因此制度体系的良好运行需要各项要素间的耦合、相辅相成。

3) 实践性。中国体育荣誉制度仍然是一个新生事物,还在发展过程中,制度体系应该在深入的体育荣誉勋章、荣誉称号、奖章授予的实践过程中具有开放性,要以实践为前提改革创新。随着我国各项体育事业的强势发展,体育管理体制改革的不断深入,面临的各种奖励问题也接踵而至,体育奖励物质至上,地方行政奖励利益分化加剧,社会矛盾叠加,体育奖励制度改革的社会认同备受挑战。然而,仅仅拘泥于解决问题和应对问题的制度建构会导致制度的滞后,也是违背实践要求的[①]。因此,体育荣誉制度体系的设计与建构既要以事实为依据,又要把握制度完善的一般规律。

从域外经验来看,体育荣誉表彰系统主要分为政府表彰系统和非政府表彰系统两种类型。英国政府、英国体育半官方组织及相关奥林匹克组织作为竞技体育的发展主体,还共同致力于体育荣誉体系的建设。法国法定荣誉表彰委员会和非法定荣誉表彰委员会,分别作为政府组织和非政府组织,共同组建体育荣与管理委员会。德国主要由国家颁授的政府系统和国家认可的非政府系统协同治理体育荣誉表彰工作。中国体育荣誉制度的建构应该以国家荣誉制度为依据,其层级设置包括国家体育荣誉称号授予系统、体育行政表彰系统、(省、市、县)地方行政系统和非政府组织体育表彰系统四个子系统,这四个字系统都是成立在国家荣誉制度基础之上的,各子系统既对各自领域发挥作用,又相辅相成,维护国家体育荣誉制度的动态平衡,推动中国体育事业的发展进步,如图6-3-7。

---

① 孙明奇.中国特色社会主义制度自信的哲学基础及其当代价值[J].理论学刊,2018,35(6):118—123.

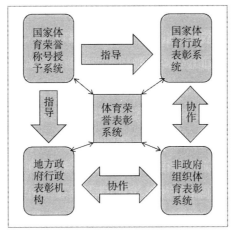

图 6-3-7 央、地、体、社一体化
体育表彰系统示意图

6.3.4 完善国家体育荣誉称号授予系统

国家荣誉制度在体育荣誉制度的完善中起着规范方向的作用，是我们实现价值目标的制度保证。从域外经验来看，国家勋章和荣誉称号的批准主要由三种主体实施：一是议会。二是总统。三是国会和总统。我国宪法第六十七条规定，全国人大常委会"规定和决定授予国家的勋章和荣誉称号"。从荣誉授予主体的身份来看，主要有以下情形：一是由总统、政府首脑或委托人，如法韩。二是由其他法定人进行，如德国联邦部长、各州州长、州参议院、市长。三是由君主制国家的君主实施，如英国常常以女王的名义颁授国家荣誉称号。

> 在我国，中华人民共和国主席根据全国人民代表大会常务委员会的决定，向国家勋章和国家荣誉称号获得者授予国家勋章、国家荣誉称号奖章，签发证书。
> ——资料来源：《中国人民共和国国家勋章和国家荣誉称号法》第七条

《称号法》是指导国家开展荣誉表彰的专门法律,将国家勋章的授予对象明确为"在中国特色社会主义建设和保卫国家中作出巨大贡献、建立卓越功勋的杰出人士"[①],将国家荣誉称号的授予对象明确为"在各领域各行业作出重大贡献、享有崇高声誉的杰出人士"[②]。《称号法》的颁布为国家体育荣誉称号系统的完善提供了基本的法律依据,为国家体育荣誉制度的建设指明了方向,同时也为体育荣誉制度法制化改革提出了要求。

国家体育荣誉制度在总体架构上应该从类别和层级两个维度设计。不同类别和不同层级的国家体育荣誉表彰协调运转,即在类别分布和荣誉等级的安排上严整有序,实践操作民主公正。国家层面的体育表彰分为两个等级:第一层级是国家勋章和国家荣誉称号,第二层级是国家奖章和荣誉称号。两个层级的构成要素既有共同点,也有不同点。

表6-3-8 国家层面体育荣誉表彰两个等级的比较[③]

	基本要素	国家勋章和国家荣誉称号	国家奖章和荣誉称号
共性特征	设立依据	《宪法》和《中华人民共和国国家勋章和国家荣誉称号法》	
	设立主体	国家权力机关	
	基本功能	弘扬社会主义核心价值观,形成共同体认同	
	颁授依据	最高层级国家荣誉的管理办法	第二层国家荣誉管理办法
个性特征	颁授主体	国家主席	中共中央、国务院领导
	推荐人选	全国功勋人员	体育行业的精英模范
	推荐特点	完全择优推荐	体育领域内择优推荐
	监督机制	内部监督和公众监督相结合,国家权力机关撤销	内部监督和公众监督相结合,中共中央、国务院撤销

---

① 中华人民共和国国家勋章和国家荣誉法[M].北京:中国法制出版社,2016:2.

② 中华人民共和国国家勋章和国家荣誉法[M].北京:中国法制出版社,2016:3.

③ 吴江.国家荣誉制度建设研究[M].北京:党建读物出版社,2017:188.

当前,尚没有体育领域的杰出人士获得过国家勋章和国家荣誉称号,这也再次印证了国家勋章和国家荣誉称号的权威性和稀缺性。此外,国家荣誉制度所确定的法治逻辑,是当前我国奖励制度改革的根本制度支撑,规定着体育荣誉制度体系的建构逻辑和发展方向。国家层面的体育荣誉表彰的评选依据、实施主体和评选程序应遵循以下规律,如下图6-3-8。

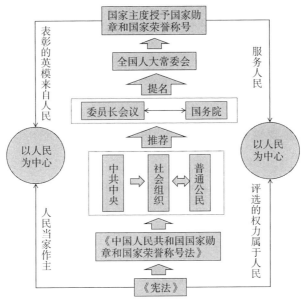

图6-3-8　国家勋章和国家荣誉称号
授予结构、要素示意图

国家荣誉称号是体育系统外被授予的最高荣誉,设立国家荣誉称号,主要用于表彰为国家体育事业做出杰出贡献的体育精英。虽然草案并没有设定国家荣誉称号的具体称谓(具体名称由全国人大常委会授奖是确定),但对荣誉授予对象作出规定,即"人民"是国家荣誉称号的冠名主体。主要基于两点考虑:一是,一些荣誉评选的权力属于人民,一些荣誉都来自"人民"的褒奖,表达人民当家作主的愿望。二是,授奖客体源自各个领域的佼佼者,体现为人民服务的根本宗旨[①]。因此,在体育领域,国家荣誉奖章、荣誉称号授予对象的主体应该是从事体育事业的"人民",是在我国体育事业岗位上表现突出的个人或团体。

第一,体育荣誉称号的设立应该以《宪法》和《中华人民共和国国家勋章和国家荣誉称号法》为依据。第二,体育荣誉称号的设立应该能够体现国家对体育事业的重视。第三,体育荣誉称号的设置应该能够极大地激励从事体育事业的工作者努力拼搏,为国争光。第四,荣誉称号能够引领国家体育荣誉体系步入现代化的阶段。由此,对于未来国家体育荣誉称号的设置,应该从设计、规格、规模、周期、程序、标准、仪式、待遇、管理等方面进行深入研究。在本次访谈中,广大优秀运动员、教练员、专家学者、政府部门工作人员等纷纷出谋划策,提出了许多具体的建议,可供参考,如表6-3-9所示:

表6-3-9 关于完善国家级体育荣誉表彰系统的建议

维度划分	具体措施
称号设计	设立国家最高级体育荣誉称号 分层分类设置荣誉称号 避免荣誉称号的重复性和内部竞争性
规格设置	应该和国家荣誉称号相匹配 和科技、教育、卫生等领域同等对待
规模周期	授予对象应扩展到从事体育事业的各个领域 授奖客体不宜过多,要精而少,体现稀缺性 延长物质奖励的周期,支持对授奖客体的持续性奖励
评选对象	向科技体育、群众体育和学校体育领域延伸 向工作在一线的体育教练员、指导员、志愿者倾斜 行政职务和业务能力、职业贡献相分离

---

① 李适时.关于《中华人民共和国国家荣誉勋章和国家荣誉称号法(草案)》的说明[M].北京:法律出版社,2016:10.

维度划分	具体措施
评选标准	提高评审标准,实施严格、具体、便于操作 对体育事业实际贡献的大小 运动员和教练员的成绩 该项目的国际推广程度 该项目的社会认可程度 按照项目的类别评选 评选标准应根据荣誉称号的不同而多样 避免论资排辈 避免行政人员内部消化
评选程序	以《宪法》和《称号法》的规定为依据 评选流程应该公开透明 评审程序民主化,坚持以人民为中心 应分为根据成绩直接认定和基层推荐两种形式
表彰宣传	推荐、评选、认定、审核、批准的程序要简明扼要,操作性 选择在重要节假日举办隆重授予仪式 由重要领导人参与、主持、颁授荣誉称号、荣誉奖章 通过各大新闻媒体宣传
配套待遇	提高物质奖励的数额 设置专项奖励基金 根据获奖情况,赋予特殊身份
监督管理	授奖客体应该发挥弘扬中华体育精神和引领社会主流价值的 由广大人民群众监督授奖客体的道德品质和社会行为 完善体育荣誉退出机制

6.3.5 优化国家体育行政表彰系统

国家体育总局及直属地方体育局,以《称号法》为法律依据,在国家荣誉制度体系内,由体育总局人事司统筹管理,授予在体育领域做出突出贡献的杰出人士荣誉称号或奖章。国家荣誉制度是一个多层次、多层级的有机体系,其构成从种类上说应该包括国家最高荣誉、地区性国家荣誉、行业系统性国家荣誉,层级上分类应当包括国家级、省部级、地市级、区县级、乡镇级①。所以,体育行政系统所实施的体育荣誉表彰有其自身的规律和特点,具体的实施流程应遵循由总局到地方的层级指导,以及由地方到总局的层级推荐双向规律。国家体育总局和地方体育行政部门开展体育荣誉表彰工作流程如图6-3-9所示。

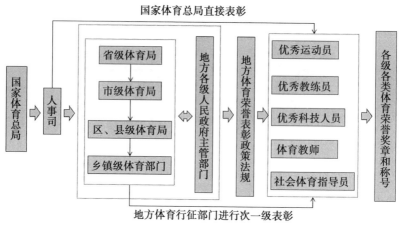

图6-3-9 国家体育总局及直属机构体育表彰结构、要素示意图

所以,地方体育局有权利和义务对本地区为体育事业作出突出贡献的杰出人士授予荣誉称号或奖章,但是所授予的荣誉称号不能与国家荣誉称号相同,应在等级上低于国家荣誉称号。同时要避免对同一主体重复授予荣誉称号或奖章。例如,奥运会冠军在获得了国家体育总局授予的国家体育运动奖章或一级运动员奖章后,地方体育局将不能再次颁发奖章或授予荣誉称号,地方体育局所授予的对象是未获得更高一级荣誉称号或奖章的优秀运动员、教练员、体育科技人员以及为我国体育事业作出突出贡献的共和国公民。因此,国家体育总局及直属行政机构,在体育荣誉称号的设计、规格、周期、程序、标准、仪式、待遇、管理等方面仍需要深入思考、系统规

① 彭怀祖.我国国家荣誉制度建设的回顾与展望[J].南通大学学报.社会科学版,2017,33(1):49—55.

划和具体落实。

表6-3-10 关于完善国家体育总局及直属机构体育荣誉表彰系统的建议

维度划分	具体措施
称号设计	以国家层级体育荣誉称号为指导 分层分类设置体现体育特色的荣誉称号 体现运动项目的技术等级
规格设置	从属于国家荣誉称号 设置体育行政领域最高级别的荣誉称号
规模周期	竞技体育为主,辐射到体育事业的各个角落 授奖客体不宜过多,要精而少,体现稀缺性 注重奥运项目的周期性奖励,支持对授奖客体的持续性奖励
评选对象	重视优势项目,重点表彰有突破性贡献的杰出人士 向工作在一线的体育教练员、社会体育指导员、志愿者倾斜 各级地方体育行政机构应突出本土特色
评选标准	提高评审标准,实施严格、具体、便于操作 对体育事业实际贡献的大小 运动员运动成绩的水平 运动员在国际大赛上的排名 教练员的执教成绩 该项目的社会认可程度 该项目的国际发展程度 按照项目的类别评选 评选标准应根据荣誉号的不同而多样 避免论资排辈和行政人员内部消化
评选程序	彰显体育荣誉即时性、附加性和综合性的表彰特点 评选流程应该公开透明 坚持以运动员为中心,以人民为中心 应分为根据成绩直接认定和基层推荐两种形式 推荐、评选、认定、审核、批准的程序要简明扼要,操作性强
表彰宣传	选择在重大国际性体育赛事结点和重要节假日举办隆重授予仪式 由体育总局领导颁授荣誉称号、荣誉奖章 通过CCTV5等各大体育新闻媒体做好宣传和推广工作

维度划分	具体措施
配套待遇	提高奥运奖励的数额 设置专项体育奖励基金 加强对功勋运动员退役安置
监督管理	监督体育荣誉评选程序 监督体育荣誉授予客体的道德品质 严惩体育违法行为,完善体育荣誉退出机制

另外,《中华人民共和国地方各级人民代表大会和地方各级人民政府组织法》第六十六条规定:省、自治区、直辖市的人民政府的各工作部门受人民政府统一领导,并且依照法律或者行政法规的规定受国务院主管部门的业务指导或者领导①。那么,地方体育局的授奖权限就要受到国家体总局和地方政府的双层管控,这就要求在建构国家体育荣誉制度体系时,要充分考虑我国地方体育职能部门的特殊性,在矛盾中寻求平衡。

6.3.6 规范地方政府行政表彰系统

(省、市、县)地方政府所实施的行政表彰行为,是我国体育荣誉制度建设的重要组成部分,承担着国家级以下的行政机构荣誉授予的责任。行政表彰作为一种灵活的管理社会的方式被行政主体广泛地使用。地方政府体育荣誉表彰系统,是各级地方行政管理部门依据国家法律法规和地方政策,对本地区为体育事业做出突出贡献的杰出人士予以表彰的制度结构。依据《中国人民共和国国家勋章和国家荣誉称号法》的规定,地方政府体育荣誉表彰系统应该涵盖6个层级,如图6-3-10所示。

行政表彰区别于传统的管制型行政行为,通常以有偿奖励引导

---

① 全国人大常委会法制工作委员会国家法室.中华人民共和国立法法释义[M].北京:法律出版社,2015:209.

行政相对人的行为方式,从而达到管理的目的[①]。地方政府对于在体育领域作出突出贡献的杰出人士,进行奖励、表彰是非常普遍的行政行为,尤其是在1994税费制改革以后,地方政府拥有更大的财政自主权,此后,无论是行政表彰的频率,还是行政表彰的力度较以往都有较大幅度的提升。但是,基于我国行政奖励立法的缺失,地方政府在行政奖励的尺度上拥有较大的自由裁量权,又基于中国传统的官本位思想的沿袭,地方政府在授予荣誉称号和物质奖励时,缺乏程序规制和统一性的行政规范,在实践中表现出一股野蛮发展的势头。"李娜被奖励"就是典型的案例之一,在某网站对此进行的调查中,6成以上的人表示"用公共财政的钱去奖励似有不妥",但也有1成多的网民认为"李娜创造历史理所应当"[②]。

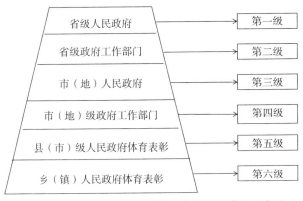

图6-3-10　地方政府体育荣誉表彰结构等级示意图

　　另外,地方政府在作出行政表彰的选择时,缺乏和上级行政部门、地方体育局的沟通,通常是单方面的行政行为。这些弊端都将是被纳入体育荣誉制度体系建构是需要慎重考虑的主要问题。中国荣誉制度是以法律文本的形式固定的,也就是通过适应社会发

① 陈榜.行政奖励的程序规制研究[D].上海:华东政法大学,2016:1.

② 参见《新华社三问湖北80万元奖李娜:合法?合情?合理?》,来源:http://sports.sina.com.cn/t/2014—01—29/21527002452.shtml,2015年12月1日访问.

展、广泛听取民意,以立法的形式确定了荣誉授予性质、授予主体和客体、授予等级等各项具体制度,"使这种制度和法律不因领导人的改变而改变,不因领导人看法和注意力的改变而改变[①]。"因此,地方政府开展系统的体育荣誉表彰工作,还需要从以下方面改革、完善(表6-3-11)。

基于当前地方政府体育荣誉表彰工作的不成熟、不完善、不系统,在体育荣誉制度法治化的实践中,应通过执法手段来实现对国家体育荣誉体系的维护。一方面,从保证制度价值、原则和制度实现的层面规范着我国体育荣誉授予活动过程中各参与主体的行为;另一方面,还是国家体育总局、地方政府、地方体育职能部门、社会体育组织和公民在体育治理过程中权力和权利的良性、合法互动关系的调节工具,以制度手段维护实现制度目标是社会主义法律体系的一个重要功能。

表6-3-11　关于规范地方政府体育荣誉表彰系统的建议

维度划分	具体措施
称号设计	设立地方最高级别的体育荣誉称号 荣誉称号能够体现体育的特殊性和地方特色 依据地方政府的行政等级设置相应级别的体育荣誉称号
规格设置	和地方体育行政机构的荣誉表彰相协调 和科技、教育、卫生等领域同等对待
规模周期	以奥运周期为依托,凸显地方特色 授奖客体不宜过多,要精而少,体现稀缺性
评选对象	本土优秀运动员、教练员,传统体育项目代表性人物 向工作在一线的体育教练员、社会体育指导员、志愿者倾斜 行政职务、业务能力、职业贡献相分离

[①] 《三中全会以来重要文献选编》(上)[M].北京:中央文献出版社,2011:23.

维度划分	具体措施
评选标准	提高评审标准,实施严格、具体、便于操作 对本地区体育事业实际贡献的大小 运动员和教练员的比赛成绩 该项目的国际推广程度 该项目的地方认可程度 避免行政人员内部消化
评选程序	以《宪法》和《称号法》的规定为依据,以国家级荣誉表彰为基准 评选流程应该公开透明 评审程序民主化,坚持以人民为中心 应基层推荐、民主评选、部门把关、媒体和群众监督的形式 推荐、评选、认定、审核、批准的程序要简明扼要,操作性强
表彰宣传	选择在重要节假日、重要场所举办隆重授予仪式 由地方领导参与、主持、颁授荣誉称号、荣誉奖章 重点宣传、推广授奖客体的精神引领价值
配套待遇	物质奖励和地方政府的财政能力相匹配 依法设置专项奖励基金
监督管理	监督评选程序 由广大人民群众监督授奖客体的道德品质和社会行为 完善地方政府的体育荣誉退出机制

6.3.7 推进非政府组织体育表彰系统建设

社会组织、新闻媒体、企业、基金会等社会系统所颁授的荣誉称号、奖章及物质奖励,在体育荣誉制度体系内承承担着重要功能。随着我国市场经济和体育社会化的发展,社会力量不断壮大,竞技体育水平日益提高,全民健身上升为国家战略后的异军突兰大奥运会以后的社会影响力逐步扩大。如今已经和行政机构形成体系,共同致力于表彰在重大体育赛事获得金牌的优秀运动员,以及在全民健身领域做出突出成绩且已形成有社会影响力的精英人士,他们的荣誉品牌的市场开发价值得到了社会更加广泛的认同。其中,群团组织在体育荣誉表彰的过程中发挥了重要作用①,霍英东基金会和曾宪梓体育基金会也成为奖励奥运会运动员的主力军②。社会体育荣誉表彰系统和行政系统有所不同,其特殊性也比较明显。具体实施流程,如图6-3-11所示。

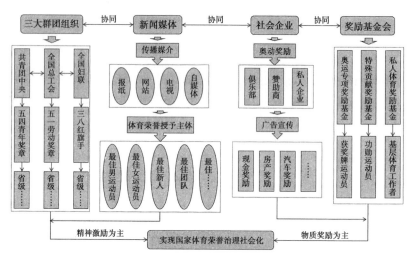

图6-3-11 社会系统体育荣誉表彰结构、要素示意图

在这里需要注意的是,社会企业表彰奥运冠军在本质上就是一种市场行为,社会表彰系统是一个开放的系统,也是一个双赢的系统。奥运冠军过得一定的物质奖励,同时,企业通过物质奖励奥运优胜选手或代表团,来扩大品牌知名度,树立了良好的社会形象。譬如,2016年里约奥运会结束后,女排名将朱婷获赠郑州某房地产开发的价值360万法式洋房一套。对此,网友们纷纷表示赞同。

---

① 注释:中华全国总工会、共青团中央、全国妇联曾多次授予奥运金牌运动员和运动队以及为体育事业做出突出贡献的个人"全国五一劳动奖章"、"五四青年奖章"、"三八红旗手"的荣誉称号。

② 李雪颖.曾宪梓体育基金会奖励伦敦奥运内地夺金选手.[N]中国体育报,2012—8—24(01).

表6-3-12　网友对朱婷获得的奥运奖励观点整理

网友	观点表述
尼****	不多,真的不多,属于女排英雄的奖励。这是正能量,相比国足那批人已经算很少了。
小**	一个为国家争光的人,就三百多万的奖励而已,不多,真的一点都不多。
又****	朱婷靠自己的努力得来的,为她骄傲,开心,凭借自己的努力改变自己的命运,改变家庭的生活水平,优质偶像,永远爱她。
吃******	这才是对运动员应有的奖励
滚**	这是她的,她通过自己的努力应得的奖励,其实不多。
城****	成绩与奖励成正比,没毛病。

可见,人们对社会系统的体育物质奖励是普遍支持的。这样一来,群团组织和新闻媒体两大社会表彰系统以精神激励为主,通过对体育英模的塑造和宣传,树立体育核心价值观,其中新闻媒体既作为体育荣誉主体,又是体育英模形象的传播介质,起到双重作用。社会企业和体育奖励基金会主要通过物质奖励来激励、弥补、奖赏在体育事业中做出突出贡献的功勋运动员、教练员和长期奋斗在体育一线的楷模。具体而言,国家体育荣誉表彰社会子系统的完善需要从以下结构和要素着手,如表6-3-13:

表6-3-13　关于完善社会系统体育荣誉表彰的建议

维度划分	具体措施
称号设计	设立世界范围广泛认可和采用的体育荣誉称号 根据不同授予主体分类设置荣誉称号 设立体育名人堂和功勋运动员博物馆
规格设置	应该符合荣誉授予客体的根本特征 对于在商业赛事获奖的运动员,避免出现国字开头的荣誉表彰
规模周期	表彰周期不固定,根据主体需要和客体需求而定 授奖客体不宜过多,要精而少,体现稀缺性 物质奖励可以采用一次性奖励和持续性支持相结合的方式

维度划分	具体措施
评选对象	根据不同的荣誉授予主体协同选择授予客体 年度最佳、奥运冠军、历史突破、功勋运动员和教练员 性别协调、个人和团体协调、竞技体育和其他领域协调
评选标准	符合国际惯例,实施严格、具体,便于操作 评选标准应根据荣誉称号的不同而多样 运动员和教练员在国家大赛上的成绩 该项目的国际推广程度 该项目的社会认可程度 该项目的市场化、职业化程度 授奖客体对体育事业贡献的大小 授奖客体的人格影响力和市场影响力
评选程序	以《宪法》和《称号法》的规定为依据 设立民众咨询平台 评审程序民主化,坚持以人民为中心 采用第三方平台推荐或网络评选两种形式 推荐、评选、认定、审核、批准的程序要简明扼要,操作性强
表彰宣传	选择在重要节假日举办隆重授予仪式 通过国内知名新司媒体运作,实现快速、广泛的共同体认同 重点宣传、推广授奖客体的精神引领价值,避免物欲至上观念的传播
配套待遇	追加评选进入体育名人堂、功勋运动员博物馆 追加推选项目宣传大使 设置专项奖励基金
监督管理	授奖客体应该发挥弘扬中华体育精神和引领社会主流价值的作用 由广大人民群众监督授奖客体的道德品质和社会行为 完善体育荣誉退出机制

综上所述,中国体育荣誉制度系统是一个复杂的网状结构。国家荣誉制度作为具有立法基础的顶层制度统领和指导国家体育荣誉制度体系的建构;行政系统和社会系统构成体育荣誉制度体系的两个主干;地方行政机构和地方体育职能部门隶属于行政系统,而

社会团体、企业和个人构成了体育荣誉制度体系的社会系统；另外，竞技体育、群众体育、体育科技、学校体育作为被授予主体的候选领域相互交叉，由此构成了国家体育荣誉制度规范的复杂系统。

7 结　　论

　　基于历史唯物主义的研究视域,一个国家或社会体育荣誉观的形成不仅和本民族的历史文化传统密切相关,更重要的是,这种结果是历史特殊性和社会实践性相互作用的集中表达。在现实生活中,体育荣誉表彰实践的社会适应性与否是决定体育荣誉观变革演进的内在依据。此外需要进一步澄清的是,坚持历史唯物主义的视域并不否定价值观念的神圣性和社会导向作用,相反却为体育荣誉观的培育和发展提供了现实素材和原因释义。以历史唯物主义为基础的方法论能够从根本上解释一个国家体育荣誉观形成的历史传统、环境条件和阶段性特征。就此而言,在一个国家、民族或地区中形成的体育荣誉价值信念指向并非是恒定不变的,而是在特定历史条件下,由体育荣誉治理实践和社会主流意识形态、治理理念相互作用的结果。

　　第一,体育荣誉观在特定场域下表现出不同向度。从治理主体的性质上来看,有国家体育荣誉观和社会体育荣誉观之分;从需求主体上看,有初级体育荣誉观、高级体育荣誉观和终极体育荣誉观之分;从内部层级上来看,又可划分为国家体育荣誉观和地方体育荣誉观。从本质上看,体育荣誉观是人类在体育运动实践中展现出来的。离开体育运动谈体育荣誉治理的时代性、目的性和主体性,会把价值问题的研究导向经院哲学。以马克思唯物史观为指导来探讨体育荣誉观的注塑方向和实现机制,不仅要从价值信念、价值理念层面做出抽象分析,还要对保障体育荣誉价值导向和实现的制度规范做出具体阐释。

第二,就体育荣誉观的内在品性而言,荣誉观的培育是体育荣誉体系建设的基本内核,对体育荣誉表彰实践具有价值导向性作用,不同时空和场域下体育荣誉观的形成由于受到各种外部环境的影响而呈现出动态差异性,只有在价值深处培育与时代发展、国家意志、民族情感、社会期盼、个体需求相吻合的体育荣誉观,才能在根源上解决体育荣誉表彰实践中出现的种种问题。"荣誉—自由化"体育荣誉观是不能够安顿整个民族的体育精神归宿的,如果想要实现客观上的荣誉自由,还需要从体育荣誉的内在本质出发,在整体上把握荣誉自由化的基本特征和实现路径,而不是在政治意志的遮蔽下大肆宣扬主观上的体育荣誉自由。"荣誉—民主化"未能最终促使个体平等的获得荣誉权利,所谓平等,只能是同一场域共同体成员平等的分享公共荣誉。不是每一位运动员都可以成功的登上最高领奖台,不是每一位获得金牌的运动员都能够得到同等的附加荣誉。在大多数时候人们也愿意接受这种不平等,这恰恰表达了是体育荣誉的内在品性,以及对他人的激励作用,倘若平摊公共荣誉,那就失去了体育荣誉的意义。"荣誉—民族化"往往以荣誉制度传统、民族精神和民族主义等非理性因素引领体育荣誉观的筑塑方向,注重国家运用法律手段对体育荣誉表彰进行统领和规约,而不是遵循荣誉法治本身的价值意蕴和基本规律,对体育荣誉终极价值的追求未能摆脱理性主义的桎梏。

第三,从体育荣誉观的注塑方向上来看,市场化、职业化和社会化发展程度的不断深入,对传统社会一元体制下个体、家庭、团队、集体价值信念的筑塑造成了巨大冲击,市场经济和举国体制双轨制背景下价值多元化的发展模式逐步形成。新时代中国体育荣誉观的培育应该坚持继续为国争光、国家荣誉至上的基本原则下，创造通向个体荣誉权利实现的多元路径。建构国家荣誉为本体的多元化荣誉观念共存格局，既是捍卫国家荣誉、激发个体荣誉感、体现人民意志的基本方略，也是新时代实现中国特色体育荣誉治理体系现代化的基本价值导向。国家荣誉制度的立法、国家政策导向和国家领导人重要讲话，为"荣誉——体多元化"体育荣誉观的培育提供了合法性基础。而体育荣誉观的培育和践行也应该符合国家主流价值取向，尤其是共同体成员的政治诉求与核心利益，准确把握国家主体价值的政治逻辑，能够为体育核心价值的培育、弘扬和传播提供稳定的制度保障。举国体制和体育运动职业化"双轨制"的发展格局，在对体育荣誉观的培育上提出了服务国家荣誉和有效防范全能政治倾向的双重任务。

　　第四，荣誉治理的路径和作用机制是依赖国家需要来建构的，表征着鲜明的历史规定性，和所处的时代背景、社会性质和治国理念紧密联系。(1)坚持依法治理的实质就是对体育荣誉表彰法治、良治、善治的价值向往和对治理规则的遵循，是国家体育激励机制、体育荣誉体系现代化发展的必然趋势。市场经济和中国职业体育发展所带来的体育体制双轨制和体育治理理念的变迁，在不断满足不同个体、团队、集体多样化荣誉供给和需求的同时，也使得我国体育荣誉治理实践逐步形成了和现代体育荣誉治理理念相适应的正义、平等、法治等价值观念。(2)共同体荣誉权的行使和获得要遵循国家荣誉权力和个体荣誉权利的平衡原则，保持一定的界限。个体荣誉权利背后隐藏着国家荣誉权力，这就为我们把握两者之间的关系提供了新的维度，也是我们处理运动员荣誉、俱乐部荣誉和国家荣誉关系之关键。(3)落实政府有限权力的关键在于探寻有效的方式、方法，政府有限权力必须是荣誉立法和国家荣誉制度所规定的体育荣誉治理权力,前者赋予人民参与荣誉权力立法,其实质是人民规定政府的体育荣誉治理权力,后者把政府权力装进了制度的笼子,规定了政府体育荣誉治理权力的实施范围、界限和时限。(4)在当前多元体育荣誉供给主体共存、荣誉客体价值信念目标指向多样化的背景下,国家治理需要树立在有限场域内依法治理的新理念,而不是由国家管理代替社会组织的自治,更不是对各种形式、各个环节具体荣誉表彰工作的管控。(5)坚持由国家主导、各荣誉授予主体协同配合的治理理念,能够在更大程度上激发多元主体参与荣誉表彰的积极性,不同性质的荣誉授予主体有其特殊的运行机制,协同治理更有利于发挥各自优势,从而更加合理、充分的配置体育荣誉资源。

第五,体育荣誉制度的建构要以国家荣誉制度为母体,树立国家荣誉观;要推进体育荣誉制度立法,加强程序规制;要明确政府权力边界,体现以人民为中心的根本宗旨;同时体育荣誉制度体系的建设还要适应市场化、职业化和社会化的要求,符合现代体育运动发展规律,体现个体荣誉权利,与国际接轨,建构多部门协同、多元主体参与的央地一体化制度系统。(1)国家体育荣誉制度的建构既要遵循核心层面的价值逻辑,也要遵循制度建设的一般逻辑,还必然遵循着制度规范的学理逻辑。(2)在运作内容上,体育荣誉的稀缺性是保障体育荣誉制度有效运作的内容前提,体育荣誉的特殊性则是体育荣誉制度独立存在的的立根之本。在运作方式上,体育荣誉表彰的评选程序和评选结果,要能够体现荣誉评选部门的权威性和公信力。(3)中国体育荣誉制度的建构应该以国家荣誉制度为依据,其层级设置包括国家体育荣誉称号授予系统、体育行政表彰系统、(省、市、县)地方行政表彰系统和非政府组织体育表彰系统四个子系统,这四个字系统都是成立在国家荣誉制度基础之上的,各子系统既对各自领域发挥作用,又相辅相成,维护国家体育荣誉制度的动态平衡,推动中国体育事业的发展进步。(4)国家级体育荣誉称号的设立应该以《宪法》和《中华人民共和国国家勋章和国家荣誉称号法》为依据,能够体现国家对体育事业的重视,能够极大地激励从事体育事业的工作者努力拼搏,能够引领国家体育荣誉体系步入现代化的阶段。(5)体育行政系统所实施的体育荣誉表彰有其自身的规律和特点,具体的实施流程应遵循由总局到地方的层级指导,以及由地方到总局的层级推荐双向规律。(6)当前地方政府体育荣誉表彰工作的不成熟、不完善、不系统,在体育荣誉制度法治化的实践中,应通过执法手段来实现对国家体育荣誉体系的维护,从保证制度价值、原则和制度实现的层面规范我国体育荣誉授予活动过程中各参与主体的行为。(7)非政府组织体育表彰的社会影响力逐步扩大,社会组织、新闻媒体、企业、基金会等社会系统所颁授的荣誉称号、奖章及物质奖励,在体育荣誉制度体系内承承担着重要功能。

第六,新时代中国体育荣誉观的培育,要使个体有奉献精神,避免极端个人主义体育荣誉观的出现,始终把国家荣誉、集体荣誉放在首要位置,在维护国家、民族、集体荣誉的过程中实现个体荣誉。运动员个体荣誉的价值还表现在对所从事运动项目的推动作用上,也可以通过在整个国家荣誉体系中所具有的特殊性来衡量、评价。"荣誉——一体多元化"体育荣誉观,以国家荣誉为本体的多元荣誉观念共存格局为培育目标;强调荣誉法治、国家荣誉和个体荣誉的平衡、政府有限权力、国家有限治域和主体协同互动的治理理念;建设面向全社会开放的体育荣誉制度体系,创新体育荣誉表彰的主体协同和多样化荣誉表彰的模式建构,充分调动新闻媒体、社会组织、地方政府、企业和个人参与体育荣誉表彰工作的积极性。同时,综合评估各级各类体育荣誉表彰实践的合法性、合理性和有效性,统筹体育荣誉资源的全局配置,设立荣誉治理协同机制和荣誉退出机制,平衡不同体育荣誉需求主体的价值取向,真正实现以国家荣誉为本体,多元荣誉价值观念并存的治理格局。

参考文献

中文文献：

[1][英]阿克顿.自由的历史[M].王天成等译.贵阳:贵州人民出版社,2001

[2]张铭.政治价值体系建构:理论、历史与方法[M].北京:社会科学文献出版社,2012

[3]俞可平.走向善治[M].北京:中国文史出版社,2016

[4]李适时.关于《中华人民共和国国家荣誉勋章和国家荣誉称号法(草案)》的说明[M].北京:法津出版社,2016

[5][美]克利福德·格尔茨.文化的解释[M].韩莉译.南京:译林出版社,2008

[6]姚东旻.荣誉/地位的最优分配:组织中的非物质激励[M].北京:中国人民大学出版社,2015

[7]张树华,潘晨光等.中外功勋荣誉制度[M].中国社会科学出版社,2011

[8][英]斯蒂芬·霍尔盖特.黑格尔导论:自由/真理与历史[M].丁三东译.北京:商务印书馆,2013

[9][德]吕迪格尔·布伯纳.城邦与国家——政治哲学纲要[M].高桦译.北京:人民出版社,2019

[10]C.S.路易斯.荣耀之重:暨其他演讲[M].邓军海译.上海:华东师范大学出版社,2015

[11][德]黑格尔.黑格尔历史哲学[M].潘高峰译.北京:九州出版社,2016

[12]格雷厄姆·格林.权力与荣耀[M].傅惟慈译.上海:上海译文出版社,

2018

[13][美]威廉·曼彻斯特.光荣与梦想(第一册)[M].四川外国语大学翻译学院翻译组译.北京:中信出版社,2015

[14]塞缪尔·斯迈尔斯.品格的力量[M].文轩译.北京:中国书籍出版社,2017

[15][美]约翰·罗尔斯.正义论[M].何怀宏等译.北京:中国社会科学出版社,2001

[16]熊晓正,陈剑.奥林匹克大全[M].北京:中国文史出版社,2008

[17]约翰·V·康菲尔德.20世纪意义、知识和价值哲学[M].江怡等译.北京:中国人民大学出版社,2016

[18][德]文德尔班.文德尔班哲学导论[M].施旋译.北京:北京联合出版公司,2016

[19][美]奎迈·安东尼·阿皮亚.荣誉法则:道德革命是如何发生的[M].北京:中央编译出版社,2011

[20]孙关宏,胡雨春.政治学[M].上海:复旦大学出版社,2005

[21]萧前,李秀林,汪永祥.历史唯物主义原理[M].北京:北京师范大学出版社,2012

[22]吴洲.规范演化论[M].北京:商务印书馆,2018

[23][美]迈尔.进化是什么[M].由洺译.上海:上海科学技术出版社,2003

[24][英]道金斯.自私的基因[M].卢允中等译,长春:林人民出版社,1998

[25][英]哈耶克.致命的自负[M].冯克利译,北京:中国社会科学出版社,2000

[26][英]狄肯斯.社会达尔文主义—将进化思想和社会理论联系起来[M].涂骏译,长春:吉林人民出版社,2005

[27]李泽厚.中国现代思想史论[M].天津:天津社会科学院出版社,2003

[28]列宁.苏维埃政权的当前任务[M].杨春华译.列宁论报刊与新闻写作.北京:新华出社,1990

[29]塞缪尔·亨廷顿.变化社会的政治秩序[M].王冠华等译.上海:上海人民出版社,2008

[30]关信平.社会政策概论[M].北京:高等教育出版社,2004

[31]中华人民共和国国家勋章和国家荣誉法[M].北京:中国法制出版社,2016

[32][法]卢梭.社会契约论[M].何兆武译.北京:商务印书馆,2013

[33][英]齐格蒙特·鲍曼.共同体[M].欧阳景根译.南京:江苏人民出版社,2003

[34]王利明.民商法研究[M].北京:法律出版社,2001

[35]余军.个人自由与人性尊严[M].北京:法哲学与法社会学论丛,2009

[36][英]奥克肖特.政治中的理性主义[M].张汝伦译.上海:上海译文出版社,2003

[37][法]托克维尔.旧制度与大革命[M].冯棠译.北京:商务印书馆,1992

[38][美]阿尔蒙德.公民文化五个国家的政治态度和民主制[M].徐湘林等译.北京:东方出版社,2008

[39]张铭.政治价值体系建构:理论/历史与方法[M].北京:社会科学文献出版社,2012

[40]蒋俊杰.国家治理体系与能力现代化视野下的社会冲突研究[M].上海:同济大学出版社,2015

[41][德]黑格尔.精神现象学[M].贺麟,王玖兴译.上海:上海人民出版社,1979

[42][法]柯蕾.公众参与和社会治理[M].李华译.北京:中国大百科全书出版社,2018

[43]张铭.政治价值体系建构:理论/历史与方法[M].北京:社会科学文献出版社,2012

[44]俞可平.论国家治理现代化[M].北京:社会科学文献出版社,2015

[45][美]布莱克.现代化的动力———个比较史的研究[M].景跃进等译.杭州:浙江人民出版社,1989

[46][英]海耶克.致命的自负[M].冯克利等译.北京:中国社会科学出版社,2000

[47][美]香农·布兰顿,查尔斯·凯格利.世界政治:趋势与变革[M].夏维勇

译.北京:北京大学出版社,2019

[48][美]沃特金斯.西方政治传统—现代自由主义发展研究[M].黄辉译.长春:吉林人民出版社,2001

[49][英]霍布豪斯.自由主义阅[M].朱曾仪译.北京:商务印书馆,1996

[50]申建林.自然法理论的演进:西方主流人权观探源[M].北京:社会科学文献出版社,2005

[51][英]艾伦.法律、自由与正义——英国宪政的法律基础[M].成协中,江菁译.北京:法律出版社,2006

[52][美]莎仑·R·克劳斯.自由主义与荣誉[M].南京:译林出版社,2015

[53][英]大卫·休谟.英国史:Ⅵ:克伦威尔到光荣革命[M].刘仲敬译.长春:吉林出版集团有限责任司,2013

[54][英]G.M.屈威廉.英国革命:1688—1689[M].宋晓东译.北京:商务印馆,2017

[55][英]博克尔.英国文化史[M].胡肇椿译.上海:上海古籍出版社,2018

[56][美]拉塞尔·柯克.保守主义思想[M].张大军译.南京:江苏凤凰文艺出版社,2019

[57][英]白哲特.英国宪制[M].李国庆译.北京:北京大学出版社,2005

[58][法]热拉尔·迪梅尼尔,多米尼克·莱维.新自由主义的危机[M].北京:商务印书馆2015

[59][美]郝岚.政治哲学的悖论[M].戚仁译.北京:华夏出版社,2012

[60][英]阎照祥.英国政治制度史[M].北京:人民出版社,2018

[61][英]洛克.论宗教宽容:致友人的一封信[M].吴云贵译.北京:商务印书馆,1982

[62][英]格雷.自由主义的两张面孔[M].顾爱彬等译.南京:江苏人民出社,2002

[63][英]迈克尔·弗里登.英国进步主义思想[M].曾一璇译.北京:商务印书馆,2018

[64]李栋.英国法治的道路与经验[M].北京:中国社会科学出版社,2014

[65][英]威廉·格尔达特.英国法导论[M].张笑牧译.北京:中国政法大学出

版社,2013

[66]俞可平.论国家治理现代化[M].北京:社会科学文献出版社,2015

[67]赵波.奥克肖特的公民联合体理论研究[M].北京:中国传媒大学出版社,2011

[68]牛笑风.自由主义的英国源流[M].长春:吉林大学出版社,2008

[69][英]约翰·密尔.论自由[M].许宝骙译.北京:商务印书馆,1998

[70]孙骁骥.英国议会往事:议会不是一天开成的[M].北京:中国法制出版社,2011

[71][英]奈杰尔·福尔曼,尼古拉斯·鲍德温.英国政治通论[M].苏淑民译.北京:中国社会科学出版社,2015

[72][美]雪莱.基督教会史[M].刘平译.北京:北京大学出版社,2004

[73][美]弗朗西斯·奥克利.自然法、自然法则、自然权利:观念史中的连续与中断[M].王涛译.北京:商务印书馆,2015

[74][英]依迪丝·汉密尔顿.国家荣誉[M].葛海滨译.北京:华夏出版社,2014

[75][英]昆廷·斯金纳.霍布斯与共和主义自由[M].管可秾译.上海:上海三联书店,2011

[76][英]波考克.马基雅维利时刻:弗洛伦萨政治思想和大西洋共和主义传统[M].冯克利译.南京:译林出版社,2013

[77][德]沃尔夫冈·贝林格.运动通史:从古希腊罗马到21世纪[M].丁娜译.北京:北京大学出版社,2015

[78]许洁明.十七世纪的英国社会[M].北京:中国社会科学出版社,2004

[79]王觉非.近代英国史[M].南京:南京大学出版社,1996

[80][法]托克维尔.旧制度与大革命[M].冯棠译.北京:商务印书馆,1992

[81][法]基佐,一六四零年英国革命史[M].武光建译.北京:商务印书馆,1985

[82]刘成.英国从称霸世界到回归欧洲[M].西安:三秦出版社,2005

[83][德]马克思.马克思恩格斯全集(第五卷)[M].北京:人民出版社,1965

[84]高毅.法兰西风格大革命的政治文化[M].杭州:浙江人民出版社,1991

[85] [法]卢梭.社会契约论[M].何兆武译.北京:商务印书馆,1980

[86] [苏]沃尔金.十八世纪法国社会思想的发展[M].杨穆等译.北京:商务印书馆,1983

[87] [法]瑟诺博斯.法国史第2版[M].沈炼之译.北京:商务印书馆,1972

[88] 朱学勤.道德理想国的覆灭[M].上海:三联书店,1994

[89] [以]塔尔蒙.极权主义民主的起源[M].孙传钊译.长春:吉林人民出版社,2004

[90] [爱尔兰]凯利.西方法律思想史[M].王笑红译.北京:法律出版社,2002

[91] [英]鲍桑葵.关于国家的哲学理论[M].汪椒钧译.北京:商务印书馆,1995

[92] [美]科基.理念人———一项社会学的考察[M].北京:中央编译出版社,2001

[93] [法]罗伯斯庇尔.荣誉法制和审判[M].赵涵舆译.北京:商务印书馆,1965

[94] [法]西耶斯.论特权第三等级是什么[M].冯棠译.北京:商务印书馆,1990

[95] [美]邓恩.姊妹革命:美国革命与法国革命启示录[M].杨小刚译.上海:上海文化出版社,2003

[96] [法]瓦尔特.罗伯斯庇尔传[M].姜靖藩等译.北京:商务印书馆,1983

[97] [日]彬原泰雄.现代的历史—比较宪法学新论[M].吕艇译.北京:社会科学文献出版社,2000

[98] 刘军宁.从法治国到法治[M].北京:三联出版社,1997

[99] [法]贡斯当.古代人的自由与现代人的自由[M].阎克文等译.上海:上海世纪出版集团,2005

[100] 葛力.十八世纪法国哲学[M].北京:社会科学文献出版社,1990

[101] [法]卢梭.爱弥儿(上)[M].李平沤译.北京:商务印书馆,1978

[102] 刘昌武.国家荣誉制度建构研究[D].长沙:湖南大学,2009

[103] 杨立国,钟秉枢.校园足球圆梦法兰西[M].北京:人民体育出版社,2016

[104][英]霍布斯鲍姆.革命的年代[M].王章辉等译.南京:江苏人民出版社,1999

[105][法]马迪厄.法国革命史[M].杨人楩译.北京:三联书店,1958

[106][意]拉吉罗.欧洲自由主义[M].杨军译.长春:吉林人民出版社,2001

[107][法]弗朗斯瓦·魁奈.中华帝国的制度[M].北京:商务印书馆,1992

[108][苏]沃尔金.十八世纪法国社会思想的发展[M].杨穆等译.北京:商务印书馆,1983

[109][法]勒庞.革命心理学[M].佟德志等译.长春:吉林人民出版社,2004

[110][法]索布尔.法国大革命史[M].马胜利等译.北京:中国社会科学,1989

[111][德]马克思.资本论第一卷[M].北京:人民出版社,1972

[112][法]托克维尔.旧制度与大革命[M]冯棠译.北京:商务印书馆,1992

[113][美]汤普逊.中世纪晚期欧洲经济社会史[M].徐家玲等译.北京:商务印书馆,1990

[114][法]基佐.欧洲文明史:自罗马帝国败落起到法国革命[M].程洪逵等译.北京:商务印书馆,2005

[115][法]乔治·杜比,罗贝尔·芒德鲁.法国文明史[M].傅先俊译.上海:东方出版中心,2019

[116]王联.世界民族主义论[M].北京:北京大学出版社,2002

[117][美]平森.德国近现代史:它的历史和文化[M].范德一译.北京:商务印书馆,1987

[118][德]卑斯麦.思考与回忆:卑斯麦回忆录[M].山西大学外语系《思考与回忆》翻译组译.北京:东方出版社,1997

[119]康德.三大批判合集(上/下)[M].邓晓芒译.北京:人民出版社,2017

[120][德]梅尼克.世界主义与民族国家[M].孟钟捷译.上海:三联书店,2007

[121][德]卡西尔.国家的神话[M].范进等译.北京:华夏出版社,1999

[122]丁建弘等.德国文化普鲁士精神和文化[M].上海:海社会科学出版社,2003

[123]邢来顺.德国精神[M].武汉:长江文艺出版社,1998

[124]徐建.近代普鲁士官僚制度研究[M].北京:北京大学出版社,2005

[125]陈新民.德国公法学基础理论[M].济南:山东人民出版社,2001

[126]李宏图.西欧近代民族主义思潮研究:从启蒙运动到拿破仑时代[M].上海:上海社会科学院出版社,1997

[127][英]古奇.十九世纪历史学与历史学家(上册)[M].耿淡如译.北京:商务印书馆,1989

[128][法]德拉诺瓦.民族与民族主义[M].郑文彬译.北京:三联出版社,2005

[129]何勤华.西方宪法史[M].北京:北京大学出版社,2006

[130][美]海斯.近代欧洲政治社会史(上卷)[M].曹绍濂译.郑州:河南人民出版社,2016

[131]邢来顺,吴友达.德国通史(第一卷)[M].南京:江苏人民出版社,2019

[132]李哲罕.走出"非政治的"文化——对近现代德国政治思想的一种政治哲学考察[M].北京:社会科学文献出版社,2016

[133]恩格斯.路德维希·费尔巴哈和德国古典哲学的终结[M].北京:人民出版社,2018

[134][普鲁士]李斯特.政治经济学的国民体系[M].陈万煦译.北京:商务印书馆,1961

[135]马克思,恩格斯.德意志意识形态[M].北京:人民出版社,2019

[136][德]乌尔夫·迪尔迈尔.德意志史[M].孟钟捷等译.北京:商务印书馆,2018

[137]米夏埃尔·施蒂默尔.德意志帝国:一段寻找自我的国家历史[M].李超译.北京:中信出版社,2017

[138][德]弗里德里希·席勒.三十年战争史[M].北京:商务印书馆,2010

[139][美]基辛格.大外交[M].顾淑馨等译.海口:海南出版社,1998

[140]郭少棠.自由与权力:德国现代化新论[M].上海:华东师范大学出版社,2000

[141][美]伊格尔斯.德国的历史观[M].彭刚等译.南京译林出版社,2006

[142][英]尼尔·麦格雷戈.德国:一个国家的记忆[M].博望译.重庆:重庆大学出版社,2019

[143][美]格林菲尔德.资本主义精神民族主义与经济增长[M],张京生等译.上海:上海人民出版社,2004

[144][法]德拉诺瓦.民族与民族主义[M].郑文彬等译.北京:三联出版社,2005

[145][美]帕尔默.近现代世界史(上)[M].孙福生等译.北京:商务印书馆,1988

[146]苏肄海.战争的逻辑:从普鲁士崛起到两次世界大战[M].北京:新华出版社,2016

[147][美]艾尔菲·科恩.奖励的恶果[M].冯杨译.太原:山西人民出版社,2016

[148]黄仁宇.资本主义与二十一世纪[M].北京:三联书店,1997

[149][英]奥克肖特.政治中的理性主义[M].张汝伦译.上海:上海译文出版社,2003

[150][美]埃德蒙·福赛特.自由主义传[M].杨涛斌译.北京:北京大学出版社,2018

[151][美]库利.国家的神话[M].包凡一,王湲译.北京:华夏出版社,2015

[152][美]约翰·杜威.民主主义与教育[M].魏莉译.武汉:长江文艺出版社,2018

[153][英]索利.英国哲学史[M].段德智译.济南:山东人民出版社,1993

[154]陈修斋.欧洲哲学史上的经验主义和理性主义[M].北京:人民出版社,2007

[155][英]哈耶克.致命的自负[M].冯克利译.北京:中国社会科学出版社,2000

[156][英]牛顿,[美]塞耶编.牛顿自然哲学著作选[M].王福山等译.上海:上海人民出版社,1974

[157][加]埃伦·梅克辛斯·伍德.西方政治思想的社会史:自由与财产[M].南京:译林出版社,2019

[158][以色列]尤瓦尔·赫拉利.人类简史[M].林俊宏译.北京:中信出版社 2014

[159]刘亚斌.文化霸权论的变异学研究[M].北京:中国社会科学出版社, 2016

[160][英]伯克.法国革命论[M].何兆武译.北京:商务印书馆,1998

[161][美]塞缪尔·亨廷顿.文明的冲突[M].周琪译.北京:新华出版社,2017

[162][法]欧内斯特·勒南.法兰西知识和道德改革[M].黄可以译.深圳:海天出版社,2018

[163][英]博克尔.英国文化史[M].胡肇椿译.上海:上海古籍出版社,2018

[164][加]泰勒.关于人权非强制性共识的条件[M].刘擎译.南京:江苏人民出版社,2004.

[165][英]汤因比.历史研究(上)[M].曹末风译.上海:上海人民出版社,1986

[166][美]哈定.文化与进化[M].韩建军等译.杭州浙江人民出版社,1987

[167]董正华.世界现代化进程十五讲[M].北京:北京大学出版社,2009

[168][英]欧克肖特.政治中的理性主义[M].张汝伦译.上海:上海译文出版社,2003

[169][美]维特.从圣礼到契约:西方传统中的婚姻/宗教与法律[M].钟瑞华译.2014

[170]费西金.瓶颈:新的机会平等理论[M].徐曦白译.北京:社会科学文献出版社,2015

[171][加]泰勒.承认的政治[M].董之林,陈燕谷译.上海:三联书店,2005

[172]姚东旻.荣誉/地位的最优分配:组织中的非物质激励[M].北京:中国人民大学出版社,2015

[173]陈端洪.宪治和主权[M].北京:法律出版社,2007

[174]中共中央编译局.马克思恩格斯选集(第4卷)[M],北京:人民出版社,2013

[175]米歇尔·福柯.生命政治的诞生[M].上海:上海人民出版社,2011

[176]埃莉诺·奥斯特罗姆.公共事物的治理之道:集体行动制度的演讲[M].余逊达,陈旭东译.上海:上海译文出版社,2012

[177][美]罗尔斯.政治自由主义[M].万俊人译.南京:译林出版社,2000

[178][德]伽达默尔.诠释学:真理与方法[M].洪汉鼎译.上海:商务印书馆 2013

[179][美]斯坦利·米尔格拉姆.对权威的服从:一次逼近人性真相的心理学实验[M].赵萍萍,王利群译,北京:新华出版社,2013

[180]郭于华.仪式与社会变迁[M].北京:社会科学文献出版社,2000

[181][美]大卫·科泽.仪式/政治与权力[M].王海洲译.南京:江苏人民出版社2015

[182]《三中全会以来重要文献选编》(上)[M].北京:中央文献出版社,2011

[183][美]埃尔菲·艾恩.奖励的惩罚[M].程寅,艾斐译.上海:三联书店,2006

[184][美]艾尔菲·科恩.奖励的恶果[M].冯杨译.太原:山西人民出版社,2016

[185]张新,凡红,郭红卫等.英国体育史[M].北京:人民体育出版社,2019

[186][英]马丁·爱德华兹.血色荣光[M].苏东译.南京:江苏凤凰文艺出版社,2018

[187]朱晓雨.贝影:贝克汉姆传[M].北京:中国城市出版社,2014

[188][英]安迪·穆雷.温网荣耀[M].易伊译.北京:新世界出版社,2015

[189]乔治·维加埃罗.身体的历史(第三卷)[M].杨剑译.上海:华东师范大学出版社,2014

[190][法]查理—桑松·费雷.运动与荣耀[M].巴黎:阿尔康出版社,1987

[191]查理·泰勒.自我的起源:现代荣誉的制造[M].坎布里奇:哈佛大学出版社,1989

[192][法]帕特里克·阿米约.荣誉勋章:历史/传统/收藏[M].巴黎:拉鲁斯出版社,1995

[193][德]特亚·多恩,里夏德·瓦格纳.德意志之魂[M].丁娜译.北京:社会科学文献出版社,2015

[194][法]乔治·德尼.运动与运动社会百科全书[M].巴黎:阿尔多出版社,1946

[195] [法]让·索沙尼.被强拉的荣誉、热情与放弃[M].巴黎:法国大学出版社,2003

[196] 潘华,郝勤.德国体育史[M].北京:人民体育出版社,2019

[197] 刘波.德国体育研究[M].北京:北京体育大学出版社,2012

[198] [德]吕迪格尔·萨弗兰斯基.荣耀与丑闻[M].卫茂平译.上海:上海人民出版社,2014

[199] 潘华.德国大众体育[M].北京:人民体育出版社,2011

[200] 埃里克·霍布斯鲍姆,特伦斯·兰杰.荣誉传统[M].顾杭,庞冠群译.南京:译林出版社,2020

[201] 白娇健.完善国家科技荣誉制度的研究[D].徐州:中国矿业大学,2015

[202] 李晒晒.中国竞技体育奖励制度研究[D].上海:上海体育学院,2010

[203] 陈榜.行政奖励的程序规制研究[D].上海:华东政法大学,2016

[204] 张树华,祝伟伟,贺慧玲.德俄法国家荣誉制度的法律规定[R].北京:中国人才发展报告,2013

[205] 中共中央国务院印发《国家中长期人才发展规划纲要(2010—2020年)》[N].人民日报,2016—6—7(02)

[206] 我国确立中国特色功勋荣誉表彰制度体系[N].人民日报,2017—7—28(01)

[207] 李劭强.奥运冠军该怎样奖励?[N].广州日报.2012—8—2(F02)

[208] 辛声.奥运让球好比田忌赛马[N].法制日报,2012—08—02(007)

[209] 春花.法国颁发新一届荣誉军团勋章:捧得大力神杯的23名国足获勋[N].欧洲时报,2019—1—3(03).

[210] 中共中央批准实施党内/国家/军队功勋荣誉表彰条例 我国确立中国特色功勋荣誉表彰制度体系[N].人民日报,2017—17—28(001)

[211] 习近平.决胜全面建成小康社会 夺取新时代中国特色社会主义伟大胜利——在中国共产党第十九次全国代表大会上的报告[N].人民日报,2017—10—28(1—5)

[212] 李雪颖.曾宪梓体育基金会奖励伦敦奥运内地夺金选手.[N]中国体育报,2012—8—24(01)

[213]申来津,邹译萱.以人民为中心:建构服务型政府的核心价值取向[J].社会主义研究,2018,31(6):97—101

[214]陈玉忠.论当代中国体育核心价值——兼论社会主义核心价值体系在体育领域的具体化[J].上海体育学院学报,2013,37(1):44—48

[215]郭根.国家荣誉制度建设的时代诉求、逻辑遵循与实践超越[J].学术论坛,2017,42(5):160—165

[216]黄月琴,何强.奖与罚:新闻奖的荣誉域及其荣誉实践[J].国际新闻界,2017,57(5):63—84

[217]黄月琴.象征资源"褶皱"与"游牧"的新闻专业主义:一种德勒兹主义的进路[J].国际新闻界,2015,55(7):53—71

[218]韩志明,史瑞杰.国家荣誉的社会认知——基于问卷调查数据的实证分析[J].中国行政管理,2015(10):64—68

[219]汪家焰,钱再见.全球公共政策的协商民主逻辑及其实现路径[J].探索,2019,35(1):70—78

[220]易剑东,李海燕.当代中国体育奖励体系的形成与发展[J].山东体育学院学报,1996,12(4):1—7

[221]卢志成,郭惠平,李斌琴.我国体育行政奖励体系架构与运行解析[J].体育学刊,2010(3):24—28

[222]张忠秋.对我国高水平运动员实施奖励状况探讨[J]体育科学,1999(3):1—5

[223]张三梅.国外奥运奖励政策分析[J].体育世界,2008(7):28—30

[224]蔡端伟,吴贻刚.教练员领导行为/激励氛围与运动员激励内化:来自全国361°排球锦标赛球队的实证分析[J].天津体育学院学报,2014(2):142—146

[225]凌平.试论运动训练中的系统激励方法[J].体育与科学,1987(2):25—27

[226]刘玉.奥林匹克精神的迷失与回归——物质奖励利弊谈[J].体育学刊,2014(1):29—33

[227]卢志成,杜光宁.我国政府体育奖励发展历程及特征[J].体育文化导刊,2017(5):5—10

[228] 王骞,甘露莹,汪婧.基于博弈论的体育行政奖励机制失衡现象研究[J],体育成人教育学刊,2012,28(3):33—34

[229] 俞继英,宋全征,杨再淮,等.我国竞技体育人才激励的原则与模式[J].上海体育学院学报,2005(5):46—51

[230] 张三梅.我国奥运奖励政策的现状、问题及对策研究[J].广州体育学院学报,2006(4):9—12

[231] 张忠秋.论高水平运动员的宏观激励[J].上海体育学院学报,1994(3):7—12

[232] 卢志成.我国奥运会运动员奖励制度实施研究[J].成都体育学院学报,2008(4):15—19

[233] 汪博.竞技体育奖励纠纷的法学释义及对策研究[J].体育与科学,2014(5):38—43

[234] 葛群.论地方体育立法中奖励条款的设置[J].太原理工大学学报(社会科学版),2014(3):27—30

[235] 戴木才.政治的价值基础及其维度[J].哲学动态,2005,28(8):9—13

[236] 李迎生.国家/市场与社会政策:中国社会政策发展历程的反思与前瞻[J].社会科学,2012(9):50—64

[237] 赖静萍.当代中国英模塑造现象探源[J].东南大学学报(哲学社会科学版),2011,13(5):10—16

[238] 彭怀祖.我国国家荣誉制度建设的回顾与展望[J].南通大学学报(社会科学版),2017,33(1):49—55

[239] 李迎生.转型时期的社会政策:问题与选择[J].中国人民大学出版社,2007:16—17

[240] 吴国萍,薛秀娟.前苏格拉底时代古希腊哲学中的荣誉观[J].河北北方学院学报(社会科学版),2011,27(5):53—57

[241] 本刊编辑部.评比达标表彰评估项目瘦身[J].中国人力资源社会保障,2013(10):28—30

[242] 张树华,潘晨光,祝伟伟.关于中国建立国家功勋荣誉制度的思考[J].政治学研究,2010(3):39—43

[243] 王理万.国家荣誉制度及其宪法建构[J].现代法学,2015(4):77—87

[244] 阮泪君.荣誉称号的困境与法律规制[J].广东社会科学,2018(5): 246—253

[245] 余军.生育自由的保障与规制——美国与德国宪法对中国的启示[J]. 武汉大学学报(哲学社会科学版),2016,87(5):110—117

[246] 李友根.法律奖励论[J].法学研究,1995,42(4):3—9

[247] 徐永泉,陈小惠.这起体育竞赛纠纷案应由谁主管[J].中国律师, 1995,8(2):43

[248] 荣海涛,韦国娟.探析运动员荣誉权[J].军事体育进修学院学报, 2006,26(4):6—9

[249] 孙晓莉.西方国家政府社会治理的理念及其启示[J].社会科学研究, 2005,(2):7—11

[250] 朱安远.英国的国家荣誉制度及英国功绩勋章得主概览(中)[J].中国 市场,2015,26(44):178—185

[251] 陈洪,马瑛等.“国家在场”视角下英国竞技体育治理实践研究[J].体 育科学,2019,39(6):22—27

[252] 刘大明.论法国大革命时期的革命戏剧[J].湖南师范大学社会科学学 报,2006(3):120—124

[253] 董清.吕章申馆长获法国国家荣誉军团军官勋章[J].中国国家博物馆 馆刊,2015(12):146

[254] 钱乘旦.谈现代化过程中领导者力量的错位——以德国为例[J].南京 大学学报(社会科学版),1998,44(3):35—43

[255] 牛建华,刘峥,雷鸿.德国“荣誉法官”制度评介及其思考[J].法律适 用,2011,26(11):110—115

[256] 谭刚.国家主义视野下的竞技体育[J].体育学刊,2013,20(6):26—29

[257] 胡振旭,冯翠珍.有限权力的法治定位[J].法学研究,2000,22(1):34— 36

[258] 董颖鑫.从理想性到工具性:当代中国政治典型产生原因的多维分析 [J].浙江社会科学,2009,25(5):24—29

[259]康晓强.论习近平的群团观[J]社会主义研究,2017(1):20—26

[260]曾维和.后新公共管理时代的跨部门协同——评希克斯的整体政府理论[J].社会科学,2012(5):36—47

[261]赵浩华.国家治理视角下制度理性意蕴及其价值探寻[J].行政论坛,2018,25(5):14—18

[262]何颖,李思然.国家治理的伦理探寻[J].中国行政管理,2017,33(11):50—54

[263]顾爱华.国家治理现代化的前提与基础:政治稳定与制度创新[J].行政论坛,2016,23(3):27—31

[264]王子丽,吴赋光.公共理性与我国社会群体性事件[J].河南社会科学,2012,21(8):40—42

[265]王浦劬,赖先进.中国公共政策扩散的模式与机制分析[J].北京大学学报,2013,50(6):14—23

[266]李广德.司法荣誉制度的法理逻辑与作用机制[J].政法论坛,2018,40(1):138—150

[267]朱恒鹏,徐静婷.共享发展/共同体认同与社会保障制度构建[J].财贸经济,2016,37(10):5—15

[268]廖小东,丰凤.仪式的功能与社会变迁分析[J].湖南科技大学学报(社会科学版),2012,24(4):175—178

[269]姬会然.论宪法宣誓制度的政治内涵/价值及其完善——以现代政治仪式构建为分析视角[J].社会主义研究,2016,39(6):71—77

[270]王淑琴.政治仪式推动政治认同的内在机理——兼论政治仪式的特性[J].中共福建省委党校学报,2018,30(9):73—78

[271]孙明奇.中国特色社会主义制度自信的哲学基础及其当代价值[J].理论学刊,2018,35(6):118—123

[272]彭怀祖.我国国家荣誉制度建设的回顾与展望[J].南通大学学报.社会科学版,2017,33(1):49—55

[273]陈洪,马瑛,梁斌等."国家在场"视角下英国竞技体育治理实践研究[J].体育科学,2019,39(6):22—27

[274]刘宏亮,刘红建,沈晓莲等.英国"体育的未来"新战略:内容/评价及镜鉴[J].沈阳体育学院学报,2019,38(11):33—41.

[275]陈凯鹏,崔财周.12至17世纪英国弓箭功能的转变[J].经济社会史评论,2018:54—61＋127

[276]郑峻.民族主义视野下的德国体育术语规范化[J].体育研究与教育,2019,34(5):16—21

[277]李冬庭.本世纪英国体育战略的变化特征及其启示[C].2016年体育改革与治理研讨会论文集,2016:19—28

[278]陈高朋,缪佳.近30年国内体育表彰和奖励研究述评——基于国家荣誉制度立法背景[J].上海体育学院学报,2019,43(02):55—62.

外文文献：

[1] Francis Hutcheson, Philosophiae moralis institution compendiaria with A Short Introduction to Moral Philosophy, ed. Luigi Turco (Indianapolis: Liberty Fund, 2007). Chapter XV: Of Rights Arising Form Damage Done, and the Rights of War, Http://oll.libertyfund.org/title/2059.

[2] Joseph Hendershot Part, ed., British Prime Ministers of the Nineteenth Century: Policies and Speeches (Manchester, NH: Ayer Publishing, 1970):62.

[3] Sir Algernon West, Recollections: 1832—[188] 6 (New York &. London: Harper &. Bros., 1900):27.

[4] For Asante in the nineteenth century, See John Iliffe, Honor in African History (Cambridge: Cambridge University Press, 1990): 279.

[5] Everlyn Waugh, The Sword of Honor Trilogy (New York: Knopf, 1994): 449.

[6] Immanuel Kant, Groundwork of the Metaphysics of Marals, Cambridge Texts in the History of philosophy, ed. Mary Gregor (Cambridge: Cambridge University Press, 1997): 7

[7] James Landale, The Last Duel: A True Story of Death and Honor (Edinburgh: Canongate, 2005).

[8] Nye, Robert A. Masculinity and Male Codes of Honor in Modern France. New York: Oxford University Press, 1993.

[9] Tresham Lever, The Letters of Lady Palmerston: Selected and edited from the Originals at Broadlands and Elsewhere (London: John Murray, 1957): 118

[10] Yack, Bernard. Natural Right and Aristotle's Understanding of Justice." Political Theory, 18, no. 2 (Mary 1900): 216—237.

[11] Christopher Hibbert, Wellington: A Personal History (Reading, MA: Perseus/Harper Collins, 1999): 275.

[12] Beard, Charles. An Economic Interpretation of the Constitution of the United States. New York: Free Press, 1986.

[13] Rahe, Paul A. "Famous Founder and the Idea of Founding." In The Noblest Mind: Fame, Honor, and the American Founding, Edited by Peter McNamara. Lanham, Md.: Rowman & Littlefield, 1999.

[14] J. M. Hall, Contested Ethnieities: Perceptions of Macedonia within Evolving Definition of Greek Identity[M]. Vol. I, 168

[15] Douglass, Frederick. Frederick Douglass: Selected Speeches and Writings. Edited by Philip S. Foner. Chicago: Lawrence Hill, 1999

[16] James L. Shulman, William G. Bowen. The game of life: college sports and educational values[M]. Princeton: Princeton University Press, 2001

[17] Berger, Peter. Virtue and the Making of Modern Liberalism. Princeton: Princeton University Press, 1999.

[18] KRAUSE S.S, 2002. Liberalism with Honor[M]. NewYork: Harvard University Press.

[19] See C·L·Montesquieu, The Spirit of Laws. New York: Prometheus Books, 2002, pp. 26, 19—26, 19—26, 96.

[20] See Sharon R. Krause, Liberalism with Honor, NewYork: Harvard University Press, 2002, pp.1.

[21] See Judith Shklar, "General Will", in Philip P. Wiener (ed.), Dictionary

of the History of Ideas, Charles Scribner's Sons, 1973—1974

[22] Raws, A Theury of Justice, especially 178f., 440ff. and 544ff.; and Micheal Walzer, Spheres of Justice (New York: Basic Books, 1983), chap. 11

[23] Universal Declaration of Human Rigths, (1948) U. N. G. A. Res. 217A (Ⅲ), 3(1) U.N.GAOR Res.71, U.N.Doc. A/810(1984)

[24] Thomas Pangle, Montesquieu's Philosophy of Liberalism: A Commentary on "The Spirit of the Laws"(Chicago: University of Chicago Press, 1973), esp.56—65

[25] See Sharon R. Krause, Liberalism with Honor, New York: Harvard University Press, 2002, pp.161

[26] See Pitt—Rivers, Honor and Social Status, Chicago: University of Chicago Press, 1965, pp30.Pitt—Rivers

[27] Michael Walzer. Spheres Of Justice[M]. NewYork: Basic Books, Inc.1984,p.262

[28] Ferdinand Tonnies, Community and Society, Charles P. Loomis (trans.), New York: Harper, 1963, pp.47.

[29] See Alexis de Tocqueville, Democracy in America, James T. Schleifer (trans.), Indiana: Liberty Fund, 2010, pp.1096

[30] See Jean—Joseph Goux, Symbolic Economics: After Ma—rx and Freud, Jennifer Curtiss Gage(trans.), Cornell University Press, 1990, pp200, 202

[31] Development of the system, http://www. the duke ofyork. org/utput/Page4875o.asp,2008—12—16

[32] Hill, The Good Old Cause, The English Revolution of 1640—1660: Its Causes, Course and Consequences, London:Lawrence & Wishart,1949,pp25

[33] Ronald Hutton, The British Republic:1649—1660 Second Edition, New York:St. Martin's Press, 2000, pp78

[34] Western, Monarchy and Revolution: The English State in the 1680s, London: Blandford,1972,pp.20

[35] Gordon H.McNeil, The Cult of Rousseau and the French Revolution, Journal of the History of Ideas,Vol.6,No.2(Apr.,1945),pp.197—212

[36] Brendan Simms, The Struggle for Matery in Germany, 1779—1850, Macmillan Press LTD,1998,pp.91

[37] Willoughby, Prussian Political Philosophy, New Yor, London: D. Appleton and Company, 1918,pp.52—53

[38] Dill, Marshal, JR. Germany: A Modern History, The University of Michigan Press, 1961,pp.32.

[39] Brendan Simms, The Struggle for Matery in Germany, 1779—1850, Macmillan Press LTD,1998,pp.69

[40] Burrt, The Metaphysical Foudations of Modern Science, New York: Harcourt, Brace&Company, Inc,1925,pp.64

[41] WESTEN P. The concept of equal opportunity[J]. Ethics, 1985, 95(4): 837—850

[42] Treharne D,2016.Ten years of supporters trust ownership at exeter city AFC: An overview[J].Soccer Society,17(5):732—743

[43] A.F, Hodetts, D, et al.. Sport Participation Legacy and the Olympic Games: The Case of Sydney2000, London 2012 and Rio 2016[J].Event Management, 2017(21):139—158

[44] D.M. Keohane, O.Cronin, O.O'Sullivan, F. Shanahan, M. Molloy, Infographic. Athlete health and performance: no guts no glory, British Journal of Sports Medicine, 2020, 54(3): 233—236.

[45] V.M. Nancy, F.A.Tomas,M.S. Eduardo. Ethical Concerns in Sport: When the Will to Win Exceed the Spirit of Sport. Behavioral Sciences, 2018, 8 (9):1—18.

[46] G.J.Marcos, J.F.Reed,F.Matthew. Trading Health Risks for Glory: A Reformulation of the Goldman Dilemma. Sports Medicine. 2018, 48(8): 1963—1969.

[47] E.John A.,H.James E.,N. Oscar. Bend it like Beckham or fix them like

Florence—proportional representation of healthcare in New Year honours: an observational study. Bmj—British Medical Journal.2019,67(8):91—103.

[48] J.Grant,A.Susan.Sport for Social Justice, Capability, and the Common Good: A Position Statement in Honor of Tessa Jowell.Quest.2018,71(2):150—162.

[49] G. Victor. WASP (Write a Scientific Paper): Kleos aphthiton, eternal glory and renown, or nostos?. Early Human Development.2018,122(10):54—55.

[50] Richard Holt, Sport and the British, A Modern History[M]. Polity Press,2009:32

[51] WEISS K, HAMANN M, KINNEY, M, et al.,2012. Knowledge exchange and policy influence in a marine resource governance network. Global Environmental Change, 22(1):178—188

[52] BIDDLE S, FOSTER C,2017.Health behavior change through physical activity and sport[M].London: Routledge Handbook of Sports Development

[53] GOODWIN M, GRIX J,2011. Bringing structures back in: The'governance narrative', the 'decentred approach' and 'asymmetrical network governance' in the education and sport policy communities [J]. Public Administration, 89(2):537—556.

[54] Yan—Hua G. The Study on the Honor system in America[J]. Comparative Education Review, 2011.

[55] Bin X U, Yong—Guan D. Retrospect of views on sports honor and shame in the social transition period[J]. Journal of Physical Education, 2007.

[56] Elfman L. Black women in sport honor and inspire[J]. New York Amsterdam News, 2008.

[57] P. K. Sport &. Health Club Receives Honor.[J]. Fitness Business Pro, 2004.

[58] Sahnine M. Honor sports[J]. Soins Formation Pédagogie Encadrement Avec La Participation Du Ceec, 1999(30):suppl IV—V.

[59] Baughman W. Hall of Fame inductions honor sport's proud past[J].

Amateur Wrestling News, 2013.

网站资料:

[1] https://sports.qq.com/a/20160203/002010.htm

[2] http://iask.edu.sina.com.cn/b/8770051.html?from=related,2008—8—13

[3] http://eur.bytravel.cn/art/jxl/jxlthsrygryzdtxpmhqs/,2008—8—15

[4] Honours, http://www. the duke of york. org/output/Page4872. asp, 2008—12—16

[5] Poet Laureate of the United Kingdom [EB/OL]. http://en. Wikipedia. Org/wiki/ poet_ Laureate_ of_ the_ United_ Kingdom, 2015—08—19

[6] http://iask.edu.sina.com.cn/b/8770051.html?from=related,2008—8—13

[7] http://www.sohu.com/a/232512854_99970298

[8] https://hongkong.consulfrance.org/article3354

[9] https://tech. sina. com. cn/i/2016—05—13/doc—ifxsenvm0 390206. shtml

[10] https://sports.qq.com/a/20140818/079388.htm

[11] https://www.dongqiudi.com/archive/844471.html

[12] 环球网https://m.huanqiu.com/article/9CaKrnK2Qfi

[13] 新华社http://massports.cn/others/16524.html

[14] https://tiyu.baidu.com/news?id=3fed11eb994d9b1067d26bf7d96d116c

[15] https://sports.qq.com/a/20160827/008978.htm

[16] http://news.ifeng.com/world/3/detail_2008_07/25/1093907_0.shtml

[17] http://zqb.cyol.com/content/2007—11/08/content_1947 611.htm

[18] http://sports.sina.com.cn/t/2014—01—29/21527002452.shtml

附件1

新中国成立以来体育荣誉表彰政策颁布和实施汇总表

时　间	文　件	内　容	备　注
1955	《国务院关于批准各项运动全国最高纪录审查及奖励制度的通知》	规定了给予创造全国纪录的运动员颁发奖状和奖章	建国到文革前这一阶段的奖励是以精神奖励为主,物质奖励为辅。奖励的主体是政府,奖励的对象主要是运动员和教练员。体育科技奖励方面没有涉及,群众体育奖励也是只有在精神方面。这一时期由于受到整个社会资源匮乏的影响,奖励的物质内容不可能太丰富,而且当时一切都与政治挂钩,当时有个口号叫做"体育外交",整个体育事业就是国民心中的一个重要的精神支柱。
1956	《体育运动委员会组织简则》	十三、起草运动员、裁判员等级制条例和授予优秀运动员、裁判员和其他体育工作者光荣称号、奖章、纪念章的办法。	
1957	《国家体委关于各级运动会给奖办法的暂行规定》	奖励各级运动会各种竞赛项目的团体和集体竞赛项目的个人前3名,奖励其他项目的个人前6名。	
1959	《体育运动文件选编1949—1981》	在第一届全运会上首次向陈镜开、容国团等颁发了"体育运动荣誉奖章",它是中国体育运动的最高荣誉奖。	
1963	《体育运动文件选编1949—1981》	国家体委又在全国性比赛中设立风格奖,并给创造优异成绩的运动员一定的物质奖励。	

时 间	文 件	内 容	备 注
1966—1976		1966年开始的"文化大革命",极大地摧残了大有希望的新中国体育。体育事业陷入了空前的低潮。1970年以后的几年间,由于周恩来总理的重视,体育事业出现了短暂的转机,开展了不少国际体育交流,但随之又遭到林彪反革命集团的破坏。总之,"文革"十年是新中国体育事业黑暗的十年,体育被贬低和践踏,体育奖励几乎无从谈起,陷入空前的萧条阶段。	
1978/1	国务院《国务院关于批转国家体委省、市、自治区体委主任会议的几个问题的报告》	建立先进集体和先进体育工作者评选制度,定期召开评功授奖大会;群众体育要评选体育先进单位;修订各项运动全国最高纪录审查及奖励制度。	
1978/5/8	国家体委《关于表扬、奖励少年儿童业余体校优秀教练员的通知》《关于颁发体育运动破全国纪录奖章的通知》及《关于恢复颁发体育运动荣誉奖章的通知》	1978年国家体委举行了多次重要的表彰会:10月授予自1965年以来破世界纪录、获得世界冠军的李富荣、索南罗布、金东翔等58名运动员及1名教练员"体育运动荣誉奖章";11月向全国391名优秀业余体校教练员授奖;12月为在第8届亚运会上取得优异成绩的295名运动员、教练员记功授奖。	至此,"文革"中断的政府体育奖励得以恢复
1979	《国家体委,一九七九年全国体育工作会议纪要》	全国体育工作会议进一步提出"每届亚运会、奥运会后,根据各省、市、自治区和解放军在比赛中的成绩进行奖励"	
1979	国家体委《关于加强群体工作的意见》	提出"群众体育要建立评比制度,树立比先进找差距的社会风气。在全国范围内,除开展评选田径之乡、争创体育先进县等以外,还特别建立了综合性的群众体育评定制度。"	获奖的是地区而不是个人

续表

时　间	文　件	内　容	备　注
1979/12	《国家体委关于评定教练员技术补贴条件的补充通知》	对教练员补贴等级、补贴条件和补贴标准进行了统一和明确	
1980—1981	《国家体育委员关于表彰和奖励优秀运动员、教练员的通知》	每年评选出"全国十名最佳运动员"规定了为取得较好成绩、为国争光的运动员和教练员颁发荣誉奖章。运动员分别按体育运动荣誉奖章获得者500元、一级奖章获得者250元、二级奖章获得者150元、三级奖章获得者100元的标准发给奖金。教练员分别按500元、200元、100元、60元的标准发给奖金。	
1982	《优秀运动员奖励试行办法实施细则》《专职教练员奖励试行办法实施细则》	凡获得特等奖，一、二、三等奖的运动员，应同时获得体育运动荣誉奖章和体育运动一、二、三级奖章。运动员在奥运会赛、世界锦标赛和世界杯赛中，获世界冠军的，得特等奖。同一次比赛中，每多获一项冠军，在该项奖金基数上增加20%，但其奖励金额累计最高不得超过3000元；不同次比赛中，再次获得冠军的，再获再奖。	这一阶段，除了授予优秀运动员、教练员荣誉奖章外，开始注重了物质奖励。
1983	《中国体育年鉴1983》	国家体委(或联合教育部)开始定期、不定期地表彰一些在学校体育工作中取得突出成绩的单位或作出重要贡献的个人	

时　间	文　件	内　容	备　注
1984	国家体委、财政部、人事部联合发布《参加第23届奥运会运动员、教练员奖励的办法》	规定了奥运前八名运动员物质奖励的基数	
1984/10	《中共中央关于进一步发展体育运动的通知》	"对做出优异成绩的运动员、教练员等，要给予精神鼓励和物质奖励，其中有特殊贡献的，应予重奖。"	
1984	国家体委发出的《关于加强县体育工作的意见》	"为适应农村形势的发展，加强和改革县的体育工作，决定自1985年起，在全国范围内开展创体育先进县活动"，并同时制定了《体育先进县的标准和评选办法》及其细则，1987年又对该办法和细则做了修改。至今，已在全国范围内进行了4次评选工作，命名了388个"全国体育先进县"，对农村体育工作起到了很好的推动作用，目前，国家体委与有关方面正在对评选条件做进一步修订，以使争创体育先进县制度更好地坚持下去。	转引资料，未查到原文
1985/7/28	国家体委下发了《体育科学技术进步奖励条例》和《体育科学技术进步奖的奖励范围和评审标准实施细则试行》	对奖励的范围、申请奖励要具备的条件、奖励的等级进行了严格的规定。依据条例，同年国家体委在北京召开会议，对1982年以来的体育科技优秀成果进行了评审。"体育道德风尚奖"于1985年改成"体育精神文明奖"，逐年颁发。	自此，体育科技奖励制度得以建立和发展

时　间	文　件	内　容	备　注
1986		全国有78个县获首批"全国体育先进县"称号	
1987/2/25	国家体委《国家体委体育科学技术研究成果管理条例(暂行)》	根据《中华人民共和国科学技术进步奖励条例》的精神,国家体委设体育科学技术进步奖。每年奖励一次。对体育事业的发展和体育科学技术进步有特殊贡献的体育科技成果,由国家体委体育科学技术进步奖评审委员会推荐,经国家体委批准,可以授予特等奖,其奖金数额高于一等奖。	奖金由国家体委事业费支付
1987/4/1	国家体委《授予优秀运动员、教练员体育运动奖章的暂行办法》	对在重大国际比赛中取得优异成绩,为国家做出突出贡献的优秀教练员和运动员授予体育运动奖章的荣誉。"三·八红旗手"、"新长征突击手"、"全国人大代表"、全国和省市"十佳青年"、"劳动模范"、"优秀共青团员"等超越体育界的荣誉也大量而普遍地颁发给了体育工作者。	大众体育奖励方面的在奖励的物质方面文件没有做明确的规定,执行的标准都是各个下级单位自己研究决定,在整体奖励的力度方面远没有竞技体育的大。
1988/2/27	国家体委发布《运动员教练员奖励暂行办法》	"运动员在全国及其以上比赛中在田径、游泳的某些项目上达到当年世界水平的,获得运动水平奖"。并设置了相应的奖金数额。	
1989/9/22	国家体委发布《国家体委对在重大国际比赛中做出突出贡献单位的奖励试行办法》	该试行办法对要表彰的群体、奖励的条件、奖励的设立、奖励的类型、物质奖励的办法等做出规定。"原则规定奥运会奖励1至8名,其中金、银、铜牌给予重奖亚运会奖励1至3名,其中	

时　间	文　件	内　容	备　注
		金牌给予重奖集体项目按照该项运动员人数适当提高该奖励名额。对奥运会、亚运会上破世界纪录的项目,给予特殊奖励。"	
1989	国家体委发布了《全国省、区、市群众体育工作评定办法》	以后又几次修改并提出实施细则,同时定期进行全国群众体育工作先进单位和先进个人的评比表彰。	
1990/4/10	国家体委《关于授予"体育工作贡献章"的规定》	表彰对体育事业做出重大贡献的个人和单位。	
1990/3/12	《学校体育工作条例》	第二十六条提日"对在学校体育工作中成绩显著的单位和个人各级教育、体育行政部门或学校应当给予表彰、奖励。"	
1994	人核培发[1994] 4号《人事部关于加强对国务院工作部门授予部级荣誉称号工作管理的通知》	国务院各工作部门普遍开展了授予荣誉称号的奖励表彰工作。通过表彰先进模范人物,调动了广大职工的积极性、创造性,促进了社会主义物质文件和精神文明的建设。	
1995	人核培发[1995] 57号《人事部关于实行部级荣誉称号评审表彰计划申报制度的通知》、人事部《关于加强对国务院工作部门授予部级荣誉称号工作管理的通知》	国务院各工作部门按照通知精神,对本系统的评先表彰活动认真地进行了规范,并收到了良好的效果。为了进一步加强对部级荣誉称号评选表彰工作的宏观管理,严格控制政府工作部门的奖励表彰活动,使政府奖励表彰工作收到良好的效果,从1996年起,实行部级荣誉称号评审表彰工作计划申报审批制度。	这一时期,国家开始加强对荣誉称号、荣誉奖章的授予和管理。同年,体育法的颁布,体育奖励更加规范。

时　间	文　件	内　容	备　注
1995	《中华人民共和国体育法》	"国家对在体育事业中做出贡献的组织和个人,给予奖励。"在1996年全国体育法制工作会议之后,国家体委政策法规司将政府体育奖励规章建设纳入之后的体育立法规划中。	首次以法律形式下文
1995/6	国务院发布《全民健身计划纲要》《关于评选"95全民健身宣传周活动优秀组织奖、优秀报道奖和先进单位"的通知》	决定对在此次活动中做出显著成绩的单位和部门予以表彰和奖励,并在此后成为年度表彰和奖励。为更有效推动全民健身的开展,国家体委(国家体育总局)几乎每年均会根据全民健身发展的现实与需要增设新的奖励和表彰。	
1995	国家体委出台了《奥运争光计划纲要》	将奥运重奖政策作为实施"奥运争光计划"措施的重要内容,明确提出:"对创造优异成绩者,国家给予重奖。"首先是竞赛成绩奖励突显奥运会及奥运项目,获得奥运会冠军的运动员还会被授予较高的荣誉称号。其次是设置奥运会贡献奖(突出贡献奖、贡献奖、重大突破奖),以表彰和奖励各省、自治区、直辖市体育局,解放军、各行业体协在奥运会上取得的优异运动成绩和做出的突出贡献。第三是设置奥运科技奖励,主要有:"奥运会科学训练奖""奥运会科研攻关与科技服务奖""奥运会科技突出贡献奖"。	1995—2012年国家体委(国家体育总局)共设有29种有关全民健身的奖励和表彰奥运争光计划的出台,意味着竞技体育领域体育科技领域的荣誉奖励被重视。

时 间	文 件	内 容	备 注
1996/7/3	国家体委、人事部发布《运动员教练员奖励实施办法》	分别对运动员在各个不同级别的运动会上获得团体或个人名次、破世界或亚洲纪录等给予的奖金标准和教练员所培训的运动员获得奖励名次或创纪录的奖励标准,并对奖励的审批做出规定说明。同时这一时期,一些省市、企业和个人,还有组织对冠军的奖励也占有相当重要的比重。	为激励和运动员在奥运年争创佳绩特发布奖励办法
1999/11	国家体育总局《关于颁授"体育科技荣誉奖"和表彰体育科技先进工作者的决定》	袁伟民表示将要为部分有突出贡献的老专家授予"体育科技荣誉奖",还要对全国体育科技先进工作者进行表彰。	袁伟民副局长在1999年全国体育科技工作会议上的工作报告
2001	《2001—2010年体育改革与发展纲要》	"加大对承担重点项目任务的地方和单位的支持力度,对做出突出贡献的单位和个人予以奖励。"	
2002	中共中央、国务院《关于进一步加强和改进新时期体育工作的意见》	提出"尽快建立对优秀运动员的激励机制"	未明确激励办法和奖励依据
2006	国家体育总局《体育事业"十一五"规划》	"充分发挥管理人员、教练、医务人员等各方面的积极性和创造性","完善竞技体育的综合评价、奖励机制","围绕国家竞技体育的发展目标,改革和完善以奥运会为最高层次的各类比赛的奖励政策和办法"。	体育奖励制度逐步完善阶段

时　间	文　件	内　容	备　注
2009	《全民健身条例》	"对在发展全民健身事业中做出突出贡献的组织和个人,按照国家有关规定给予表彰、奖励"。并对体育事业做出突出贡献的单位和个人颁发荣誉奖章。	全民健身领域的荣誉奖励被提上条例
2011	国家体育总局网站	为表彰李娜为我国网球运动所作出的突出贡献,经国家体育总局直属机关工会申报,中华全国总工会决定授予李娜全国五一劳动奖章。	
2011	体竞字[2011] 259号《关于授予2011年度优秀运动员和教练员体育运动荣誉奖章的决定》	为表彰2011年度取得优异成绩的运动员和教练员,根据《授予优秀运动员、教练员体育运动奖章的暂行办法》,现决定授予叶诗文等199名运动员、刘海涛等118名教练员体育运动荣誉奖章。	体育领域最高荣誉的授予主体的权威性质疑
2012/8/15	《中华全国总工会关于授予在第30届奥林匹克运动会上获得金牌的运动队和运动员全国五一劳动奖状、奖章的决定》	为表彰我国体育健儿在第30届奥林匹克运动会上取得的优异成绩,中华全国总工会决定授予获得金牌的中国男子体操队等4个运动队全国五一劳动奖状,授予获得金牌的易思玲等32名运动员全国五一劳动奖章。	2012年伦敦奥运会结束后,中华全国总工会、共青团中央和国家体育总局作为荣誉授予主体分别授予优秀运动员和运动队荣誉奖章。
2012/8/18	中国青年报	为表彰我国青年运动员在伦敦奥运会上的突出贡献,共青团中央、全国青联决定,授予获得团体金牌的4个青年集体"中国青年五四奖章集体",授予28名运动员"中国青年五四奖章"。	

时　间	文　件	内　容	备　注
2012/8/19	《国家体育总局关于授予在第三十届奥运会上取得优异成绩运动员体育运动奖章的决定》	根据《授予优秀运动员、教练员体育运动奖章的暂行办法》，决定授予在本届奥运会上获得金牌、创造世界纪录的易思玲等49名运动员体育运动荣誉奖章，授予获得银、铜牌的喻丹等54名运动员体育运动一级奖章。	
2013/5/27	《体育总局关于开展 2009—2012 年度全国群众体育先进单位和先进个人评选表彰工作的通知》	国家体育总局按照"大群体"工作格局的要求，整合优化了以往的群众体育各单项业务工作表彰项目，将其统一纳入到4年一周期的"全国群众体育先进单位和先进个人评选表彰"中，以使这一群众体育领域最高规格的表彰成为推动各项群体业务工作发展的有效机制。	
2013/5/3	国家体育总局网站	共青团中央、全国青联决定，授予马剑霞等27名同志第十七届"中国青年五四奖章"，湖北省体育局网球运动管理中心运动员李娜名列其中。	
2013/10	新华网	国务院取消了76项评比达标表彰评估项目，有9项是由国家体育总局主办的，其中包括全国体育系统普法工作先进单位和先进个人、全国体育政策法规工作先进单位和先进个人、年度全民健身工作突出成绩奖、年度全民健身活动优秀组织奖和先进单位、全国优秀社会体育指导员、全国乡镇体育健身示范工程、体育工作荣誉奖章、体育事业贡献奖、全国体育标识评比。	国家层面已经认识到了我国荣誉制度的混乱局面，各层级奖励过多，缺乏法律法规依据。

时　间	文　件	内　容	备　注
2014/6/24	中国体育报	中华全国体育总会主席刘鹏为在 2013 年全国体育行业职业技能大赛中获得个人第一名的赵懿卓、宋为平颁发了全国五一劳动奖章。	中华全国体育总会和中华全国总工会都可以颁发全国五一劳动奖章?
2015/11/5	《体育总局办公厅关于报送 2015 年度教练员体育运动荣誉奖章申报材料的通知》	各单位 2015 年仍按《授予优秀运动员、教练员体育运动奖章的暂行办法》([87] 体综办字 23 号)严格执行,认真审核、严格把关,确保申报材料内容真实、准确、全面。	《暂行办法》28 年未变动
2015	体竞字 [2015] 106 号,体育总局印发《运动员、教练员体育运动奖章授予办法》	本办法解释权属国家体育总局。本办法自 2016 年 1 月 1 日起施行。原国家体委发布的《授予优秀运动员、教练员体育运动奖章的暂行办法》([1987] 体综办字 23 号)同时废止。	体育荣誉制度的突破性发展
2016		基于淡化"金牌情结"的考虑及对过去竞技体育"金牌至上"观念的校正,国家体育总局将奥运冠军的奖金由 2012 年的 50 万下调为 20 万元。	开始转变激励措施的价值导向
2016/8/26	中国青年报	共青团中央、全国青联日前决定,授予中国女子乒乓球队等 3 个青年集体"中国青年五四奖章集体"和张梦雪等 18 名青年运动员"中国青年五四奖章"。	

时　间	文　件	内　容	备　注
2016/8/31	工人日报	为了表彰我国体育健儿在里约奥运会上取得的优异成绩,中华全国总工会日前决定授予获得金牌的中国女子排球队等3个运动队全国五一劳动奖状,授予获得金牌的张梦雪等18名运动员全国五一劳动奖章。	
2017/1/4	《体育总局关于授予2016年度优秀运动员和教练员体育运动奖章的决定》	为表彰2016年度取得优异成绩的运动员和教练员,《运动员、教练员体育运动奖章授予办法》决定授予史婧琳等204名运动员、韩冰岩等147名教练员2016年度体育运动荣誉奖章,授予董洁等178名运动员,刘海涛等86名教练员2016年度体育运动一级奖章。	体育运动荣誉奖章和体育运动一级奖章的权威性得到巩固和强化

附件2　访谈提纲

专家学者:

（1）您是如何评价奥运冠军物质奖励的?

（2）您是如何评价体育荣誉表彰法治化建设的?

（3）您是如何看待国足的国家荣誉感的?

（4）您如何评体育荣誉和政治的关系?

（5）您是如何看待马拉松爱好者的荣誉感的?

（6）您如何评价运动员物质追求和国家荣誉的关系?

（7）您认为应该如何处理国家、地方政府、社会组织和企业作为荣誉授予主体的关系?

（8）您是如何评价多元主体参与体育荣誉表彰的?

（9）您是如何评价地方政府体育荣誉权力行使的?

（10）您认为应该怎么样规范荣誉授予程序?

（11）您认为哪些是体育荣誉表彰推荐评选的关键指标?

（12）您是怎样看待体育荣誉表彰仪式的?

（13）您认为如何创新体育荣誉的制度规范?

行政机关工作人员(各级体育表彰和奖励的部门负责人):

（1）您认为应该如何处理物质奖励和荣誉表彰的关系的?

（2）您认为应该如何处理国家、政府、社会组织和企业作为荣誉授予主体的关系?

（3）您是如何评价奥运冠军物质奖励的？

（4）您如何评价《体育强国建设纲要》提出的"完善中国体育荣誉体系"？

（5）您对"完善中国体育荣誉体系"有哪些建议？

（6）您如何评价女排的国家荣誉观、李娜的个体荣誉观和马拉松运动员的个体荣誉感的？

（7）您是如何看待国足的国家荣誉感的？

（8）您认为政府部门开展体育荣誉表彰最大的困难在哪里？

（9）您认为如何创新体育荣誉的制度规范？

运动员、教练员：

（1）您是如何评价当前中国体育荣誉表彰的？

（2）您获得过哪些体育荣誉？

（3）您认为现在的国家队和传统的国家队在认同感上有哪些区别？

（4）您如何评价运动员物质追求和国家荣誉的关系？

（5）您有被推荐或参与体育荣誉评选的意愿吗？

（6）您是如何看待国足和女排的国家荣誉观、李娜的个体荣誉观和马拉松运动员的个体荣誉观的？

（7）您是如何评价运动员使用兴奋剂的？

（8）您认为应该怎么样规范授予授予程序？

（9）您认为哪些是体育荣誉表彰推荐的关键要素？

（10）您是怎样看待体育荣誉表彰仪式的？

（11）您如何评价《体育强国建设纲要》提出的"完善中国体育荣誉体系"？

附件3 在学期间发表论文情况

论文题目	刊物名称	刊物类型	卷/期号	时间	排名	作者列表	收录情况
古典希腊象征性符号的竞技文化记忆	武汉体育学院学报	C刊	52/1	2018.01	第一	陈高朋	CSSCI
竞技体育文化失范症因分析	体育文化导刊	北核	19/5	2018.05	第一	陈高朋	核心
近30年国内体育表彰和奖励研究述评——基于国家荣誉制度立法背景	上海体育学院学报	C刊	43/2	2019.02	第一	陈高朋，缪佳	CSSCI
荣誉治理视域下职业运动员国家认同建构	河北体育学院学报	省刊	35/3	2021.05	第一	陈高朋	JST
古典希腊象征性符号的竞技文化记忆	体育	C刊		2018.06	第一	陈高朋	人大复印全文转载

致　　谢

2016年9月,连续征战三年后,终于圆梦,带着父母的嘱托、妻子的鼓励、女儿的骄傲和自己的追求,来到了梦寐以求的上海体育学院攻读博士学位,至今仍然清晰记得与母校初次谋面的画面,绿瓦大楼的庄重、教学楼的明亮、图书馆的宁静、体育场馆的壮观、宿舍的整洁,都给我留下了深刻印象。自那时起,我就下定决心,势必要在上海体育学院拿到博士学位。

这几年,我一边工作,一边学习,课题、论文、职称堆积在一起,压力一直驱使我向前迈进。我很幸运,有导师缪佳教授对我的宽容和关爱,有各位老师和同事的支持,经过多年的努力,我终于完成了博士论文。在学习和写作博士论文的过程中,我努力以博士论文的规范来要求自己,这主要是上海体育学院的老师们严谨的治学作风对我的影响和教导作用。虽然结果未必尽善尽美,但是研究的过程给了我许多难得的收获和经验的积累。这对于我以后进一步提高学术水平,让我在体育荣誉研究领域更上一个台阶,是一项鞭策,是一股动力,也是一份收获。

博士学习阶段的训练是一段非常重要的经历,对我的一生都是宝贵的财富。值此之际,我要感谢我的导师缪佳教授,感谢您接收我、培养我、鼓励我、爱护我、帮助我。您严谨的治学态度和坚定地探索精神将影响我的一生。

我要感谢上海体育学院的王红英教授、郑国华教授、郑家鲲教授、凡红教授、龚正伟教授、卢文云教授、张业安教授、宋倩老师,各位老师无私的支持和帮助尤其令我感动,他们对体育学不倦的探求让我永远充满敬意。

我要感谢同门甄媛园师姐、刘叶郁师姐、刘为坤师兄、赵雪梅师妹,没有他们在研究课题上开诚布公的讨论和各方面的热情帮助,我也不会得到这么快的进步。感谢我的同窗薛浩博士、白亮博士、王学彬博士,求学期间的相互扶持至今令我难忘。

我要感谢荣誉制度研究专家张树华教授、彭怀祖教授、钱宁锋教授、王理万教授,你们精到的研究思路和无私的指导都令我受益良多。感谢体育总局、教育部体艺卫处、共青团宣传部文体处、徐州市体育局、淮北市体育局和江苏省乒乓球运动协会的各位领导,主要有刘爱杰主任、李勇处长、朱剑平主任、李磊磊秘书、张猛主任、有昆副局长、佟琼扬处长、吕通义处长、李海宁主任、王国琛副主席、赵利民主任等,感谢你们抽出宝贵时间给予我在资料获取中的鼎力支持,没有你们的帮助,难以完成这篇论文。

这几年,我家人的鼓励和鞭策也是促使我完成学业的重要动力,我的妻儿始终关注和支持我的学业,我的父母和长兄也不时敦促我加紧论文的写作,我要感谢他们无私的支持和关爱。

感谢所有支持和关注我博士研究生阶段学习的老师、同事、同学和朋友,你们的支持是我学习和工作的最大动力。谢谢大家!

图书在版编目(CIP)数据

体育荣誉观及其实现机制研究/陈高朋著.
—上海:上海三联书店,2023.

ISBN 978 - 7 - 5426 - 8290 - 1

Ⅰ.①体⋯　Ⅱ.①陈⋯　Ⅲ.①体育事业—研究—中国
Ⅳ.①G812

中国国家版本馆 CIP 数据核字(2023)第 214204 号

体育荣誉观及其实现机制研究

著　　者　陈高朋

责任编辑　钱震华

装帧设计　陈益平

出版发行　上海三联书店
　　　　　中国上海市漕溪北路 331 号

印　　刷　上海新文印刷厂有限公司

版　　次　2023 年 10 月第 1 版
印　　次　2023 年 10 月第 1 次印刷
开　　本　700×1000　1/16
字　　数　308 千字
印　　张　24.5
书　　号　ISBN 978 - 7 - 5426 - 8290 - 1/G・1698
定　　价　88.00 元